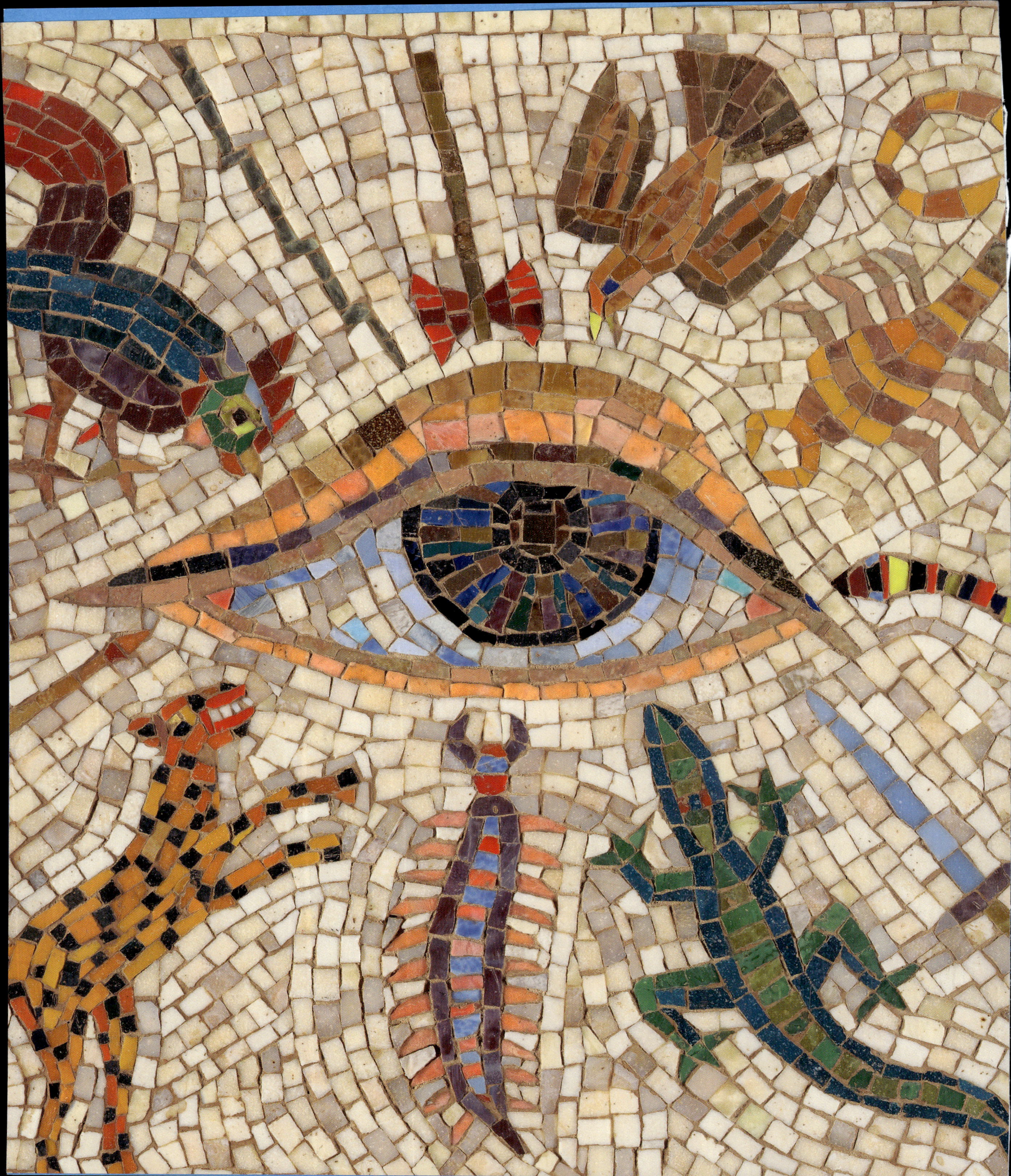

BYZANTINE BEMBÉ
New York by Manny Vega
Nueva York por Manny Vega

Edited by Angel "Monxo" López, PhD

Contributions by John Ahearn, Ágnes Berecz, David González, Angel "Monxo" López, Elena Martínez and Bobby Sanabria, and Andrea Myers Achi
Foreword by Stephanie Hill Wilchfort

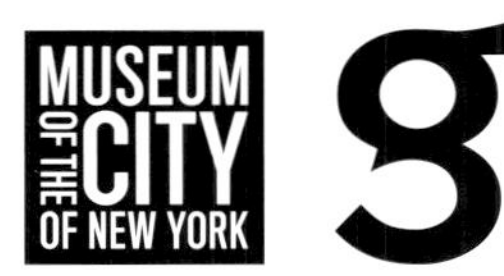

Museum of the City of New York
in association with D Giles Limited

Byzantine Bembé: New York by Manny Vega is made possible by generous support from the Mellon Foundation.

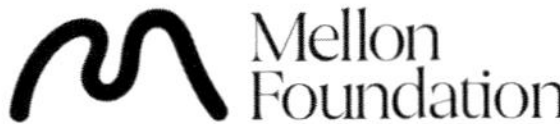

This catalog celebrates the exhibition *Byzantine Bembé: New York by Manny Vega* that was on display at Museum of the City of New York December 8, 2023–January 6, 2025.

First published in 2025 by GILES
An imprint of D Giles Limited
66 High Street,
Lewes, BN7 1XG, UK
https://gilesltd.com/

ISBN: 978-1-917273-10-7

The exhibition was curated by Angel "Monxo" López, Curator of Community Histories, Museum of the City of New York.

For Museum of the City of New York:
Angel "Monxo" López, Curator of Community Histories
Susan Gail Johnson, SGJ Consulting LLC
David Lurvey, Digital Imaging Specialist

For D Giles Limited:
Copy-edited and proof-read by Jodi Simpson and Miguel Laverde
Designed by hoopdesign.co.uk
Produced by GILES, an imprint of D Giles Limited
Printed and bound in Europe

All measurements are in inches and centimeters;
height precedes width precedes depth.

Front cover: Manny Vega, *Bomba celestial*, 2009–10 (Pl. 50, detail)
Back cover: Manny Vega, 2015, photograph by/fotografia de David González
Frontispiece: Manny Vega, *¿Y tú?*, 2012 (Pl. 16, detail)

Library of Congress Control Number: 2025909394

EU GPSR authorised representative
LOGOS EUROPE, 9 rue Nicolas Poussin, 17000, La Rochelle, France
E-mail: contact@logoseurope.eu

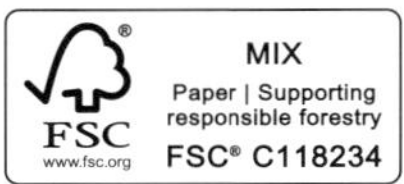

Contents

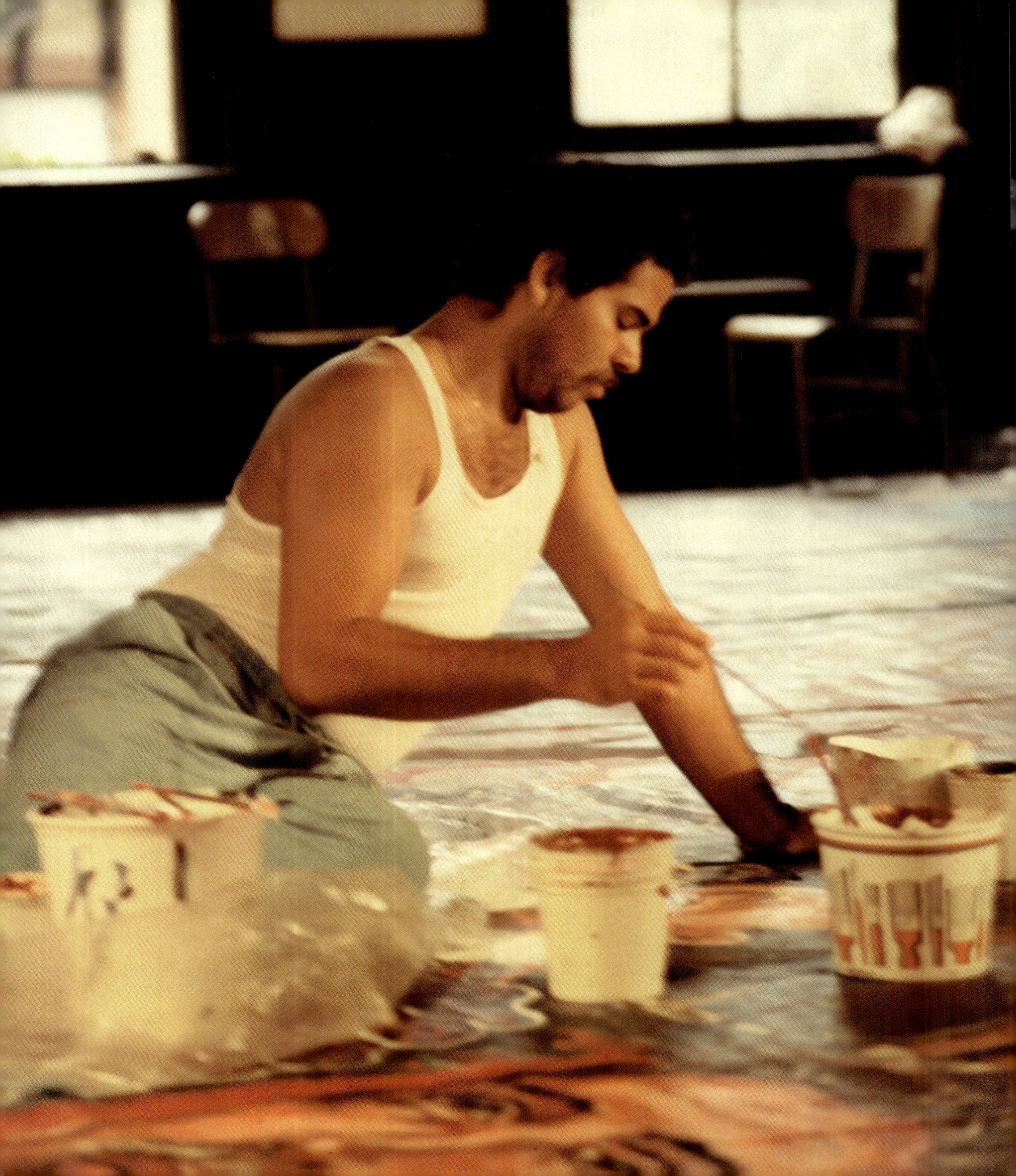

FOREWORD

The Museum of the City of New York exists to celebrate, document, and interpret the energy that makes New York "New York." Perhaps nowhere is that energy more evident than in the work of Manny Vega, a prodigiously talented and productive artist who has for decades made the Museum's own East Harlem neighborhood both a source and a canvas for his work.

This volume takes as its starting point the show *Byzantine Bembé: New York by Manny Vega*, which the Museum staged in 2023–25, MCNY's centennial year. A gem of an exhibition, *Byzantine Bembé* honored our institution's long history in East Harlem, also known as El Barrio (the neighborhood), where the Museum has stood for 97 of its 100 years. In the years since the Museum's founding, El Barrio has become one of the city's most iconic Puerto Rican and Latinx communities. This exhibition reaffirmed our dedication to our neighbors—their narratives of resilience and their aspirations for a joyful future.

Byzantine Bembé underscores the Museum's commitment to celebrating the rich, multifaceted stories of East Harlem, epitomized by the "Mannyverse," or the world of Manny Vega. The title of the exhibition and this accompanying volume merges two concepts: *Byzantine*, meaning intricately involved, labyrinthine, and *Bembé*, a religious ceremony involving drums, or a big party. Both celebrate rhythm and color, essential elements of the neighborhood and Manny's work.

As curator Angel "Monxo" López's essay suggests, Manny's aesthetic vision reinterprets the neighborhood, the city, and the connections between local and international communities. Manny's work reflects a deep curiosity and respect for the experiences of others, and an extraordinary ability to transform even the most challenging narratives into spaces of hope and joy. His practice of assembling disparate elements—beads, tiles, ink lines—into a unified image reflects a broader vision of unity-in-diversity in our city.

Manny was the Museum of the City of New York's inaugural Artist-in-Residence. The year-long exhibition was enriched with public and educational programs that included art workshops, concerts, tours of El Barrio, school programs, and a drawing studio. Manny spent countless hours at MCNY throughout the run of the show, meeting students, visitors, and the press. Many staff members walked across Central Park to explore his vibrant studio. I am personally grateful to have met and worked with Manny, and for his generosity of time and ideas.

I want to thank the creative team at Marvel Architects, especially

PRÓLOGO

El Museum of the City of New York —ó MCNY— se creó con el objetivo de celebrar, documentar e interpretar la energía que hace que Nueva York sea una ciudad única. Tal vez no haya un lugar donde esa energía se manifieste con más intensidad que en la obra de Manny Vega, un artista extremadamente talentoso y prolífico que ha encontrado en el East Harlem —barrio donde se encuentra el Museo— una fuente inagotable de inspiración y un lienzo para su arte.

Este volumen toma como punto de partida la muestra *Byzantine Bembé: New York by Manny Vega*, que el museo presentó en 2023–2025, con motivo del centenario del MCNY. La exposición *Byzantine Bembé* honra la larga historia de nuestra institución en East Harlem, también conocido como *El Barrio*, donde se ha localizado nuestro Museo durante 97 de sus 100 años. Desde la fundación del Museo, El Barrio se ha convertido en uno de los centros más icónicos de la ciudad para las comunidades latina y puertorriqueña. Esta exposición reafirma nuestro compromiso con nuestros vecinos, sus narrativas de resiliencia y sus aspiraciones de un futuro más feliz.

Byzantine Bembé destaca el compromiso del museo en celebrar las ricas y multifacéticas historias del East Harlem, representadas a la perfección en el *Mannyverso*, o el mundo de Manny Vega. El título de la exposición —y el volumen que lo acompaña— fusiona dos conceptos: "bizantino" en su sentido de 'intrincado', 'laberíntico'; y "*bembé*", una 'ceremonia religiosa en la que se usan tambores' o 'una gran fiesta'. Ambas ideas celebran el ritmo y el color, elementos esenciales del barrio y de la obra de Manny.

Como sugiere el ensayo del curador Angel "Monxo" López, la visión estética de Manny reinterpreta el barrio, la ciudad y las conexiones entre las comunidades locales e internacionales. La obra de Manny refleja una profunda curiosidad y respeto por las experiencias de otras personas y una extraordinaria habilidad para transformar hasta las narrativas más desafiantes en espacios de esperanza y alegría. La forma en que combina elementos dispares —cuentas, azulejos, líneas de tinta— en una imagen coherente refleja una visión amplia de unidad en medio de la diversidad que caracteriza a nuestra ciudad.

Manny fue el primer *Artista residente* del Museum of the City of New York. La exposición, que duró un año, se enriqueció con programas públicos y educativos que incluyeron talleres de arte, conciertos, visitas por El Barrio, programas escolares y estudios de dibujo. Durante la exposición Manny pasó un sinfín de horas en el MCNY reuniéndose con estudiantes, visitantes y medios de prensa.

Manny Vega, 1988, photograph by/ fotografía de **Tontxi Vazquez**

Dennis Vermeulen, the main designer of the exhibition, and founder Jonathan Marvel for reflecting the Mannyverse in our space to the delight of thousands of our visitors and friends. Thank you as well to curator and editor Angel "Monxo" López, who brought his keen insight into the Mannyverse.

No single publication has, until now, captured the breadth and depth of the work of Manny Vega. We thank the Andrew W. Mellon Foundation for its generous support for this book and the *Byzantine Bembé* exhibition. We are grateful to our friends at the Foundation, especially Deborah Cullen-Morales, Alexis Ortiz, and President Elizabeth Alexander, for helping us celebrate an artist whose work speaks so profoundly to the city and its communities. We are also grateful to Dan Giles for his dedication to this publication, to Adam Hooper for designing the book, to Susan Gail Johnson and Kailen Rogers for adeptly guiding the process, and to the Museum's photographer David Lurvey for carefully documenting Manny's work for these pages.

As New York City looks towards its future, sketching ever more inclusive paths forward, the gift of Manny's art and ideas is an inspiration.

Stephanie Hill Wilchfort
Ronay Menschel Director and President
Museum of the City of New York

Una gran cantidad de miembros de nuestro equipo cruzó el Central Park para conocer su llamativo estudio. En lo personal, agradezco haber conocido a Manny y haber trabajado con él, así como su generosidad de tiempo e ideas.

Quiero también agradecer al equipo creativo de Marvel Architects, especialmente a Dennis Vermeulen, diseñador principal de la exposición, y a su fundador Jonathan Marvel por reflejar el *Mannyverso* en nuestro espacio para el disfrute de miles de visitantes y amigos. También reconocer al curador y editor Angel "Monxo" López, quien aportó su interesante visión sobre el *Mannyverso*.

Hasta el momento, ninguna publicación había captado la magnitud y la profundidad de la obra de Manny Vega. Agradecemos a la Andrew W. Mellon Foundation por su generoso apoyo para este libro y para la exposición *Byzantine Bembé*. Damos las gracias también a nuestras amigas de la fundación, en especial a Deborah Cullen-Morales, Alexis Ortiz y a la presidenta Elizabeth Alexander por ayudarnos a celebrar a un artista cuya obra le habla con tanta profundidad a la ciudad y a sus comunidades. También expresamos nuestra gratitud a Dan Giles por su dedicación a esta publicación, a Adam Hooper por dar vida a esta historia, a Susan Gail Johnson y Kailen Rogers por hacer realidad este libro con tanta habilidad, y finalmente al fotógrafo del Museo David Lurvey por documentar cuidadosamente el trabajo de Manny para estas páginas.

Mientras la ciudad de Nueva York mira hacia el futuro trazando caminos cada vez más inclusivos, el arte y las ideas de Manny serán siempre inspiradoras.

Stephanie Hill Wilchfort
Directora y presidenta Ronay Menschel
Museo de la ciudad de Nueva York

Vega, *Ana II*, 2001 (Pl. 99, detail)

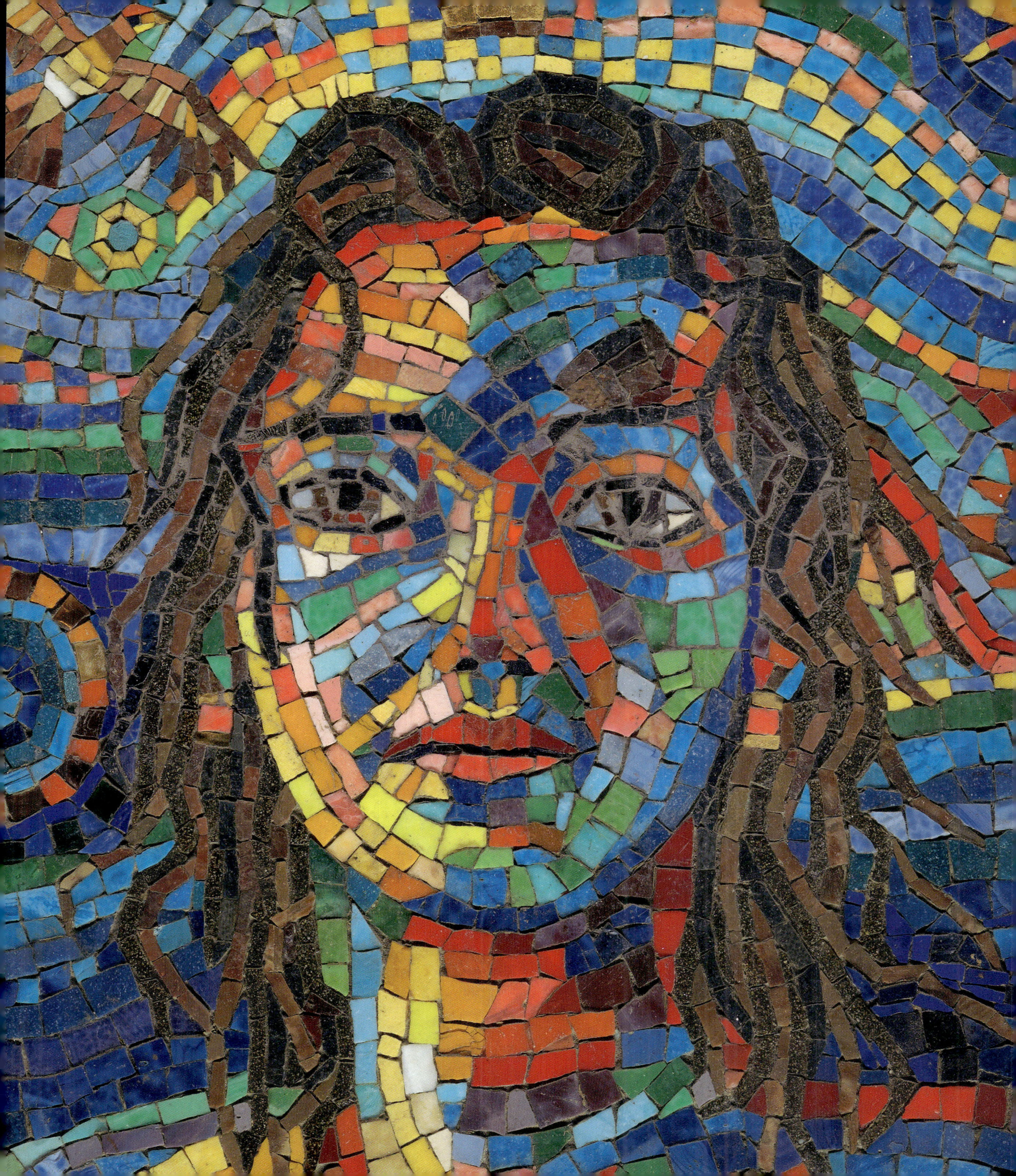

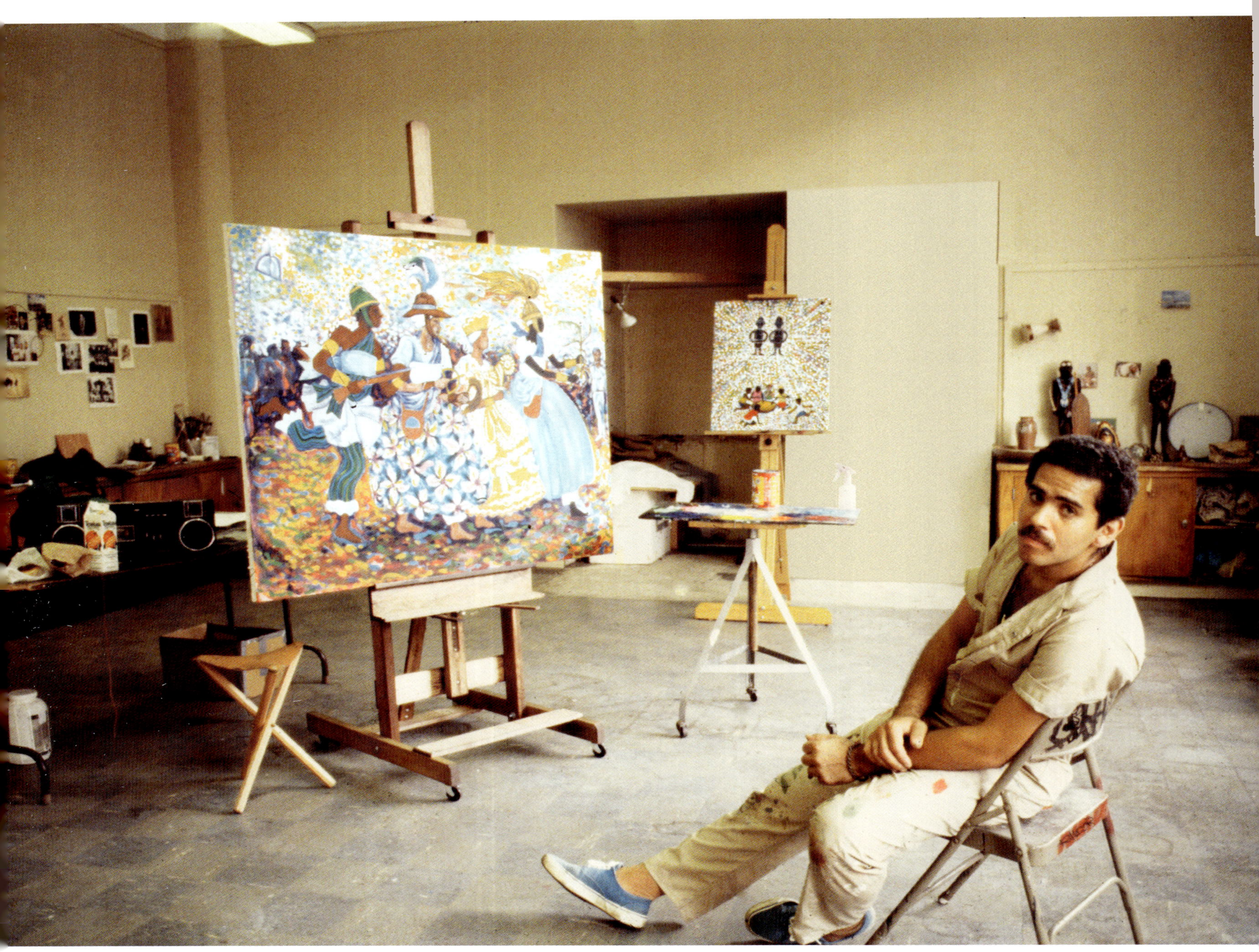

Fig. 1
Manny Vega, ca. 1992, photograph by/fotografía de Evelyn Collazo

THE MANNYVERSE OR THE RESPELLING OF AMERICA
Angel "Monxo" López

"The work belongs to the response."—Manny Vega

Manny Vega is an artist whose work has left an indelible mark on New York's public sphere and culture. What might not be evident at first glance is that Manny is also an original thinker, a wordsmith, and—hence—a rich source of insights that flow most plentifully during conversation. Among those ideas is what he calls "the respelling of America." This is the crux of his intention and of his aesthetic project. Ascertaining what this respelling means is the subject of this essay; but in the end, everyone should arrive at their own conclusion, for, as Manny likes to say, "the work belongs to the response."[1] Respelling assumes that we have settled on a correct way of spelling. It also assumes that whatever the canonical spelling is, someone—in this case, Manny—sees the need to try to do it differently. For him, our conventional understanding of what America is does not feel generous or capacious enough.

One key to understanding Manny's oeuvre is that, notwithstanding its impressive finishing and technical execution, the work, in fact, is not a finished product, but rather an "invitation." Manny likes to invoke the invitation trope, because for him the artwork and his vision are completed by the enjoyer. His oeuvre aims to spur in us a "flash of the spirit": a reflecting mirror and a sudden spiritual revelation that elevates, sustains, affirms, and inspires.[2] At its simplest, this work is something Manny would like us both to see and to try our own hand at. At its deepest, this work is a spiritual summons to respell ourselves and our communities with grace.

~

I met Manny in late summer of 2022, while working in the curatorial team of *This Is New York: 100 Years of the City in Art and Pop Culture*, the exhibition marking the centennial of the Museum of the City of New York. He lives on West 97th Street between Central Park West and Columbus Avenue in a colorful apartment that doubles as an art studio. John Ahearn had recommended checking out a preparatory maquette Manny had of a public artwork that would be installed on 110th Street and Fifth Avenue, a few blocks from the Museum. To this day, I have not been able to—nor do I want to—extricate myself from what I have come to term "the Mannyverse": a place of intricate rhythms and melodies, extraordinary detail and beauty, generosity and delight, shocking colors and sharp shadows. It is a space of insight that is full and yet not complete until one has arrived.

Manuel Vega—widely known simply as "Manny"—was born in

EL *MANNYVERSO* O LA REESCRITURA DE LOS ESTADOS UNIDOS
Angel "Monxo" López

La obra le pertenece a la respuesta que genera. –Manny Vega

La obra del artista Manny Vega ha dejado una huella imborrable en la esfera pública y la cultura de Nueva York. Lo que posiblemente no sea obvio a primera vista es que Manny es también un pensador, un maestro de la palabra y, por ende, una inagotable fuente de ideas que fluyen copiosamente al conversar con él. Entre esas ideas, se encuentra la que él llama "la reescritura de los Estados Unidos". Este es el eje central de su intención y de su proyecto estético. El objetivo de este ensayo es explorar el significado de este concepto; pero, en definitiva, el ensayo es una invitación a que cada persona llegue a sus propias conclusiones porque, como le gusta decir a Manny, "la obra le pertenece a la respuesta que genera".[1]

La idea de *reescritura* implica que ya hemos establecido una forma correcta de escribir. También da por sentado que, sea cual sea la escritura canónica, alguien —en este caso, Manny— siente la necesidad de buscar una alternativa. En su opinión, nuestra concepción tradicional de Estados Unidos no es lo suficientemente amplia ni generosa.

Una de las claves para entender la producción artística de Manny es que, más allá de lo admirable que sea el producto final y de su ejecución técnica, la obra no es un producto terminado sino más bien una *invitación*. Le gusta recurrir al tropo de la invitación porque, según Manny, es el público quien completa la obra y su visión. Su producción nos invita a experimentar un *flash*, un "destello del espíritu": un espejo reflector y una revelación espiritual repentina que eleva, sostiene, afirma e inspira.[2] Dicho de manera directa: a Manny le gustaría que, además de ver la obra, también experimentáramos con ella. En esencia, su obra es un llamado espiritual a que los espectadores se reescriban a sí mismos y a sus comunidades con gracia.

~

Conocí a Manny a fines del verano de 2022 cuando trabajaba en el equipo de curaduría de *This is New York: 100 Years of the City in Art and Pop Culture* la exposición que celebraba el centenario del Museum of the City of New York. Manny vive en Manhattan, en la Calle 97 oeste, entre la avenida Central Park West y la Avenida Columbus, en un colorido apartamento que le sirve también como taller. John Ahearn me había recomendado que viéramos la maqueta preliminar de una obra de arte público de Manny que se instalaría en la Calle 110 con la Quinta Avenida, a unas cuadras del Museo.

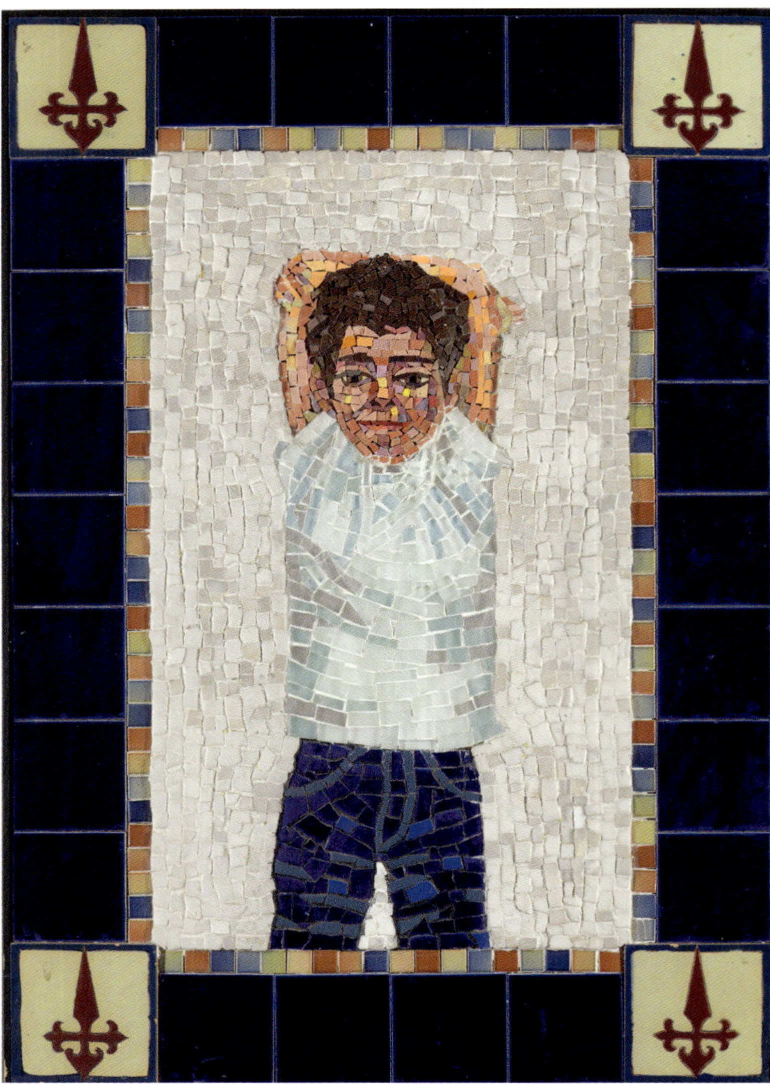

Fig. 2
Vega, *Joey*, 2016, colored glass on wood/ vidrio coloreado sobre madera**, 41 × 28 in. (104.1 × 71.1 cm)**

the Bronx in 1956 to Puerto Rican parents, Doña Elena Pagán Vega and Don Manuel Vega Reyes. They had relocated to New York City in 1955, drawn by the promise of economic opportunities unavailable on the island, where rapid industrialization had closed off livelihoods for thousands. The first massive airborne migration in human history, this was not a spontaneous movement of people, but rather, in the words of the political scientist Edgardo Meléndez, a "sponsored migration" supported and encouraged by both the government of Puerto Rico and the federal government of the United States.[3] Most Puerto Ricans who migrated to the continent moved to New York City, forming a community of "Nuyoricans."

The Vega family lived first in the Bronx and moved to El Barrio (East Harlem) when Manny was three years old. Surrounded by

Hasta el día de hoy no he podido —ni quiero— liberarme de lo que he denominado "el *Mannyverso*": un lugar de ritmos y melodías intrincadas, detalles y belleza extraordinarios, generosidad y deleite, colores impactantes y sombras profundas. Es un espacio de entendimiento profundo, pleno pero incompleto hasta que uno llega.

Manuel Vega —conocido como *Manny*— nació en el Bronx en 1956. Su madre y su padre, Doña Elena Pagán Vega y Don Manuel Vega Reyes, provenían de Puerto Rico. Se mudaron a Nueva York en 1955 atraídos por la promesa de oportunidades económicas que no existían en la isla, donde la rápida industrialización había terminado con los medios de subsistencia de miles de personas. La primera migración masiva por vía aérea de la historia no se trató de un movimiento espontáneo de personas; en palabras del politólogo Edgardo Meléndez, "fue una migración patrocinada" respaldada y alentada tanto por el Gobierno de Puerto Rico como por el Gobierno federal de Estados Unidos.[3] La mayoría de los puertorriqueños que migraron al continente se desplazaron hacia Nueva York donde formaron la comunidad llamada *Nuyorican*.

La familia Vega se mudó a *El Barrio* (East Harlem) cuando Manny tenía tres años; allí creció rodeado de familias de clase trabajadora de diversos orígenes —italiano, judío, negro, irlandés, chino—, viviendo inmerso en un caleidoscopio de sonidos, aromas e idiomas. Desde muy pequeño sintió una gran atracción por estos otros mundos. Cada uno de ellos, dice ahora, ofrecía una versión de la reescritura de Estados Unidos.

El apartamento de la familia vibraba con música latina. Estas melodías, ritmos y armonías forjaron profundamente las identidades de los hermanos Vega. Dos de ellos se convertirían en talentosos artistas visuales: Joey, también conocido como *Serve*, es un prestigioso grafitero en Nueva York; mientras que Mayra (fallecida en diciembre del 2023) dejó una impresionante colección de dibujos y acuarelas que retratan las comunidades y la fauna de Hawái, estado en el que residió durante las últimas décadas de su vida. Joey y Mayra, junto con su hermana Bruni, su padre y su madre han sido con frecuencia sujetos de la obra de Manny (fig. 2). Joey fue claro al hablar sobre la conexión de los hermanos con el arte y la música: "Fue mami", dice con toda naturalidad.[4] El papel de Doña Elena como espíritu rector de la familia Vega no puede subestimarse. A lo largo de los años, Manny se inspiró en ella para crear muchas de sus obras, incluido un gran mosaico que se conserva en el apartamento de la familia en el Bronx (a donde regresaron cuando Manny tenía 10 años) (pl. 43).

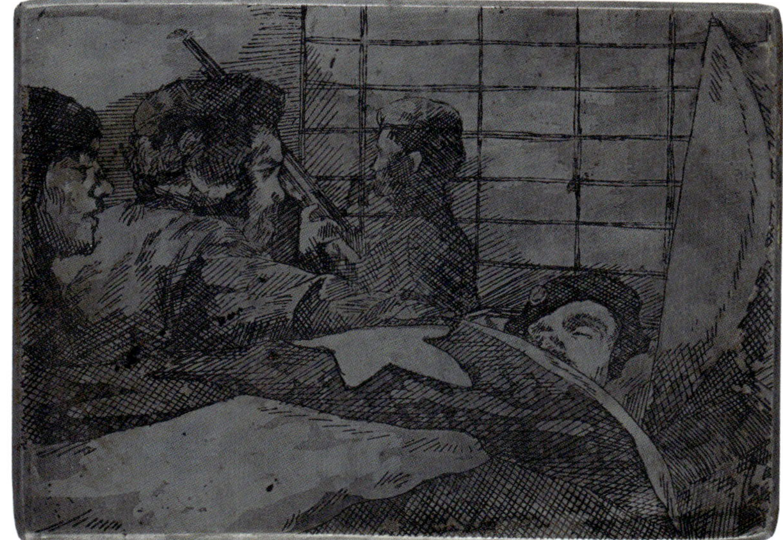

Fig. 3 (left)
Vega, *A Young Lord's Wake*, 1974, etching plate/placa de grabado, **4½ × 6 in. (11.4 × 15.2 cm)**

Fig. 4 (below)
Vega, Self-Portrait, 1975, etching on paper/aguafuerte sobre papel, **page 15 × 11¼ in. (38.1 × 28.6 cm), image 12 × 9 in. (30.5 × 22.9 cm)**

working-class families from diverse backgrounds—Italian, Jewish, Black, Irish, Chinese—Manny grew up immersed in a mosaic of sounds, smells, and languages. From an early age, he invited himself into these other worlds. Each one of those, he says now, offered a version of respelling America.

The family's apartment vibrated with Latin music. These melodies, rhythms, and harmonies profoundly shaped the identities of the Vega children. Two of Manny's siblings became gifted visual artists: Joey, aka Serve, is a well-regarded NYC graffiti writer, while Mayra (who passed in December 2023) left an impressive body of drawings and watercolors depicting the communities and the fauna of Hawai'i, where she lived in the last decades of her life. Both of them, along with another sister, Bruni, and their parents, have been frequent subjects of Manny's work (Fig. 2). Joey is straightforward about the connection of their artistry and music: "It was mami," he says matter-of-factly.[4] Doña Elena's role as a ruling spirit in the Vega family cannot be overstated. Manny centered many works over the years around her, including a large mosaic, kept in the family apartment in the Bronx, where the family moved back to when Manny was ten (Pl. 43).

Manny studied at the High School of Art and Design and still mentions one teacher, Marshall Davis, as a main influence. Although, by his own admission, Manny liked to party hard, his strong work ethic has been a constant throughout his career. He has never ceased to be a serious and obsessive student. By his senior year in high school, he was already an accomplished draftsman and etcher (Figs. 3 and 4). He has never stopped honing his technical chops. With some luck, on a Sunday, folks today can find Manny drawing, keeping his skills in shape, at the Metropolitan Museum of Art or in one of the city's few remaining studios with live models.

Manny cursó la escuela secundaria en la High School of Art and Design y, hasta el día de hoy, sostiene que fue Marshall Davis, uno de sus maestros, quien más influyó en él para que se convirtiera en artista. El propio Manny admite que le gustaba mucho salir de fiesta; sin embargo, su ética de trabajo intenso ha sido una constante a lo largo de toda su carrera. Siempre fue un estudiante comprometido y obsesivo. Cuando llegó al último año de la secundaria ya era un consumado dibujante y aguafuertista (figs. 3 y 4). Manny nunca ha dejado de perfeccionar sus habilidades técnicas. Con suerte, un domingo podríamos encontrar a Manny dibujando, para mantener en forma sus habilidades, en el Metropolitan Museum of Art o en alguno de los pocos estudios con modelos vivos que quedan en la ciudad.

Al terminar la secundaria en 1974, Manny se encontró —en palabras de la educadora y activista Marta Moreno Vega— en medio de un verdadero "Renacimiento Nuyorican": un movimiento cultural, político y social que impulsó a la generación puertorriqueña más

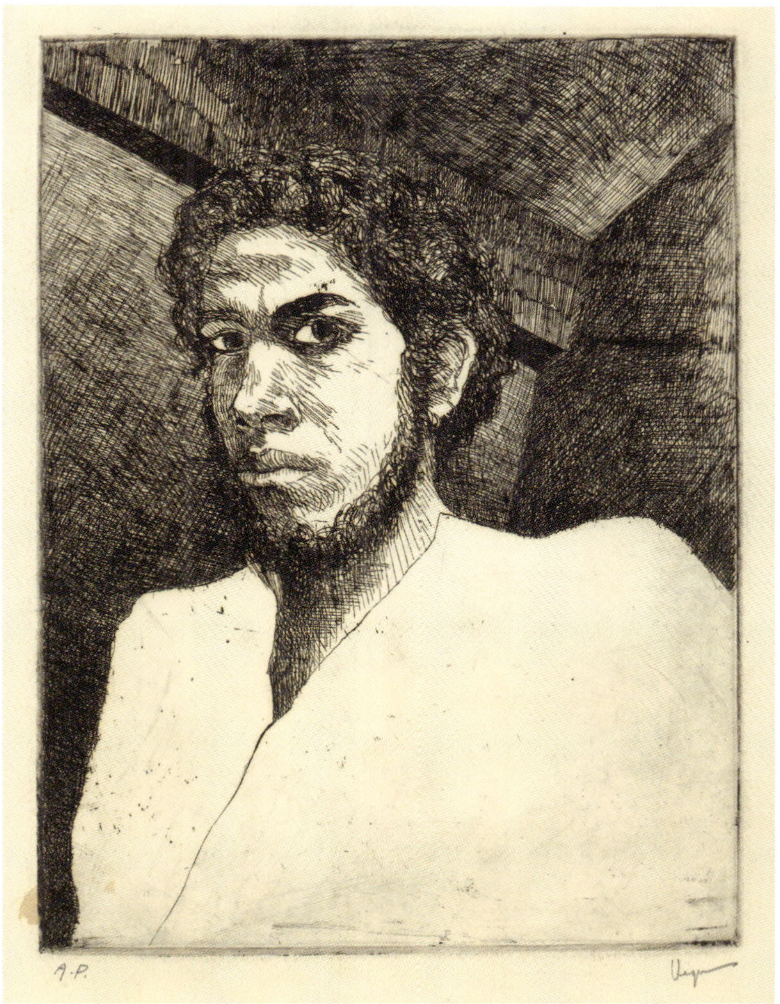

Fig. 5 (below)
Workshop of/Taller de **Robert Campin (Netherlandish, ca. 1375–1444), *Annunciation Triptych* (*Merode Altarpiece*), ca. 1427–32, oil on oak/**óleo sobre roble, **25³/₈ × 46³/₈ in. (64.5 × 117.8 cm)**

Fig. 6 (opposite left)
Poster for Manuel Vega exhibition at Taller Galería Boricua, illustration by Vega/
Cartel para la exposición de Manuel Vega en el Taller Galería Boricua, ilustración de Vega, **1979, 28 × 19½ in. (71.1 × 49.5 cm)**

Fig. 7 (opposite middle)
Poster for the First Annual Caribbean Expressions Film Festival, illustration by Vega/
Afiche del Primer Festival Anual de Cine Caribbean Expressions, ilustración de Vega, **1980, 17 × 11 in. (43.2 × 27.9 cm)**

Fig. 8 (opposite right)
Poster for "Música de Cámara" presented by El Museo del Barrio, illustration by Vega/
Cartel de "Música de Cámara" presentado por El Museo del Barrio, ilustración de Vega, **1980, 26 × 20 in. (66 × 50.8 cm)**

Once he was out of high school in 1974, Manny found himself in the midst of what was truly, in the words of educator and activist Marta Moreno Vega, a "Nuyorican Renaissance": a cultural, political, and social movement that saw the younger generation of New York City Puerto Ricans developing an excitingly fresh urban identity through the arts and institution-building. Puerto Rican artists and organizers had just recently founded El Museo del Barrio (1969), and the Young Lords (who formed a New York chapter in 1969) were rattling the cage of a system that had been oppressing communities of color for as long as anyone could remember. Poets and performers were coalescing around what scholar Urayoán Noel has called "the in visible movement": a Nuyorican poetry wave that seamlessly and proudly rhymed in Spanglish, a language of their own, and that eventually anchored itself, in 1973, around Miguel Algarín's Nuyorican Poets Café.[5] And perhaps most important in understanding Manny's development, Puerto Rican and other Latinx artists continued to make lasting and exciting contributions to the world of music, not only in jazz, but in a whole host of diverse musical genres, including boogaloo and salsa. The New Rican Village (1976–79), a performance space on the Lower East Side founded by former Young Lord Eddie Figueroa, gave birth to avant-garde Latin jazz while Fania Records (founded in 1964) popularized salsa as a distinct New York City genre. Such institutions cemented the contributions of this new generation of New York City Latinx, albeit in vastly different ways. This Nuyorican Renaissance became a home for Manny. It also made things more complicated. He calls these times "the age of the machete," because although they were exhilarating, the bold stance taken by young Puerto Ricans was sometimes met with violent suppression.[6]

For two years after graduating, Manny did "good bullshit," roaming around, looking for his place in the world.[7] He was accepted into Pratt Institute, which later pushed him out because he could not afford tuition. At this time Manny worked as a security guard in the Cloisters, where he was stationed next to Robert Campin's famous *Merode Altarpiece*; to this day, Campin's Archangel Gabriel is

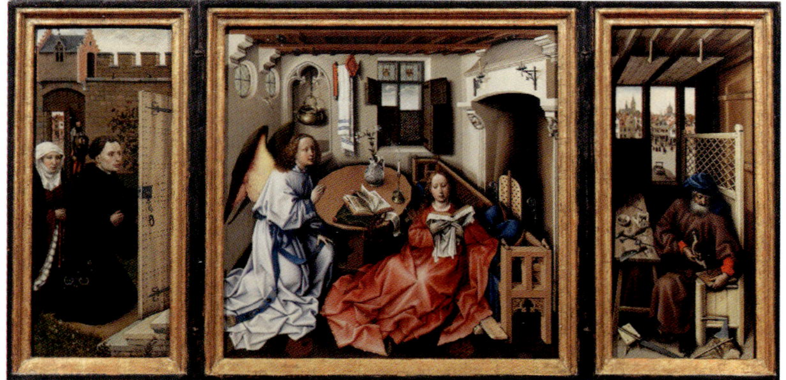

joven de Nueva York a desarrollar una identidad urbana renovada y vibrante a través de las artes y la creación de instituciones. Artistas y organizadores puertorriqueños acababan de fundar El Museo del Barrio (1969), y el Young Lords Party (1969) hacía tambalear un sistema que había oprimido a las comunidades de color por generaciones. Poetas e intérpretes convergían en torno a lo que el académico Urayoán Noel llamó "el movimiento in-visible": una ola de poesía Nuyorican que rimaba con fluidez y orgullo en *espanglish*, un idioma propio, y que se afianzó eventualmente en el Nuyorican Poets Café de Miguel Algarín en 1973.[5] Quizá lo más importante para comprender la evolución de Manny es el hecho de que artistas de Puerto Rico y de otros lugares de Latinoamérica siguieron haciendo contribuciones constantes e interesantes en el mundo de la música, y no solo en el jazz, sino en una amplia diversidad de géneros musicales, incluidos el bugalú y la salsa. The New Rican Village (1976-79) —un espacio de presentaciones en el Lower East Side fundado por el ex Young Lord Eddie Figueroa que permitió el nacimiento del jazz latino de vanguardia— y Fania Records (1964) —que popularizó la salsa como un género distintivo de Nueva York— fueron dos de las instituciones que consolidaron el legado de esta nueva generación de personas latinas de la ciudad de Nueva York, aunque de maneras muy distintas. El Renacimiento Nuyorican se convirtió en un hogar para Manny. Aunque también complicó más las cosas. Manny llama a esta época "la era del machete" porque, si bien estos tiempos eran emocionantes, la audaz postura de la juventud puertorriqueña a veces se encontraba con una violenta represión.[6]

Durante los dos primeros años posteriores a su graduación, Manny *perdió bien* el tiempo mientras deambulaba de un lugar a otro buscando su lugar en el mundo.[7] Aunque fue aceptado en el Pratt Institute, pronto lo expulsaron porque no podía pagar la matrícula. En esa época, Manny trabajó como guardia de seguridad en The Cloisters, estando destinado junto al *Tríptico de la Anunciación* de Robert Campin. Hasta el día de hoy, el Arcángel Gabriel de Campin sigue siendo un motivo recurrente en sus obras. (fig. 5). En 1973-74, fue aprendiz de Hank Prussing, un joven artista a quien se le había encargado pintar lo que se convertiría en el icónico mural *El espíritu de East Harlem* en la Calle 104 E. cerca de la Avenida Lexington.[8] Esta fue la primera incursión importante de Manny en la creación de arte público. En 1998, Hope Community, Inc. de East Harlem le encargó a Manny la restauración y el mantenimiento de esta pieza emblemática del paisaje urbano del barrio.

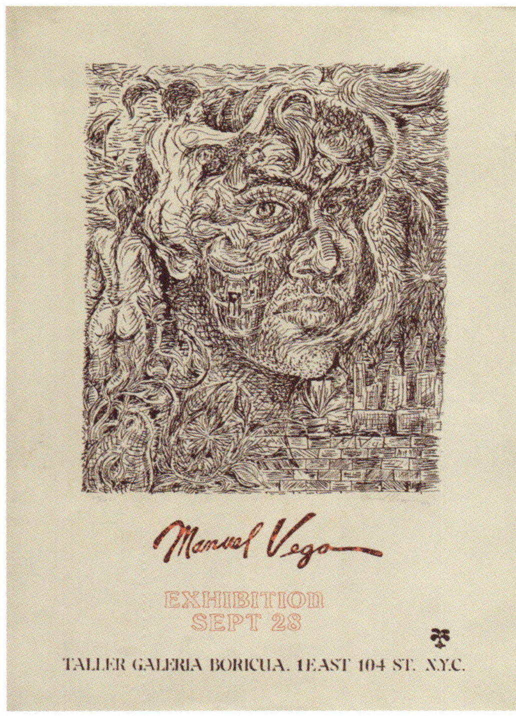

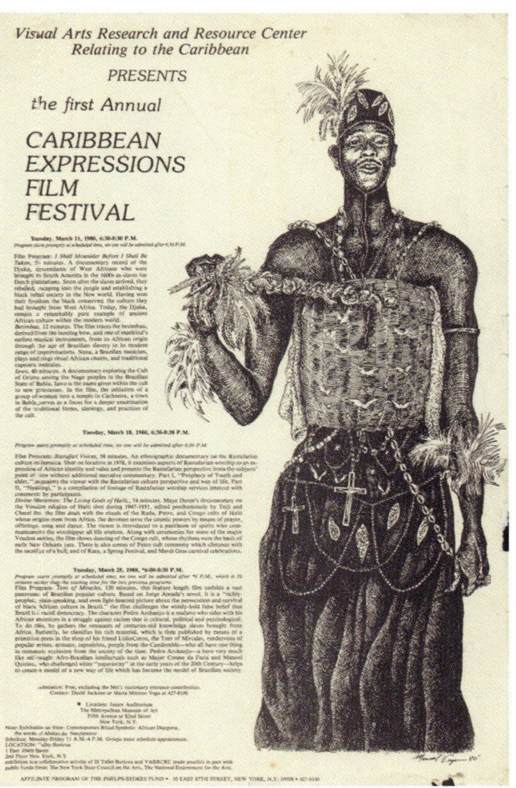

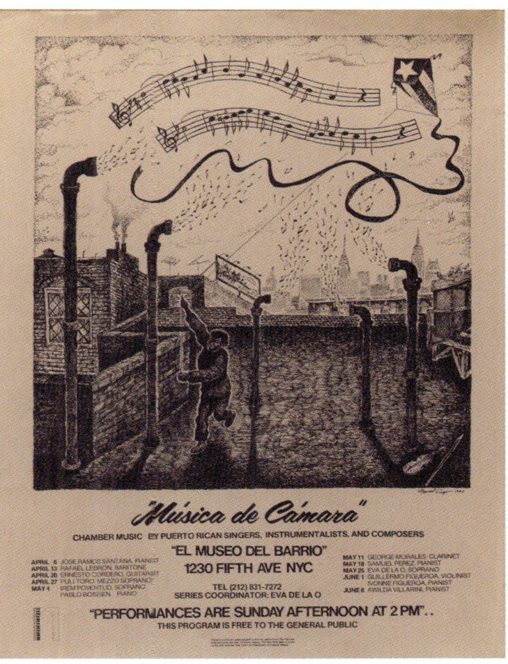

a recurrent motif in his work (Fig. 5). In 1973–74 he apprenticed for Hank Prussing, a young artist who had been recently commissioned to paint what became the iconic *The Spirit of East Harlem* mural on East 104th Street off Lexington Avenue.[8] This was Manny's first important engagement with public art making. In 1998 East Harlem's Hope Community, Inc., commissioned Manny to restore and maintain this emblematic piece of the urban landscape of the neighborhood.

In the 1970s Manny also engaged with two important cultural institutions in the East Harlem neighborhood when he began working and collaborating with El Museo del Barrio, then under the direction of Marta Moreno Vega, and became a member and resident artist of Taller Boricua, established in 1969 by a group of Puerto Rican artists and organizers.[9] Eventually, he had a studio in El Museo's building (he was also living there under the radar, taking baths in a sink and forming part of the "night watch security" team). At El Museo, Manny was the ceramics and etching instructor; he also spearheaded their now iconic Three Kings Day Parade. His main focus was connecting the community to art making (Figs. 6, 7, and 8).

In the early 1980s he apprenticed in an arts residency with the African American master printmaker Robert Blackburn, an experience that impacted Manny's printmaking and graphic work. Manny became an essential assistant to Blackburn for a short time, but he confesses he was too young, unruly, and scattered to fully

En los años setenta, Manny también participó en dos instituciones culturales importantes del vecindario de East Harlem cuando comenzó a trabajar y colaborar con El Museo del Barrio, que en ese entonces dirigía Marta Moreno Vega. Además se sumó como miembro y artista residente a Taller Boricua, fundado en 1969 por un grupo de artistas y organizadores de origen puertorriqueño.[9] Con el tiempo, también tuvo su propio estudio en el edificio de El Museo del Barrio (allí también vivía en secreto, se bañaba en un lavabo y formaba parte del equipo de "vigilantes nocturnos"). En El Museo, Manny era instructor de cerámica y aguafuertes mientras también promovía su icónico desfile para el Día de los Reyes Magos. Su principal objetivo era conectar a la comunidad con la creación artística (figs. 6, 7, y 8).

A principios de los años ochenta también fue aprendiz en una residencia de arte con el maestro grabador afroamericano Robert Blackburn, experiencia que influyó en los grabados y las obras gráficas de Manny. Durante un breve período, Manny fue un asistente imprescindible para Blackburn, aunque ahora confiesa que era demasiado joven, rebelde y distraído como para aprovechar plenamente el potencial de la residencia con Blackburn. (Una hermosa jugada del destino hizo que tanto Manny como Blackburn tuvieran obras de arte en el metro de Nueva York, en dos estaciones consecutivas de El Barrio[10]).

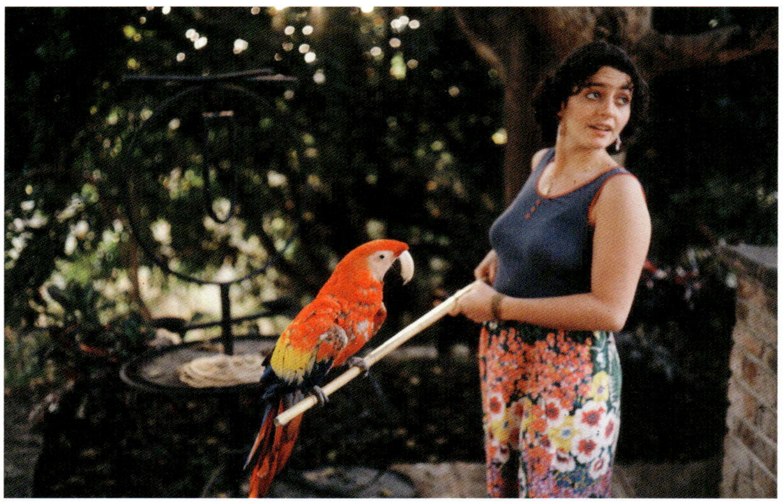

inhabit the potential of Blackburn's residency. (In a beautiful twist of fate, Manny and Blackburn both have public artworks in the New York subway, one stop away from each other in El Barrio.[10])

These were turbulent times for Manny personally. His marriage to Evelyn Rivera (Pl. 100) was annulled in 1984, after only four years. He says—not without a tinge of deep sadness—that he was "busy having too much fun," he "did not fully belong" anywhere, his search was in full throttle, and his soul was "an all-combusting fire engulfing those around."[11] His only anchor was his parents: tired of the sink baths, Manny had taken to visiting the family apartment in the Bronx on Wednesday evenings. This happened to be the time when PBS showed foreign movies, which he watched with Doña Elena after eating and taking a good shower. Together, they saw Cacoyannis's *Zorba the Greek*, most of Kurosawa's oeuvre, the works of Ingmar Bergman, and the film that would change his life: 1959's *Black Orpheus* by the French director Marcel Camus, set in Rio de Janeiro. If Manny saw himself in the turbulent Zorba, as played by Anthony Quinn, he wanted to inhabit the entire world of *Black Orpheus* the moment he saw it. Brazil called to him—the music, the ladies, the sleekness, the fun, *el carnaval*. This was the beginning of Manny's great pivot from *malandro* (Portuguese for "bad boy, rascal, hoodlum") to strong and disciplined finisher.

He began an obsessive quest to connect with Brazil. In New York City, Manny entered the orbit of people like Loremil Machado (Pl. 69), a dancer and instructor partly responsible for introducing capoeira to New York City, and also a key influence on the breakdance style being developed at the time in Black and Puerto Rican neighborhoods in the city. He sought out the Brazilian community in New York, attending fiestas, ceremonies, exhibitions, and dance parties. He met people left and right, finding his way to a land far away that he felt was somehow central to his being. Manny's search for Brazil broke his marriage to Evelyn, but it landed him in Bahia, Brazil, in 1984. This first trip was a turning point in Manny's life. This is palpable in a blazing painting he did on his very first night in the country, when he attended a big street party in Rio de Janeiro. The perspective of the painting is unforgettable: Manny is looking at the raucous scene of dancers, many of them naked, and musicians from the performance stage (Pl. 56).

On that trip, Manny almost drowned during a ceremonial event at the beach in Bahia. He had already surrendered to the sea, as he felt the strong currents dragging him deeper and deeper, but he was rescued at the last minute. When he opened his eyes on the shore,

En lo personal, fueron tiempos turbulentos. Su matrimonio con Evelyn Rivera (pl. 100) se anuló en 1984, tras solo cuatro años. El artista explica que se encontraba "demasiado ocupado divirtiéndose", que "no pertenecía por completo" a ningún lugar, que su búsqueda avanzaba a toda velocidad, y que su alma era "una llama encendida que se tragaba a quienes estaban a su alrededor".[11] Su única ancla eran sus padres: cansado de bañarse en un lavabo, Manny había empezado a visitarles en el apartamento del Bronx los miércoles por la tarde. Por pura coincidencia, ese era el mismo horario en el que la televisión pública -PBS- tenía un programa en el que pasaban películas extranjeras, que Manny miraba con Doña Elena después de comer y darse una buena ducha. Juntos vieron *Zorba, el griego*, la mayoría de las películas de Kurosawa, Ingmar Bergman, y una película que le cambió la vida: *Orfeo negro* (1959), del director francés Marcel Camus, rodada en Rio de Janeiro. Si Manny se identificaba con el turbulento Zorba, interpretado por Anthony Quinn, al ver *Orfeo negro* sintió la necesidad de habitar el mundo de esa película. Brasil se convirtió en un llamado. Era la música, las mujeres, el esplendor, la diversión, el carnaval. Este también fue el inicio de la gran transformación de Manny, quien pasó de ser un *malandro* (palabra en portugués para "chico malo, travieso o rufián") a ser una persona constante y disciplinada.

Comenzó una búsqueda obsesiva por conectar con Brasil. En Nueva York, Manny ingresó en la órbita de personas como Loremil Machado (pl. 69), un maestro de *capoeira* en parte responsable de la introducción de esta disciplina en la ciudad, y quien también influyó en el estilo del *breakdance* que, en esa época, estaba en pleno desarrollo en los barrios de personas negras y puertorriqueñas. Manny fue en busca de la comunidad brasileña de Nueva York, asistiendo a fiestas, ceremonias, exposiciones y bailes. Conoció gente de todos los ámbitos y se abrió camino hacia una tierra lejana que, por alguna razón, era crucial para su ser. Si bien la búsqueda de una

Fig. 9
Ana Araiz, Mexico, ca. 1988

he saw the face of Ana Araiz, a beautiful young Mexican woman that he had met on the plane on his way to Brazil (Fig. 9). After years of friendship, Ana and Manny married in 2000. While Ana died of a brain tumor only a year after they were married, she remains Manny's true love and a constant inspiration—he still lives in her old apartment; he still creates mosaics and paintings with her likeness; he still invokes her. Along with Doña Elena, his sisters Bruni and Mayra, and many other women in his life, Ana is a manifestation of what Manny calls "the feminine divine": an accessible and constant feminine presence guiding him through life and connecting him with higher spheres of experience. His intriguing *gelede* masks are, for Manny, an embodiment of this personal feminine cult; in them he melds ancient West African Yoruba traditions that celebrate and honor women with barrio aesthetics.

But in 1984, in Brazil, Manny was still searching for fun and adventure. He molded himself after Vadinho, the unforgettable and endearing *títere* (hoodlum) who is a main character of Jorge Amado's novel *Dona Flor e seus dois maridos* (Dona Flor and her two husbands), the movie adaptation of which Manny had seen with his mother on PBS in the Bronx. In Bahia, Manny had no place to stay. He called the number a Brazilian friend from New York had given him. This was a contact in Terreiro do Gantois, Brazil's largest and most renowned temple of Candomblé, an early nineteenth-century Afro-Brazilian religion blending West African spirituality and Catholicism. He was allowed to sleep in the kitchen of the temple on that first trip; years later, he became a *filho de santo* (spiritual son) of the temple's legendary spiritual leader, Mãe Menininha do Gantois; this made Manny a spiritual brother of figures such as Caetano Veloso, Maria Bethânia, and Gal Costa, among other global luminaries of Brazil's iconic Música Popular Brasileira (MPB) and Tropicália movements. He still has a voicemail of the late Costa—his temple sister—singing him "Happy Birthday."

Manny's injunction to "respell" is perhaps a subliminal conversation with the Brazilian Antropofagia movement's philosophy of cannibalizing cultural currents and metabolizing them into new autochthonous originals. The Antropofagia manifesto was a primary influence on the Tropicália anti-authoritarian musical movement of the 1960s; the rebellious experimental music of that time is at the center of Manny's daily soundtrack.

Within the temple, Manny found his place, and in Mãe Menininha, he found a spiritual guide. His years of wandering were over. In the Candomblé religion he is a son of the *orisha* Ochosi, the hunter,

conexión con Brasil rompió su matrimonio con Evelyn, en 1984 lo llevó a Bahía, Brasil. Este primer viaje fue un punto de inflexión en la vida de Manny, algo que resulta palpable en una pintura deslumbrante que creó en su primera noche en el país, cuando asistió a una gran fiesta callejera en Río de Janeiro. La perspectiva de la pintura es inolvidable: Manny observa la bulliciosa escena de bailarines, muchos de ellos desnudos, y músicos desde el escenario (pl. 56).

En ese viaje, Manny estuvo a punto de ahogarse durante una ceremonia en una playa de Bahía. Aunque Manny ya se había entregado al poder del mar al sentir que la corriente lo arrastraba cada vez más hacia lo profundo, al final fue rescatado. Al abrir los ojos en la orilla vio el rostro de Ana Araiz, una hermosa joven mexicana que había conocido durante el viaje en avión a Brasil (fig. 9). Tras muchos años de amistad, Ana y Manny se casaron en el año 2000. A pesar de haber muerto de un tumor cerebral solo un año después del casamiento, Ana sigue siendo el verdadero amor de Manny y una constante inspiración: aún vive en el antiguo apartamento de ella, aún crea mosaicos y pinturas con su figura, aún la invoca. Junto con Doña Elena, sus hermanas Bruni y Mayra, y muchas otras mujeres que conoció en su vida, Ana es la manifestación de lo que Manny llama "la divinidad femenina": una presencia femenina accesible y constante que lo ha guiado a lo largo de la vida y lo conecta con esferas de experiencia superiores. Sus misteriosas máscaras *geledé* son, para Manny, una materialización de ese culto femenino personal; en ellas combina las tradiciones yoruba de África Occidental —que celebran y honran a las mujeres— con estéticas del barrio.

Pero en 1984, en Brasil, Manny todavía buscaba diversión y aventura. Se comportaba como Vadinho, el inolvidable pero adorable *títere* (rufián) que protagoniza la novela de Jorge Amado *Dona Flor e seus dois maridos*, cuya adaptación al cine Manny había visto con su madre en PBS, en el Bronx. En Bahía Manny no tenía dónde quedarse. Llamó al número que le había dado un amigo brasileño de Nueva York. Se trataba de el Terreiro do Gantois, el templo de candomblé más grande y reconocido de Brasil. El candomblé es una religión afrobrasileña del siglo XIX que combina elementos de la espiritualidad africana occidental y el catolicismo. La primera vez que visitó el templo le permitieron dormir en la cocina. Años después, se convirtió en un *filho de santo* (hijo espiritual) de la legendaria líder espiritual del templo Mãe Menininha do Gantois. De este modo, Manny pasó a ser hermano espiritual de figuras como Caetano Veloso, Maria Bethânia y Gal Costa, entre otras

renowned for his skill with the bow and arrow. In a reflection of his spiritual practice, Manny has spent decades mastering archery, a craft that demands not only skill but also an unyielding instinct for delivering perfect, finishing strikes. His symbol, the one he uses to sign most of his works, is a bow.

Though he returned to New York, Manny lived for Brazil. The country connected him with something deep and anchoring: his Afrodiasporic self. In Harlem he procured African goods unavailable in Brazil—beads, dyes, sculptures, cloth, music, videos—and returned with them to the temple in Brazil. He became a cultural bridge with an international span, connecting New York City, Brazil, Puerto Rico, and West Africa. In doing so, he came to see that Harlem, his beloved El Barrio, and the Bronx were all part of the international African diaspora, and that New York City was a spiritual center within it. Today, Manny is an *ebomin*, an elder in the temple; he owns land in Bahia and lives there for a few months each year. Many of his intricate bead works, paintings, pen and ink drawings, and mosaics reveal the force and depth of his spiritual life and global diasporic identity (Fig. 10). To Manny, his own very complicated story and self, and the idea of New York as an Afrodiasporic capital, are all part of the respelling of America.

Manny's most powerful and revealing works are the ones he has produced when death came visiting, with the passing of Doña Elena, of Mãe Menininha, of Ana, of Don Manuel, of his sister Mayra. These works, he says, are telephone lines connecting him with the other side, a way of continuing conversations, of keeping loved ones here. Since the early 1990s, many of these most intimate and breathtaking works have been mosaics. He likes them because they are physically demanding. Sometimes, the mosaics literally make him bleed. He began creating mosaics in 1997–98 after winning, against all odds, a commission for the Metropolitan Transportation Authority to create a work for the 110th Street subway station of the 6 train on Lexington Avenue. Despite never having done a mosaic, he proposed one. Manny prepared a series of four watercolors, now in the collection of the Museum of the City of New York, to be executed by a tile company in New Jersey. He naturally expected to be part of the mosaic creation and installation process, but the company rebuffed him. As soon as he learned they were keeping the secrets of mosaic-making from him, he went to the hardware store to buy tiles, cutters, and all the necessary tools and taught himself the medium. His very first mosaic, in 1998, was of Mãe Menininha (Pl. 96); his second was of Ana (Pl. 98). Characteristically, he obsessed over the technique

celebridades de los icónicos movimientos de la música popular brasileira (MPB) y Tropicália. Aún conserva un mensaje de voz en su teléfono de la difunta Gal Costa —su hermana del templo— cantándole *Feliz cumpleaños*.

Quizá el mandato de Manny de "reescribir" sea una conversación subliminal con la filosofía del movimiento cultural brasileño llamado Antropofagia: este buscaba canibalizar las corrientes culturales que se terminan metabolizando en nuevos elementos autóctonos y originales. El movimiento Antropofagia fue el origen del movimiento musical antiautoritario de los años sesenta llamado Tropicália. Manny aún escucha a diario la música experimental contestataria de esa época.

En el templo de Bahía Manny encontró su lugar. En Mãe Menininha, Manny encontró una guía espiritual. Los años de vagabundear se habían terminado. El símbolo de Manny, el que usa para firmar la mayoría de sus obras, es un arco. En la religión del candomblé, Manny es hijo del orisha Ochosi, el arquero y cazador que jamás erra un disparo. Un ejemplo de cómo la práctica espiritual ha impactado en la vida cotidiana de Manny más allá del arte es su dedicación a la práctica del tiro con arco, la que ha perfeccionado durante décadas; un arte que exige no solo habilidad sino también un instinto inquebrantable para lograr tiros perfectos y precisos.

Desde aquel primer viaje, Manny vivió para Brasil. Volvió a Nueva York con planes precisos de regresar. El país conectaba a Manny con algo profundo y arraigado: su yo afrodiaspórico. En el templo tuvo un papel importante como proveedor de bienes africanos que no estaban disponibles en Brasil, los cuales conseguía en las calles de Harlem: cuentas, tintes, esculturas, telas, música, videos. Manny se convirtió en un puente cultural que trascendía las fronteras, ya que conectaba Nueva York con Brasil, Puerto Rico y el África Occidental. Al hacerlo, se dio cuenta de que Harlem, su amado El Barrio y el Bronx, formaban parte de esa diáspora africana internacional, y de que Nueva York era un centro espiritual de esta diáspora. Actualmente Manny es un *ebomin*, un anciano en el templo; es dueño de tierras en Bahía, donde vive algunos meses del año. Muchas de sus elaboradas obras con cuentas, pinturas, dibujos en pluma y tinta y mosaicos revelan la fuerza y la profundidad de su vida espiritual y su identidad diaspórica mundial (fig. 10). También manifiestan la reescritura de los Estados Unidos porque, para Manny, la enorme complejidad de su historia y de su ser, junto con la idea de Nueva York como capital *afrodiaspórica* también son parte de esa reescritura.

and traveled to Ravenna, Italy, in 2011 on a Joan Mitchell Foundation grant to study at the source. His mosaics are today an integral part of El Barrio. School children freeze when they learn he is Manny Vega. They call him "THE Manny Vega."

The mosaics are a triumph of technique—what Manny calls "finishing strong." But this technical prowess should not obscure the fact that Manny's project is fundamentally a spiritual one. He sees his works as an effort to bring himself and us as much as possible into alignment with our own selves, with each other, and with those forces that are unseen but, he is convinced, dancing all around us. This spiritual program is predicated on the understanding that the most precious and important thing we can gift both him and one another with is our attention.

Manny honors this intimate gift, transforming our attention into a platform for stories that inspire us to envision more compassionate and generous versions of ourselves. This centering of our collective and individual attention is also key to his idea of the respelling of America—an invitation to intentionally expand our entire conceptual apparatus in ever more receptive ways. We are encouraged to be open to new identities, new ways of being and of relating to each other. As Manny says of his work, "I am not here to confuse you, I am here to upgrade you!" That upgrade is as profound as it is simple, offering us the "permission to be ourselves, to be you, to be me."[12] That permission is also part of the respelling of America, a warm embrace of the multiplicity in us, an embrace that affirms our humanity and imposes it on others.

"I spell this country differently from you, but our different spellings need to co-exist in love," he told me once. "We cannot forget our own selves; we need to make space for each other's stories, for each other's wounds, for each other's joys."[13] That is the real respelling of America: not a correction, but an expansion—a harmonizing of voices, tones, and truths that transforms discord into rhythm. Manny's art demands this of us, because it knows that beauty is not just in the work itself, but in the way it enters our lives and changes them.

To respell is to reclaim and to reimagine. And in Manny Vega's America, each of us is invited to be a co-creator of a future whose colors, rhythms, and forms are infinite. The work belongs to the response—and the response, Manny reminds us, belongs to us all.

Manny reflexiona sobre el hecho de que sus obras más poderosas y reveladoras son las que produjo cuando recibió la visita de la muerte. El fallecimiento de Doña Elena, de Mãe Menininha, de Ana, de Don Manuel, de su hermana Mayra; estas obras, explica, son líneas telefónicas con el más allá, una forma de continuar con sus conversaciones, de mantener a sus seres queridos en este mundo.

Desde principios de los años noventa muchas de estas obras íntimas e impactantes han sido mosaicos. Le gustan porque exigen un esfuerzo físico. En ocasiones elaborarlas le hacen sangrar, sangrar de verdad. Comenzó a crear mosaicos hacia 1997-1998 después de ganar, contra todos los pronósticos, un encargo de la Metropolitan Transportation Authority para crear una obra para la estación de metro de la línea 6 en la calle 110 sobre la Avenida Lexington. Propuso hacer un mosaico a pesar de que nunca había creado uno. Manny preparó una serie de cuatro acuarelas, ahora en la colección del Museum of the City of New York, que serían realizadas por una empresa de azulejos de Nueva Jersey. Lógicamente, Manny esperaba formar parte del equipo en la creación del mosaico y el proceso de instalación, pero la compañía lo rechazó. En cuanto supo que le ocultarían los secretos de la creación de mosaicos, fue a la ferretería a comprar azulejos, un cúter y todas las herramientas necesarias para aprender la técnica por sus propios medios. Su primer mosaico, en 1998, fue uno de Mãe Menininha (pl. 96); el segundo fue de Ana (pl. 98). Como era de esperarse, Manny se obsesionó con la técnica y en 2011 viajó a Ravena, Italia, con una subvención de la Joan Mitchell Foundation para estudiar en un lugar central en la historia de esa técnica. Hoy en día sus mosaicos son una parte integral de El Barrio. Por eso, los niños se paralizan cuando se enteran de que es Manny Vega. Lo llaman EL Manny.

Los mosaicos son un triunfo de la técnica, lo que Manny llama "culminar con maestría". Pero esta proeza técnica no debe opacar el hecho de que el proyecto de Manny es fundamentalmente espiritual. Considera que sus obras son un intento de alinearse y alinearnos lo máximo posible con nuestro propio ser, con las otras personas y con aquellas fuerzas que son invisibles pero que, está convencido, bailan a nuestro alrededor. Este programa espiritual se basa en el conocimiento de que lo más preciado e importante que podemos obsequiarle al artista y obsequiarnos unos a otros es nuestra atención.

Manny honra este regalo íntimo y transforma nuestra atención en una plataforma para historias que nos inspiran a visualizar versiones más compasivas y generosas de nosotros mismos. Esta

Fig. 10
Manny Vega, 1992, photograph by/fotografía de **Phyllis Galembo**

centralización de nuestra atención colectiva e individual también es clave para esta idea de la "reescritura de los Estados Unidos": una invitación a expandir intencionalmente todo nuestro aparato conceptual en formas aún más receptivas. Nos alienta a abrirnos a nuevas identidades, a nuevas formas de ser y de relacionarnos con otras personas. Como dice Manny acerca de su obra: "¡No estoy aquí para confundirte, estoy aquí para mejorarte!". Esa mejora es tan profunda como simple y nos ofrece el "permiso para que seamos nosotros mismos, para que seas tú, para que sea yo".[12] Ese permiso también es la reescritura de los Estados Unidos, ya que implica un abrazo cálido de la multiplicidad que habita en nuestro interior, un abrazo que afirma e impone nuestra compasión.

"Deletreo este país de una forma diferente a la que lo hace usted, pero nuestras diferentes formas de deletrear deben convivir con amor" —me dijo una vez—. "No podemos olvidarnos de nuestro propio ser, debemos hacer espacio para las historias de las otras personas, para sus heridas, para sus alegrías".[13] Esa es la verdadera reescritura de los Estados Unidos: no es una corrección sino una expansión, una armonización de voces, tonos y verdades que transforman la disonancia en ritmo. El arte de Manny nos exige esto porque sabe que la belleza no se encuentra sólo en la obra, sino en la forma en que esta ingresa a nuestras vidas y las modifica.

Reescribir es reclamar y reimaginar. Y en los Estados Unidos de Manny Vega todo el mundo está invitado a ser cocreador de un futuro cuyos colores, ritmos y formas son infinitas. La obra le pertenece a la respuesta que genera... y esta, como nos recuerda Manny, nos pertenece a todos.

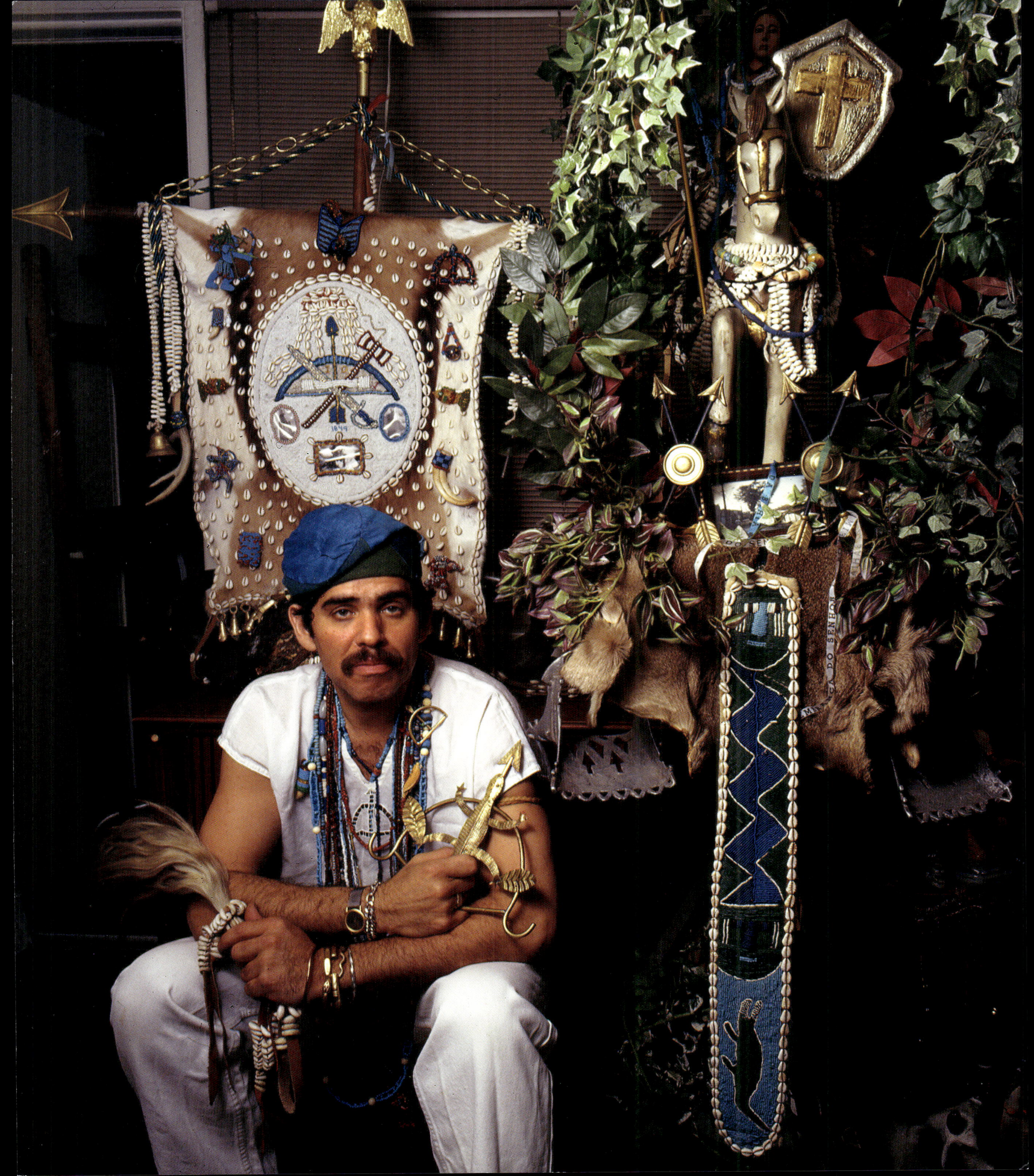

SPIRIT

~

ESPÍRITU

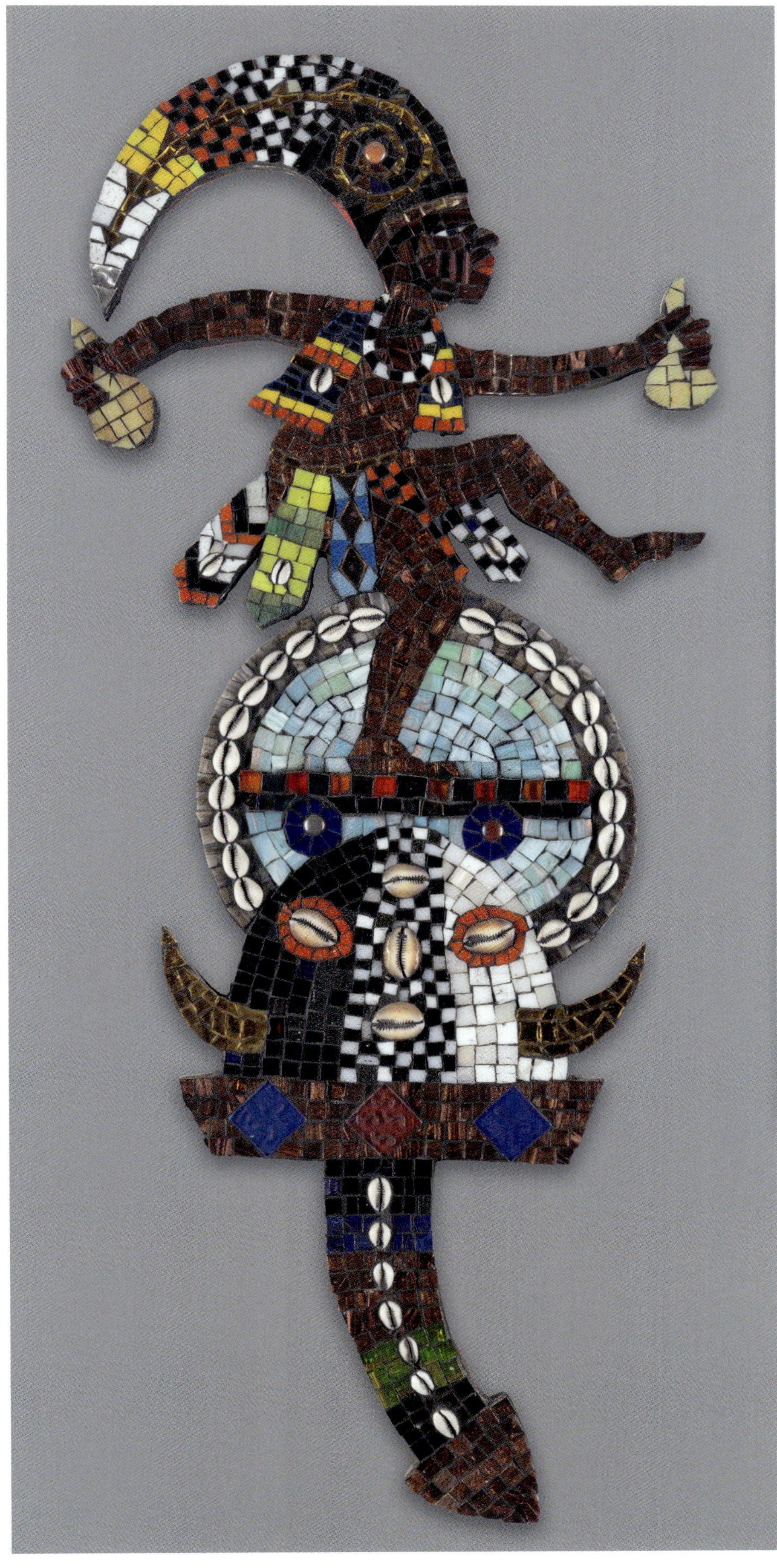

Plate 1
Elegbara, 2017
Colored glass on wood/
Vidrio coloreado sobre madera
32 × 14 in. (81.3 × 35.6 cm)

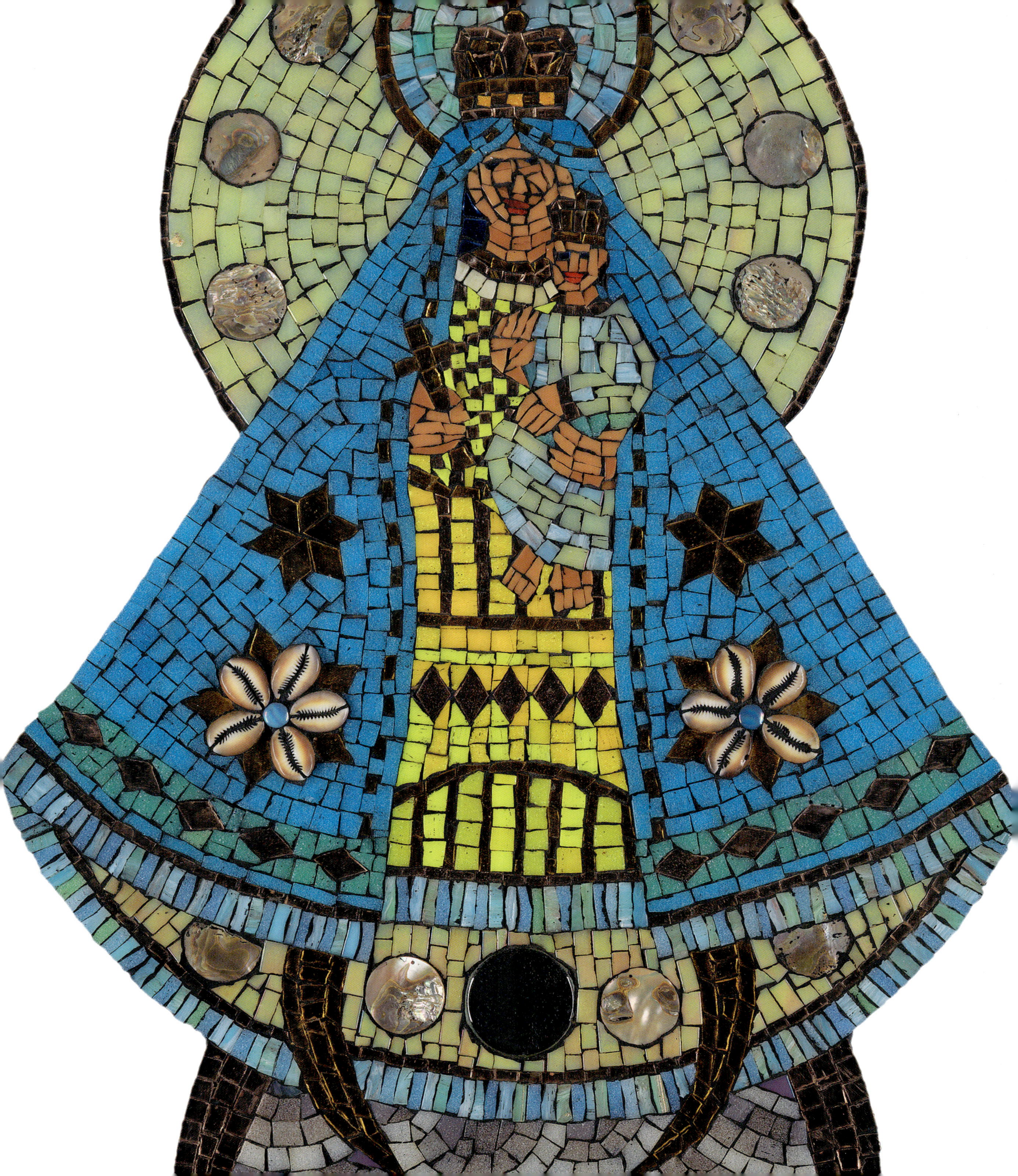

Plate 2
Caridad del Cobre/Cachita Pop, 2014
Colored glass on wood/
Vidrio coloreado sobre madera
40 × 18 in. (101.6 × 45.7 cm)

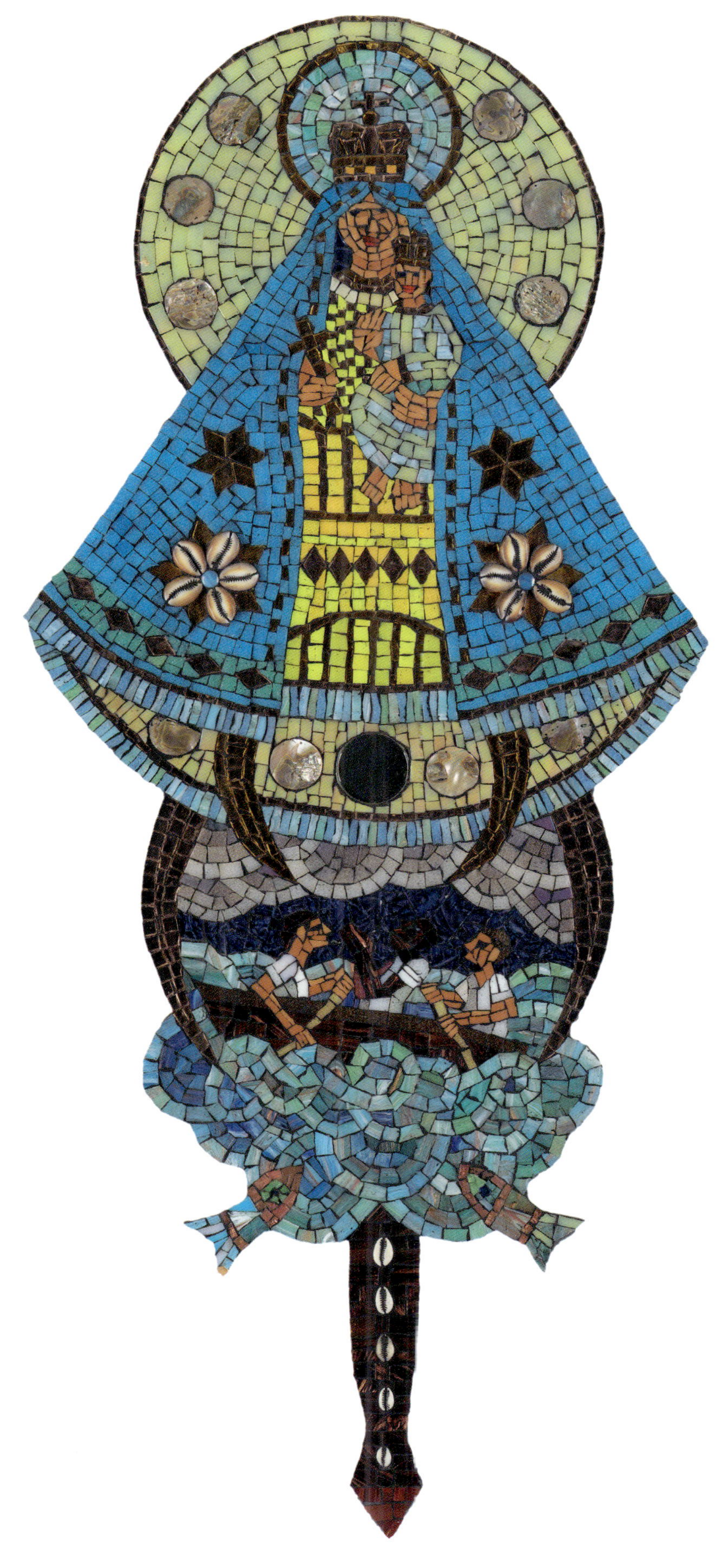

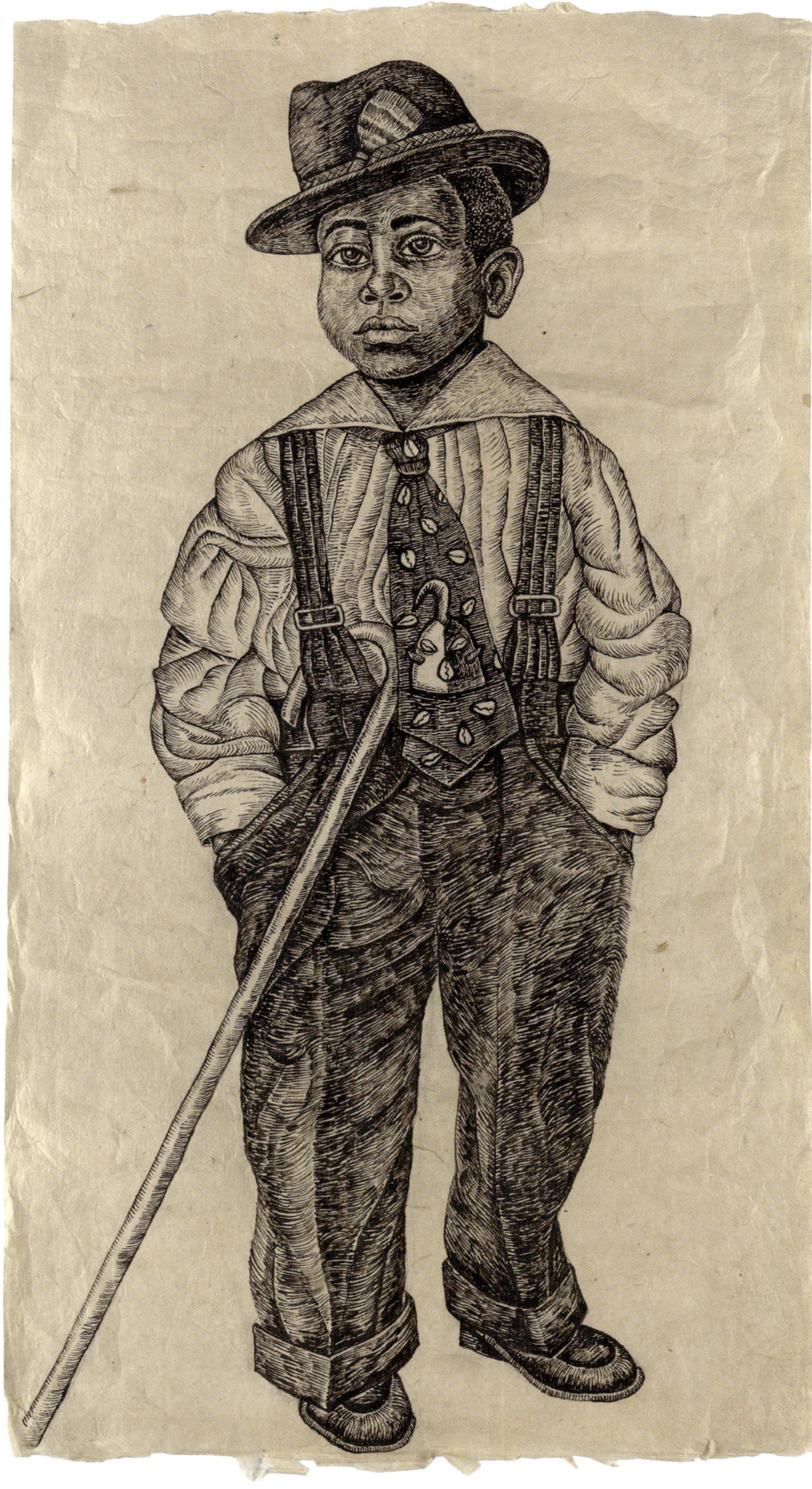

Plate 3
Buckwheat Elegba, 2015
Pen and ink on Lapka banana leaf paper from Nepal/Pluma y tinta sobre papel de hoja de plátano Lapka de Nepal
39 × 21 in. (99 × 53.3 cm)

Plate 4
Mãe Pulquéria do Gantois, ca. 1998
Pen and ink on Lapka banana leaf paper from Nepal/Pluma y tinta sobre papel de hoja de plátano Lapka de Nepal
68½ × 39½ in. (174 × 100.3 cm)

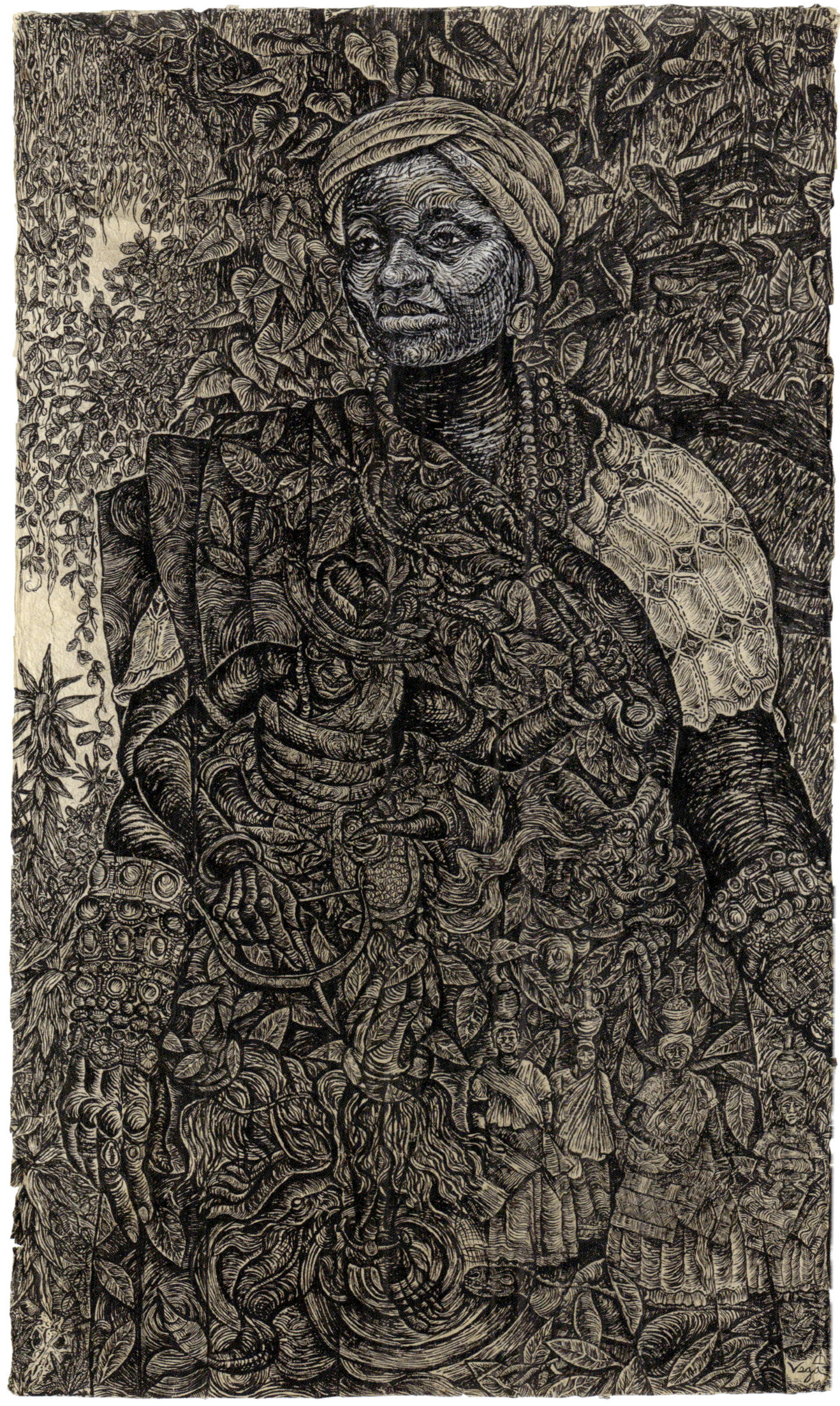

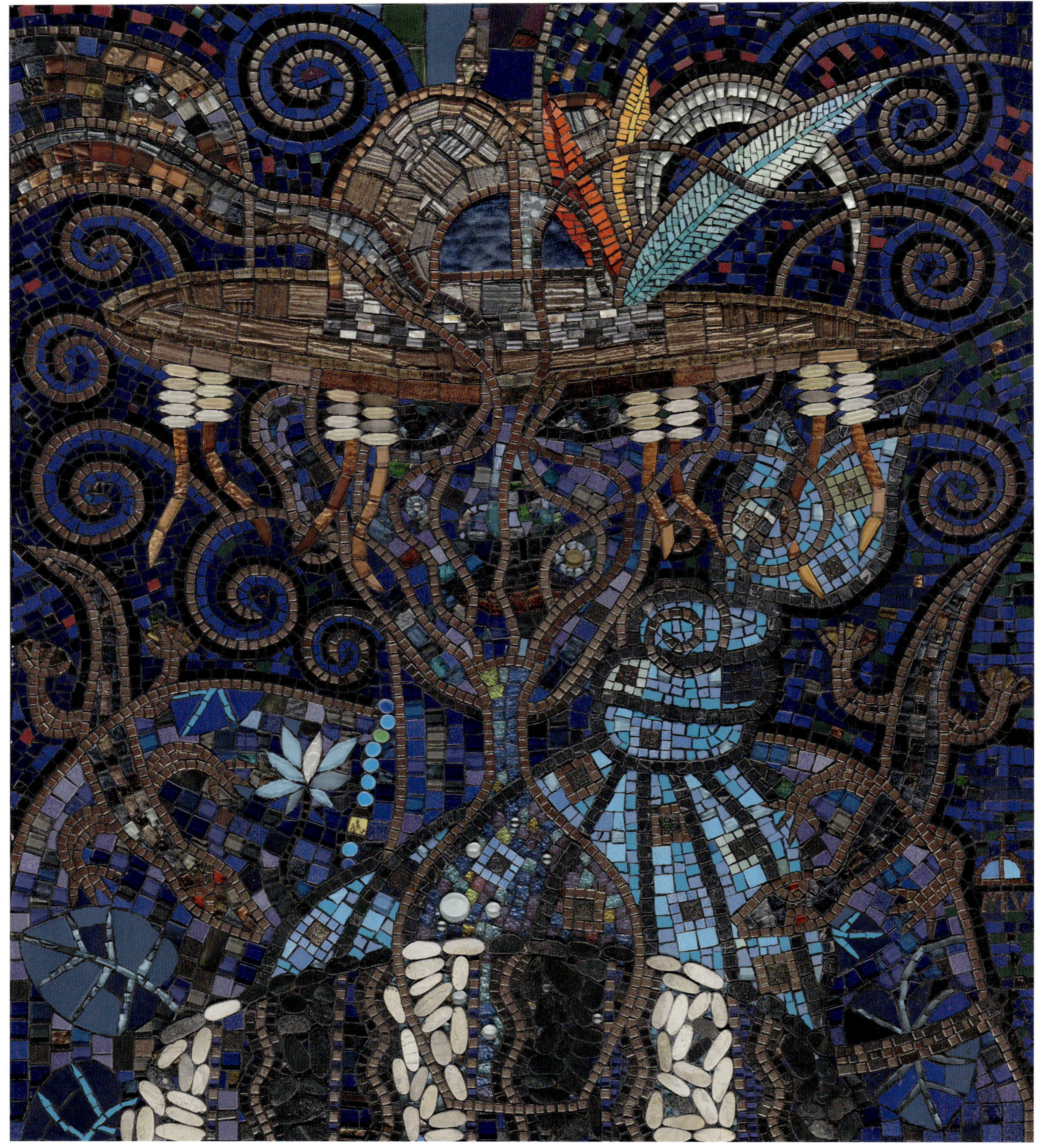

Plate 5 (opposite)
Odé, 2014
Colored glass on wood/
Vidrio coloreado sobre madera
55 × 48 in. (139.7 × 121.9 cm)

Plate 6 (below)
Logun Edé, 2005
Colored glass on wood/
Vidrio coloreado sobre madera
40 × 28 in. (101.6 × 71.1 cm)

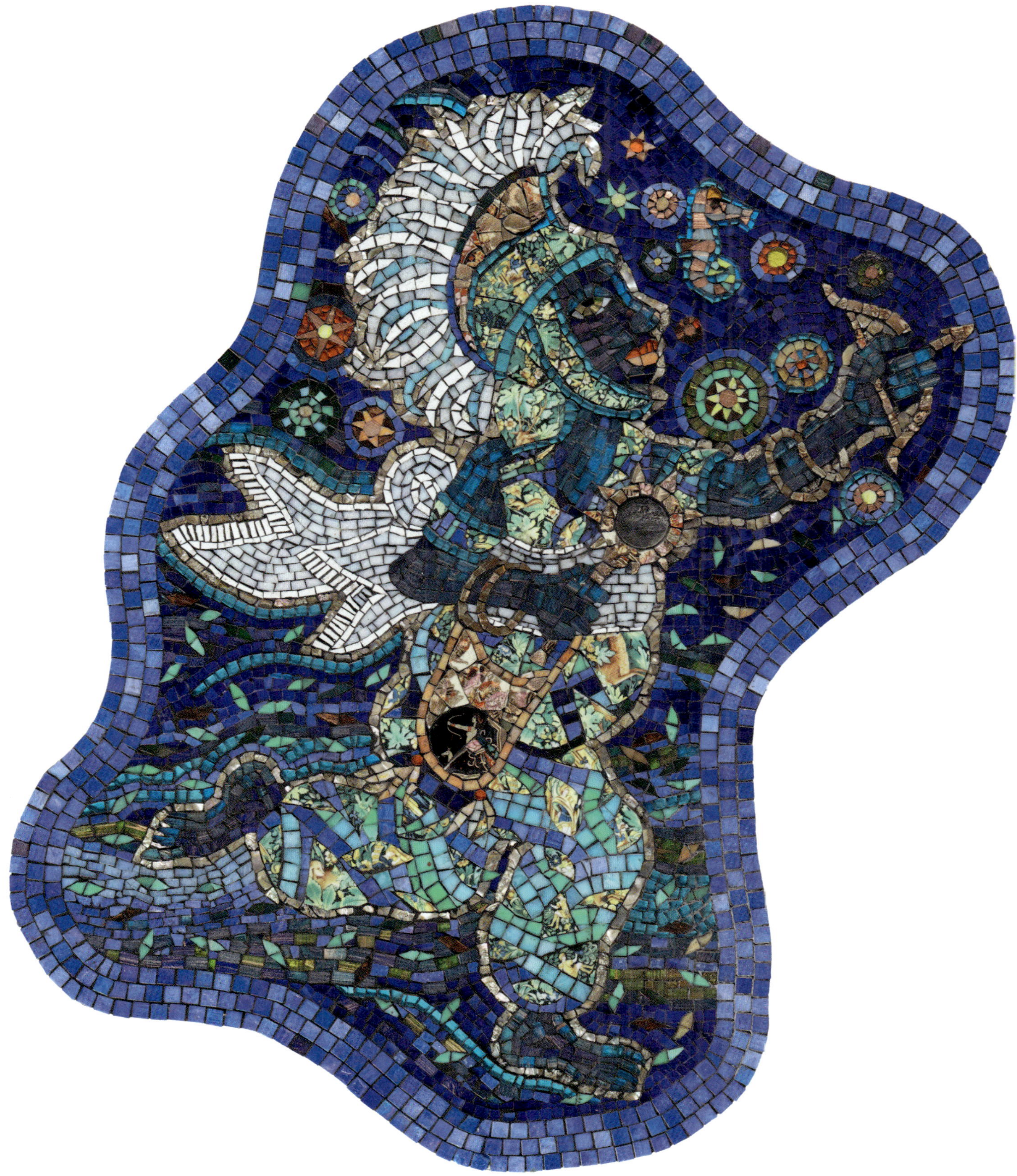

Plate 7 (below)
Ògún's Chant, 1992
Rapidograph technical pen on paper/
Bolígrafo técnico Rapidograph sobre papel
14 × 8¾ in. (35.6 × 22.2 cm)

Plate 8 (opposite)
Osun, 1992
Rapidograph technical pen on paper/
Bolígrafo técnico Rapidograph sobre papel
11 × 8½ in. (27.9 × 21.6 cm)

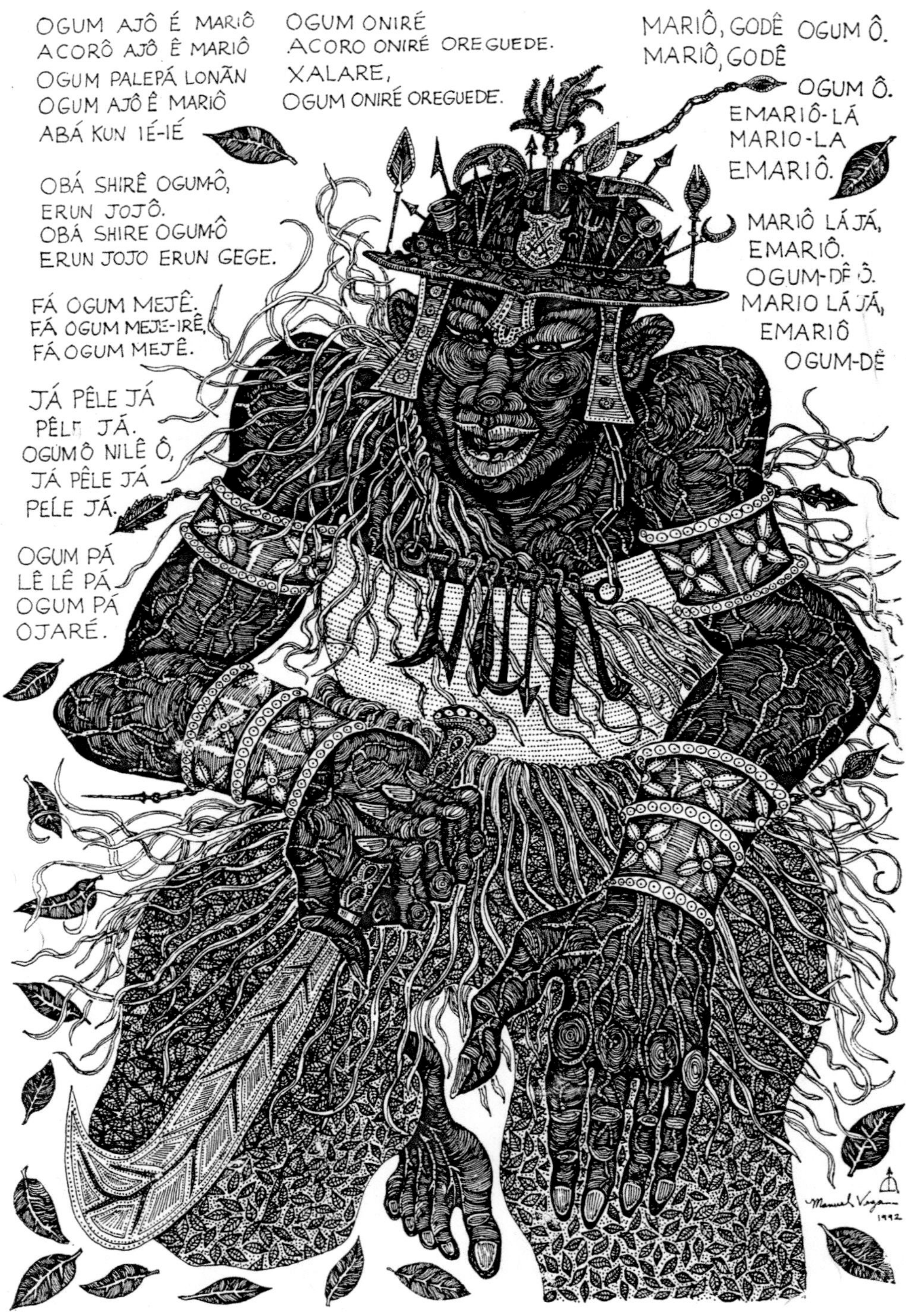

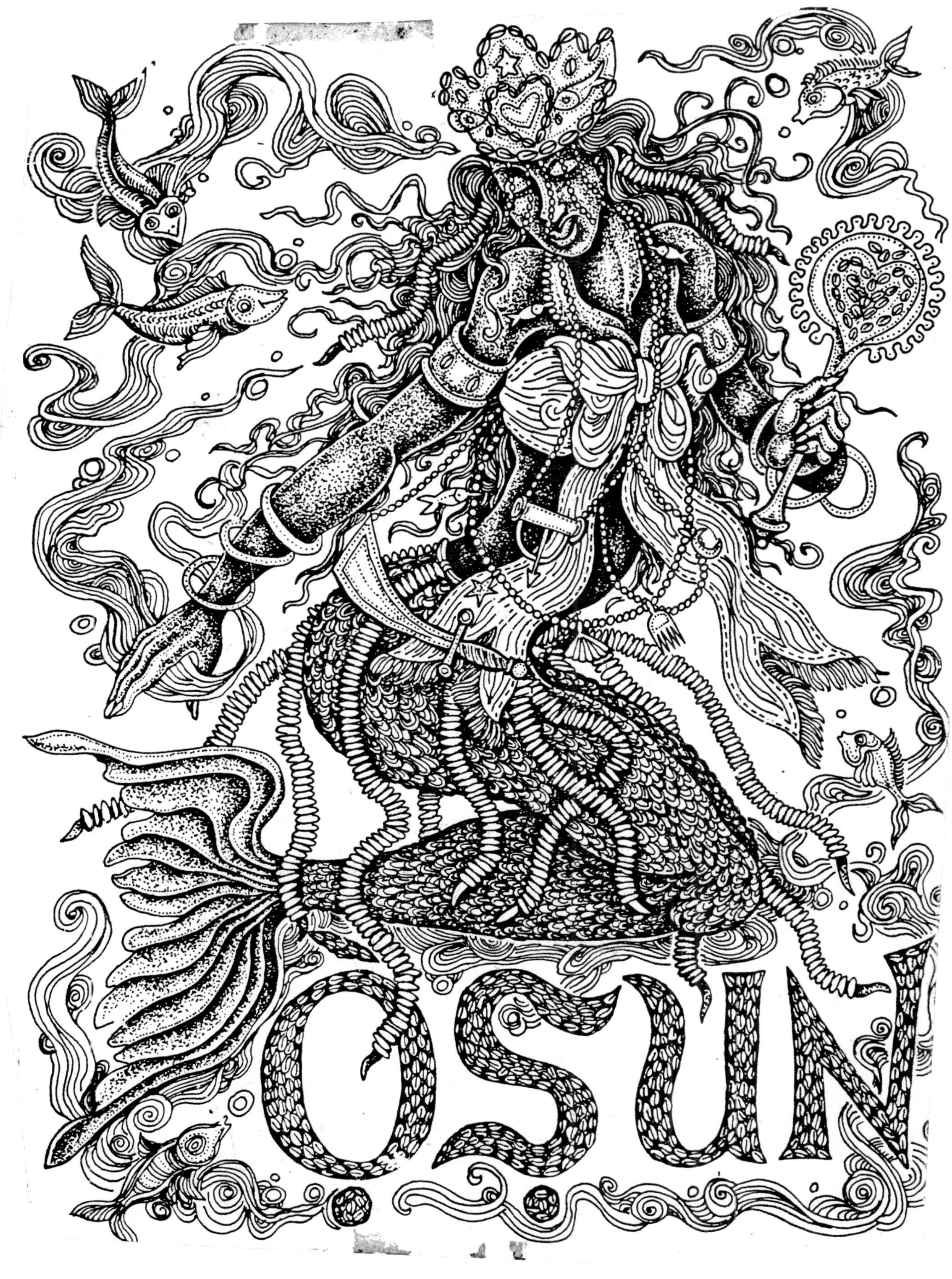
OSUN

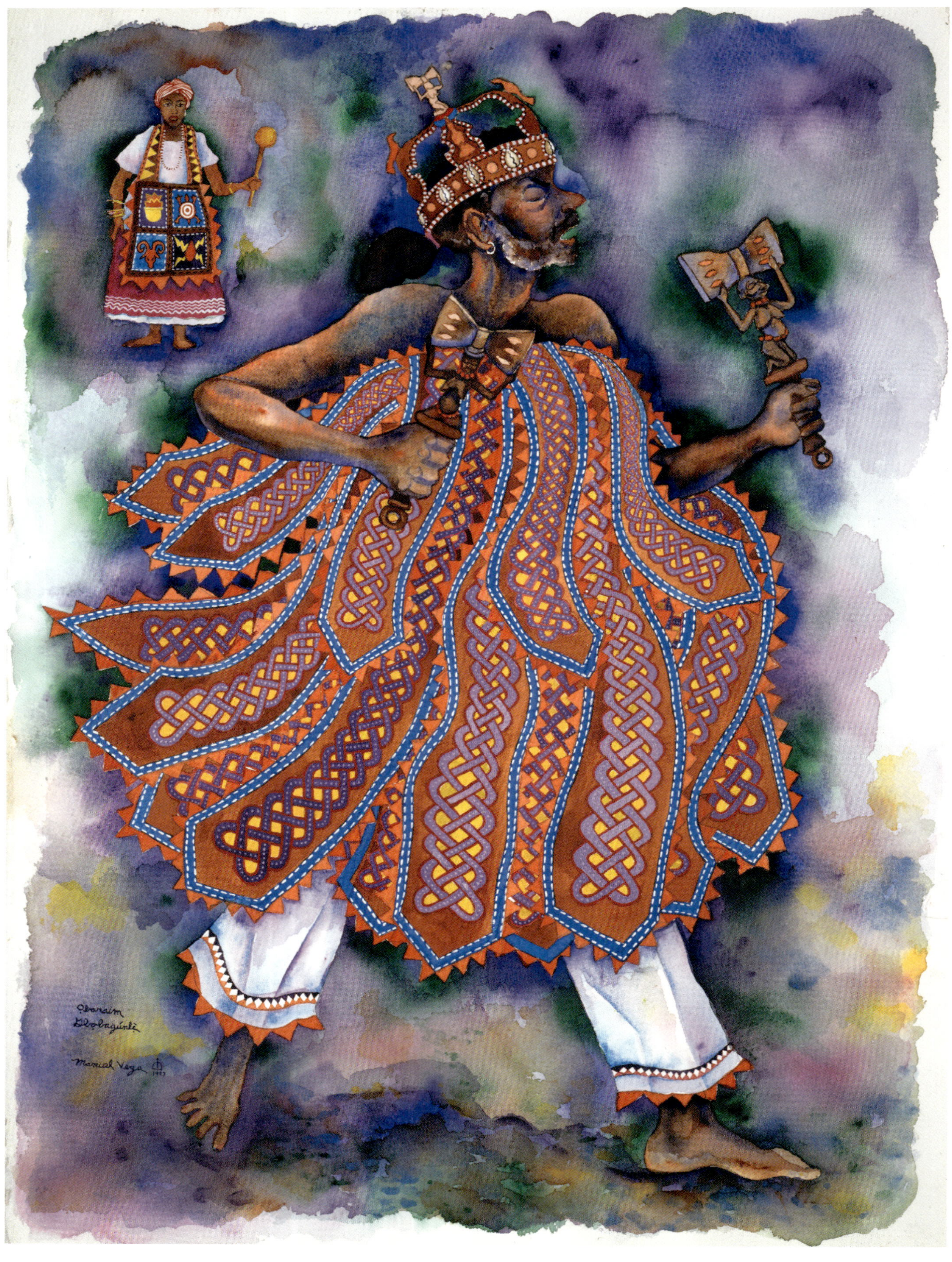

Plate 9 (opposite)
Obarayi, 1997
Watercolor on paper/ Acuarela sobre papel
30¼ × 22½ in. (76.8 × 57.2 cm)

Plate 10 (below)
Ṣiré, 1998
Acrylic on canvas/ Acrílico sobre lienzo
48 × 60 in. (121.9 × 152.4 cm)

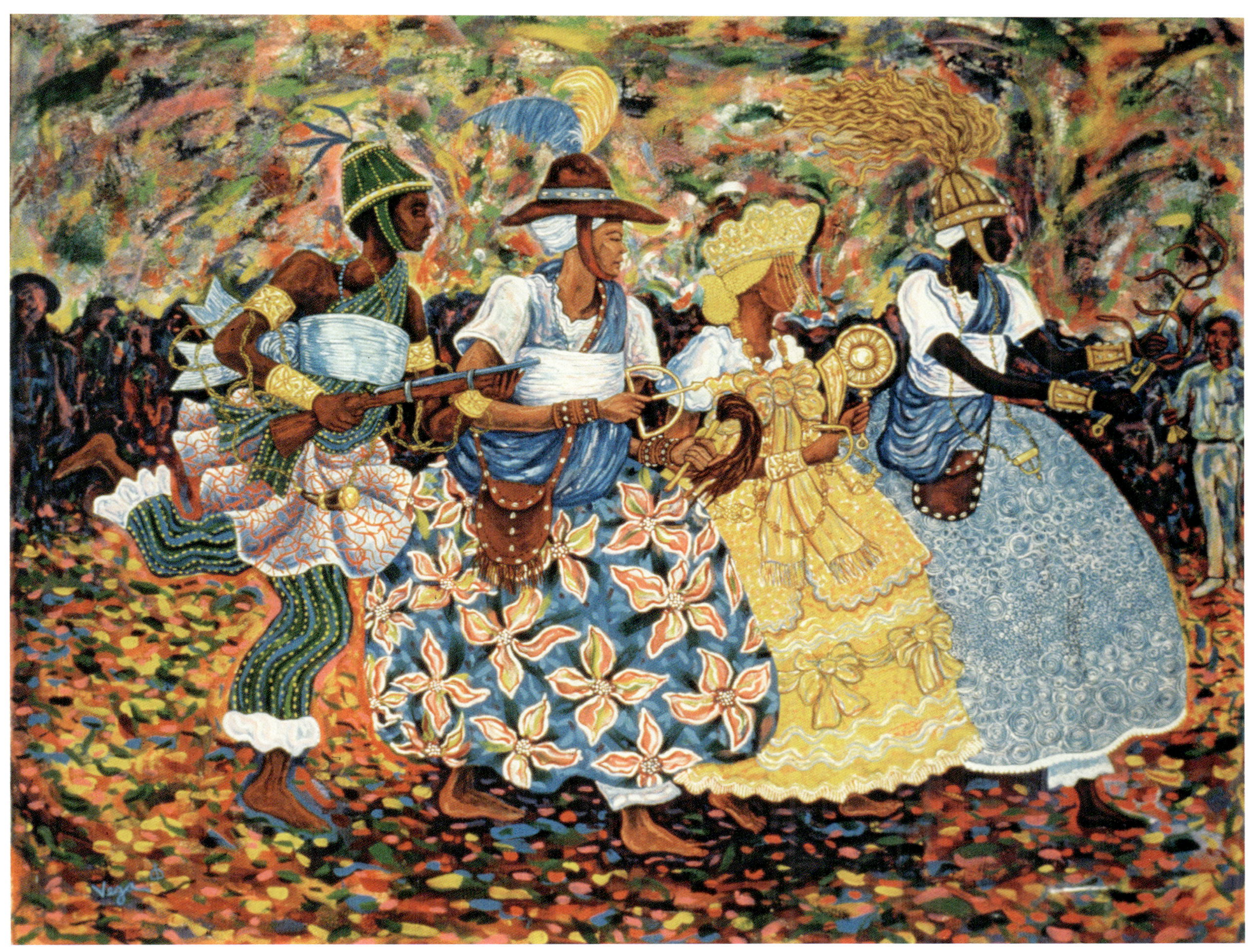

Plate 11 (below)
The Year of Shangó, 2012
Watercolor on paper/Acuarela sobre papel
29½ × 22 in. (74.9 × 55.9 cm)

Plate 12 (opposite)
Mãe das Aguas, ca. 1994
Watercolor on paper/Acuarela sobre papel
30 × 22 in. (76.2 × 55.9 cm)

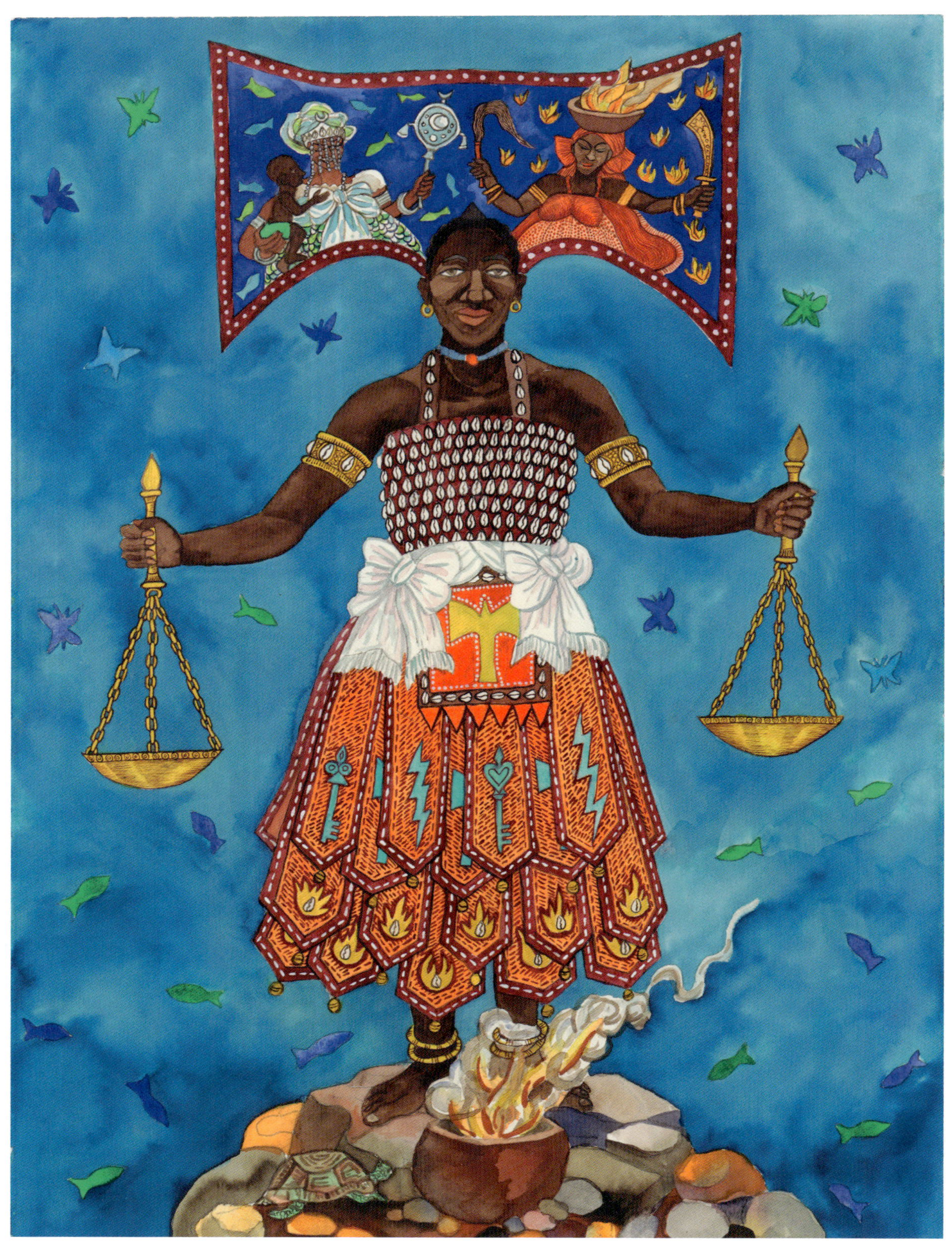

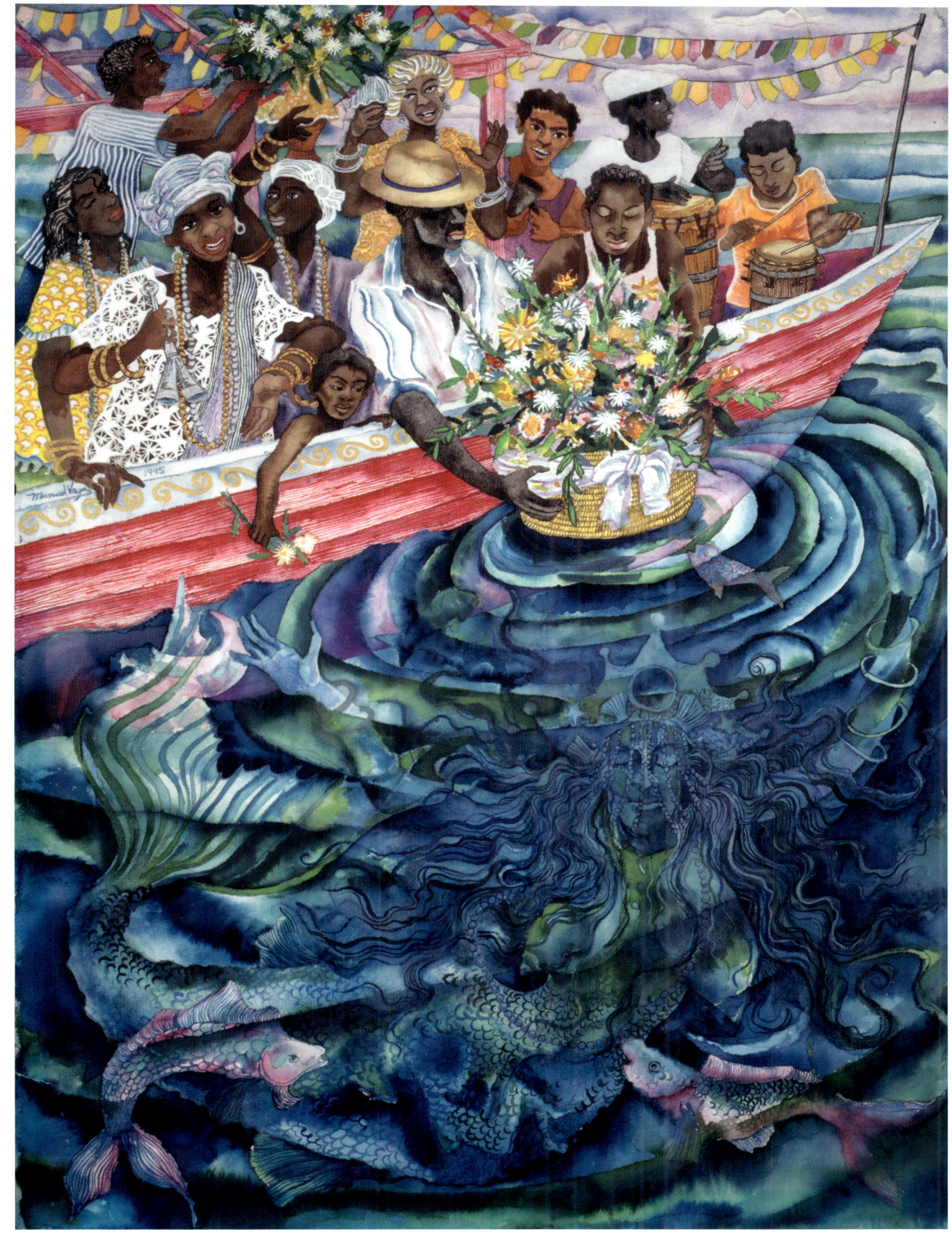

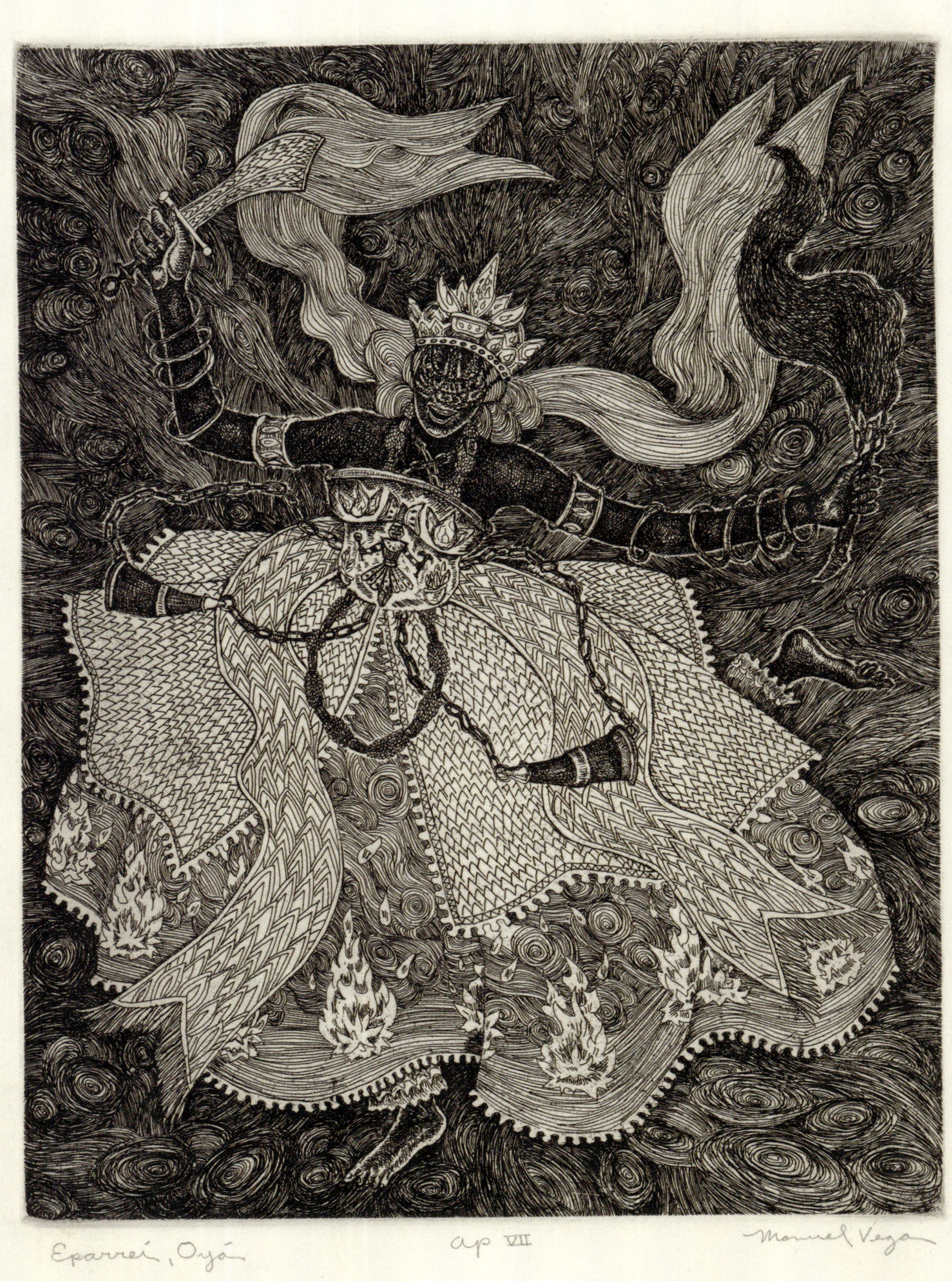
Eparrei, Oyá
ap VII
Manuel Vega

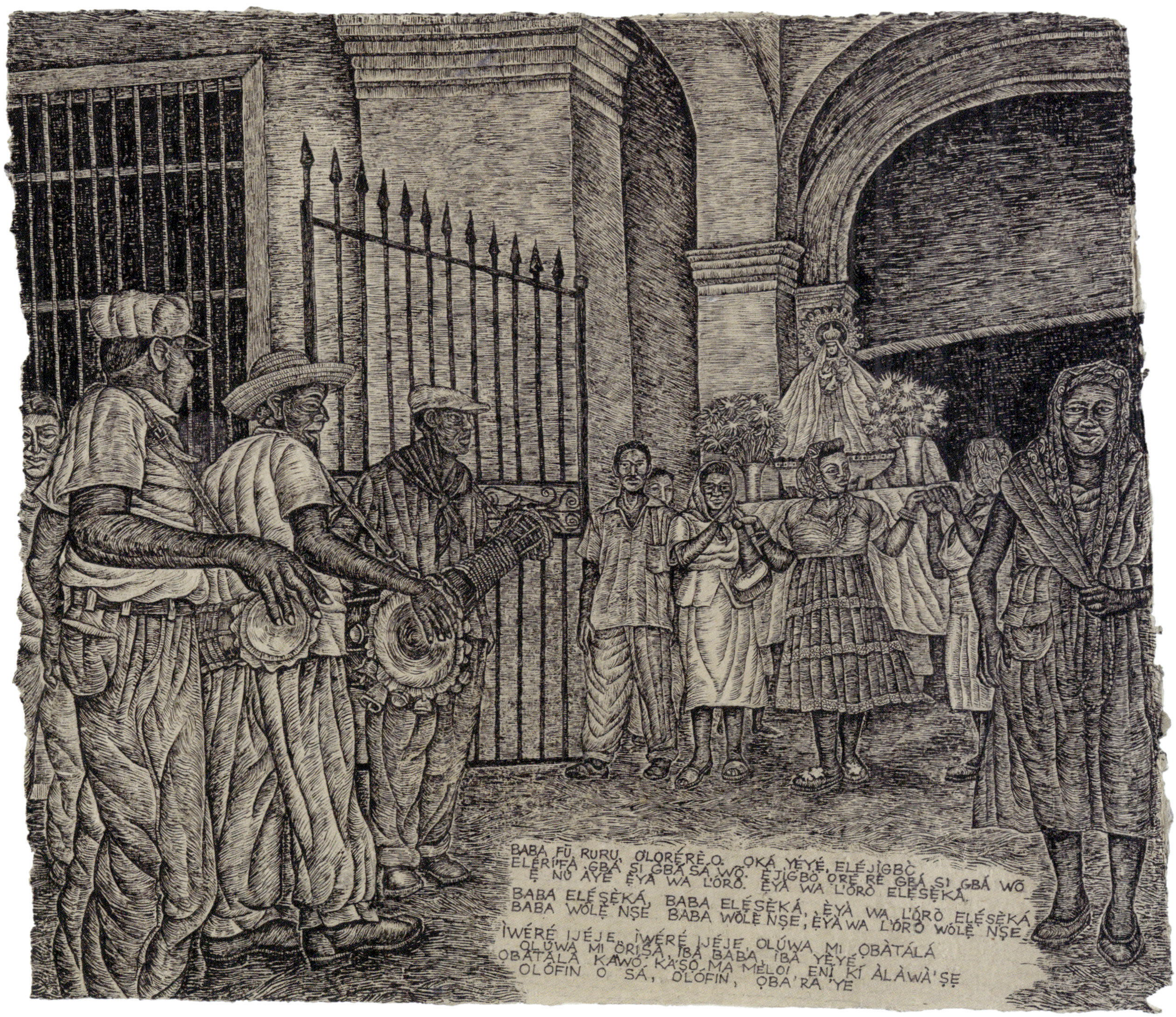

Plate 13 (opposite)
Ọya, 1992
Pen and ink on paper/
Pluma y tinta sobre papel
20¾ × 14¾ in. (52.7 × 37.5 cm)

Plate 14 (above)
Canto a Obatalá, 2014
Pen and ink on Lapka banana leaf paper from Nepal/Pluma y tinta sobre papel de hoja de plátano Lapka de Nepal
27¾ × 30¾ in. (70.5 × 78.1 cm)

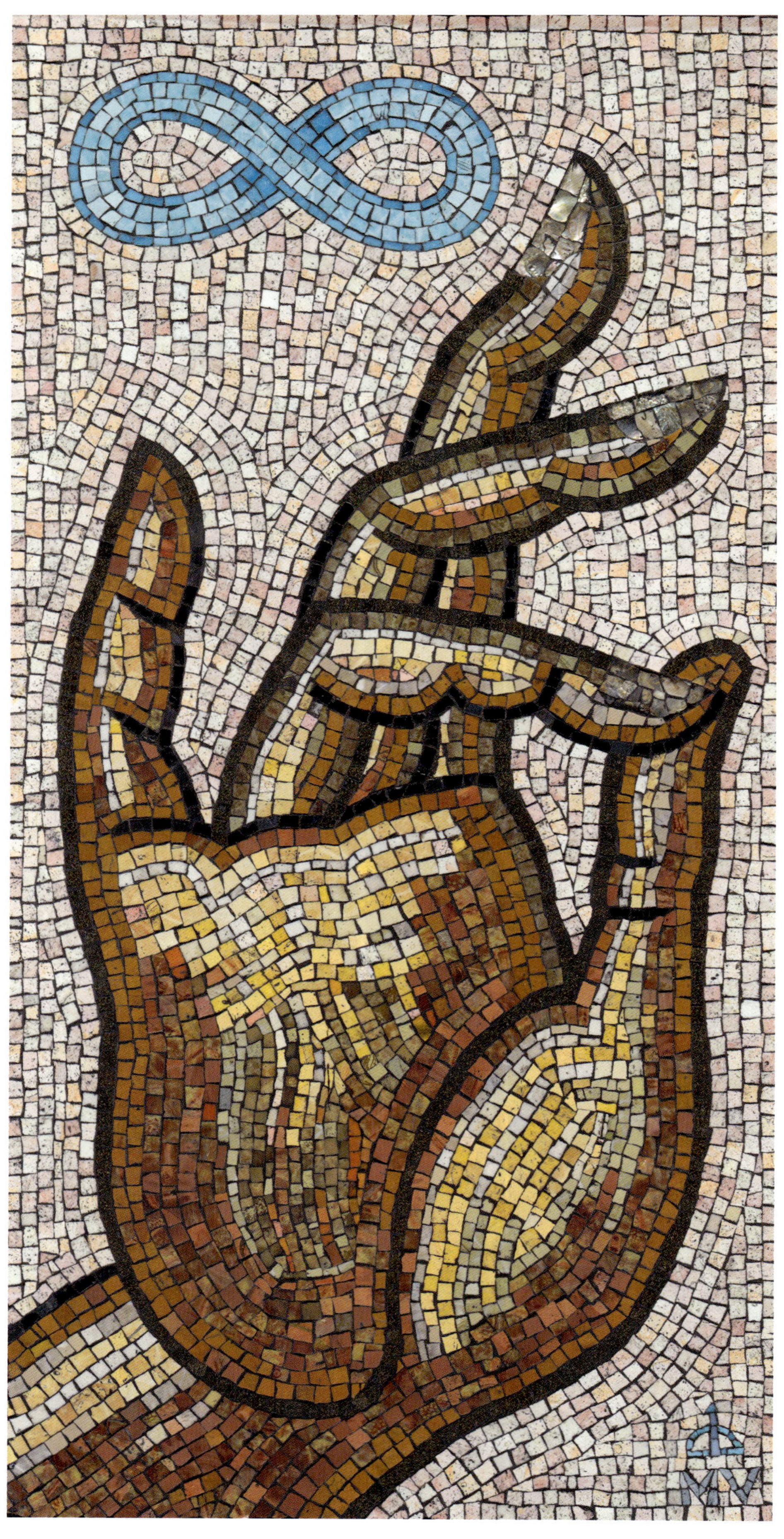

Plate 15
Mudra, 2010
Colored glass on wood/
Vidrio coloreado sobre madera
50½ × 26 in. (128.3 × 66 cm)

Plate 16
¿Y tú? 2012
Colored glass on wood/
Vidrio coloreado sobre madera
24 × 24 in. (61 × 61 cm)

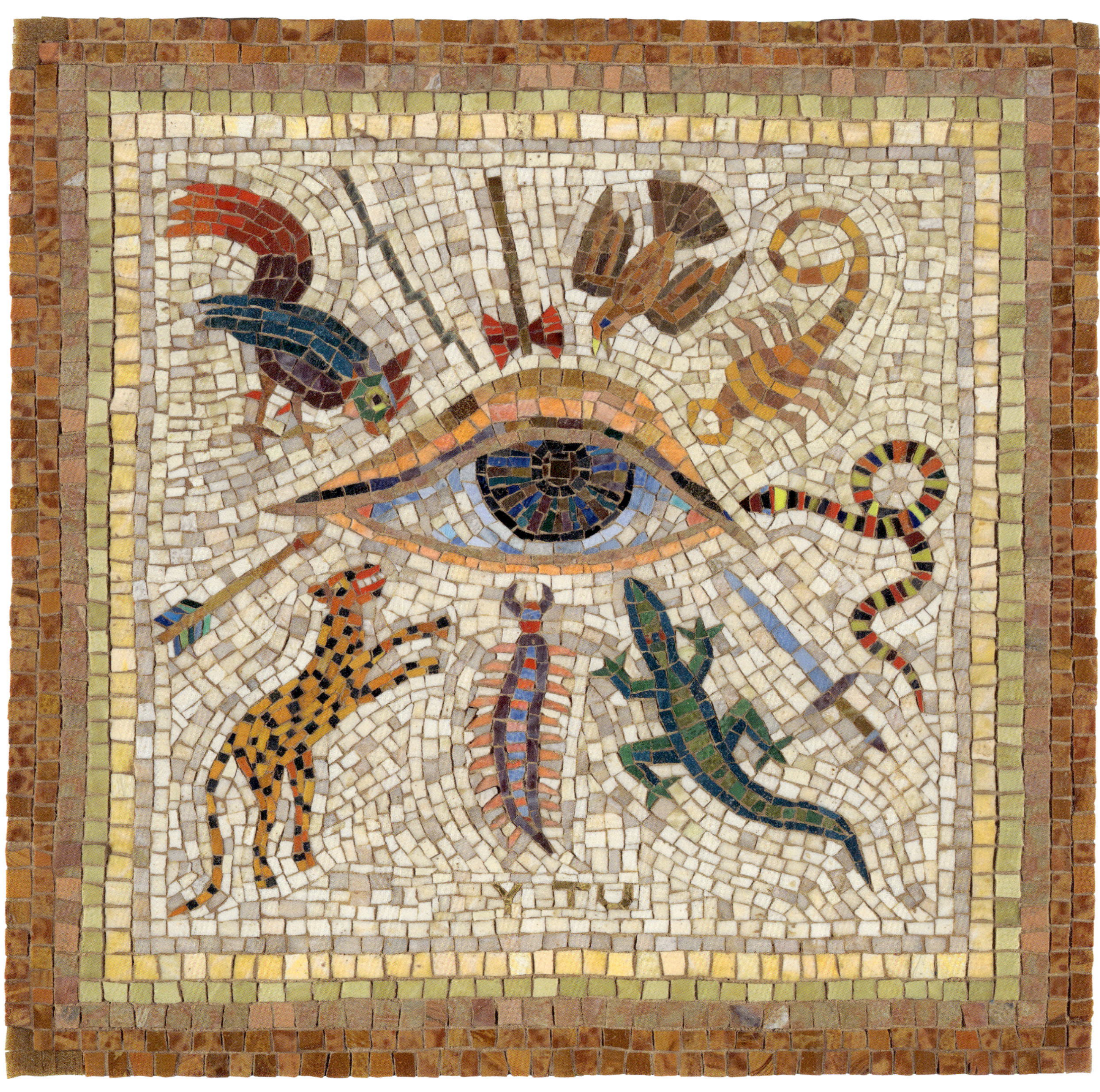

Plate 17
Èṣù (*Orisha* series), 1986
Watercolor and gouache on paper/
Acuarela y gouache sobre papel
24 × 18 in. (61 × 45.7 cm)

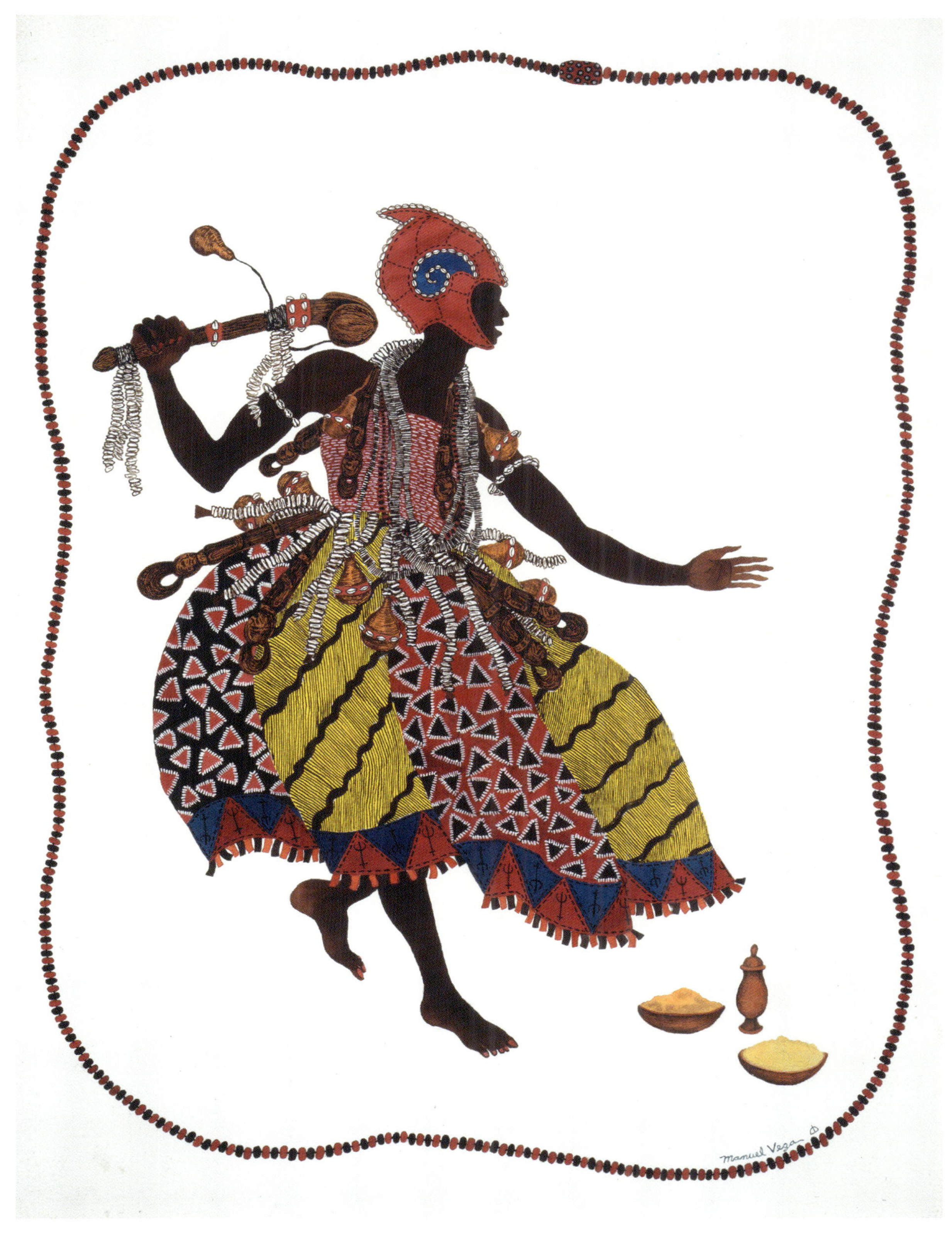
Manuel Vega

Plate 18
Ògún (*Orisha* series), 1986
Watercolor and gouache on paper/
Acuarela y gouache sobre papel
24 × 18 in. (61 × 45.7 cm)

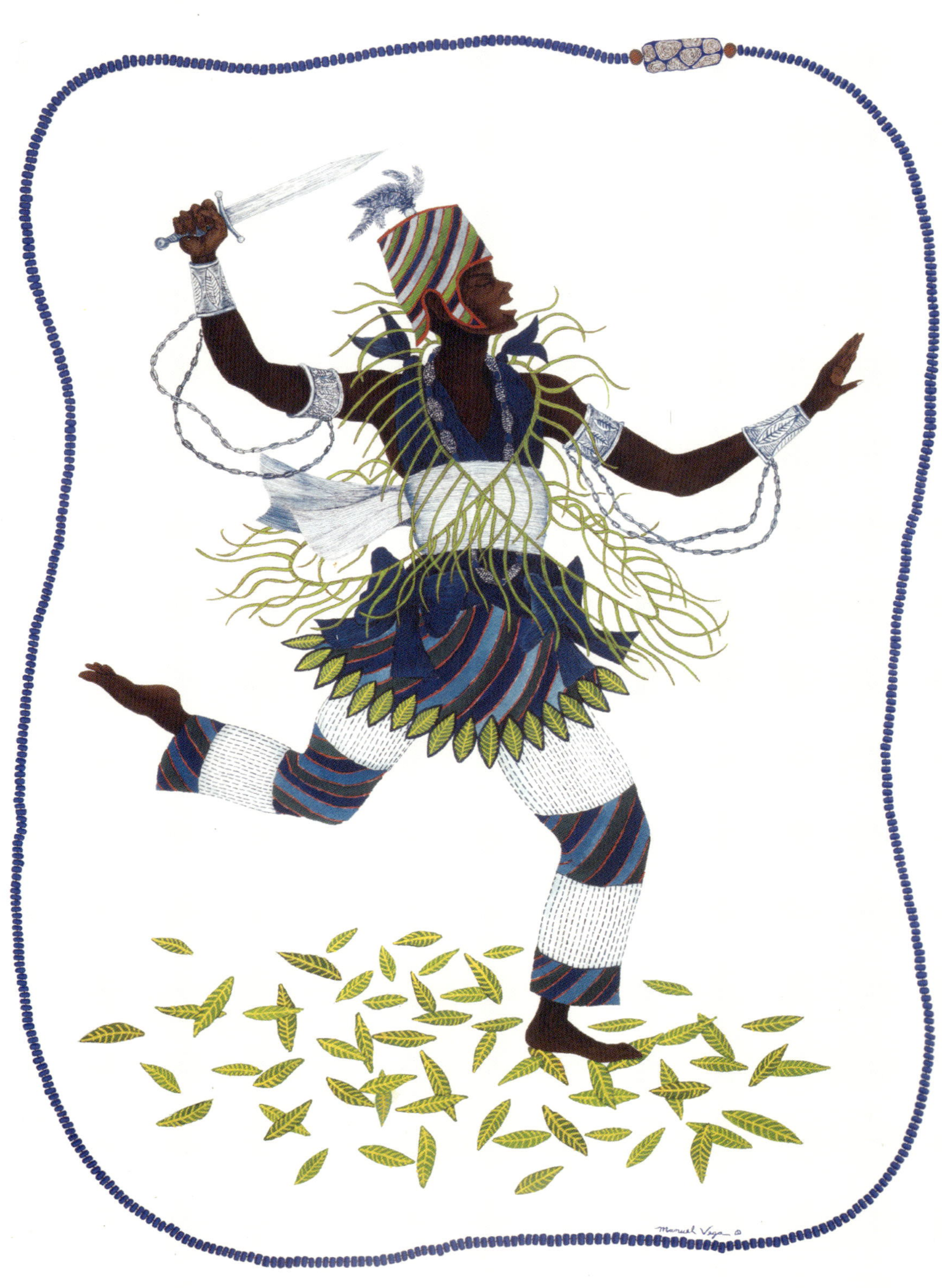

Plate 19
Ochosi (*Orisha* series), 1987
Watercolor and gouache on paper/
Acuarela y gouache sobre papel
18 × 24 in. (45.7 × 61 cm)

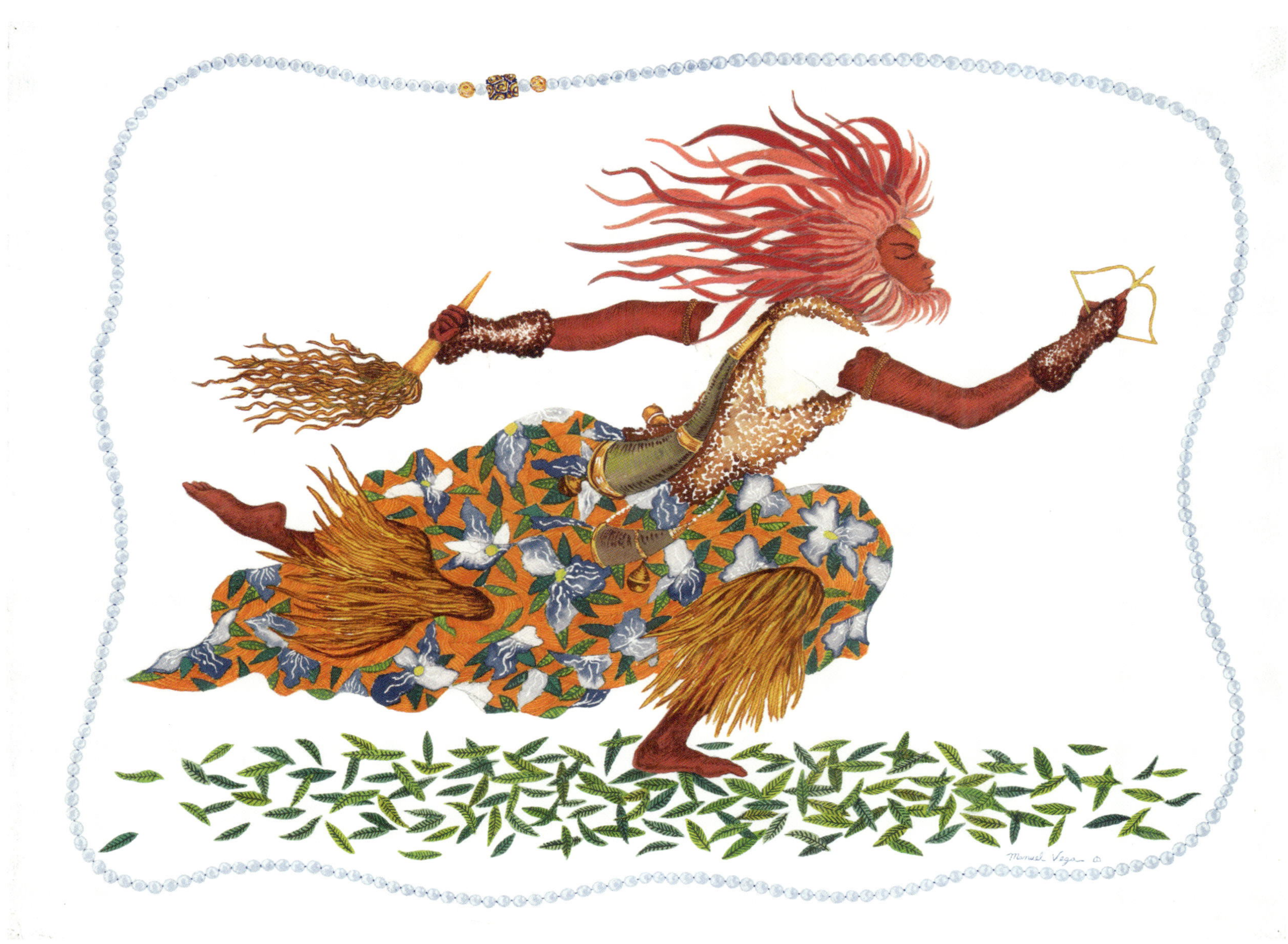

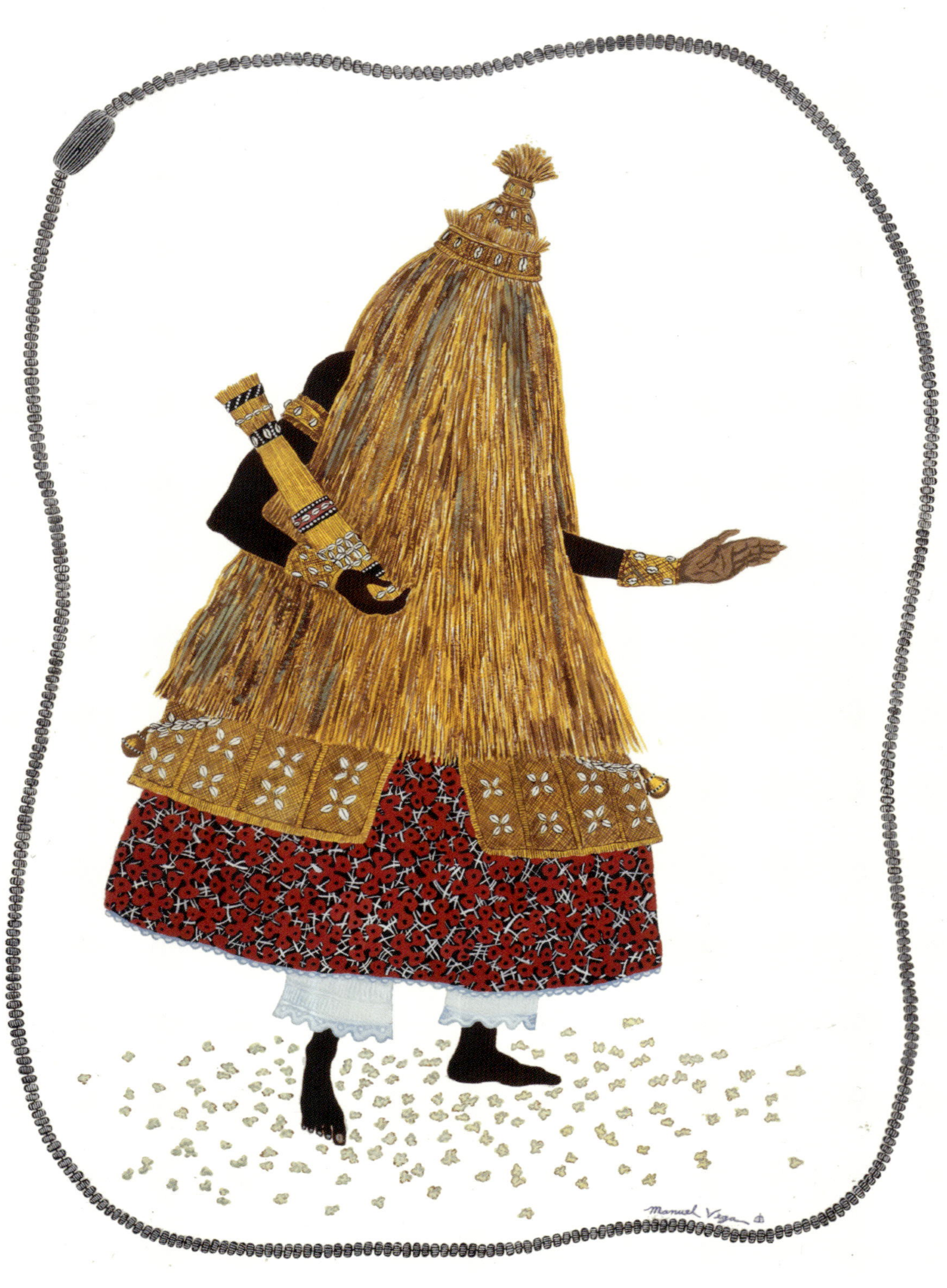

Plate 20
Omolu (*Orisha* series), 1986
Watercolor and gouache on paper/
Acuarela y gouache sobre papel
24 × 18 in. (61 × 45.7 cm)

Plate 21
Ossain (*Orisha* series), 1986
Watercolor and gouache on paper/
Acuarela y gouache sobre papel
24 × 18 in. (61 × 45.7 cm)

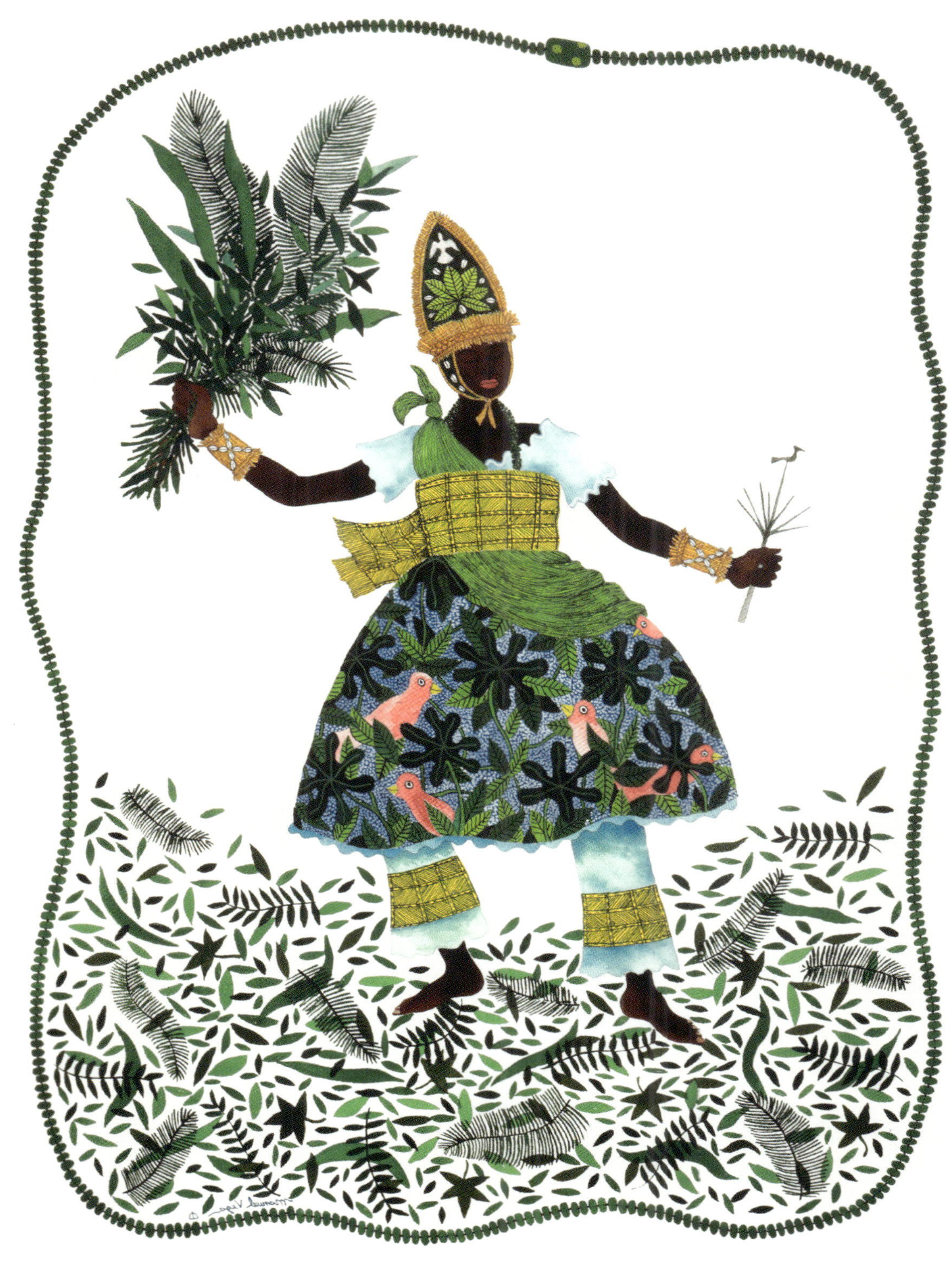

Plate 22
Oxumaré (*Orisha* series), 1986
Watercolor and gouache on paper/
Acuarela y gouache sobre papel
24 × 18 in. (61 × 45.7 cm)

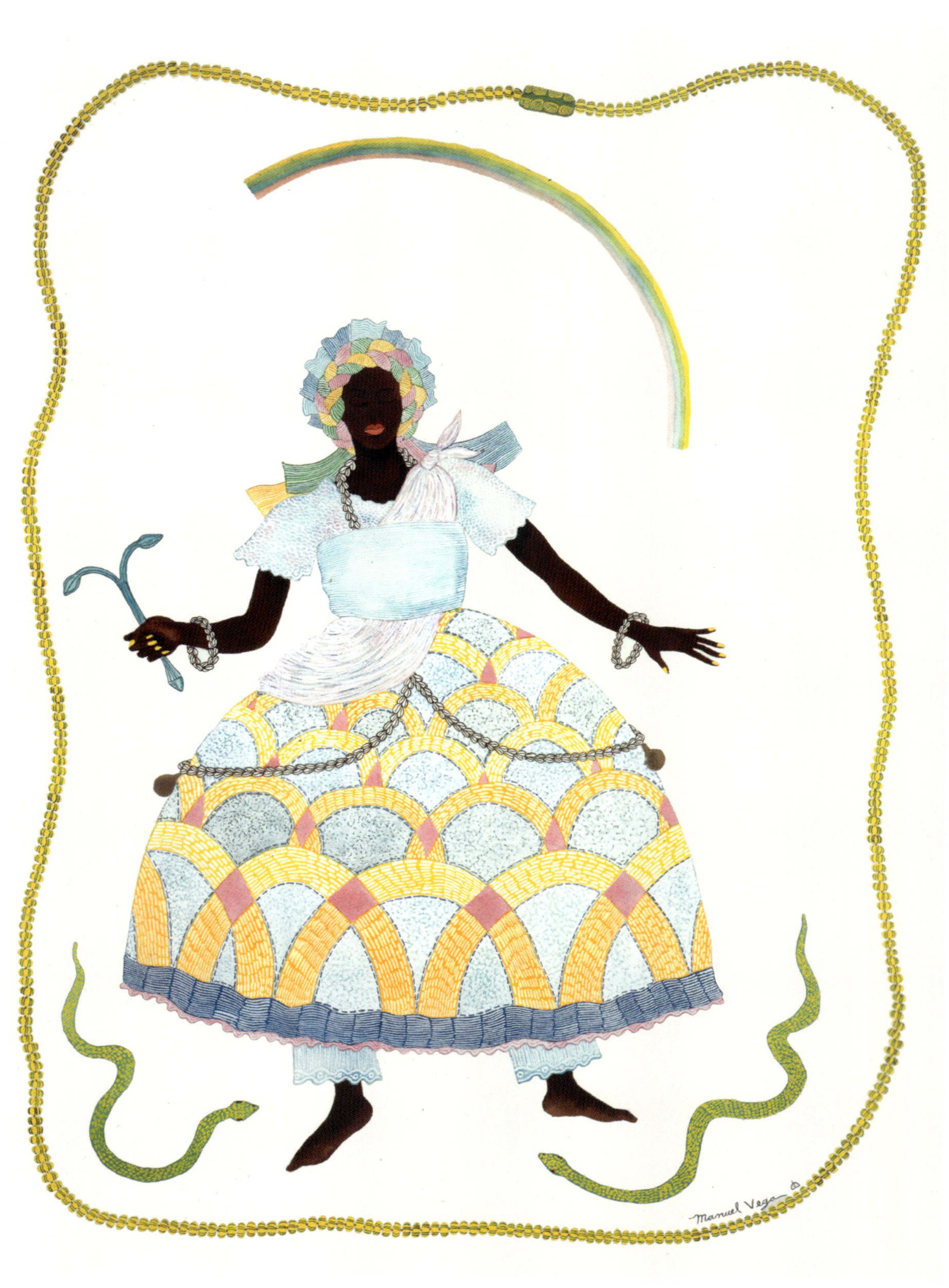

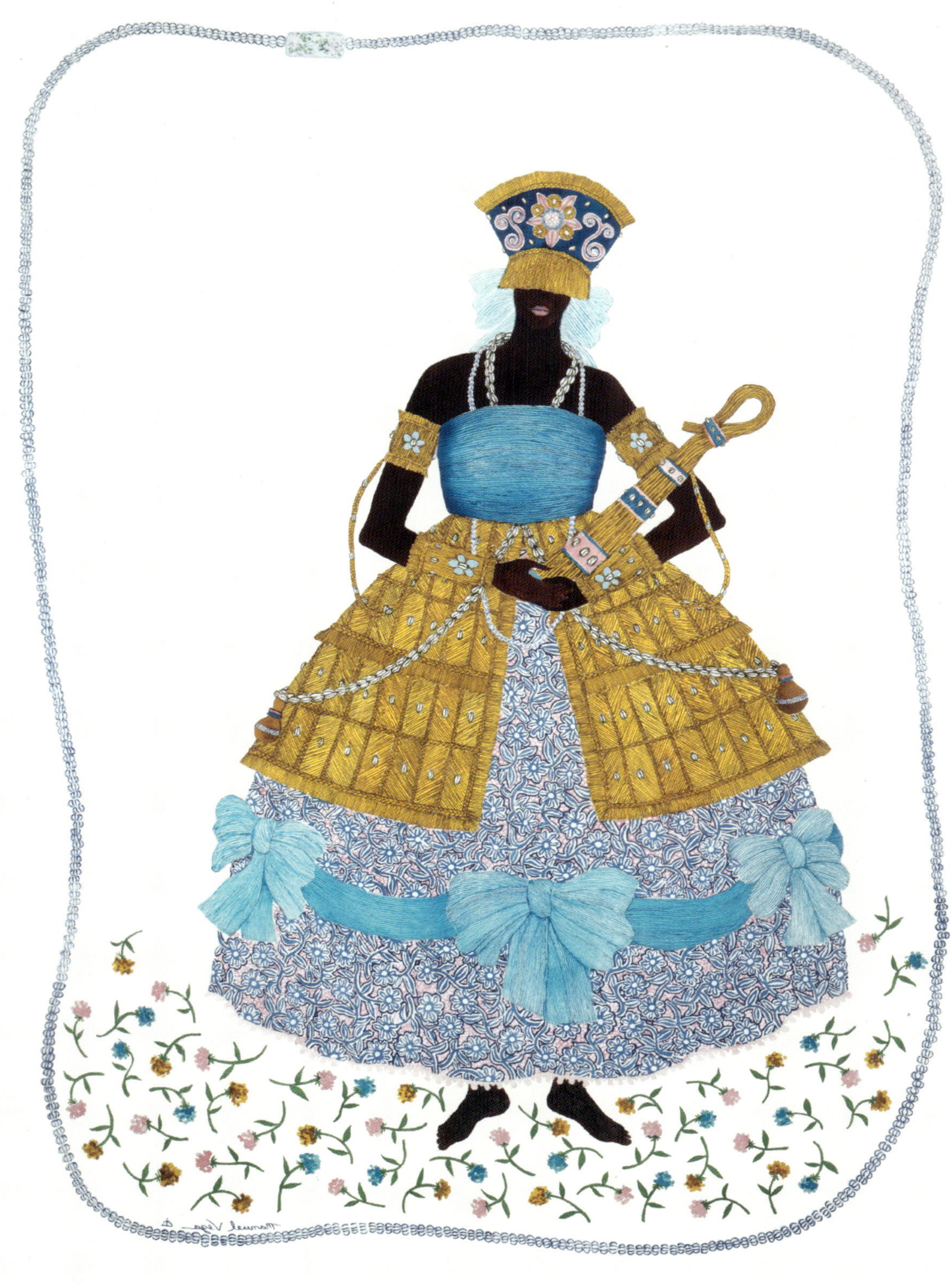

Plate 23
Nanä (*Orisha* series), 1986
Watercolor and gouache on paper/
Acuarela y gouache sobre papel
24 × 18 in. (61 × 45.7 cm)

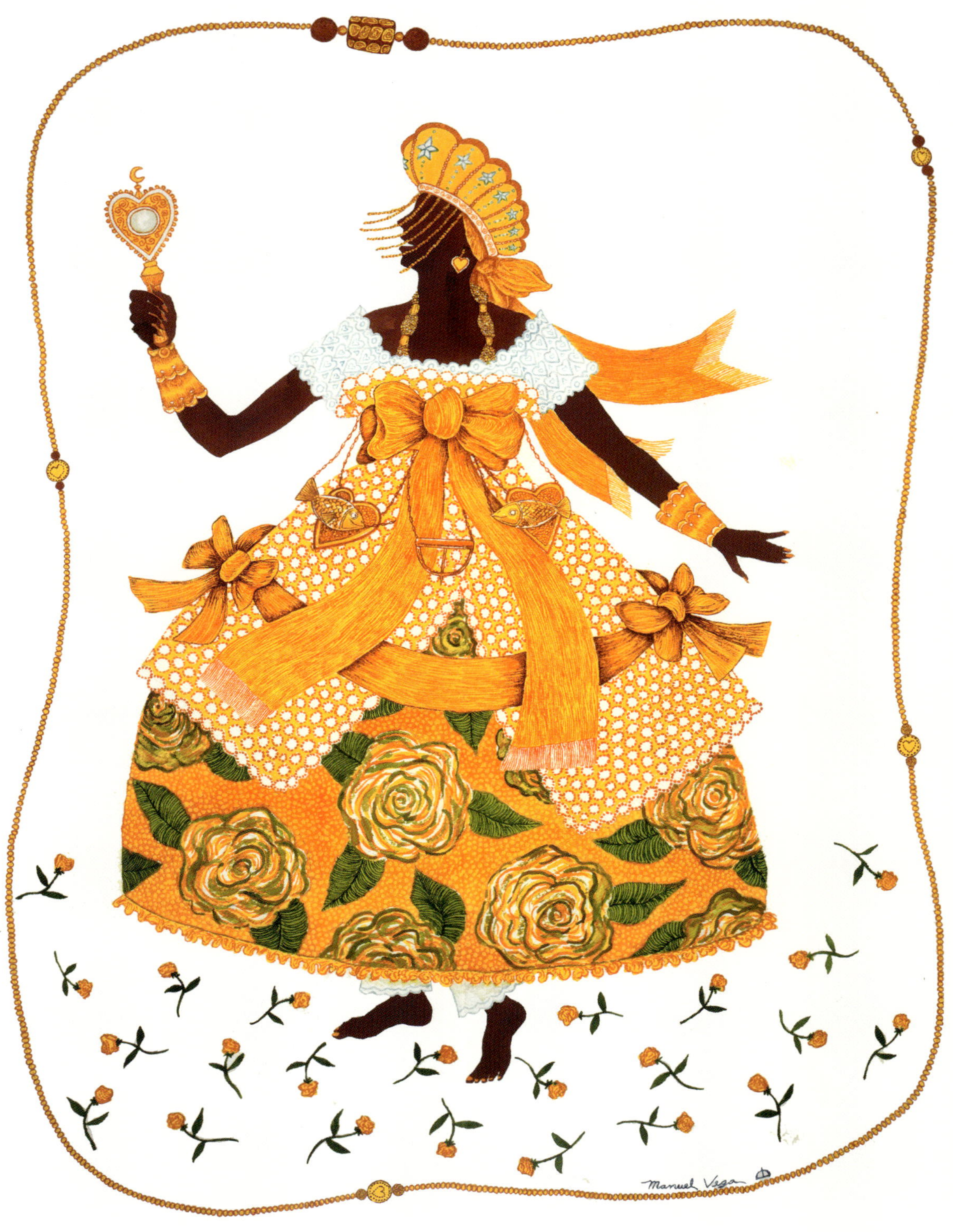

Plate 24
***Oshun* (*Orisha* series), 1986**
Watercolor and gouache on paper/
Acuarela y gouache sobre papel
24 × 18 in. (61 × 45.7 cm)

Plate 25
Logun Ede (*Orisha* series), 1986
Watercolor and gouache on paper/
Acuarela y gouache sobre papel
24 × 18 in. (61 × 45.7 cm)

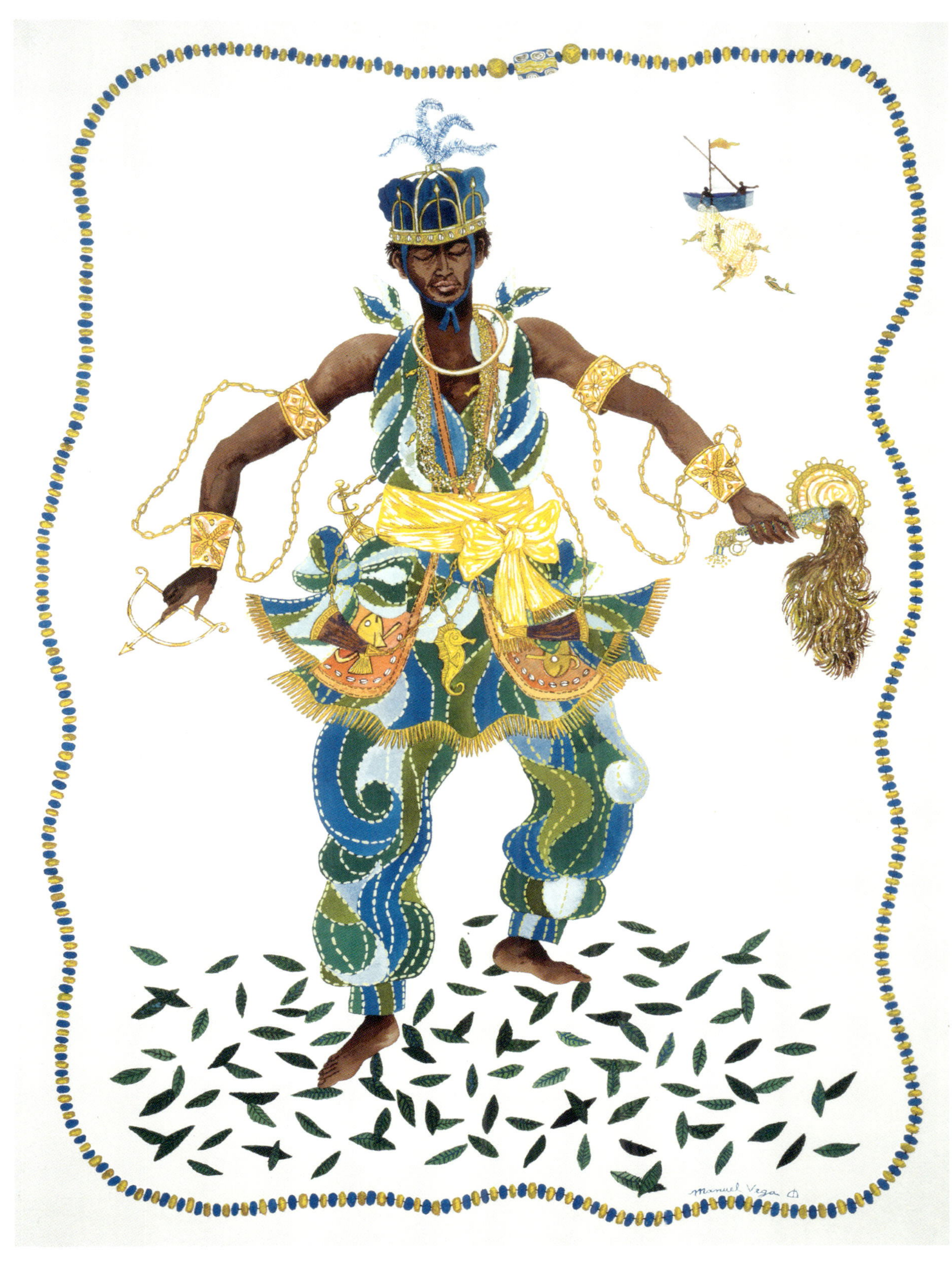

Plate 26
Ewá **(*Orisha* series), 1986**
Watercolor and gouache on paper/
Acuarela y gouache sobre papel
24 × 18 in. (61 × 45.7 cm)

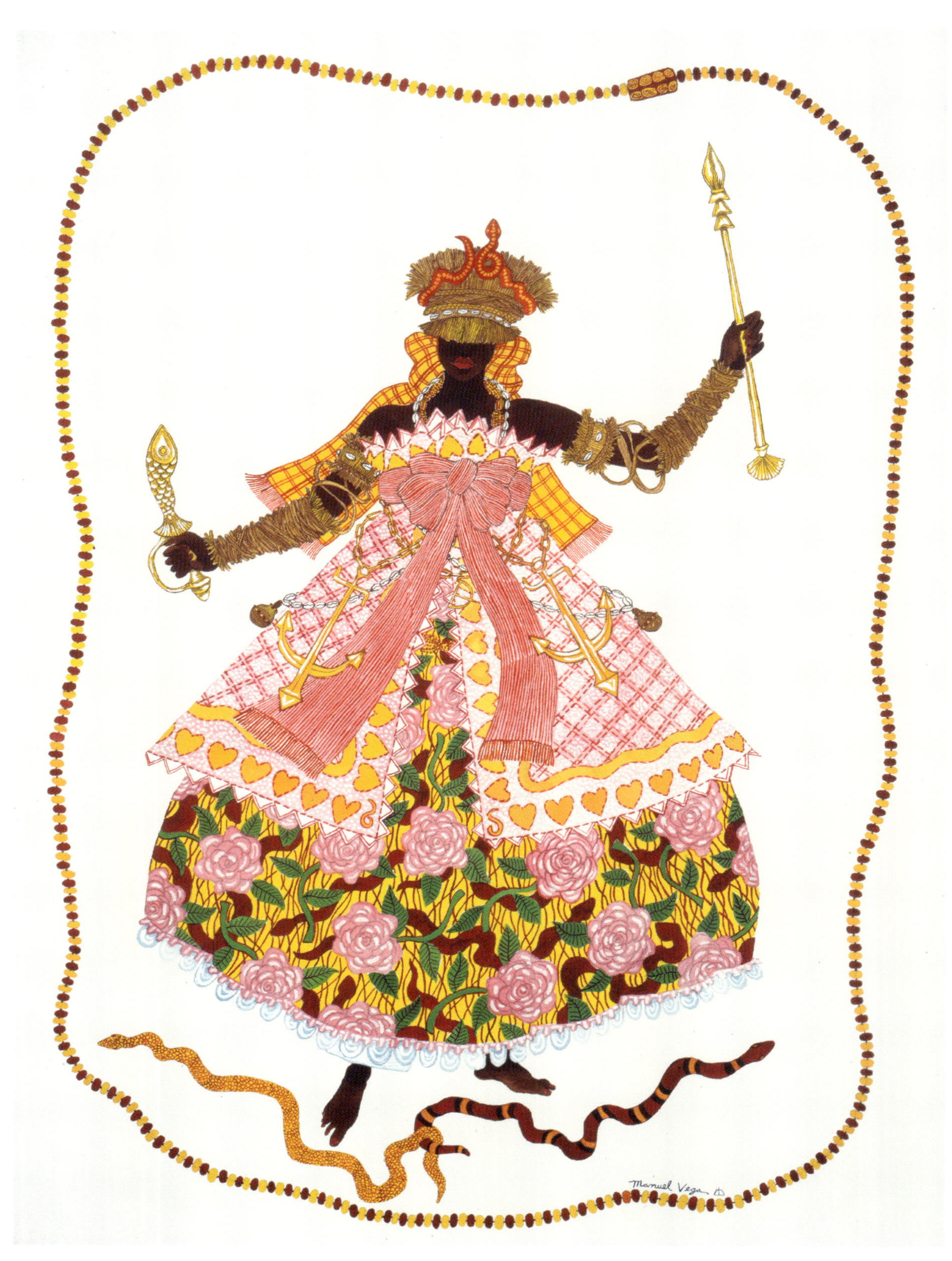

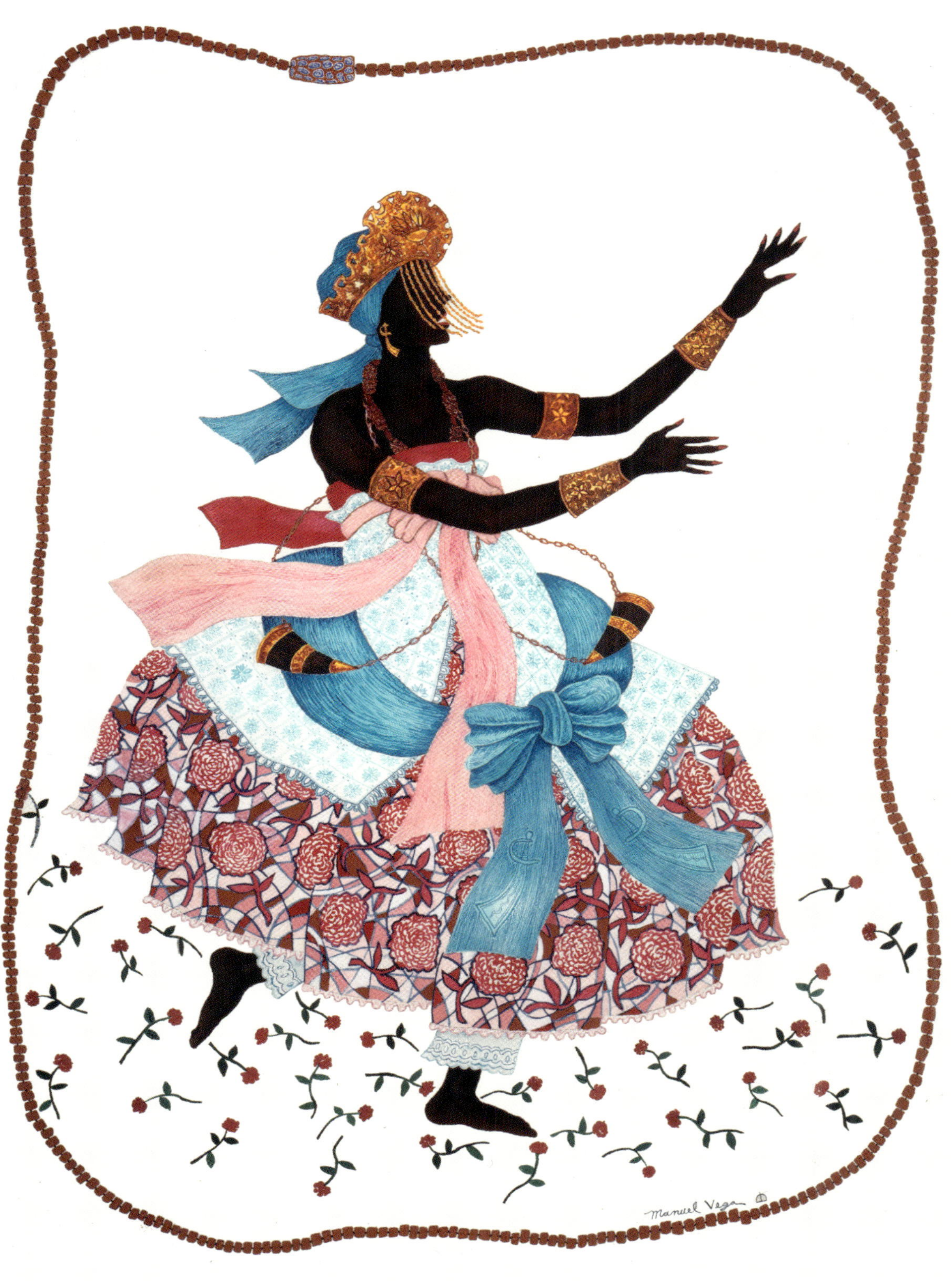

Plate 27
Oya (*Orisha* series), 1986
Watercolor and gouache on paper/
Acuarela y gouache sobre papel
24 × 18 in. (61 × 45.7 cm)

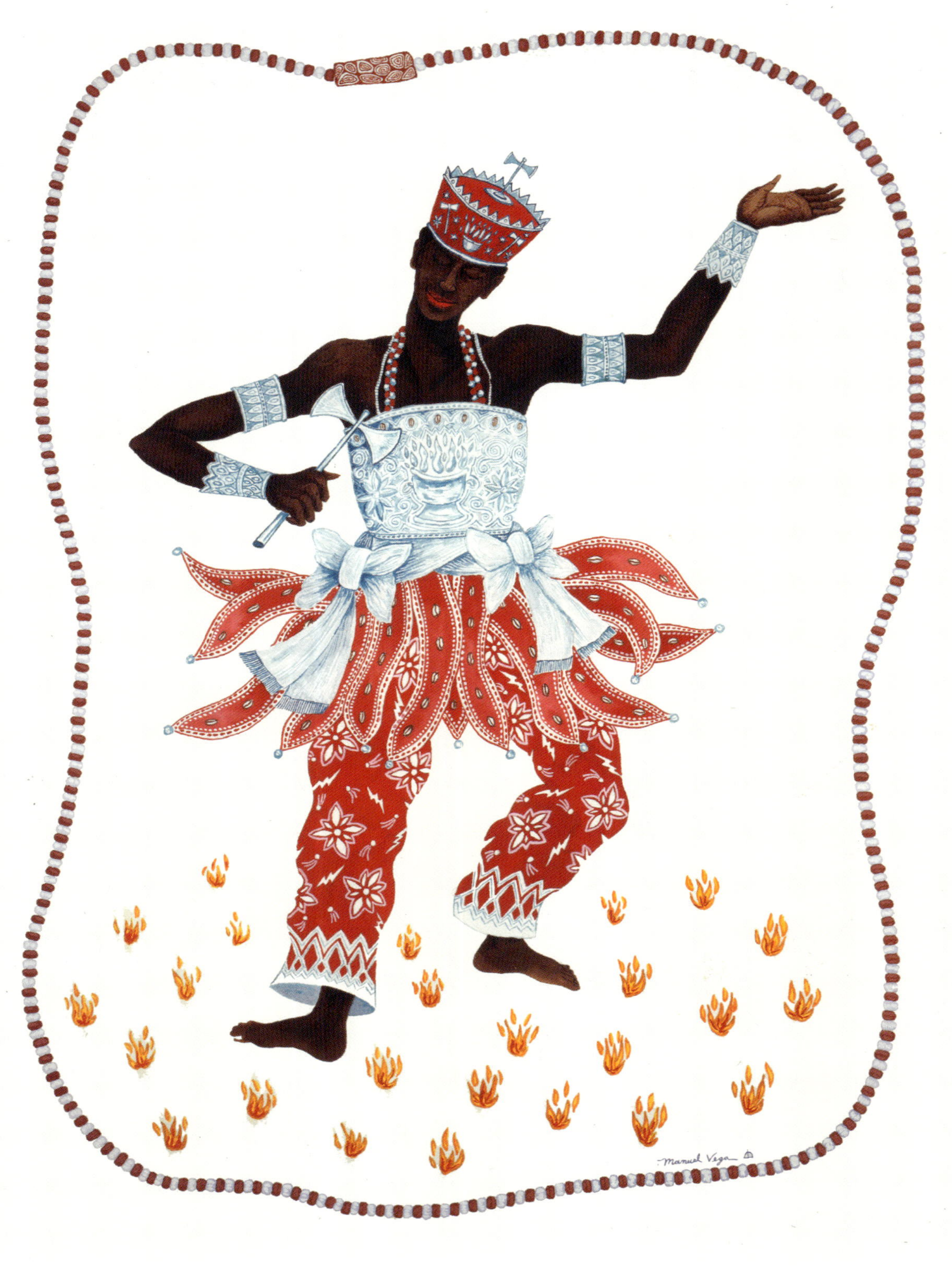

Plate 28
Shangó (*Orisha* series), 1986
Watercolor and gouache on paper/
Acuarela y gouache sobre papel
24 × 18 in. (61 × 45.7 cm)

Plate 29
Iya Massê (*Orisha* series), 1986
Watercolor and gouache on paper/
Acuarela y gouache sobre papel
24 × 18 in. (61 × 45.7 cm)

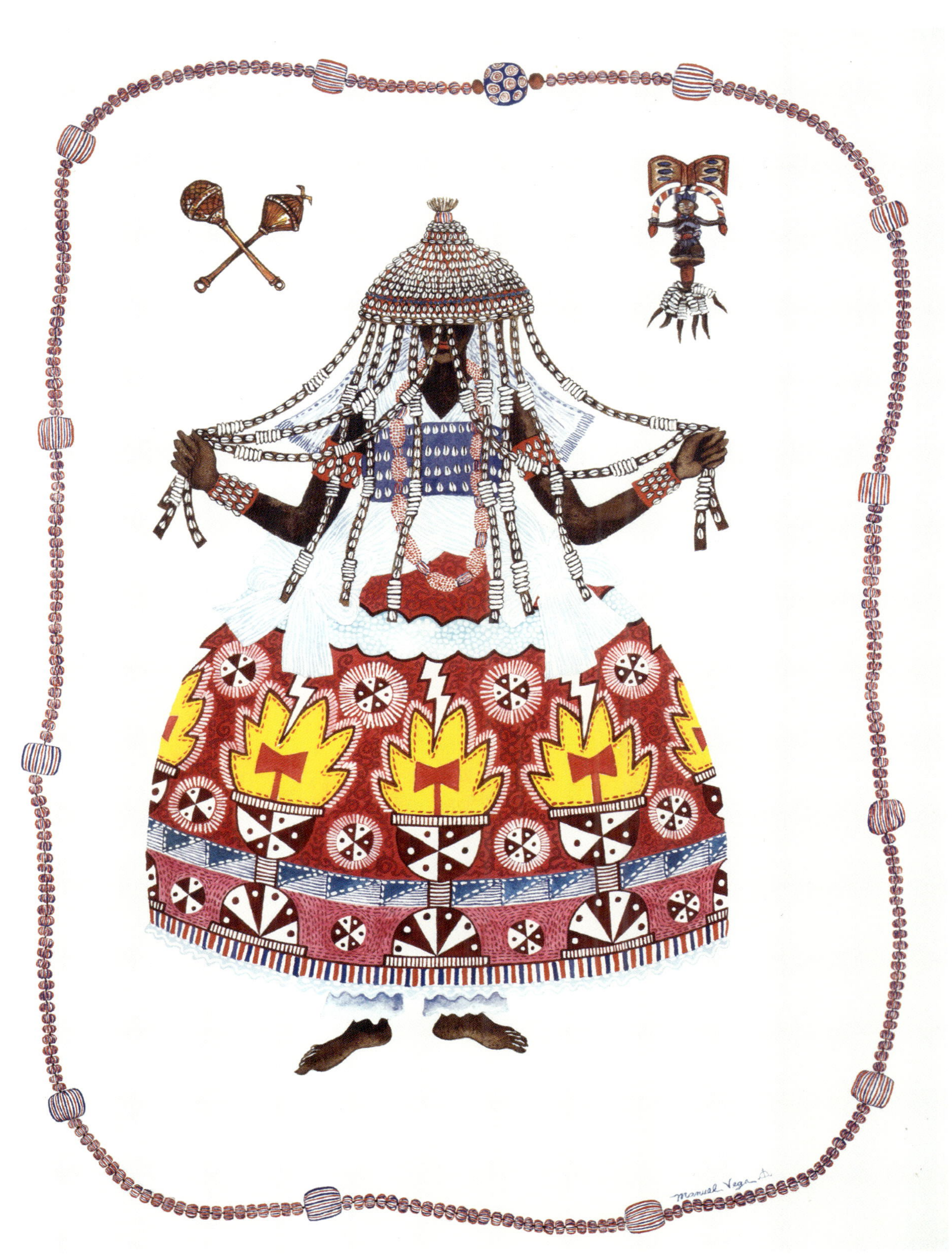

Plate 30
Yemanjá (*Orisha* series), 1986
Watercolor and gouache on paper/
Acuarela y gouache sobre papel
24 × 18 in. (61 × 45.7 cm)

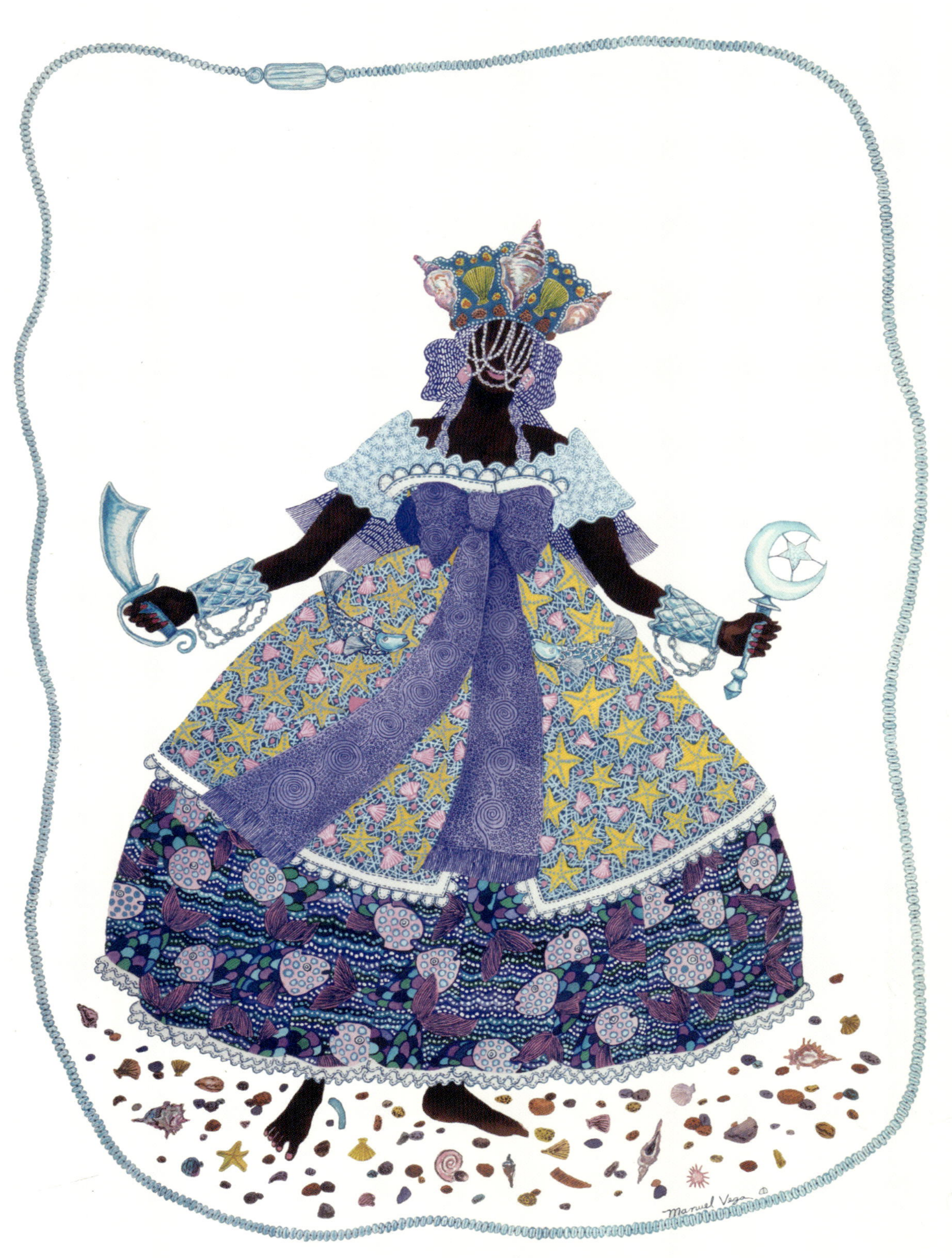

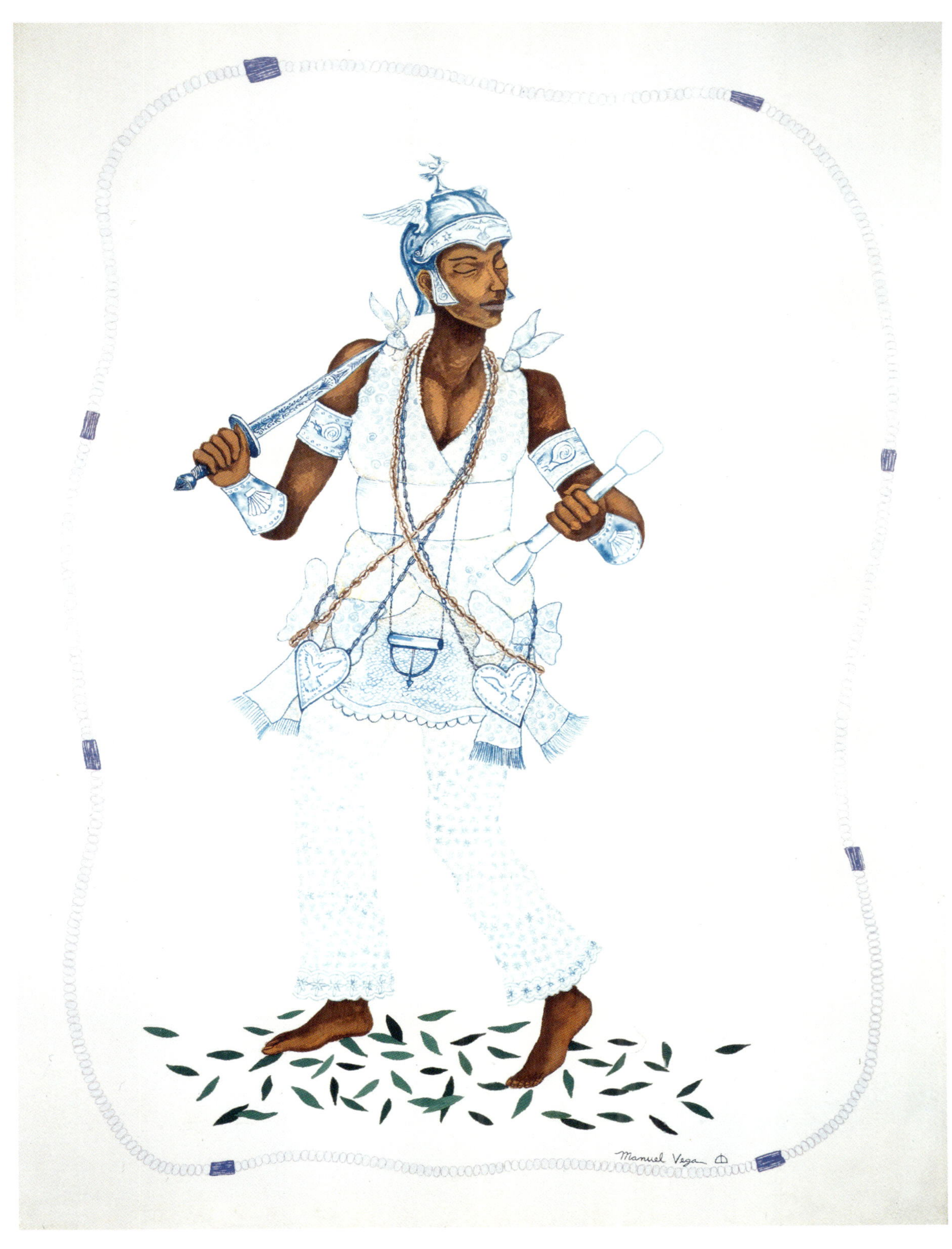

Plate 31
Oṣagian **(*Orisha* series), 1986**
Watercolor and gouache on paper/
Acuarela y gouache sobre papel
24 × 18 in. (61 × 45.7 cm)

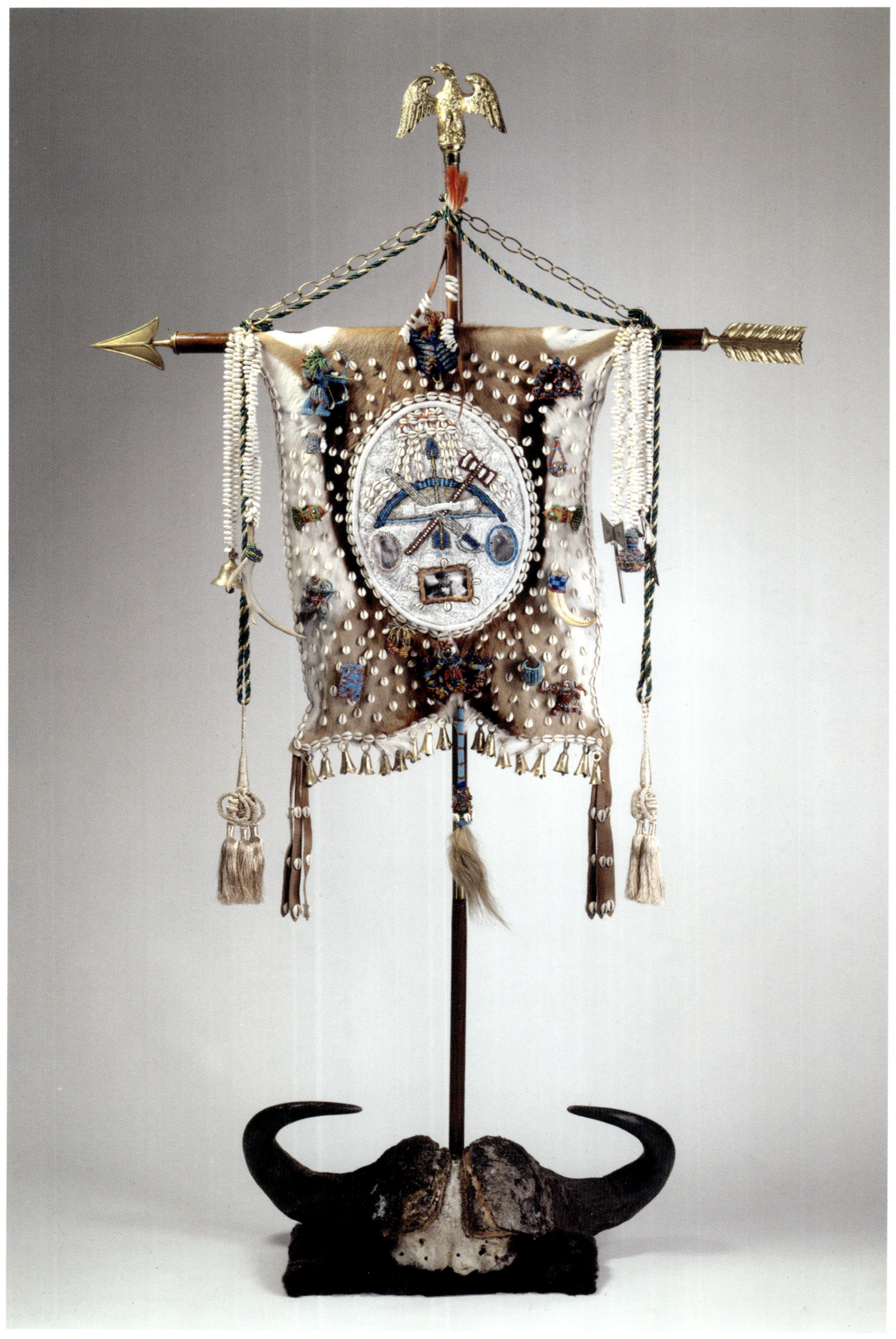

Plate 32 (left)
Ritual Banner
Mixed media/Medios mixtos
84 × 48 × 10 in. (213.4 × 121.9 × 25.4 cm)

Plate 33 (opposite)
Ram **(*Shangó* series), 2016**
Colored glass on wood/
Vidrio coloreado sobre madera
55 × 48 in. (139.7 × 121.9 cm)

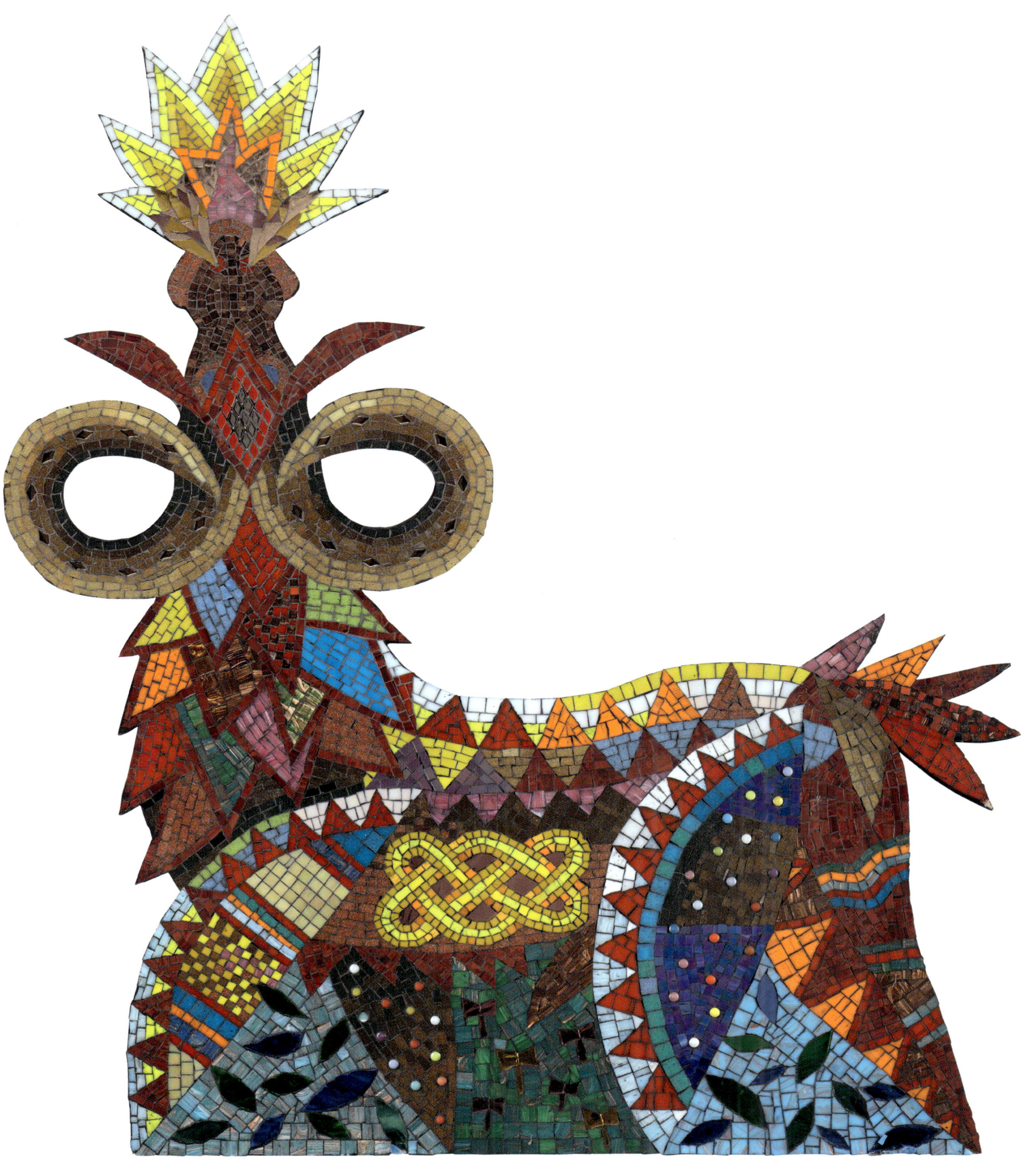

Plate 34
Jerry Shangó (*Shangó* series), 2015–17
Colored glass on wood/
Vidrio coloreado sobre madera
40 × 31 in. (101.6 × 78.7 cm)

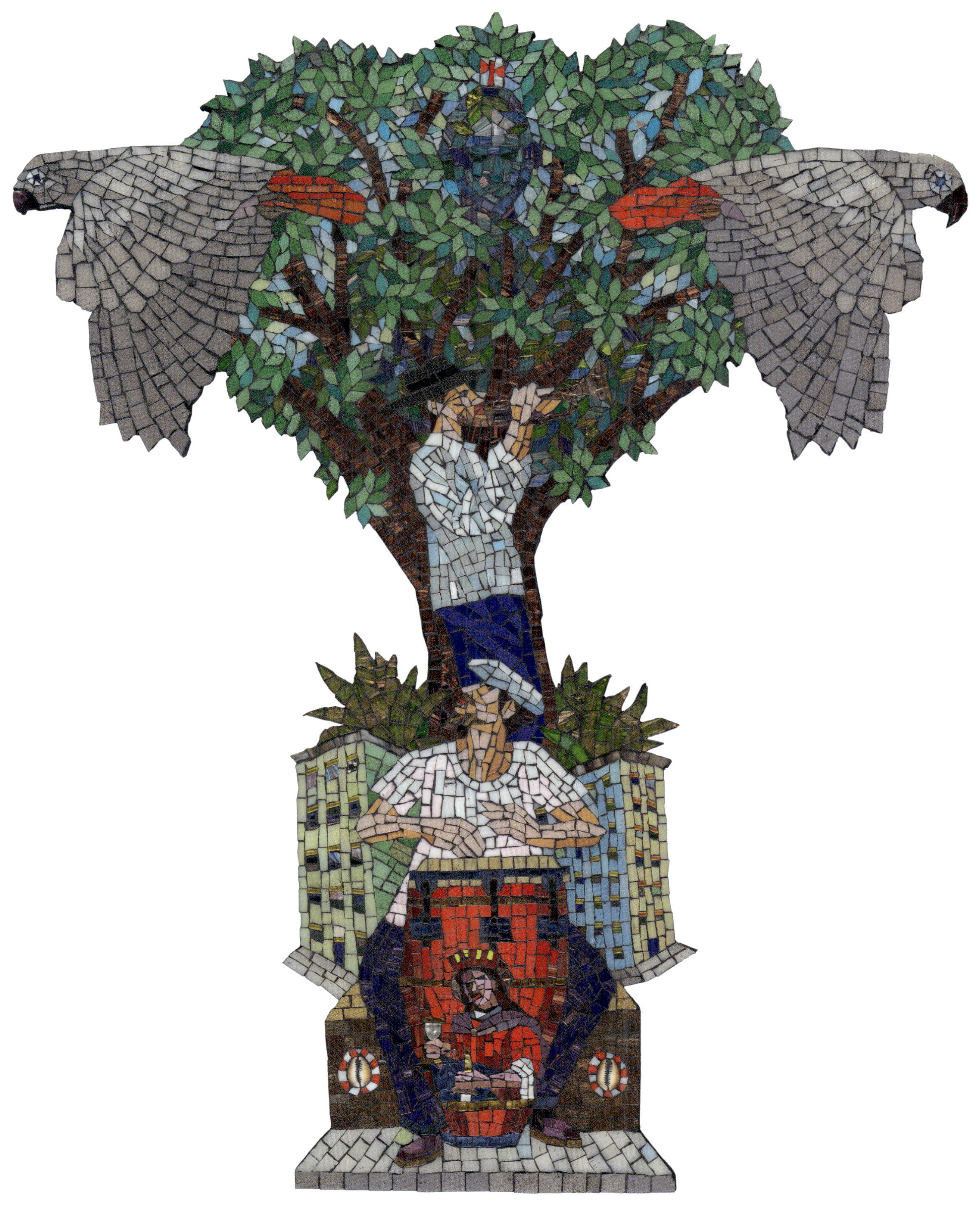

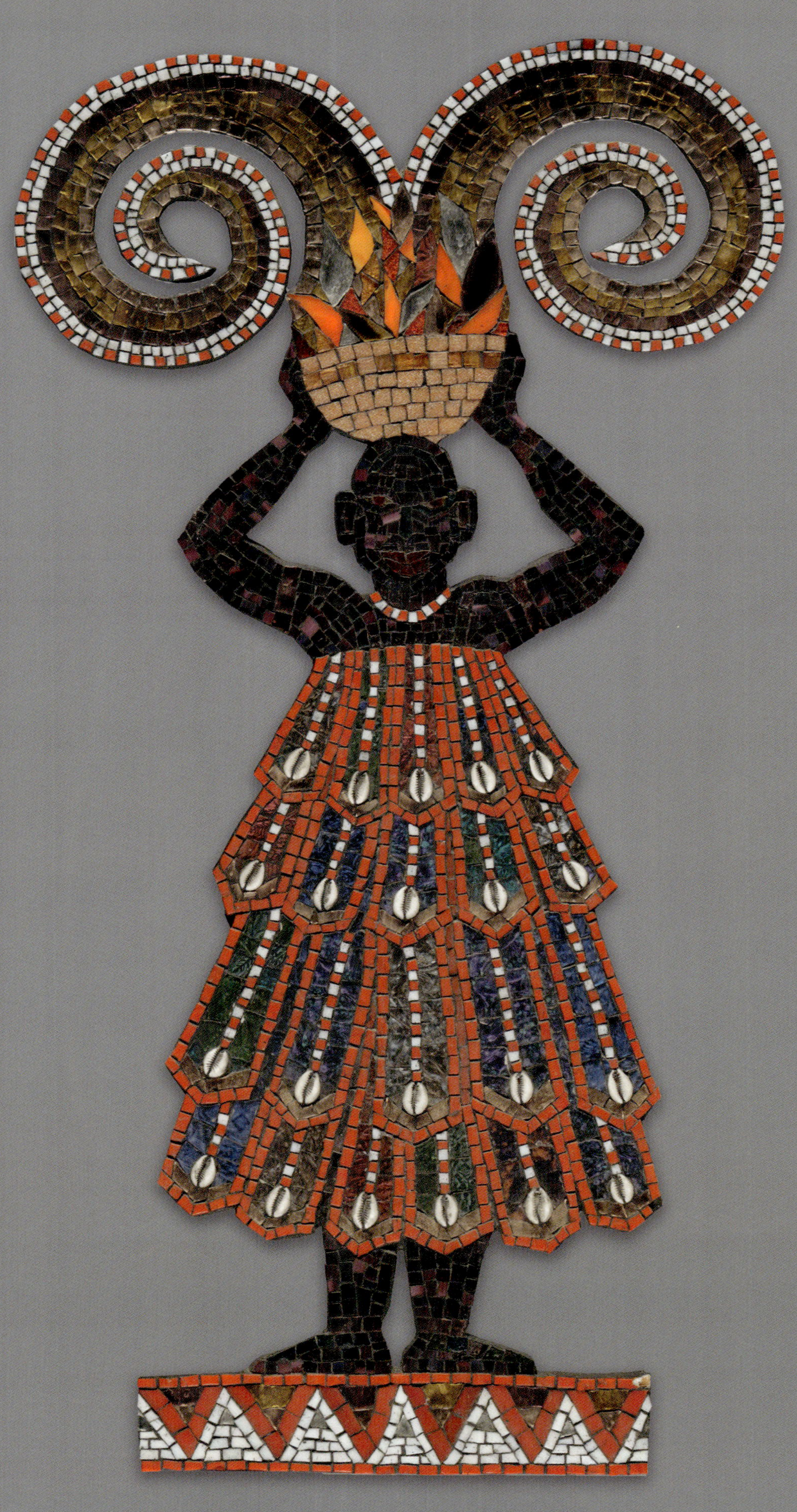

Plate 35
Shangó I (*Shangó* series), 2015–17
Colored glass on wood/
Vidrio coloreado sobre madera
34¼ × 17¾ in. (87 × 45.1 cm)

Plate 36
Shangó II (*Shangó* series), 2015–17
Colored glass on wood/
Vidrio coloreado sobre madera
44 × 16 in. (111.8 × 40.6 cm)

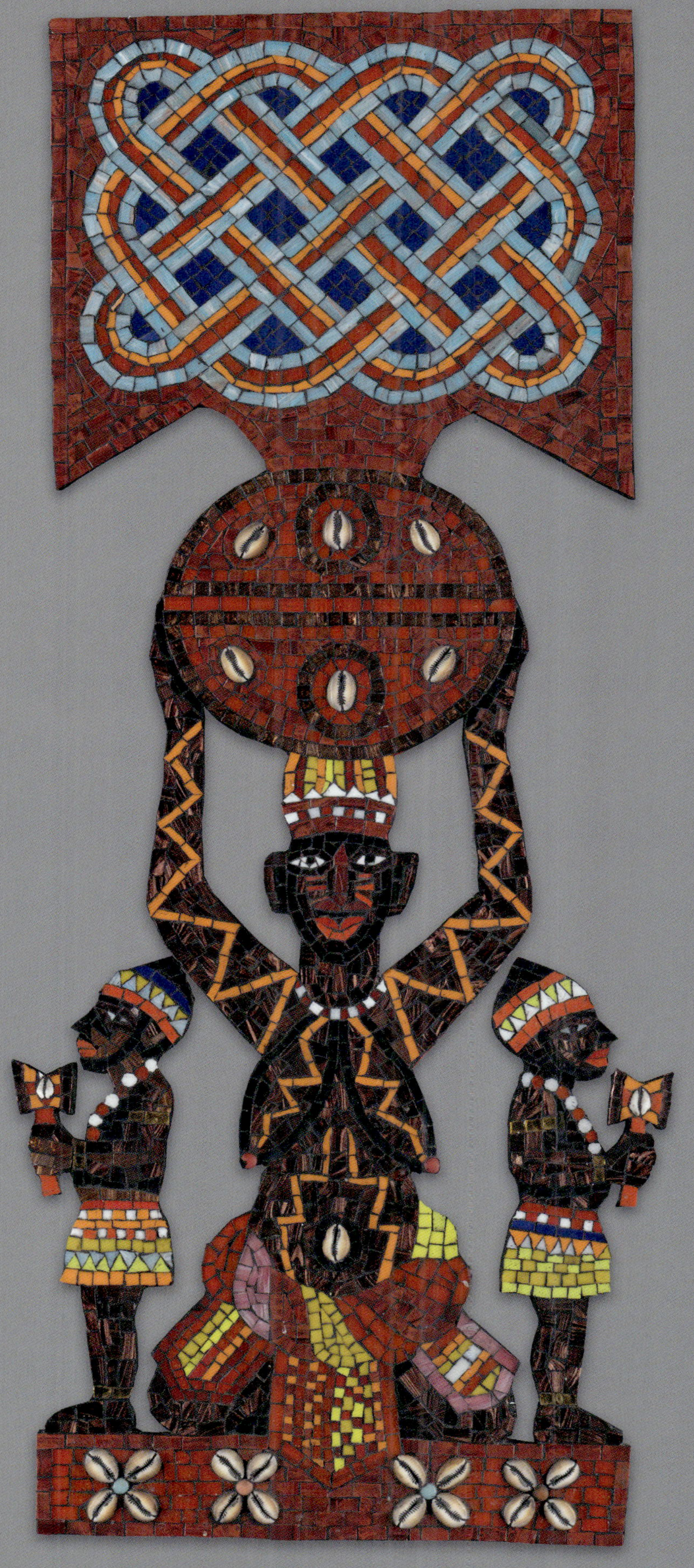

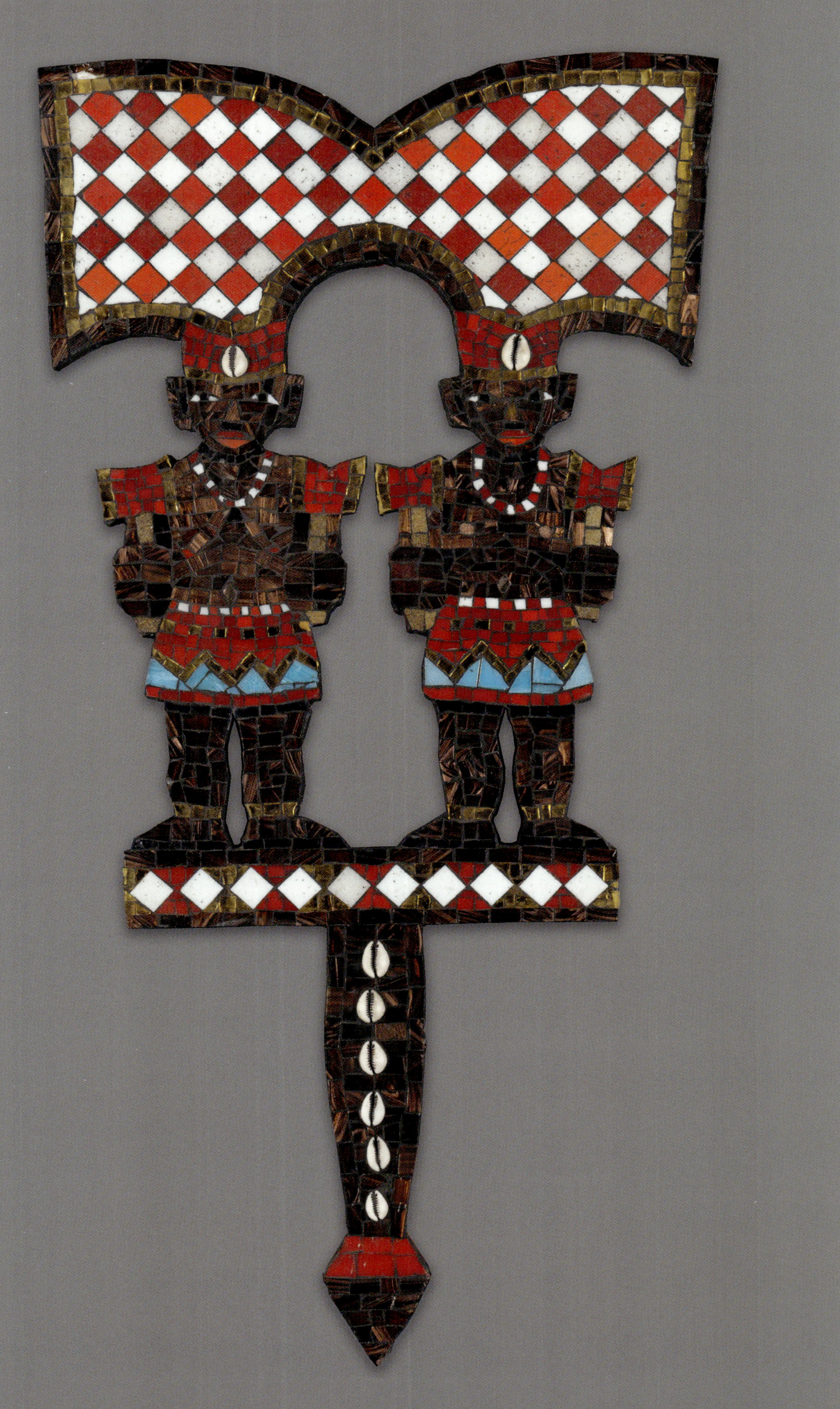

Plate 37
***Shangó III* (*Shangó* series), 2015–17**
Colored glass on wood/
Vidrio coloreado sobre madera
33½ × 16¾ in. (85.1 × 42.5 cm)

Plate 38
Shangó IV (*Shangó* series), 2015–17
Colored glass on wood/
Vidrio coloreado sobre madera
31 × 17¼ in. (78.7 × 43.8 cm)

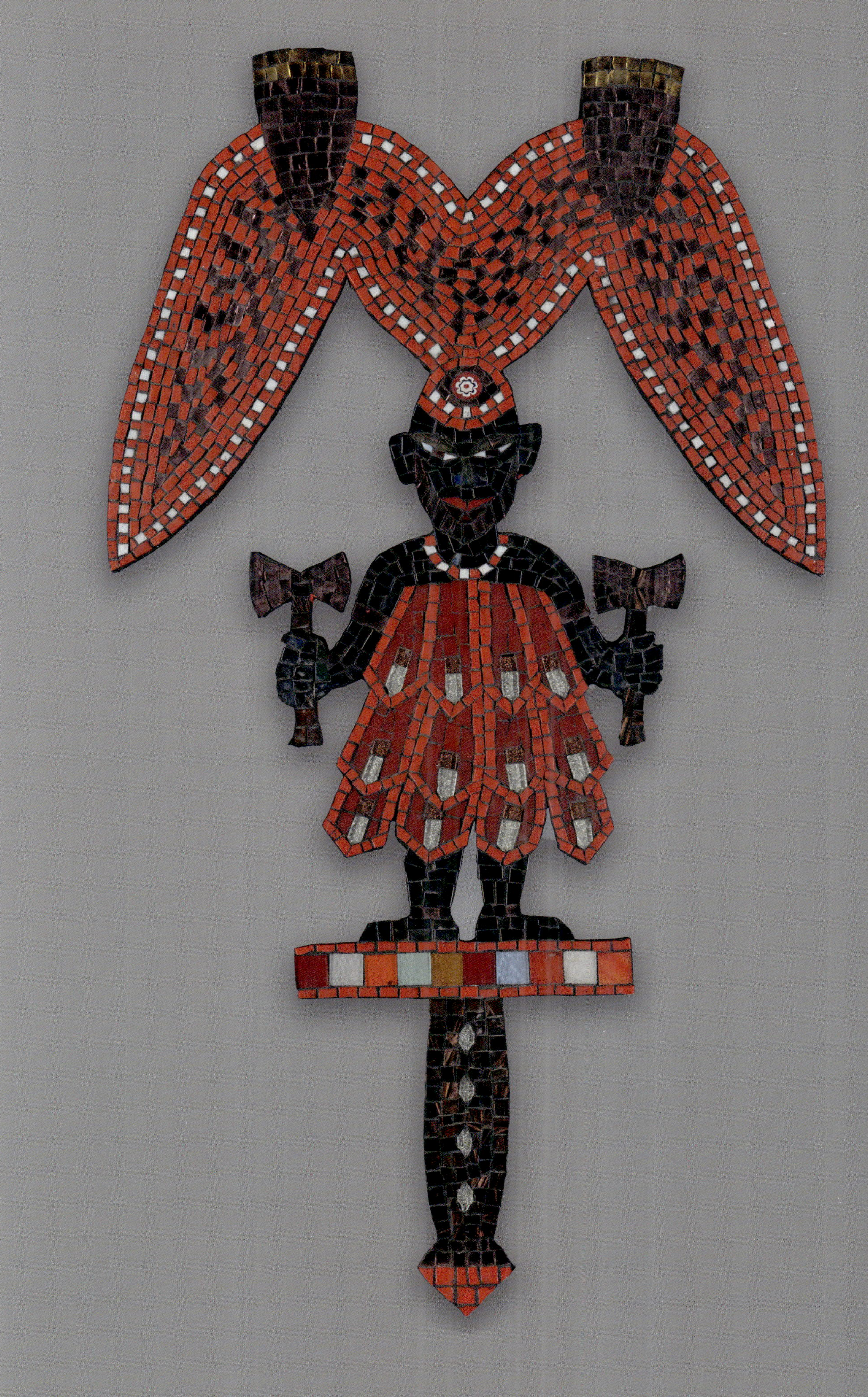

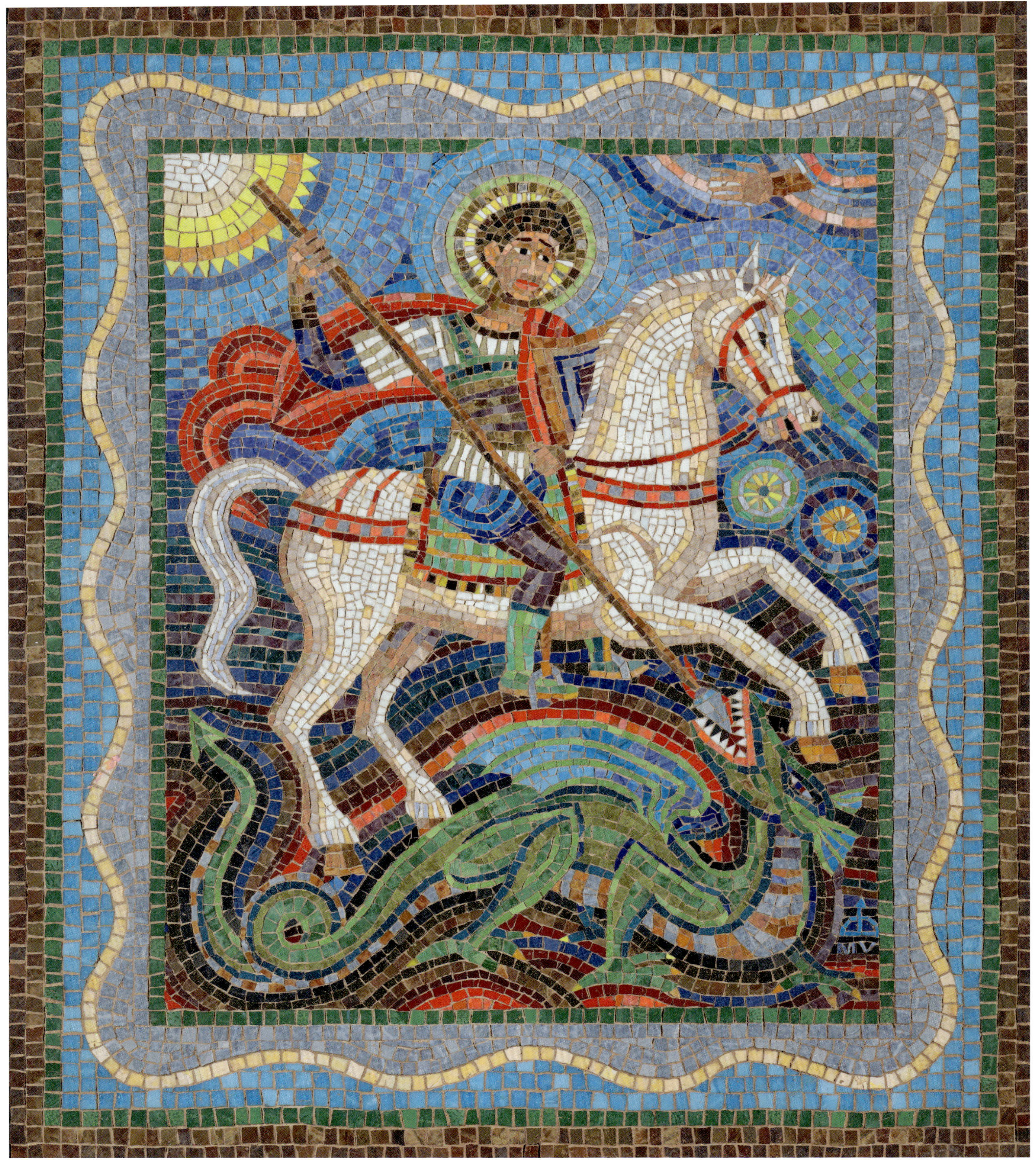

Plate 39 (opposite)
Saint George, 2001
Colored glass on wood/
Vidrio coloreado sobre madera
44 × 39 in. (111.8 × 99 cm)

Plate 40 (below)
COVID Angel, 2020
Colored glass on wood/
Vidrio coloreado sobre madera
22 × 22 in. (55.9 × 55.9 cm)

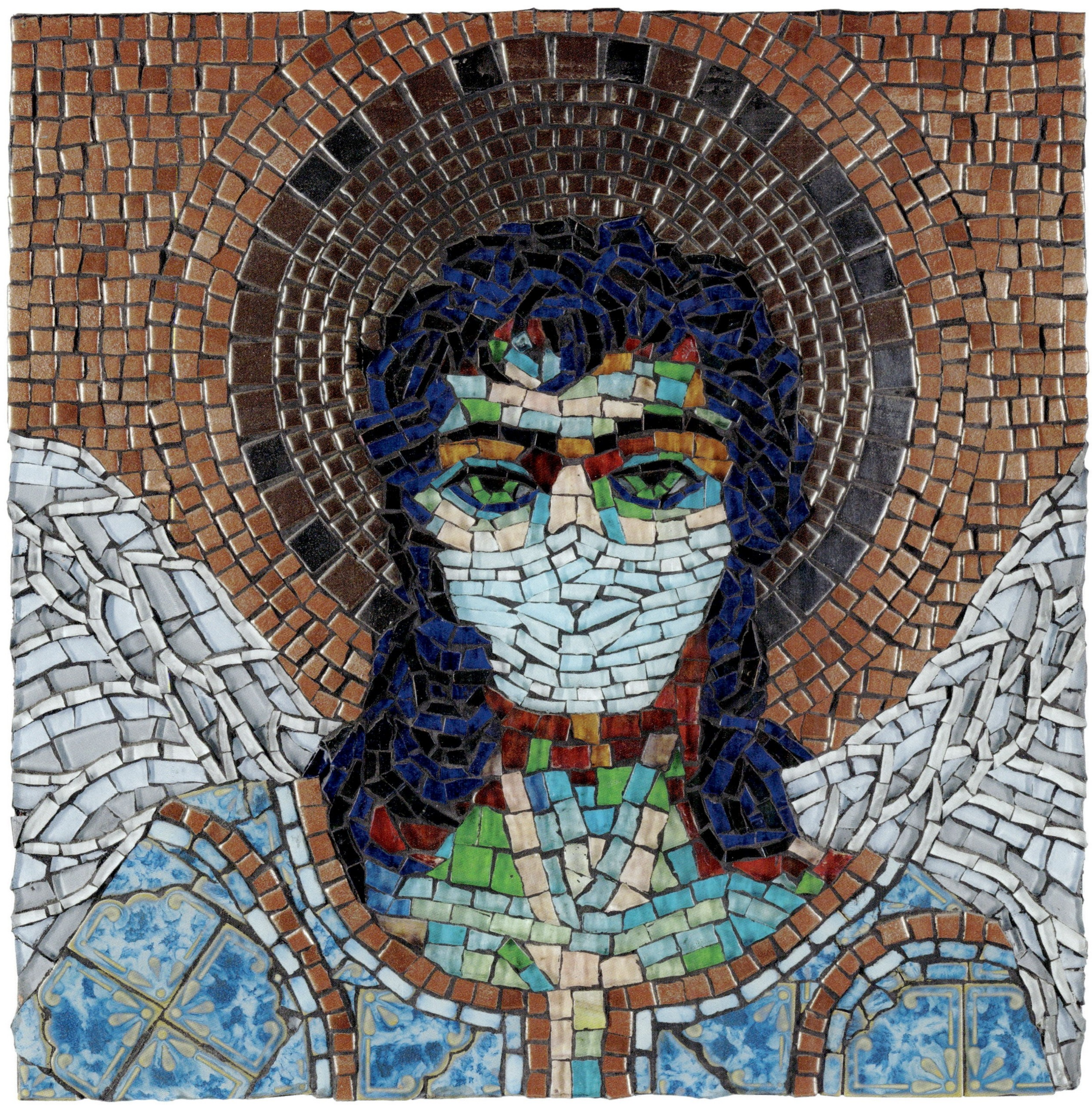

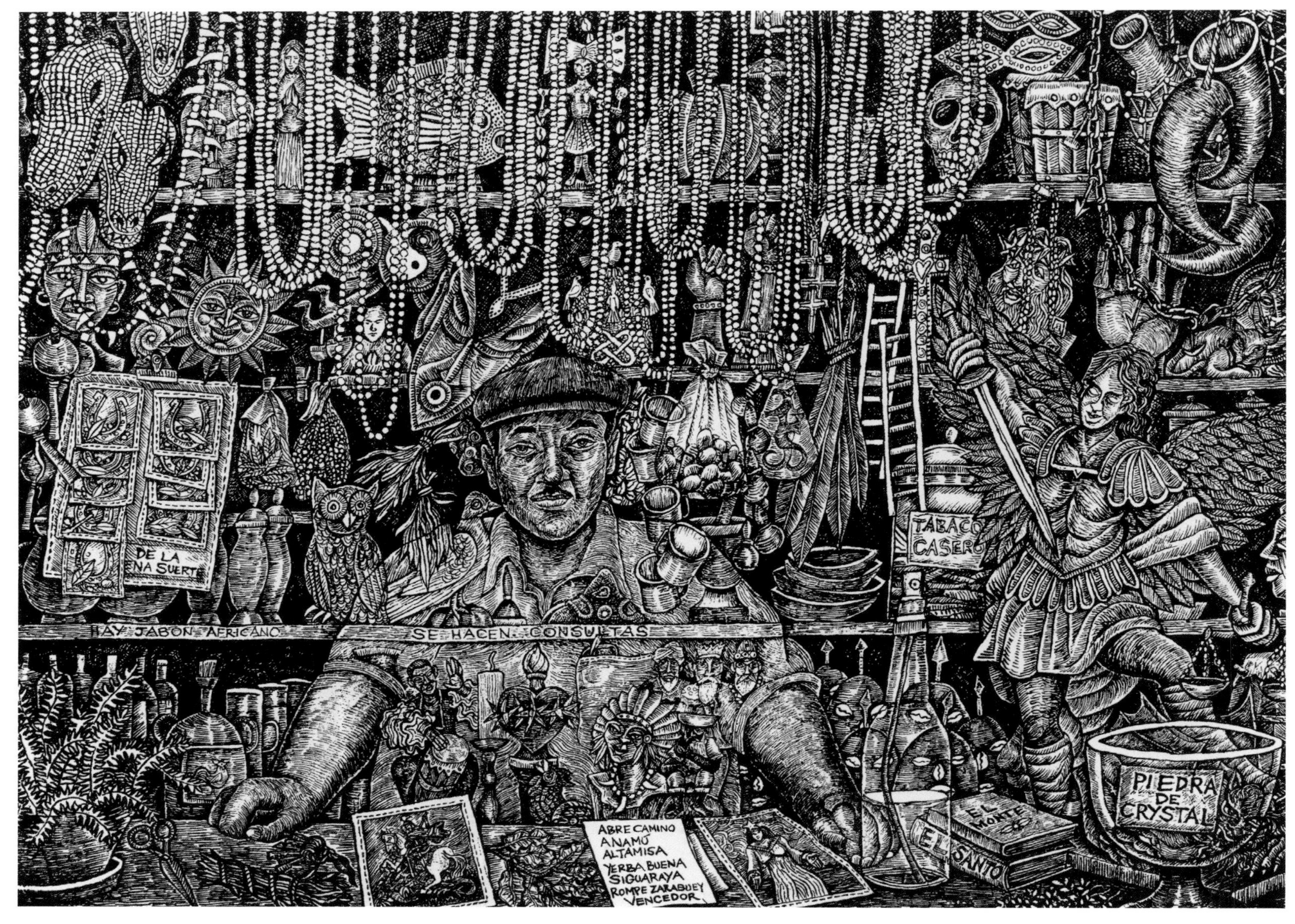

Plate 41
***Se hacen consultas*, 2022**
Silkscreen print on Lapka banana leaf paper from Nepal/Impresión serigráfica sobre papel de hoja de plátano Lapka de Nepal
31¼ × 41¼ in. (79.4 × 104.8 cm)

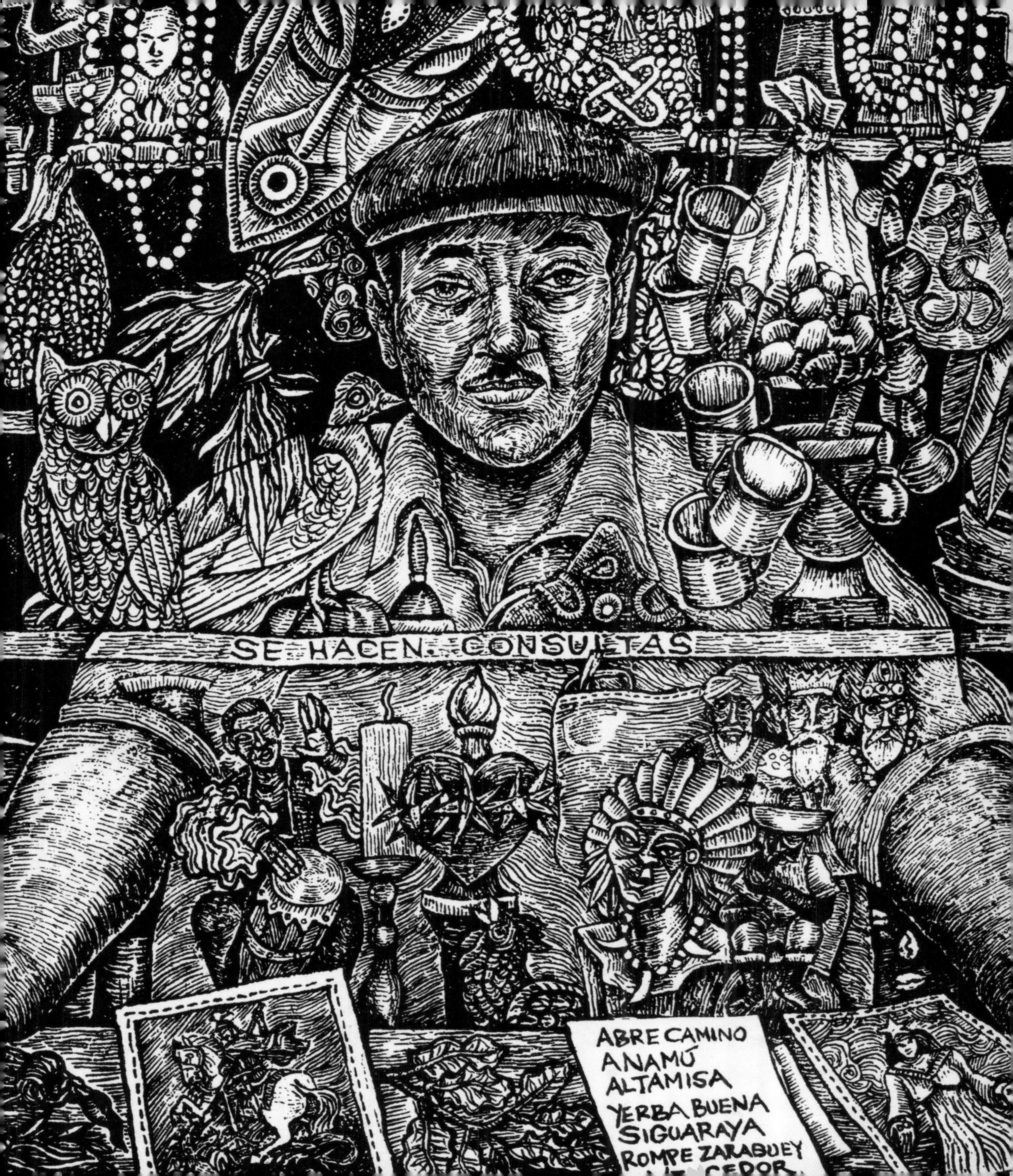
SE HACEN CONSULTAS
ABRE CAMINO
ANAMÚ
ALTAMISA
YERBA BUENA
SIGUARAYA
ROMPE ZARABUEY

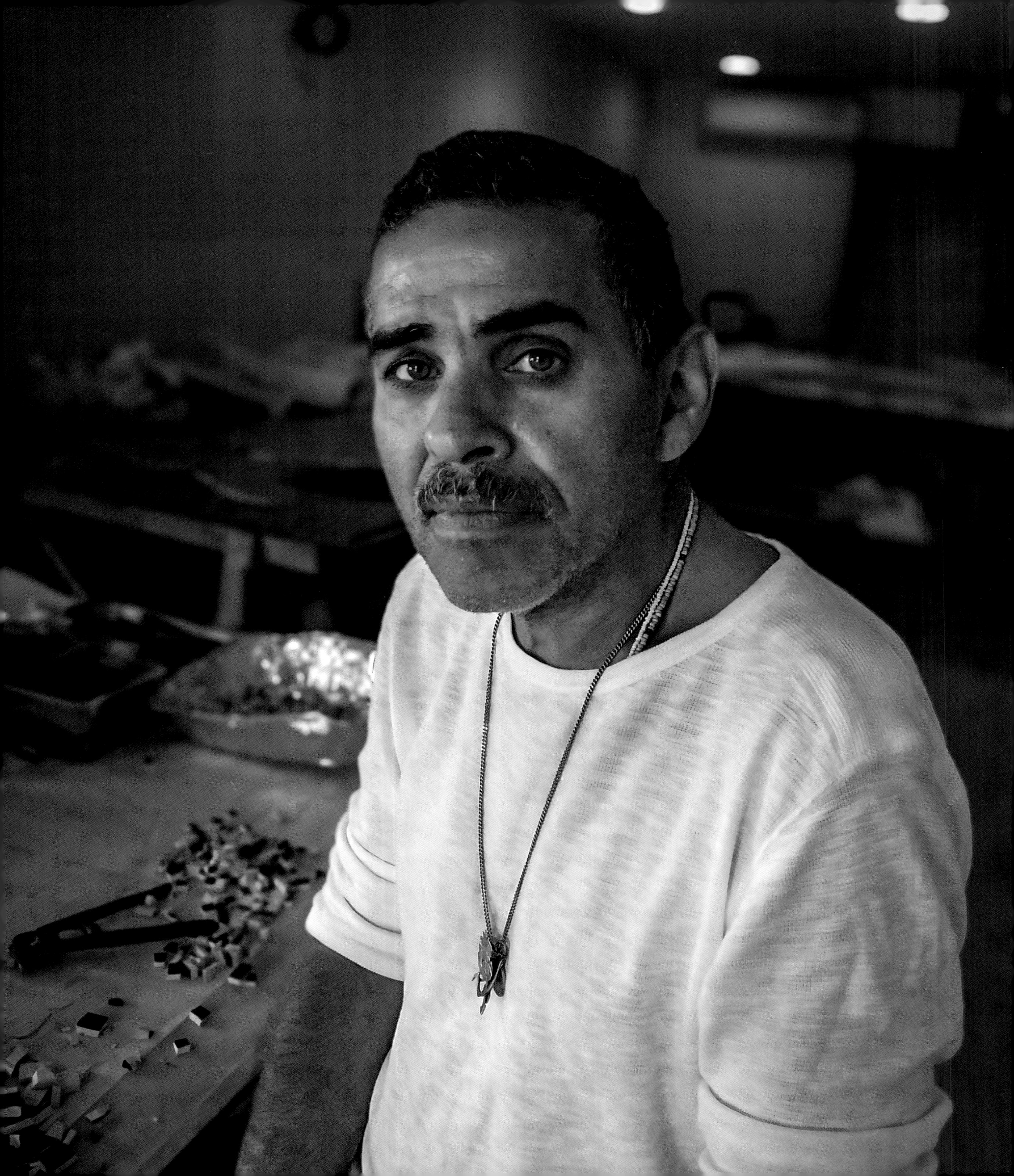

TIME IS ON HIS SIDE: WITH STONE AND PATIENCE, MANNY VEGA ENSHRINES EL BARRIO
David González

Manny Vega's mosaics along the streets of El Barrio are like snapshots from a rich and varied life, encompassing everything—and everyone—from *orishas* and drummers to poets and dancers. John Lennon watches over the same streets where Antonia Pantoja and Tito Puente once walked.

In other words, he's a New Yorker whose life reflects the jumble of cultures in the modern city.

"It's not about location, but about our humanism," Manny said. "I am an American, even if somebody from the Midwest may hiccup at the way I talk. But those are their hiccups, not mine. I need to be myself even more."[1]

Granted, the future of communities like his beloved East Harlem is uncertain, buffeted by gentrification and inequality, not to mention an ominous political climate that threatens its most vulnerable residents. Over the course of a century, its residents have gone from Italian and Puerto Rican to Mexican and yuppie. The steady encroachment of so-called luxury buildings makes clear that East Harlem's days as a blue-collar Latino enclave are becoming memories.

He works in stone, which withstands time and weather.

"This is about permanence," he told me in 2008. "El Barrio has a history, but nobody was keeping it alive. This is about being here for years and years, so when somebody comes by and sees this they'll say 'Man, those Puerto Ricans had class. This is Byzantine cut!'"[2]

His devotion to an ancient craft reflects his appreciation for tradition. This is also true of his spiritual life, which spans New York Catholicism and Brazilian Candomblé, the African-rooted faith that he is an initiate of. He remembers growing up in the projects, home to an eclectic mix of nationalities, where he would tag along with his mother as she went to pray the rosary with neighbors or partake in devotions to saints perched on altars that made the rounds to various apartments.

Just as vivid was the night he prayed to Jesus to save him from the dreaded Cuco, or bogeyman, under his bed. "I was five and I was terrified," he recalled, his voice tinged with awe. "So, I called on Jesus, and I calmed myself down and overcame my fear. I discovered that every time I reached out for God's hand, He was there. Always."[3]

Similarly, his pen and ink drawings—elaborate, intricate, and filled with symbolism—reflect a commitment to craft that he learned while at Taller Boricua, the legendary printmaking workshop in El Barrio. As a self-described "sketchbook nerd," he was especially enthralled by the work of Jorge Soto Sánchez, a painter whose life was as

EL TIEMPO ESTÁ DE SU LADO: CON PIEDRA Y PACIENCIA, MANNY VEGA CONSAGRA EL BARRIO
David González

Los mosaicos de Manny Vega en las calles de El Barrio son como fotografías instantáneas de una vida rica y variada que incluyen todo y a todos: desde orishas y tamborileros hasta poetas y bailarines. John Lennon observa desde las mismas calles por las que alguna vez caminaron Antonia Pantoja y Tito Puente.

En otras palabras, Vega es un neoyorquino cuya vida refleja la maraña de culturas de la ciudad moderna.

"No se trata de la ubicación, sino de nuestro humanismo —explica—. Soy estadounidense, aunque a alguien del centro del país pueda molestarle mi forma de hablar. Pero ese es su problema, no el mío. Necesito ser yo mismo más que nunca".[1]

Es verdad, el futuro de comunidades como la de su amado East Harlem es incierto; está azotado por la gentrificación y la desigualdad, sin mencionar el clima político siniestro que amenaza a sus residentes más vulnerables. En solo un siglo, East Harlem ha pasado de estar habitada por inmigrantes de Italia y Puerto Rico a conformarse mayoritariamente por personas de México y *yuppies* o arribistas. La invasión constante de los llamados "edificios de lujo" deja en claro que los días del barrio como un enclave latino de clase trabajadora se están convirtiendo en un recuerdo.

Vega trabaja la piedra, que resiste el tiempo y el clima.

"Se trata de permanecer —me dijo en 2008—. El Barrio tiene una historia, pero nadie la mantenía viva. Se trata de estar aquí durante años y años para que, cuando alguien venga y vea, diga: 'La gente de Puerto Rico sí que tenía clase. ¡Es arte bizantino!'".[2]

Su devoción por un arte antiguo evidencia su aprecio por el arraigo a las tradiciones. Esto también se ve reflejado en su vida espiritual, que comprende el catolicismo en Nueva York y el candomblé de Brasil, donde es un iniciado en esta fe con raíces africanas. Cuenta que creció en las viviendas públicas, entre una mezcla ecléctica de nacionalidades, donde acompañaba a su madre a rezar el rosario con gente del barrio o a adorar a santos sobre altares que recorrían diferentes apartamentos.

Con la misma claridad rememora la noche en la que le rezó a Jesús para que lo salvara del temido *Cuco* que estaba debajo de su cama. "Tenía cinco años y estaba aterrado —recuerda con la voz teñida de asombro. Así que recurrí a Jesús y me calmé y superé mi miedo. Descubrí que, cada vez que buscaba la mano de Dios, Él estaba allí. Siempre".[3]

Asimismo sus dibujos en pluma y tinta —elaborados, intrincados y repletos de simbolismos— reflejan el compromiso con el arte que aprendió en Taller Boricua, el legendario taller de grabado de El

Fig. 11
Manny Vega, 2015, photograph by/fotografía de **David González**

Fig. 13 (opposite above)
Vega, *Espíritu*, 2012, colored glass on plaster/vidrio coloreado sobre yeso, **7 ft. 2 in. × 32 ft. 1 in. (2.2 × 9.8 m), East 105th Street and Lexington Avenue, Manhattan, photograph by/**fotografía de **David González, 2015**

Fig. 14 (opposite below)
Vega, *Untitled*, ca. 2010, wheat paste/pasta de trigo, **5 × 15 ft. (1.5 × 4.6 m) photograph by/**fotografía de **David González, 2015**

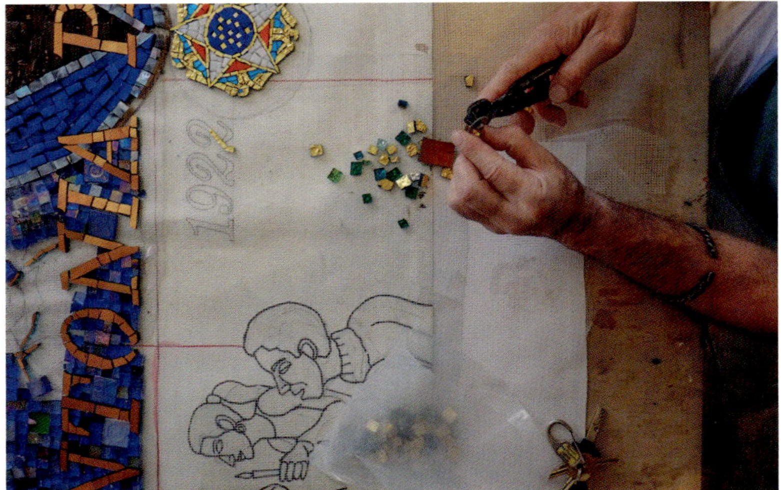

Fig. 12 (above)
Manny Vega, 2015, photograph by/fotografía de **David González**

tragic as his talent was deep. The images Soto Sánchez made were sometimes monstrous, but his technique was impeccable.

As much as Manny has mastered technique, he is not beholden to it but sees it as a path to expression of his faith, humanity, and community history, tying together the varied strands of his life.

"Manny is working in that current that flows from ancient Sicily to Lisbon to Rio and many other Brazilian cities, and on to New York," said the late art historian Robert Farris Thompson. "That's all part of Manny's cultural DNA."[4]

Such a mix could leave some people feeling adrift and never at home. For Manny, it just adds layers of meaning, even if only he knows the full backstory of some pieces, like the mosaics on the platform of the 6 train at 110th Street, where street scenes blend with traditional batá drumming. The latter, he said, was influenced by his friendships with musicians and santeros, even though there was no explicit, literal connection.[5]

"Those relationships were just as important to me as the paint color and composition," he said. "That can be just as important as the visual image. It's based on the life that I lived. I consider myself more of a historian than an artist."[6]

The past that informs his work is one of pride and celebration, if not devotion. But its echoes, as always, reverberate even if now as the neighborhood enters a new social and political era where reactionary forces want to erase the past in favor of a monochrome future.

"You can't argue with me," he joked. "We can see who we are as long as we are not in denial about who we were."[7]

Barrio. Manny, quien se describe a sí mismo como "*nerd* de los cuadernos de bocetos" estaba especialmente fascinado con la obra de Jorge Soto Sánchez, un pintor cuya vida fue tan trágica como profundo su talento. En ocasiones, las imágenes de Soto Sánchez eran monstruosas, pero impecable su técnica.

Por mucho que Manny haya perfeccionado la técnica no se siente atado a ella sino que la ve como un medio para expresar su fe, su humanidad y la historia de su comunidad; es la que le permite articular los diferentes aspectos de su vida.

"La corriente en la que trabaja Manny fluye desde la Sicilia antigua, pasa por Lisboa, por Río y por muchas otras ciudades brasileras, y llega hasta Nueva York —expresó el fallecido historiador de arte Robert Farris Thompson—. Todo eso forma parte de su ADN cultural".[4]

Muchas personas podrían sentirse a la deriva en esa mezcla y sentir que nunca hallan su hogar. En el caso de Manny, esto sólo agrega capas de significado, aunque solo él conozca el trasfondo completo de algunas piezas, como ocurre con los mosaicos del metro de la Calle 110 donde las escenas urbanas se mezclan con los tradicionales tambores *batá*. Estos últimos, explicó, fueron influencia de su amistad con músicos y santeros, aunque no haya una conexión literal explícita.[5]

"Esas relaciones eran tan importantes para mí como el color y la composición de la pintura —comenta—. Eso puede ser tan importante como la imagen visual. Se basa en lo que yo viví. Me considero más un historiador que un artista".[6]

El pasado en el que se basa su obra es de orgullo y celebración, e incluso, podría decirse, de devoción. Pero sus ecos, como siempre, resuenan ahora aunque el futuro del barrio entre en una nueva era social y política en la que fuerzas reaccionarias buscan borrar el pasado en favor de un futuro monocromático.

"No se puede discutir conmigo —bromea—. Podemos ver quiénes somos siempre y cuando no neguemos quiénes fuimos".[7]

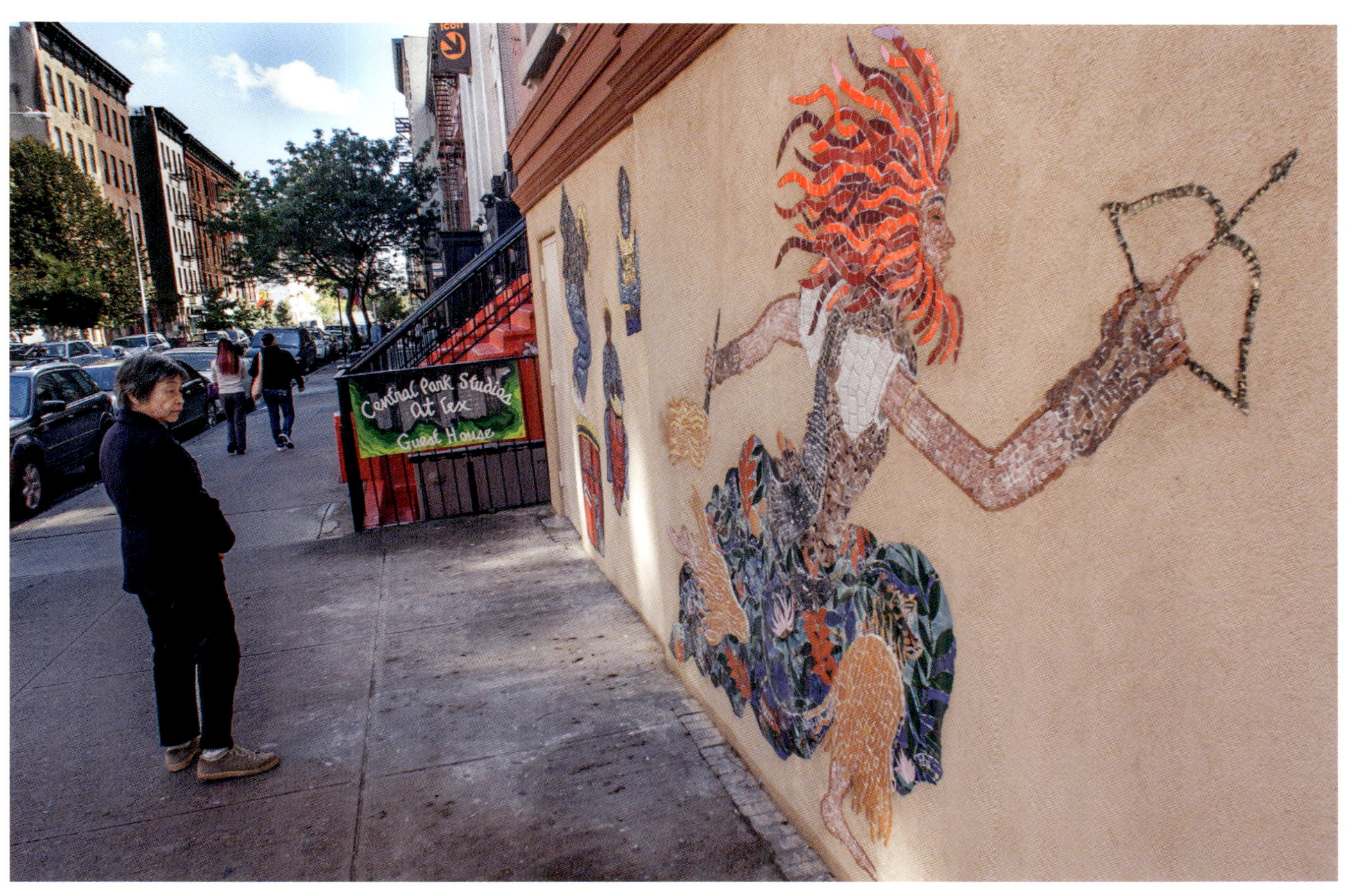
Central Park Studios
At Lex
Guest House

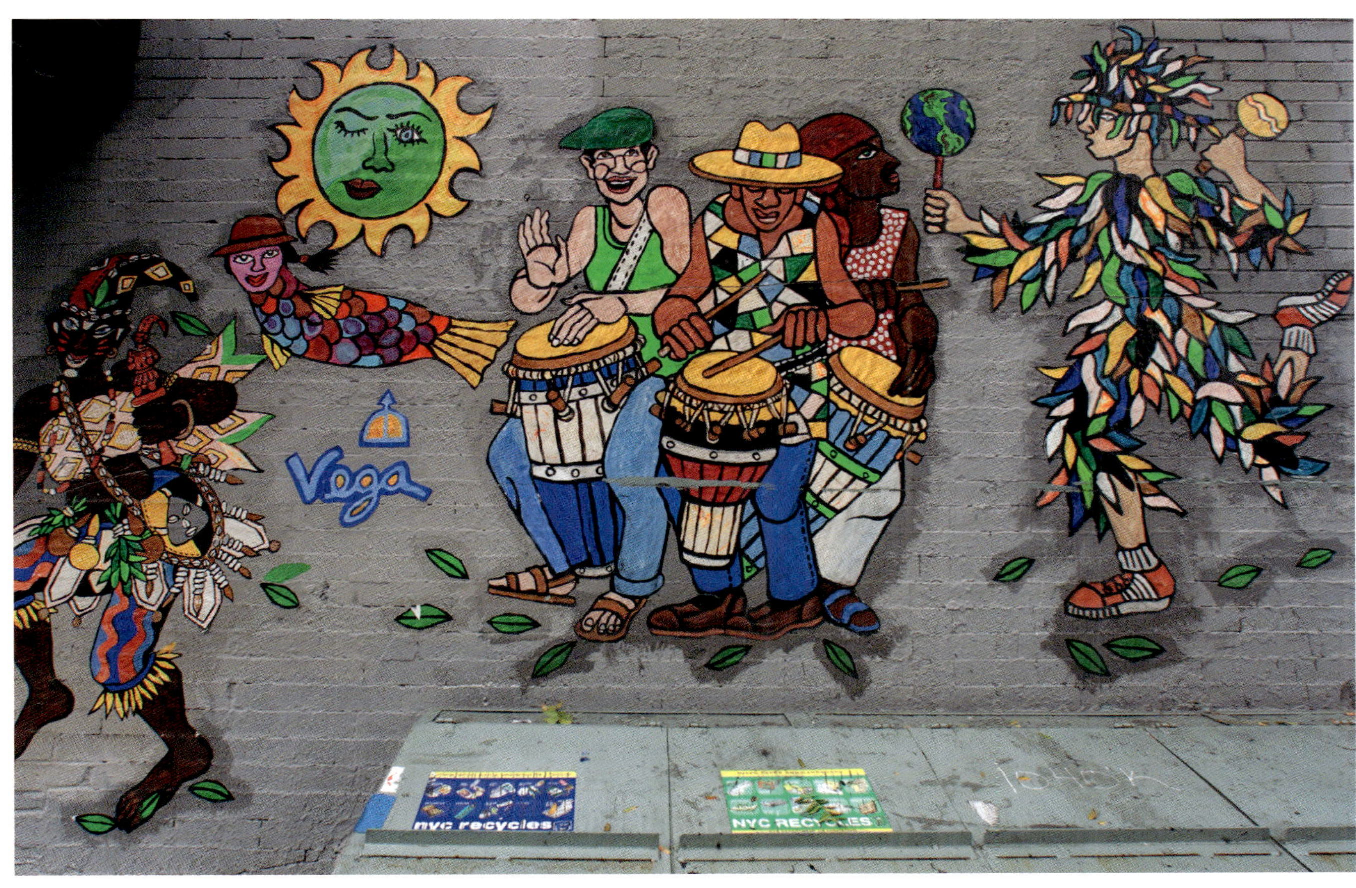
Vega
nyc recycles
NYC RECYCLES

FAMILY

~

FAMILIA

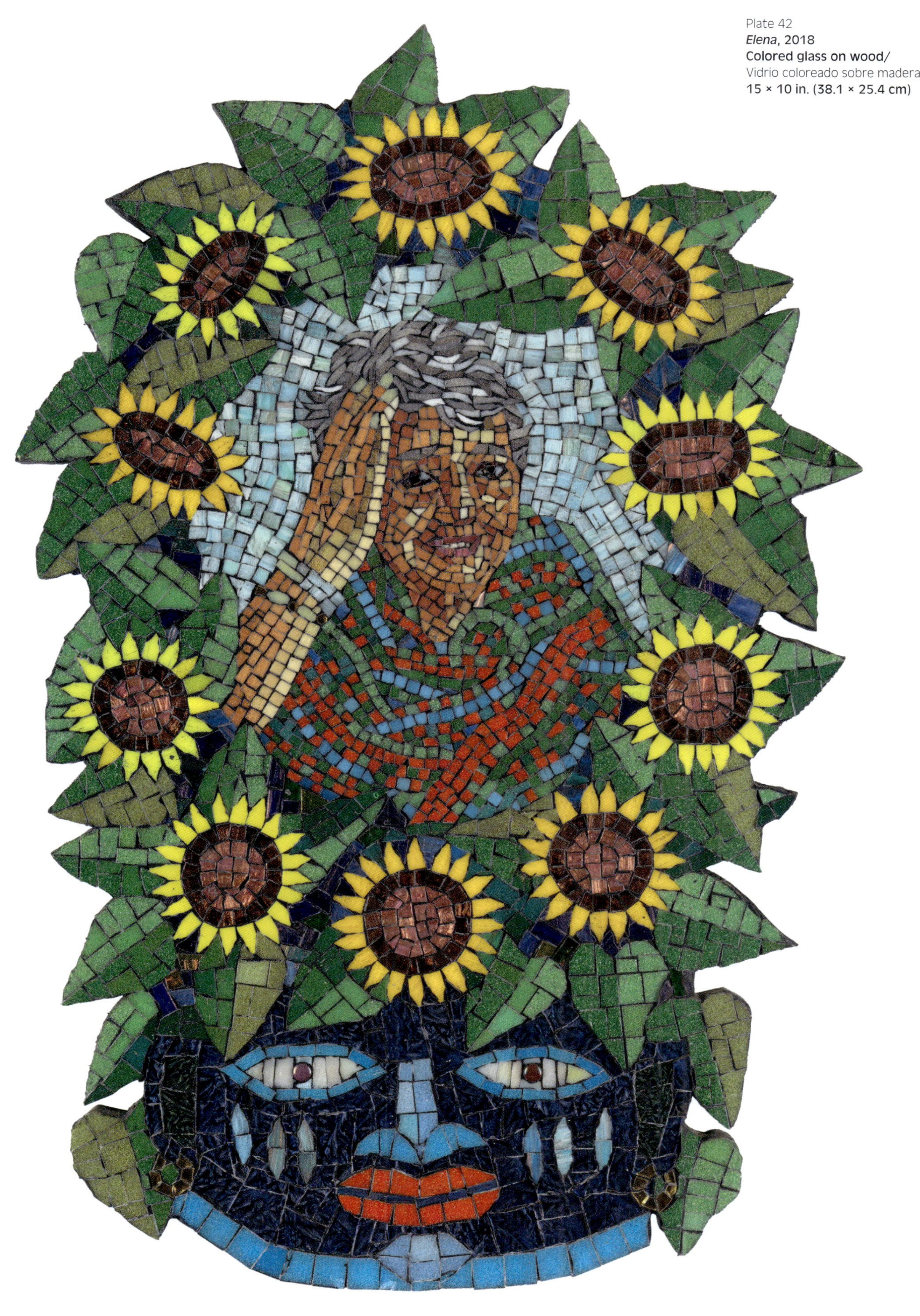

Plate 42
Elena, 2018
Colored glass on wood/
Vidrio coloreado sobre madera
15 × 10 in. (38.1 × 25.4 cm)

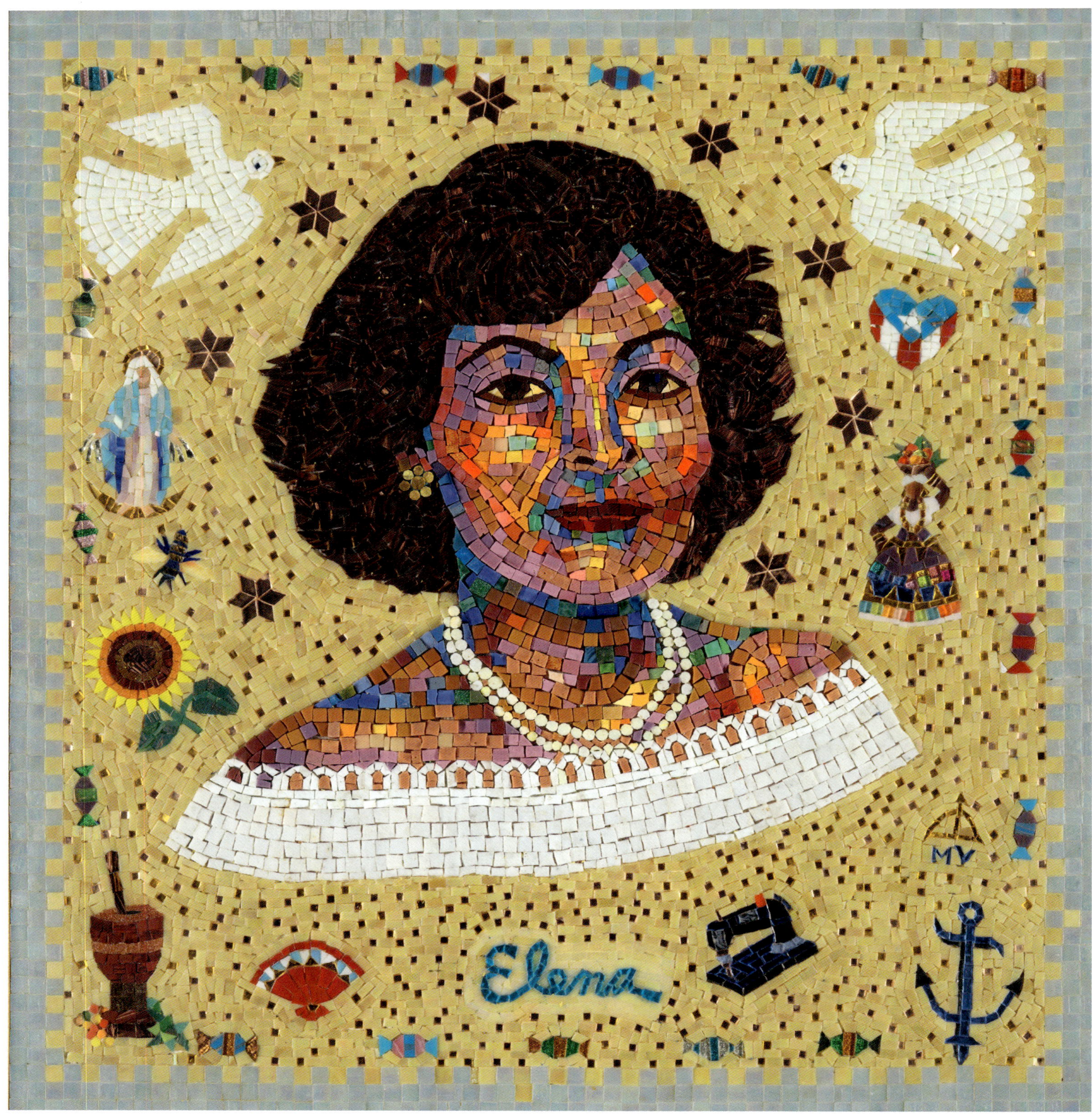

Plate 43 (above)
***Bombón de Elena*, 2018**
Colored glass on wood/
Vidrio coloreado sobre madera
39 × 39 in. (99.1 × 99.1 cm)

Plate 44 (opposite)
***Manuel Vega Reyes*, 2024**
Colored glass on wood/
Vidrio coloreado sobre madera
36 × 24 in. (91.4 × 61 cm)

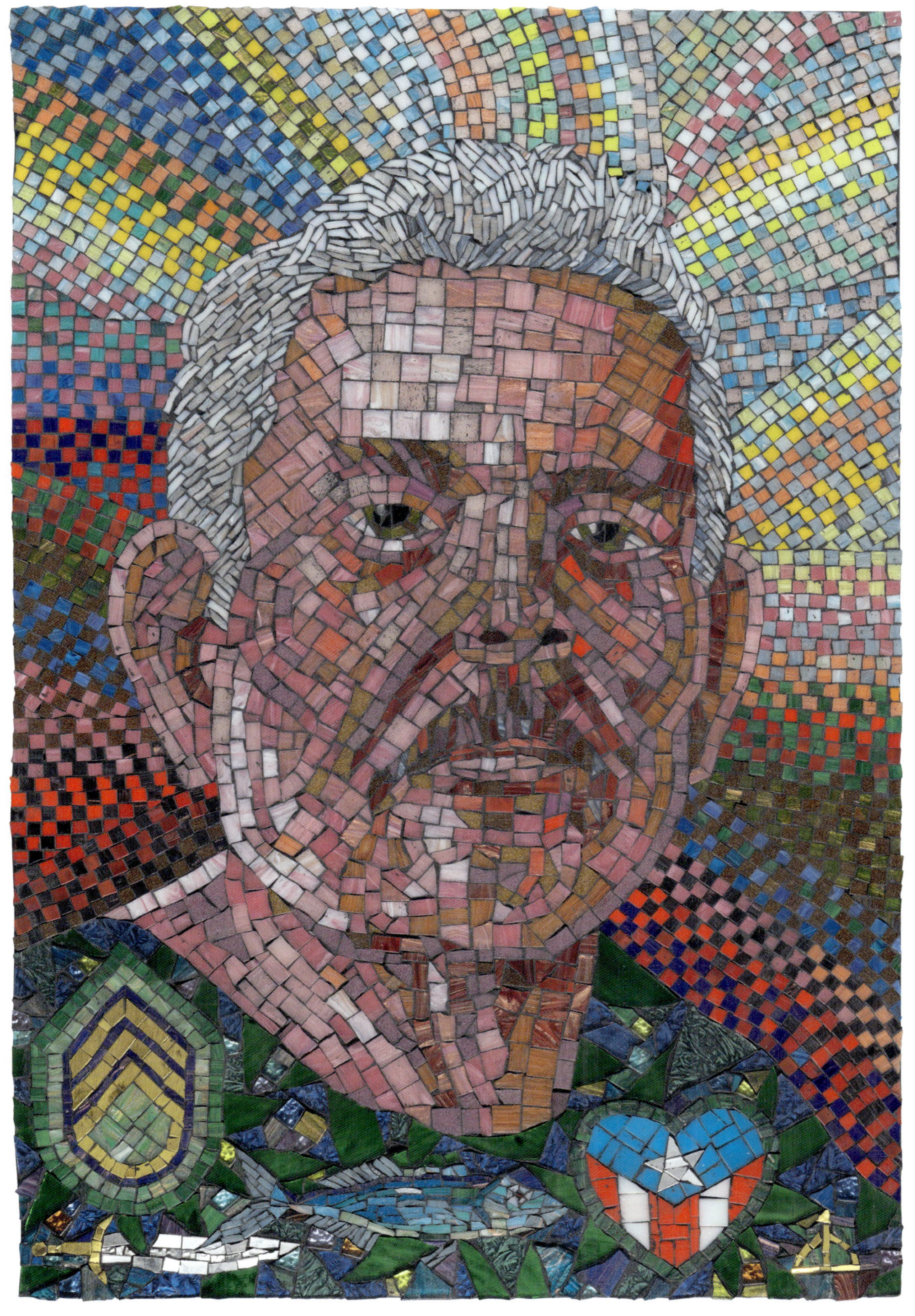

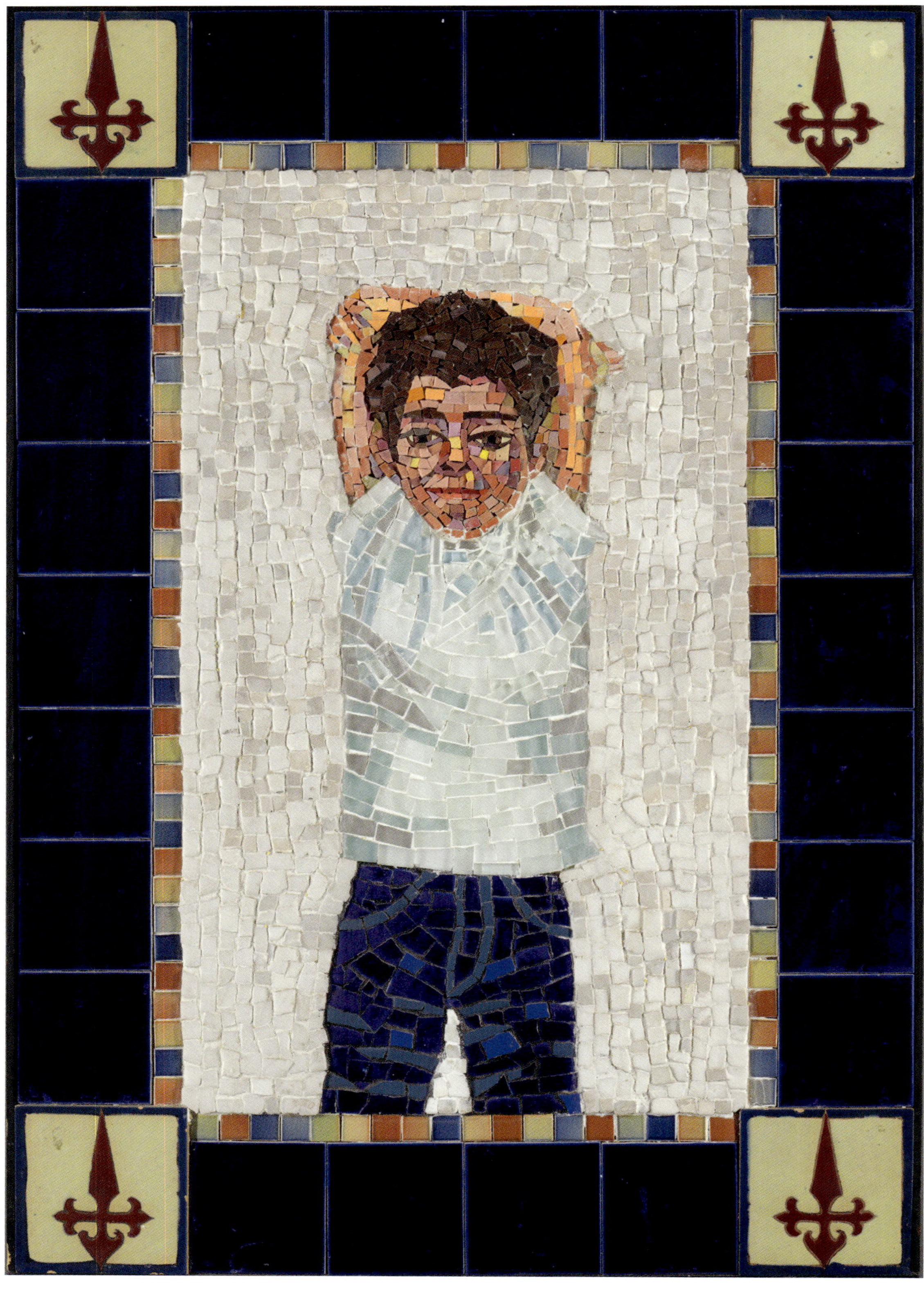

Plate 45 (above)
Joey, 2016
Colored glass on wood/
Vidrio coloreado sobre madera
41 × 28 in. (104.1 × 71.1 cm)

Plate 46 (opposite)
Elisa Maria Cose, age 15, under supervision of Manny Vega
***Mister Nelson Llambelis aka El Abuelo Más Fabuloso del Mundo*, 2018**
Colored glass on wood/
Vidrio coloreado sobre madera
27 × 23 in. (68.5 × 58.4 cm)

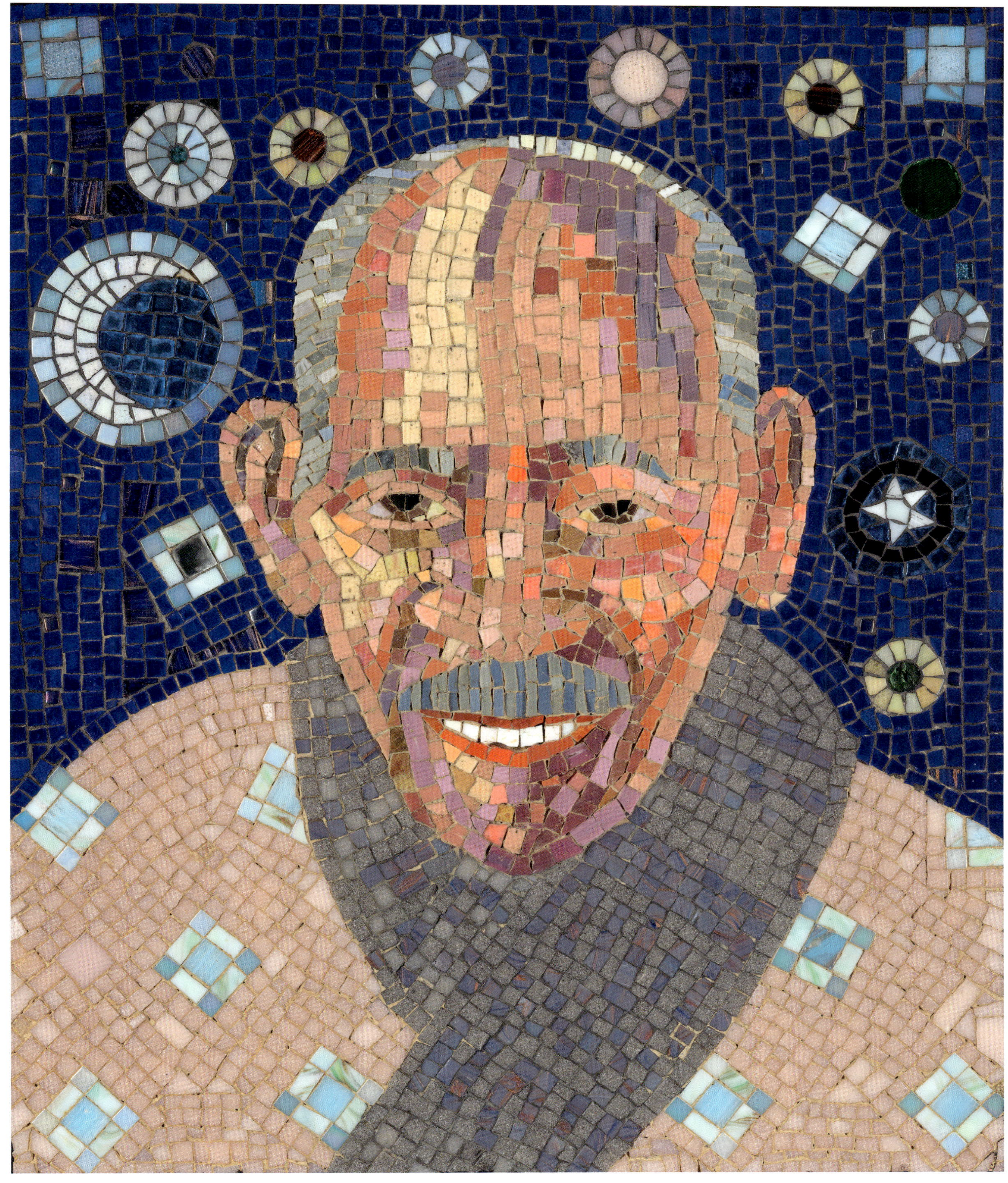

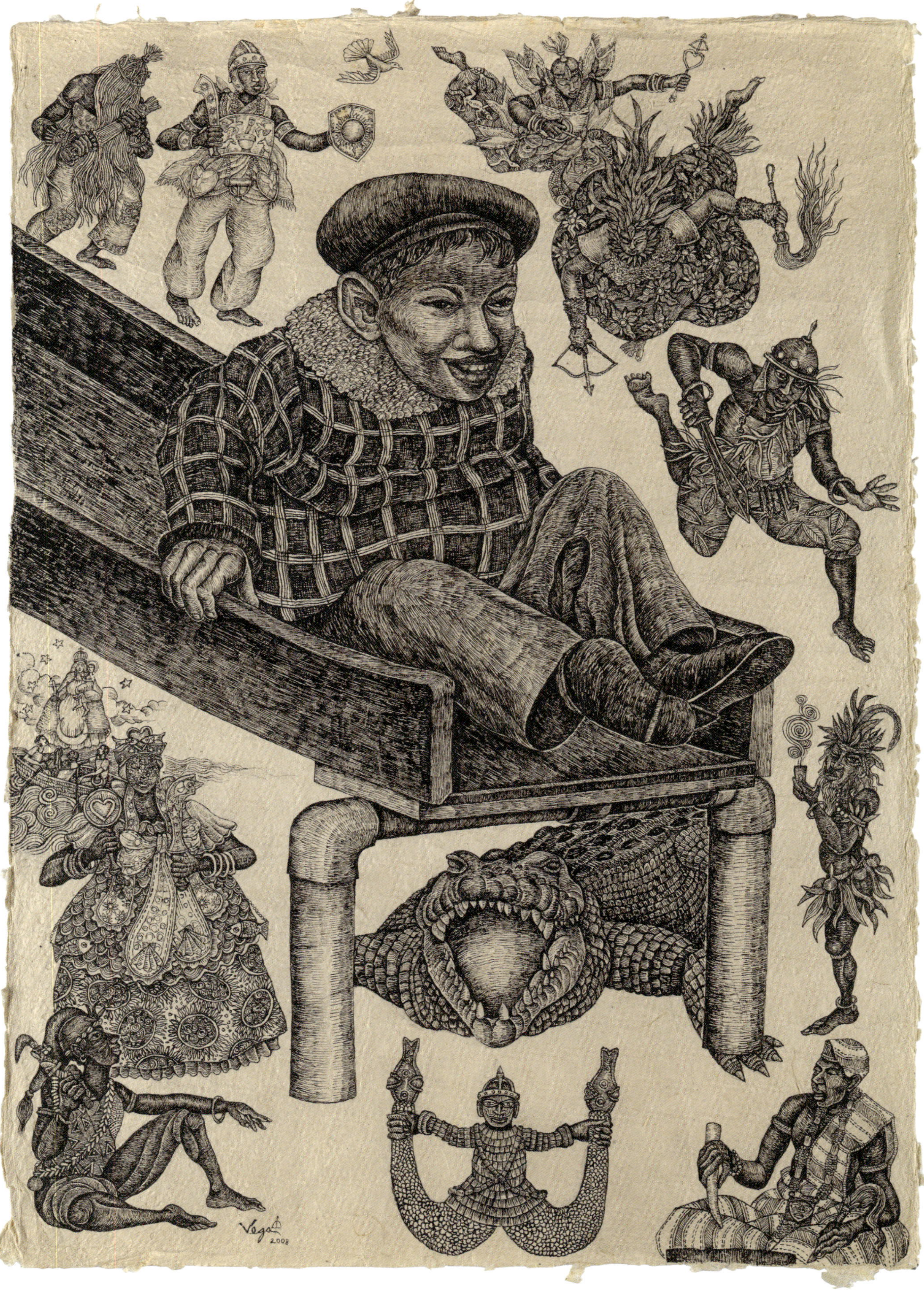

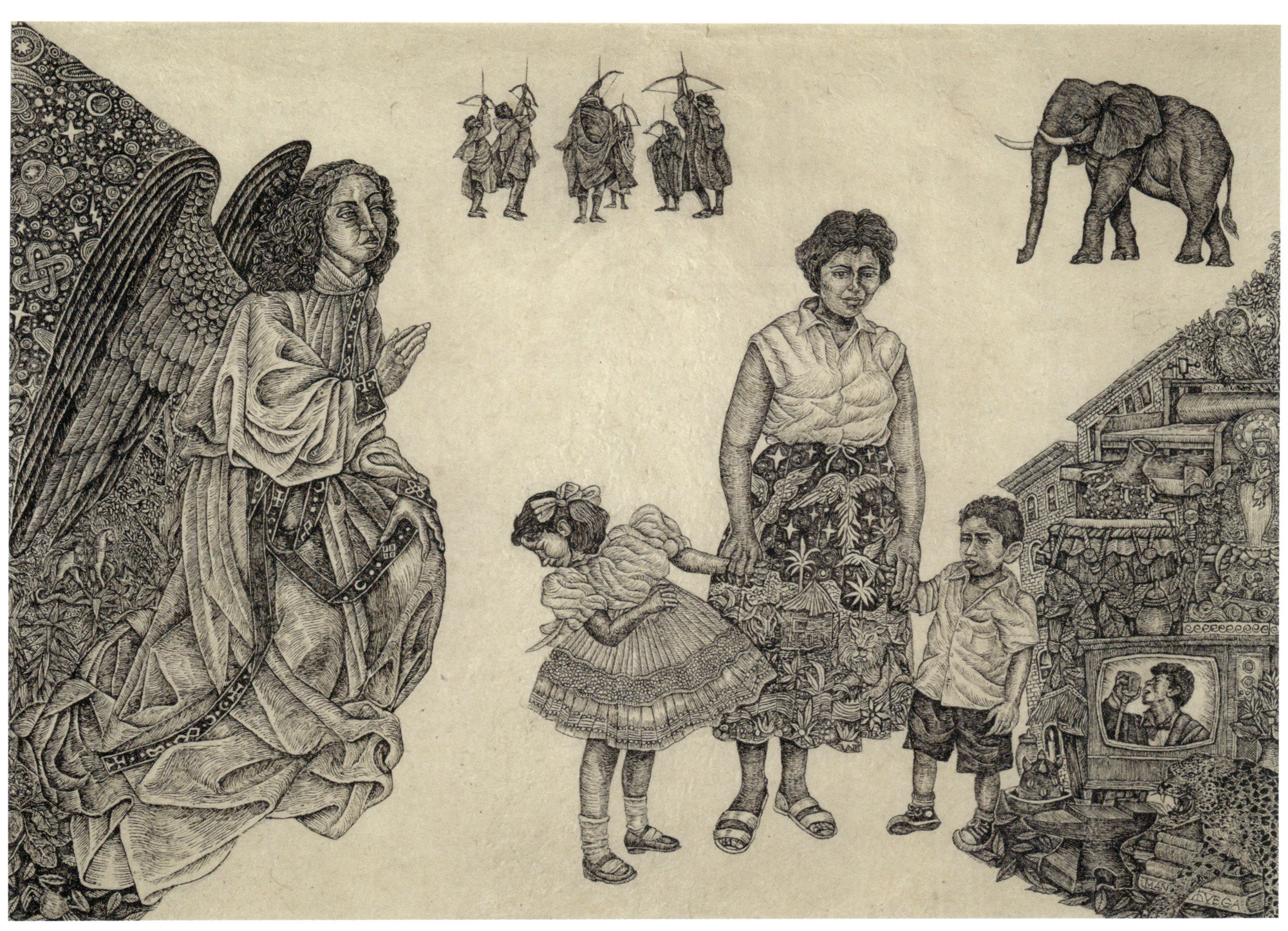

Plate 47 (opposite)
De camino, ca. 2012
Pen and ink on Lapka banana leaf paper from Nepal/Pluma y tinta sobre papel de hoja de plátano Lapka de Nepal
39½ × 28 in. (100.3 × 71.1 cm)

Plate 48 (above)
***Destiny*, 2017**
Pen and ink on Lapka banana leaf paper from Nepal/Pluma y tinta sobre papel de hoja de plátano Lapka de Nepal
28¼ × 38½ in. (71.8 × 97.8 cm)

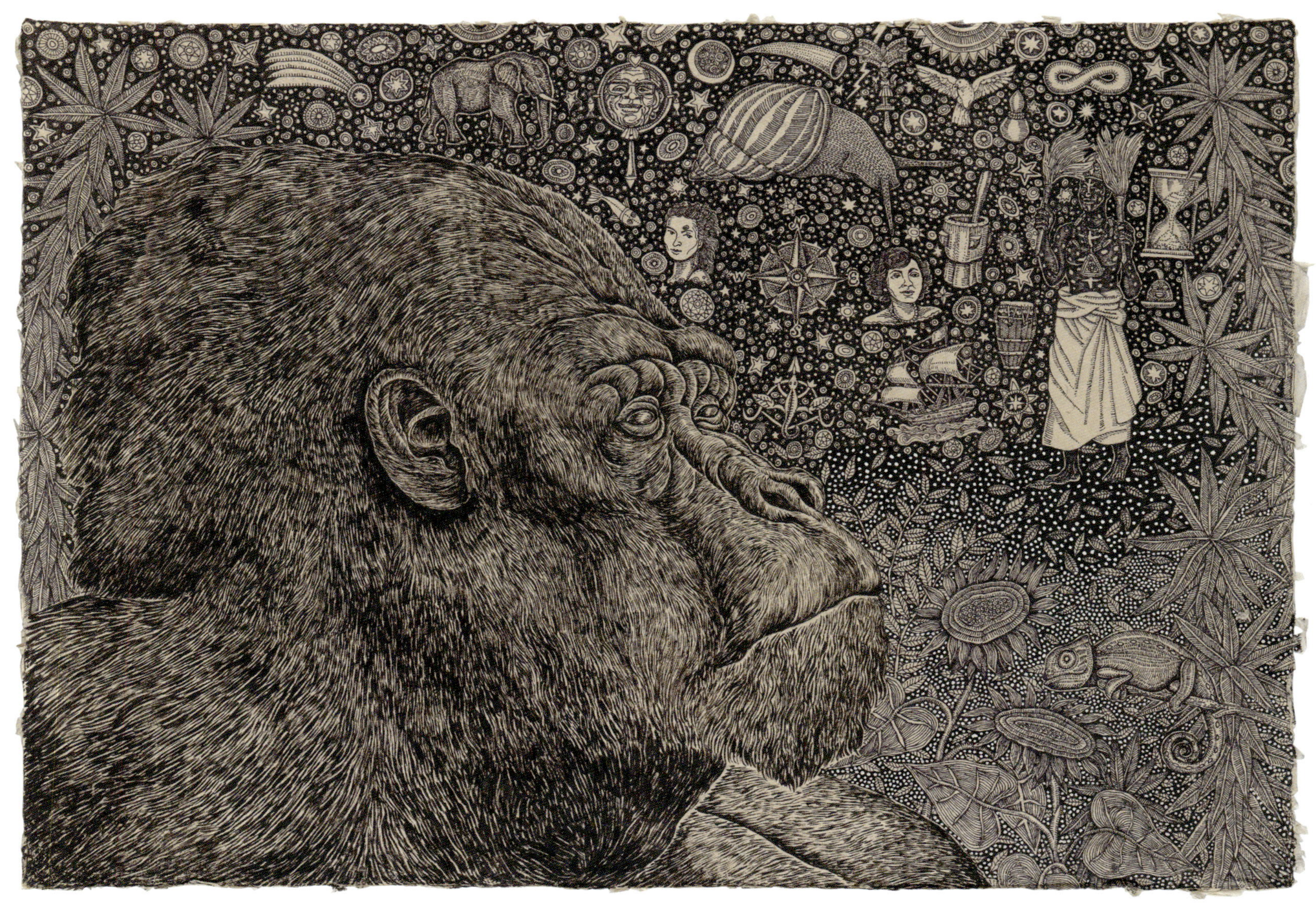

Plate 49
Ori, 2018
Ink on paper/Tinta sobre papel
28 × 39½ in. (71.1 × 100.3 cm)

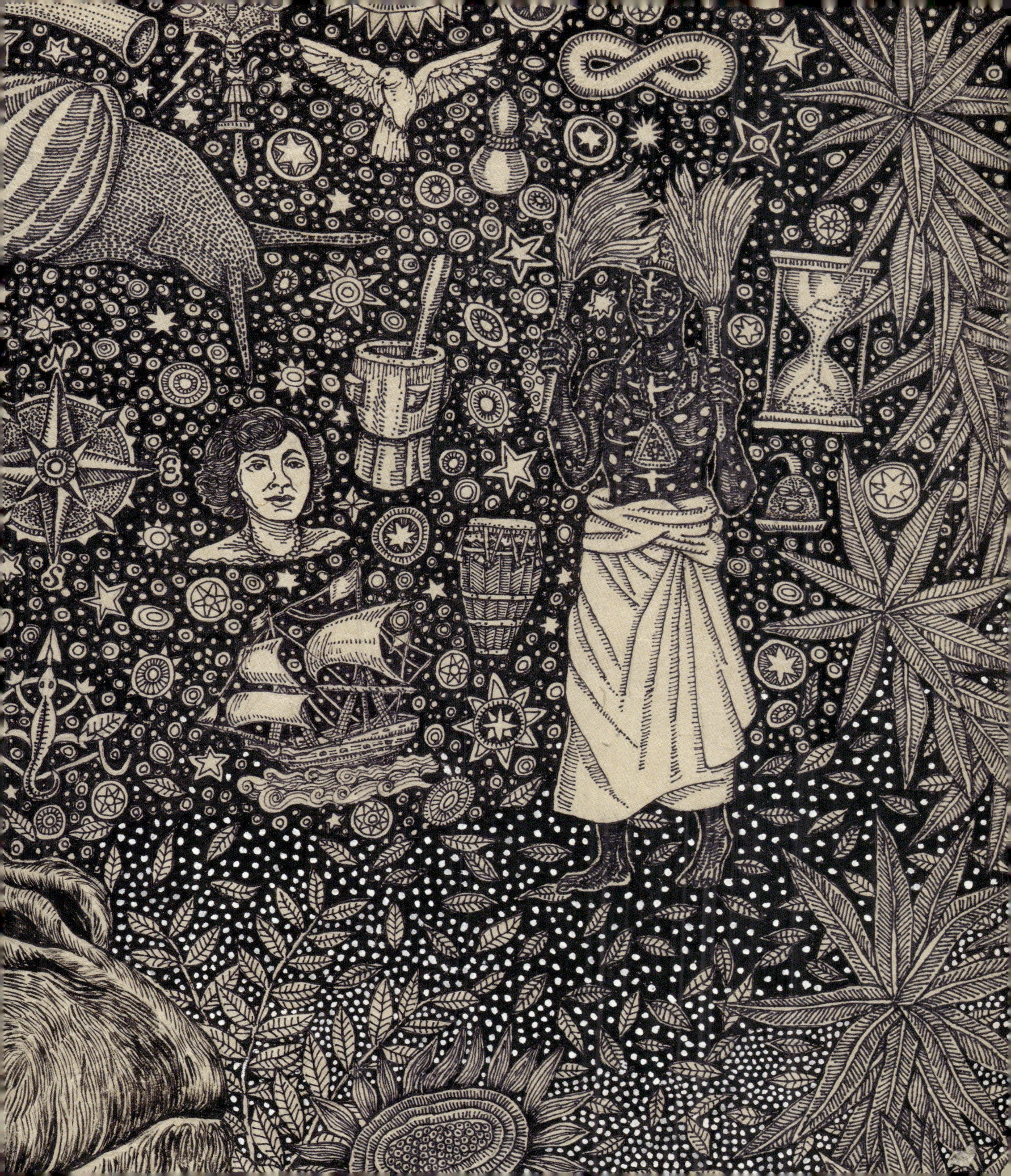

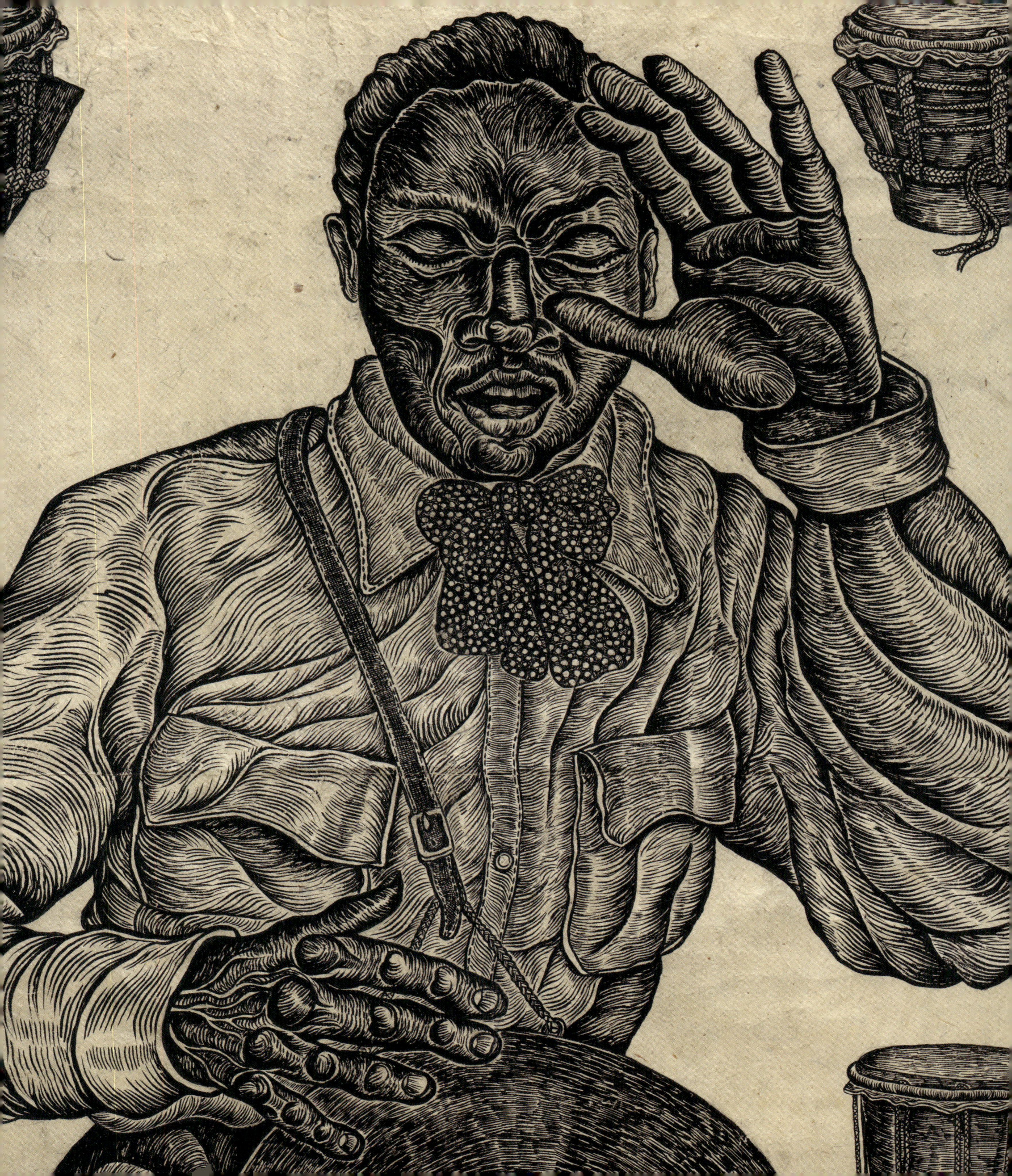

"EL TAMBOR LLAMA": THE DRUM IN THE SACRED AND SECULAR IMAGERY IN THE ARTWORK OF MANNY VEGA

Elena Martínez and Bobby Sanabria

The drum, the heartbeat of the African diaspora, features prominently in the artwork of Manny Vega, informing the iconography and the colors of his mosaics, drawings, and paintings. The drums referenced by Manny in *Byzantine Bembé* come from the islands of Cuba and Puerto Rico as well as South America, particularly Brazil, where they represent the Afro-religious traditions of capoeira and Candomblé.

Roots and Rhythm

Born in the Bronx in 1956, Manny and his family moved to El Barrio when he was a child, and later back to the South Bronx, where he spent many formative years. This was the height of the mambo dance craze, centered around the legendary Palladium Ballroom in Midtown Manhattan. Located one block away from the home of progressive jazz, Birdland, the Palladium became known to dancers as the "Home of the Mambo" from about 1949 until it closed in 1966. Big band leaders Machito, Tito Puente, and Tito Rodríguez—the "Holy Trinity of Mambo Kings"—defined the sound of the era with progressive arrangements combining modern jazz and hard driving Afro-Cuban rhythms. Cuban-born Machito (Francisco Raúl Gutiérrez Grillo de Ayala) and Puerto Rican–born Pablo "Tito" Rodríguez settled in East Harlem, where Ernest Anthony "Tito" Puente Jr. was born and raised. Like Manny, each would later live in the Bronx for periods of time. Manny realized it was the same instrument—the conga drum—whose rhythmic propulsion drove both this music and the West and Central African-based drumming played in city parks. This connection is at the root of his art, which simultaneously depicts the sacred and the secular. These musicians, and the music they played, inspired much of Manny's artwork.

Like Manny, Tito Puente was a Nuyorican.[1] Considered one of the greatest exponents of Afro-Cuban music in the history of this tradition, Puente was influenced by the people, music, and zeitgeist of his time. He was born on April 20, 1923, in Harlem Hospital. A child of the Jazz Age, he became a bandleader, composer, arranger, vibist, and a master of the instrument he became famous for: the timbales. Puente also became an initiate in the Afro-Cuban religion known as Santería. Santería is rooted in Ifá, the sacred spiritual belief system of the Yoruba people from Nigeria, who were forcibly brought to Cuba, other Caribbean islands, Brazil, and Latin America during the period of the colonial transatlantic slave trade. Its spiritual belief system is based on *aché*, a positive energy force that exists throughout the universe, and the *orisha*, super-beings who embody aspects of human

"EL TAMBOR LLAMA": EL TAMBOR EN LAS IMÁGENES SAGRADAS Y SECULARES DE LA OBRA DE MANNY VEGA

Elena Martínez y Bobby Sanabria

El tambor, latido de la diáspora africana, ocupa un lugar destacado en la obra de Manny Vega. Influye en la iconografía y en los colores de sus mosaicos, dibujos y pinturas. El tambor al que Manny hace referencia en la exhibición *Byzantine Bembé* es oriundo de las islas de Cuba y Puerto Rico, pero también de Sudamérica, más específicamente de Brasil, donde representa las tradiciones afro-religiosas de la capoeira y el candomblé.

Raíces y ritmos

Manny Vega nació en el Bronx en 1956. De niño se mudó junto con su familia a El Barrio y luego de vuelta al South Bronx, donde pasó muchos años de su crianza. Durante esos años la fiebre del mambo estaba en su apogeo y tenía como centro al legendario Palladium Ballroom en el *midtown* de Manhattan. El Palladium, ubicado a una cuadra de Birdland, hogar del jazz progresivo, se hizo conocido entre los bailarines como "La casa del mambo" desde 1949 hasta que cerró en 1966. La fiebre del mambo tenía como protagonistas a los integrantes de la llamada "santísima trinidad de los reyes del mambo": Machito, Tito Puente y Tito Rodríguez, líderes de las grandes bandas que definieron el sonido de la época. Ese sonido ponía énfasis en arreglos progresivos que se caracterizaban por usar técnicas propias del jazz moderno combinadas con ritmos afrocubanos enérgicos y dinámicos. Tanto el cubano Machito (Francisco Raúl Gutiérrez Grillo de Ayala) como el puertorriqueño Pablo "Tito" Rodríguez se establecieron en East Harlem. Ernesto Antonio "Tito" Puente Jr. nació y creció en East Harlem. Todos ellos, igual que Manny, vivieron durante algunos períodos en el Bronx. Vega descubrió que esta música —al igual que la de la percusión con raíces en África Occidental y Central que se tocaba en los parques de la ciudad— se basaban en la propulsión rítmica del mismo instrumento: la conga. Esta conexión es la que inspira su obra, donde representa lo sagrado y lo secular a la vez. Estos músicos, junto con la música que tocaban, inspiraron muchas de las obras de arte de Manny.

Tito Puente era Nuyorican como Manny.[1] Considerado uno de los más grandes exponentes de la música afrocubana en la historia de esta tradición, Puente fue influenciado por la gente, la música y el espíritu de esa época. Nació el 20 de abril de 1923 en el Hospital de Harlem. Creció en la era del jazz y se convirtió en líder de banda, compositor, arreglista, vibrafonista y en maestro del instrumento que lo catapultó a la fama: los timbales.

Puente también se convirtió en un iniciado de la religión afrocubana conocida como Santería. Esta religión surge del Ifá,

Fig. 15
Vega, *Chano Pozo*, 2002 (Pl. 64, detail)

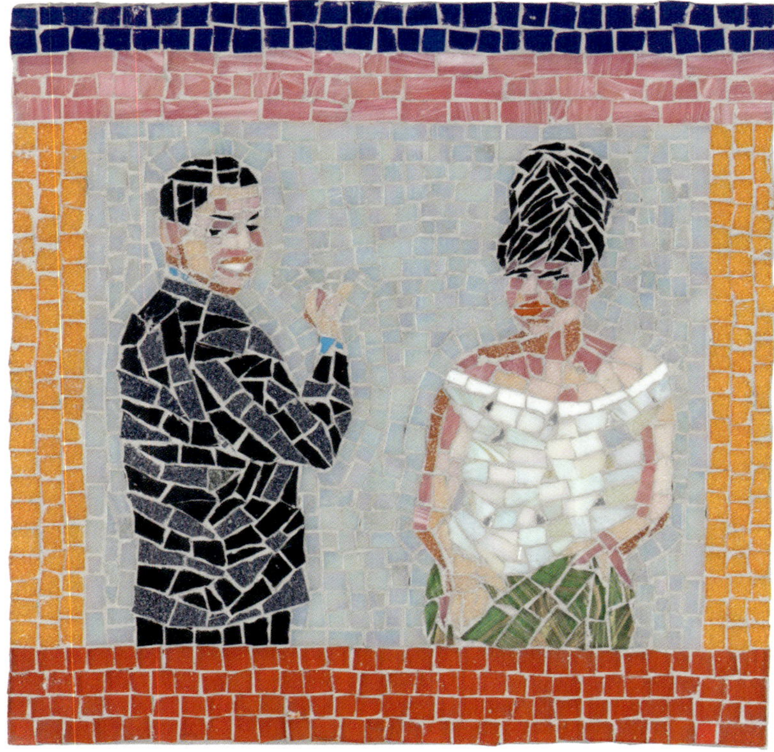

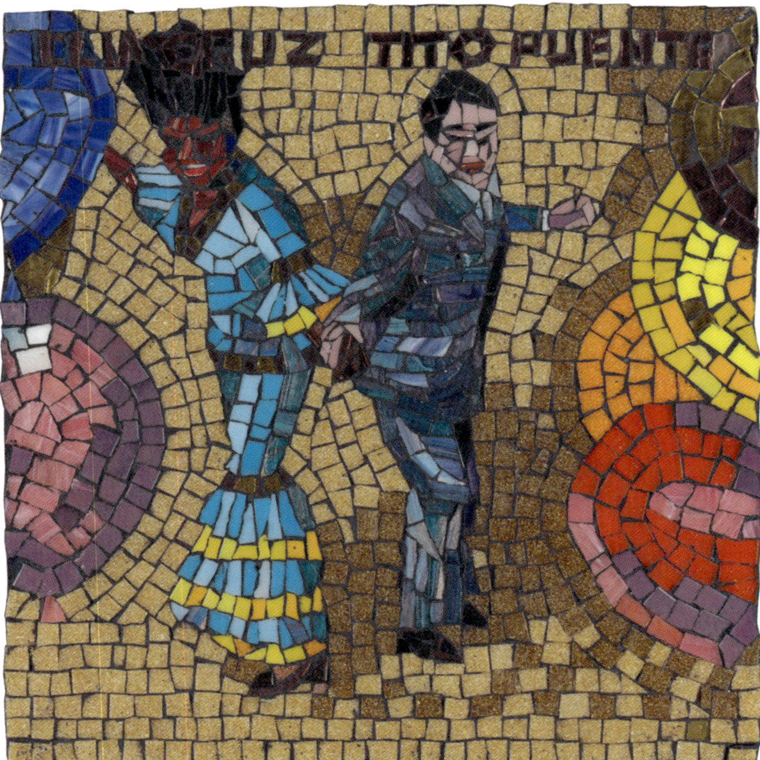

Fig. 16 (left)
Vega, *La Lupe Sings, Tito Puente Swings* (after Tito Puente and La Lupe album cover), 2016, colored glass on wood/ vidrio coloreado sobre madera**, 12 × 12 in. (30.5 × 30.5 cm)**

Fig. 17 (below)
Vega, *Celia & Tito* (after Celia Cruz and Tito Puente album cover), 2016, colored glass on wood/ vidrio coloreado sobre madera**, 12 × 12 in. (30.5 × 30.5 cm)**

el sistema de creencias espirituales sagradas del pueblo yoruba de Nigeria, trasladado por la fuerza a Cuba y otras islas del Caribe, Brasil y Latinoamérica durante el período del comercio transatlántico colonial de esclavos. Ese sistema de creencias espirituales se basa en el *aché*, la fuerza de energía positiva que existe en todo el universo. Además del concepto de *aché* está el de *orisha*: seres superiores que encarnan algunos aspectos de la personalidad y la naturaleza humana. Tito Puente se convirtió en un hijo del *orishá* Obatalá, el *orisha* más antiguo y el creador de la vida en la Tierra. También se le llama "el Rey del Atuendo Blanco", patrón de todas las personas creativas.

La propia iniciación de Manny como hijo de Ochosi (el cazador) en este sistema de creencias espirituales según su práctica en Brasil (donde se llama *candomblé*) ha sido fuente de inspiración para gran parte de su obra. Por todo eso, el Maestro Puente, devoto de la santería y símbolo de la excelencia y el virtuosismo, en particular en los timbales, fue el sujeto perfecto en la obra de Vega. Así como Obatalá es admirado por los devotos debido a su omnipotencia en la jerarquía de la práctica de la santería, también el Maestro Puente es admirado y omnipotente en términos musicales. Vega explicó: "Para mí, Tito representa la integridad, la majestuosidad de lo que es Nueva York".[2] Las imágenes de Puente creadas por Manny son reflejo de la yuxtaposición o intersección de lo sagrado y lo secular. Puente, conocido por el sobrenombre de "El Rey", está representado por una figura majestuosa dado a que es el maestro de los timbales, un instrumento que él transformó en voz solista de la música.

La Lupe Sings, Tito Puente Swings (fig. 16) y *Celia & Tito* (fig. 17) son obras basadas en dos álbumes que Tito Puente grabó con las vocalistas cubanas La Lupe y Celia Cruz. Ambas interpretaban y grababan música de alabanza para los *orishás* de la tradición santera. La Lupe estaba iniciada en la santería, pero Celia no; sin embargo, el hecho de que ambas eligieran la música afrocubana habla de la fuerza con la que esta tradición espiritual ha influido en la música y sus intérpretes —sirviéndoles de inspiración— aunque no fueran practicantes. Manny captura su *aché*, su espíritu y su sensualidad en un medio visual.

En el legendario conguero Luciano "Chano" Pozo (fig. 15), a quien Manny también elige para su obra, encontramos otra persona que representa la intersección de lo sagrado con lo secular. El maestro rumbero Pozo —conguero, bailarín y vocalista— era *hijo* de Changó, "el dueño de los tambores y el baile" de la santería. Pozo nació en Cuba, llegó a Nueva York en 1947 y fue uno de los primeros en

personality and nature. Puente became a child of Obatalá—the oldest *orisha*, "King of the White Cloth," and the creator of life on Earth—the patron of all those who are creative.

Manny's own initiation as a child of Ochosi (the hunter) in this spiritual belief system as it is practiced in Brazil, where it is called Candomblé, has been a source of inspiration for much of his work. Thus, Maestro Puente, as a devotee of Santería and a symbol of excellence and virtuosity, particularly on the drums, was a perfect subject for Manny's interpretive work. As Obatalá is revered as omnipotent in the hierarchy of Santería practice, so too in musical terms is Maestro Puente revered and omnipotent. "To me Tito represents the entirety, the majesty of what the city of New York is," says Manny.[2] His images of Puente demonstrate the juxtaposition, or intersection, of the sacred and the secular. Known by his sobriquet "El Rey," Puente is represented as a majestic figure who is a master of the timbales, an instrument that he transformed into a solo voice in his music.

La Lupe Sings, Tito Puente Swings (Fig. 16) and *Celia & Tito* (Fig. 17) are based on two albums Tito Puente recorded with Cuban-born vocalists La Lupe and Celia Cruz, both of whom performed and recorded *orisha*-based praise music in the Santería tradition. Although La Lupe was an initiate of Santería and Celia was not, their shared embrace of Afro-Cuban music speaks to how powerfully this spiritual tradition has influenced and inspired the music and its performers even if they are not practitioners. Manny captures their *aché*, spirit, and sensuality in a visual medium.

In Manny's representation of the legendary *conguero* Luciano "Chano" Pozo (Fig. 15), we find yet another intersection of the sacred and secular. A master *rumbero*—drummer, dancer, and vocalist—Pozo was a child of Shangó, the Santería "Lord of the Drum and Dance." Born in Cuba, he came to New York City in 1947 and was one of the first performers to bring authentic Santería praise chants, as well as songs from the Abakuá (an all-male secret society and religion), to mainstream audiences.

El Condado de La Salsa and Gonzo

The South Bronx became a hub of musical activity, due to early twentieth-century building booms that gave new immigrant groups—Irish, Jewish, German, Italian—entertainment venues of all types. Theaters, catering halls, and clubs provided spaces for everything from plays to boxing matches. In the period after World War II, these venues began catering to the growing Puerto Rican and smaller

interpretar ante el público los auténticos cantos de alabanza de la santería y las canciones de la Abakuá (una sociedad y religión secreta masculina).

El condado de la salsa y Gonzo

El South Bronx se convirtió en un centro de actividad musical gracias al auge en la construcción de principios del siglo XX, el cual generó una infraestructura que permitía a los nuevos grupos de inmigrantes —irlandeses, judíos, alemanes, italianos— acceder a espacios de entretenimiento de todo tipo. En los teatros, salones comedor y clubes había lugar para todo: desde obras de teatro hasta peleas de boxeo. En el período posterior a la Segunda Guerra Mundial, estos espacios comenzaron a atender las demandas de una comunidad puertorriqueña en pleno crecimiento y de una comunidad afrocubana más pequeña. Por ejemplo, el Caravana Club —ubicado en el 442 de la Calle 149 E.— comenzó siendo un espacio irlandés llamado Tara Ballroom; pero con los años cobró fama por recibir a La Duboney, la banda de charanga de Charlie Palmieri. El South Bronx, con su red de espacios de reunión y la gran cantidad de músicos que lo adoptaron como su hogar, fue uno de los grandes crisoles en los que surgió el sonido de la música latina de Nueva York, el cual se inspiraba en las formas musicales cubanas (sobre todo, en el mambo) que más tarde se llamaría "salsa".

El Bronx se hizo conocido como "El Condado de La Salsa" por la abundancia de establecimientos e intérpretes de la música bailable con raíces afrocubanas. Manny creció con el sonido del guaguancó cubano que tocaban las congas y resonaba en los parques, las terrazas y las escalinatas del South Bronx. La mayor parte de la juventud puertorriqueña tocaba la conga, un instrumento que nació del *ngoma*, un tambor de origen bantú-congoleño que adoptó nuevas formas en Cuba. Igual que Manny, esta comunidad joven había crecido inspirada por las grabaciones de esta música que escuchaban sus padres. Manny también recibió influencias de la animada escena de los clubes nocturnos del South Bronx que solía frecuentar de joven. Se inspiraba en lo que veía en lugares como Hunts Point Palace, Colgate Gardens, Savoy Manor, y en sus obras aparecen muchos de los músicos que tocaban allí como La Lupe, Arsenio Rodríguez, Tito Puente y Celia Cruz, entre otros.

Uno de estos músicos contemporáneos de Manny era Jerry González (1949-2018): conguero, trompetista, líder de banda y compatriota Nuyorican. La confluencia de la música y las luchas por la justicia social durante la época en la que Manny y Jerry

Afro-Cuban community. The Caravana Club at 442 East 149th Street, which eventually became famous for hosting Charlie Palmieri's charanga band La Duboney, had originally been an Irish venue called the Tara Ballroom. The South Bronx, with its network of venues and the many musicians who made it their home, was one of the great crucibles for the development of a New York Latin music based on Cuban musical forms (primarily mambo) that would eventually be called salsa.

The Bronx became known as "El Condado de La Salsa" (the borough of salsa) due to its wealth of venues and practitioners of Afro-Cuban-based dance music. Manny came of age to the sound of conga drums playing Cuban *guaguancó* resonating throughout the parks, rooftops, and stoops of the South Bronx. Deriving from the Bantú-Congo drum known as the *ngome* but evolving differently in Cuba, conga drums were played by mostly young Puerto Ricans who, like Manny, had grown up listening to their parents' recordings of this music. Manny was also inspired by the vibrant South Bronx nightclub scene that he was active in as a young man, frequenting venues like the Hunts Point Palace, Colgate Gardens, and Savoy Manor. Many of the musicians he encountered, including La Lupe, Arsenio Rodríguez, Tito Puente, Celia Cruz, and others, populate Manny's artwork.

One of Manny's contemporaries was the *conguero*, trumpeter, bandleader, and fellow Nuyorican Jerry González (1949–2018), known as Gonzo. The confluence of music and the social justice struggles of the time in which Manny and González came of age is reflected in much of Manny's iconography. Although he started as a trumpet player, González was recognized as one of the leading voices and masters of the congas. Manny first met González through the Association of Hispanic Arts, when it was under the direction of Elba Cabrera (known to many Nuyorican artists as "La Madrina," the Godmother). Manny and González were both part of a jobs program federally funded under the Comprehensive Employment and Training Act (CETA), active from 1973 to 1981. The program employed more than ten thousand artists and cultural workers in the United States, six hundred of them in New York City, who provided artistic programs in schools, libraries, nursing homes, prisons, and museums. CETA supported artists on "a scale of artist support not seen since the Works Progress Administration of the 1930s . . . It also helped to nourish the community arts movement in New York and throughout the U.S."[3]

Many CETA projects paired artists in different genres. The dynamic duo of Manny and Jerry, visual artist and *conguero*, began

alcanzaron la mayoría de edad se ve reflejada en gran parte de la iconografía de Manny. González comenzó como trompetista, sin embargo, ganó reconocimiento como una de las mejores voces y uno de los más importantes maestros de la conga. Manny conoció a Jerry en la Association of Hispanic Arts (AHA), cuando funcionaba bajo la dirección de Elba Cabrera (conocida por muchos artistas Nuyorican como "La Madrina"). Tanto Manny como Jerry participaban del programa Comprehensive Employment and Training Act (CETA), que estuvo vigente entre 1973 y 1981. Este programa, financiado con fondos federales, empleó a más de diez mil personas que se dedicaron al arte y la cultura en Estados Unidos; seiscientos de ellos trabajaron en Nueva York ofreciendo programas de arte en escuelas, bibliotecas, residencias para personas mayores, prisiones y museos. La CETA ofreció a quienes se dedican al arte "apoyo a una escala no vista desde la Works Progress Administration de la década de 1930. También ayudó a fomentar el movimiento artístico comunitario en Nueva York y en todo Estados Unidos".[3]

Muchos proyectos de la CETA reunían a artistas de diferentes géneros. El dúo dinámico que formaron Manny y Jerry, un artista visual y un conguero, comenzó a trabajar en lugares como El Museo del Barrio y Taller Boricua. Jerry tocaba la conga en la banda de Manny Oquendo y su Conjunto Libre, más tarde conocida por los fanáticos simplemente como "Libre." Manny cuenta que "consideraba que Libre y la música que tocaban como la voz de las personas Nuyorican".[4] Se convirtió en su fiel admirador.

El New Rican

Manny se convirtió en un mecenas habitual del New Rican Village (NRV), ubicado en el 101 de la Avenida A, en el Lower East Side de Manhattan, a fines de los setenta. El NRV, que no debe confundirse con el Nuyorican Poets Café que se encontraba a pocas cuadras, fue un centro social y espacio de arte multidisciplinario de vanguardia para la comunidad Nuyorican, fundado por el ex Young Lord Eddie Figueroa. Manny creaba volantes y carteles para las actividades que se organizaban allí a medida que el Lower East Side empezaba a formar parte de una escena en la cual artistas de origen Nuyorican se desplazaban con naturalidad desde el South Bronx hasta El Barrio y Loisaida (nombre con el que el poeta Nuyorican Bimbo Rivas bautizó al Lower East Side). Aunque Figueroa se asoció con instituciones bien establecidas como The Public Theater, nunca perdió de vista por qué su comunidad practicaba estas artes. Como antiguo miembro del Young Lords Party, Eddie surgió del despertar

working in places like El Museo del Barrio and Taller Boricua. González played congas in the band Manny Oquendo y su Conjunto Libre, later known by its fans as simply Libre. Manny "saw Libre and the music they played as the voice of the Nuyorican."[4] He became a devoted fan.

The New Rican

Manny became a regular patron of the New Rican Village (NRV) at 101 Avenue A on the Lower East Side of Manhattan in the late 1970s. Not to be confused with the Nuyorican Poets Café a few blocks away, NRV was an avant-garde social hub and multidisciplinary art space for the Nuyorican community founded by former Young Lord Eddie Figueroa. Manny created flyers and posters for events there as the Lower East Side became part of a scene in which Nuyorican artists moved fluidly from the South Bronx to El Barrio and Loisaida (the name given to the Lower East Side by Nuyorican poet Bimbo Rivas). Though Figueroa created partnerships with mainstream institutions like the Public Theater, he never lost sight of why his community practiced these arts. As a former member of the Young Lords, Eddie himself grew out of the mid-century consciousness awakening that produced several forward-thinking politically active groups. But

de la conciencia de mediados de siglo, el cual dio lugar a varios grupos políticamente activos y con visión de futuro. Sin embargo, él también consideraba que las políticas clasistas de esos grupos reprimían el impulso artístico de la comunidad.

Al igual que otras personas Nuyorican de Loisaida que se dedicaban al arte y el activismo, como Bimbo Rivas, Chino García y Tato Laviera, Eddie Figueroa veía las artes como un medio para fortalecer a la comunidad.

Fort Apache

En 1980 la comunidad Nuyorican se unió para luchar contra el rodaje de la película *Fort Apache, the Bronx* protagonizada por Paul Newman. Los miembros de la comunidad se oponían a las representaciones estereotipadas de personajes negros y latinos como delincuentes. Organizaciones comunitarias como los Young Lords (el equivalente Nuyorican de las Panteras Negras) y los miembros de la comunidad se unieron para formar el Committee Against Fort Apache o CAFA. Organizaron protestas y movilizaron a la comunidad para interrumpir el rodaje en varios lugares del Bronx (fig. 18). Aunque los miembros del grupo cambiaban constantemente, Libre (con Manny Oquendo en los timbales y el

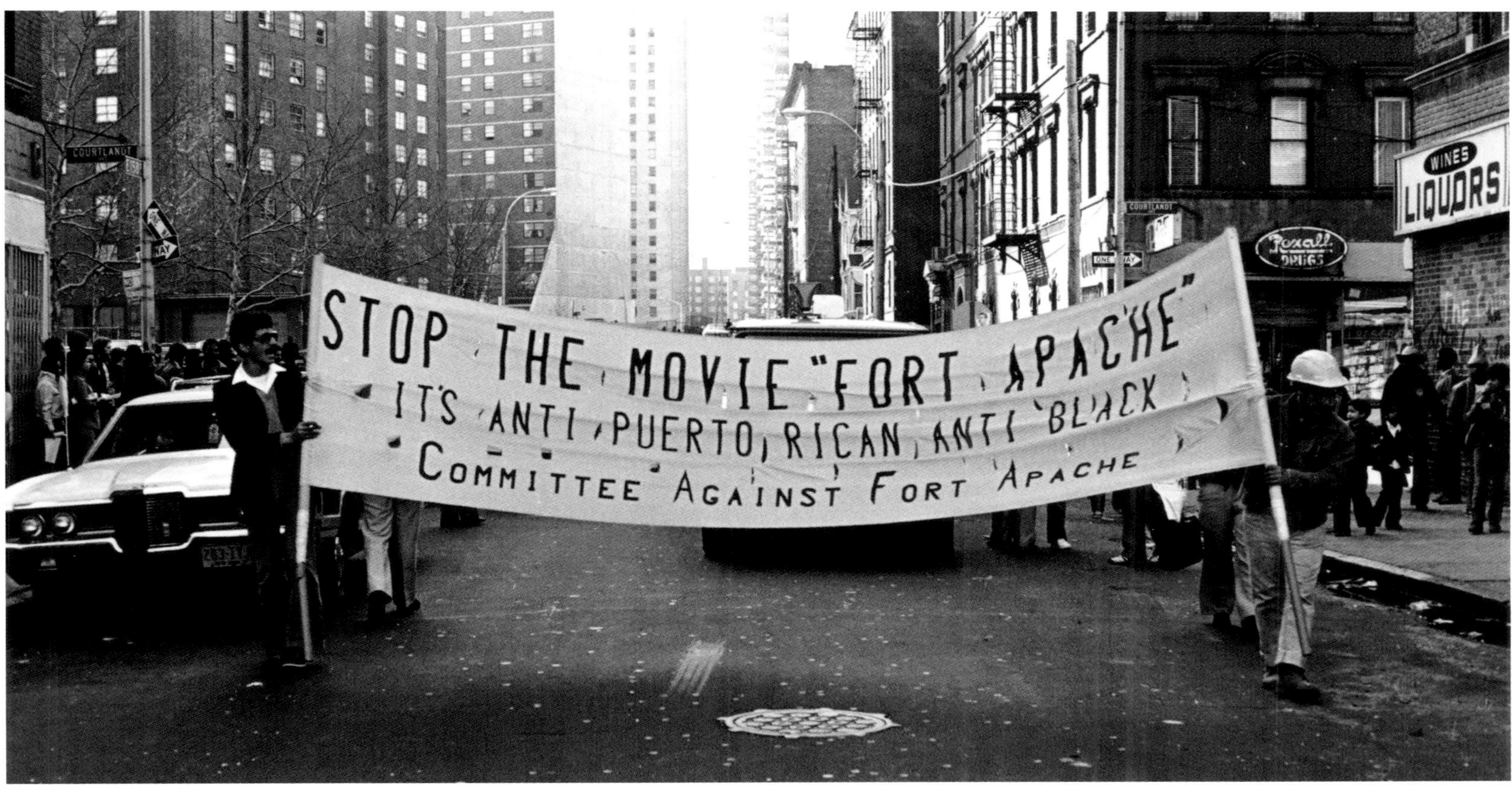

Fig. 18
Protest of the film *Fort Apache, The Bronx*, 1980, photograph by/fotografía de **Joe Conzo, Jr.**

he felt that the class politics of those groups repressed the artistic impulse in the community. Like other Nuyorican artists/activists in Loisaida, such as Bimbo Rivas, Chino Garcia, and Tato Laviera, Eddie saw the arts as a means of uplifting the community.

Fort Apache

In 1980, the Nuyorican community came together to fight the making of the film *Fort Apache, the Bronx*, starring Paul Newman. Community members objected to stereotyped portrayals of Black and Latino characters as criminals. Community organizations including the Young Lords (the Nuyorican counterpoint to the Black Panthers) and community members joined together to form the Committee Against Fort Apache (CAFA). They staged protests and mobilized the community to disrupt filming at locations around the Bronx (Fig. 18). While members of the group were constantly in flux, Libre (with Manny Oquendo on timbales and bongos, Jerry González on congas, and his brother Andy on bass) became the "official" band of CAFA and performed at its rallies, in school auditoriums, and other locations to help mobilize the community against the film. Music was seen as a way to bring people together, evoking an axiom common in the Latino community, "el tambor llama"—the drum calls. Despite public boycotts and protests, the film was released, but it became the first Hollywood film to open with a disclaimer, admitting that it did not depict "the individuals who are struggling to turn the Bronx around"—a win for the community.

After the fight against *Fort Apache, the Bronx*, Jerry González started the band that would change the landscape for small-group Afro-Cuban jazz. Growing out of a concept that González collaborated on with fellow Nuyorican percussionist Steve Berríos, the band was originally named Hand Drum Control. But, inspired by the neighborhood musical activism he had recently participated in, González changed its name to the Fort Apache Band. Scholar José Cruz notes that "González always made reference to the campaign against the movie as the reason behind the name. He claimed that he chose Fort Apache to show the world that, contrary to the representation offered in Newman's movie, good things came out of the Bronx."[5]

González's style of conga playing utilized four drums to simulate the choir of drums used to play in the Cuban rumba tradition—but he played them all by himself. It exudes the imagery of the *orisha* Shangó, a nice coincidence since one of his key numbers is four. Shangó is immune to thunder, lightning, and fire and also has the

bongó, Jerry González en las congas, y su hermano Andy en el bajo) se convirtió en la banda "oficial" del CAFA y comenzó a actuar en sus reuniones, en auditorios escolares y en otros lugares para ayudar a movilizar a la comunidad contra la película. La música se consideraba una forma de unir a la gente, evocando un axioma común en la comunidad latina: el tambor llama. A pesar de los boicots y las protestas públicas, la película se estrenó, aunque se convirtió en la primera película de Hollywood que se estrenó con un descargo de responsabilidad que admitía que no retrataba a "las personas que luchan por cambiar el Bronx": esta fue una gran victoria para la comunidad.

Tras la lucha contra *Fort Apache, the Bronx*, Jerry González fundó la banda que cambiaría el panorama del jazz afrocubano de grupos de formato pequeño. A partir de una idea que González desarrolló junto con el percusionista Nuyorican Steve Berríos, la banda se llamó inicialmente Hand Drum Control. Sin embargo, inspirado por el activismo musical local en el que había participado recientemente, Jerry decidió cambiar el nombre a The Fort Apache Band. El académico José Cruz escribe: "González siempre hizo referencia a la campaña contra la película como el origen del nombre. Afirmó que eligió Fort Apache para mostrar al mundo que, contrariamente a la representación que ofrecía la película de Newman, del Bronx salían cosas buenas".[5]

Jerry desarrolló un estilo de tocar las congas que empleaba cuatro tambores —que tocaba él mismo— para recrear el coro de tambores de la tradición rumbera cubana, evocando la imagen del *orisha* Changó; una coincidencia interesante, ya que cuatro es uno de sus números sagrados. Changó es inmune a los truenos, a los relámpagos y al fuego, y puede controlarlos a su antojo. Su hacha de doble filo simboliza que sus poderes innatos y su *aché* son dobles. Sus colores simbólicos, rojo y blanco, representan la fuerza vital y la claridad. En Brasil, Changó es símbolo de resistencia, fuerza y valentía. En *Jerry Shangó* (pl. 34) Jerry se yuxtapone como imagen de Changó. Manny sitúa a Jerry como maestro del tambor al pie de la pieza, en las raíces del árbol de la siguaraya arraigado a la Madre Tierra. La imagen de él tocando la trompeta sobre la representación de sí mismo tocando una conga habla de la dualidad del arte de Jerry. Es un conguero con raíces folclóricas que fusiona tradiciones rítmicas ancestrales en su visión musical como jazzista.

La Casita

El paisaje vernáculo de muchas de las comunidades puertorriqueñas

Fig. 19 (below)
La Casita de Chema, 1998, photograph / fotografía © **Martha Cooper**

Fig. 20 (below)
Los Pleneros de la 21 performing at Lincoln Center's La Casita, designed by Vega, at a block party hosted by Pregones / Los Pleneros de la 21 actuando en La Casita del Lincoln Center, diseñada por Vega, en una fiesta callejera organizada por Pregones, **2018, Bronx, photograph by**/fotografía de **Edwin Pagán**

power to wield them. His double-edged axe shows that his innate powers and *aché* are doubled. His symbolic colors, red and white, represent life force and clarity. In Brazil, Shangó is a symbol of resistance, strength, and bravery. In *Jerry Shangó* (Pl. 34) González is juxtaposed with an image of Shangó. Manny places González as a master drummer at the foot of the piece, in the roots of the siguaraya tree grounded in Mother Earth. The dual images of him playing the trumpet and playing a conga drum speak to the duality of González's artistry as a folkloric drummer combining ancient rhythmic traditions with jazz.

La Casita

The vernacular landscape of many of New York City's Puerto Rican communities are visibly defined by structures called *casitas* that can be found in community gardens. Literally "little houses," casitas evoke the small houses that are part of the Puerto Rican countryside. Casitas emerged in New York City at the same time as the community garden movement. They appeared in neighborhoods where local institutions had broken down and in areas that had experienced extreme neglect and borne the brunt of the economic and social crises of the 1970s. For community members, these structures provided a refuge and evoked the comfort of the Puerto Rican landscape. More than just sites of nostalgia, they were (and continue to be) active sites of resistance, spiritual centers, and declarations that the community remains. The first casita built in the Bronx by Jose "Chema" Soto, La Casita de Chema, or Rincón Criollo, has become a center for the Afro-Puerto Rican musical traditions of bomba and plena. This humble casita in the Bronx is known throughout the diaspora as a place to which generations of musicians and dancers make a pilgrimage to perform, learn, and connect.

In 2001, Manny's wife, Ana Araiz , was hired by Lincoln Center

de Nueva York está visiblemente definido por unas edificaciones llamadas *casitas* ubicadas en los jardines comunitarios. Estas son casitas en el sentido literal de la palabra y evocan las casas pequeñas que forman parte de las zonas rurales de Puerto Rico. Surgieron en Nueva York al mismo tiempo que emergió el movimiento de huertos comunitarios en zonas donde las instituciones locales se habían desmantelado. Aparecieron en barrios que habían sufrido un abandono extremo y el impacto fuerte de las crisis económicas y sociales de los años setenta. Para los miembros de la comunidad, estas estructuras constituían un refugio y evocaban el acogedor paisaje puertorriqueño. Más que lugares de nostalgia, las casitas fueron (y continúan siendo) espacios activos de resistencia, centros espirituales y una afirmación de la persistencia de la comunidad. La primera casita construida en el Bronx por José "Chema" Soto, llamada Rincón Criollo, se ha convertido en un centro para las tradiciones musicales afropuertorriqueñas de *la bomba* y *la plena*. Esta humilde casita del Bronx es conocida por toda la diáspora como un lugar al que peregrinan generaciones de músicos y bailarines para actuar, aprender y socializar.

En 2001, Ana Araiz, esposa de Manny, fue contratada por el Lincoln Center para crear un concepto para su temporada Out of Doors. Creó el concepto de *la casita*, una casita global donde se daría la bienvenida a poetas y músicos invitados, representantes de las tradiciones orales de todo el mundo, del mismo modo en que la casita de Chema acoge a todas las personas. Manny creó la primera "casita" para el Lincoln Center. La estructura estaba hecha con murales pintados en cuatro paneles. Las pinturas evocaban el estilo de mosaico de Manny y presentaban imágenes del barrio, como un puesto de piraguas, así como instrumentos musicales y los brillantes colores caribeños. Al igual que la casita refleja el espíritu puertorriqueño de inclusión de la comunidad local, la obra de Manny

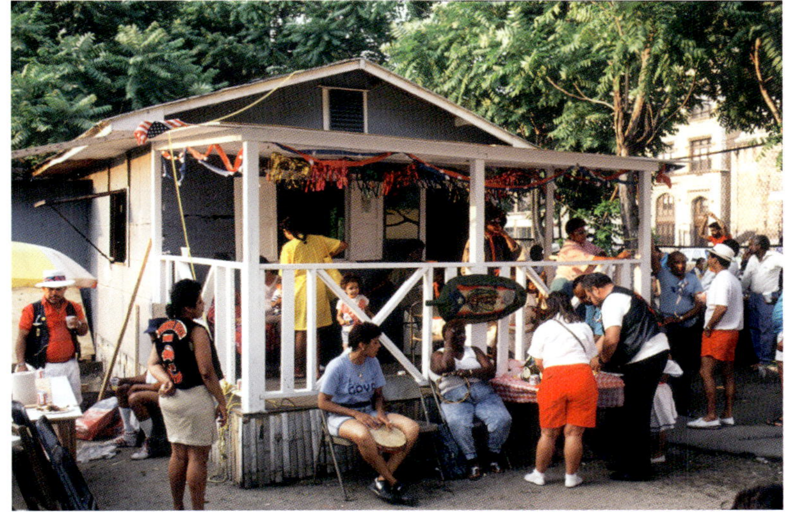

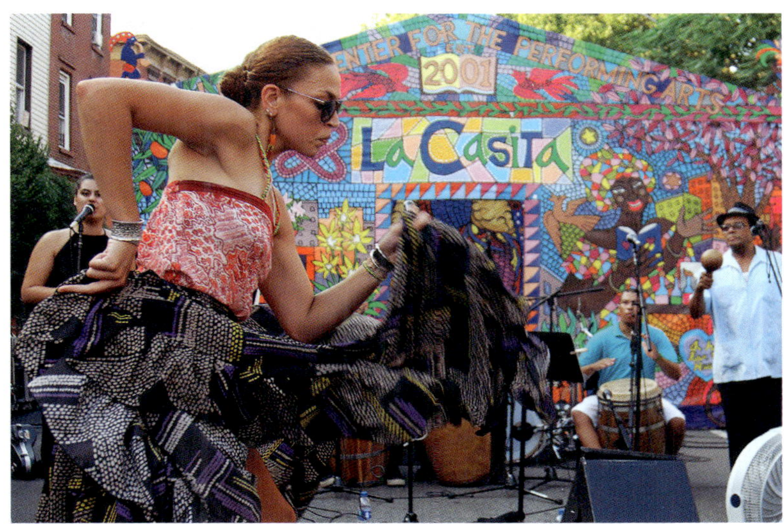

to devise a concept for their Out of Doors season. She created "La Casita"—a global casita, where invited poets and musicians representing oral traditions from around the world would be welcomed in the same manner that La Casita de Chema welcomes all. Manny created the first "casita" for Lincoln Center. The structure consisted of painted murals on four panels, evoking Manny's mosaic style. It featured neighborhood imagery, such as a piragua stand, as well as musical instruments and bright Caribbean colors. Just as the casita reflects the Puerto Rican spirit of inclusion for the local community, Manny's work on this project represents the Nuyoricans' ability to include the symbolism of various cultures and experiences and the fluidity to move among various cultures, be they Cuban, Brazilian, African American, or Indigenous.

Sacred and Secular

While in some of Manny's artworks the intersection of the sacred and secular is clandestine, it is expressed most overtly in his poster art. His "Festival Santiago Apóstol" poster is a perfect example of this (Fig. 21). Used to promote East Harlem's Festival Santiago Apóstol, also held annually in the town of Loiza in Puerto Rico, the poster depicts the Catholic Saint James the Apostle (Santiago Apóstol) as a towering figure. Saint James, the patron saint of Loiza, a place where African-based culture is preserved, is a warrior. In Manny's poster he holds above his head a machete, a sugar-cane harvesting tool that is used universally in Latin America and the Caribbean. Manny represents Saint James as simultaneously a warrior, a worker, and a symbol of resistance and survival, but not in Puerto Rico. Instead, Saint James is shown in the urban environment of East Harlem, surrounded by the tenement buildings that are home to New York City's Puerto Rican diaspora on Manhattan's East Side. The drummers in the foreground play *barriles de bomba* (bomba barrels), which are used in Puerto Rico's most African-rooted musical expression, bomba. Though separated by geography, the Puerto Rican diaspora community of El Barrio, as depicted by Manny, has love and respect for its cultural and musical heritage. Manny's poster depicts a Catholic religious figure and Puerto Rican drumming with roots in Africa. It promotes a festival that occurs both on the island and in a New York City ethnic community inhabited by the island's offspring. The work speaks to the complexity of this culture and how Manny seamlessly weaves together all its elements.

A common thread in Manny's work is reverence. That reverence is rooted in the instrument that he experienced as a young man, the

en este proyecto representa la capacidad del pueblo Nuyorican para incluir el simbolismo de diversas culturas y experiencias y la fluidez para moverse entre varias culturas, ya sean cubanas, brasileñas, afroamericanas o indígenas.

Sagrado y secular

Mientras que en algunas obras de arte la intersección entre lo sagrado y lo secular es clandestina, en el arte de carteles de Manny Vega estas intersecciones se expresan abiertamente. Su cartel "Festival Santiago Apóstol" es ejemplo perfecto de ello (fig. 21). Utilizado para promocionar el Festival Santiago Apóstol en East Harlem, también celebrado anualmente en Loíza en Puerto Rico, este cartel representa a la figura religiosa católica de Santiago en el centro como una figura imponente. Santiago es el patrón de la localidad puertorriqueña de Loíza, una comunidad donde se conserva la cultura de origen africano. También es un guerrero, por lo que Manny lo representó blandiendo sobre su cabeza un machete, la herramienta de cosecha del azúcar que se utiliza de manera extendida en América Latina y el Caribe. De esta forma lo representa simultáneamente como guerrero, trabajador y símbolo de resistencia y supervivencia, pero ya no sólo en Puerto Rico: Santiago se encuentra ahora en el entorno urbano del Spanish Harlem de Nueva York, representado por los edificios de viviendas que lo rodean. Estos edificios albergan a la diáspora puertorriqueña en el East Side de Manhattan. Los músicos en primer plano están tocando barriles de bomba, que se utilizan en esta expresión musical de raíces africanas de Puerto Rico. Aunque separada por la geografía, la comunidad de la diáspora puertorriqueña de El Barrio representada por Manny siente amor y respeto por su herencia cultural y musical de origen africano. El cartel de Manny muestra una figura religiosa católica y tambores puertorriqueños de tradición africana. Se usó para promover un festival que se celebra en la isla, pero que también se realiza en una comunidad étnica de Nueva York habitada por sus descendientes. La obra refleja la complejidad de esta cultura y cómo Vega sabe entrelazar todos esos elementos a la perfección.

La veneración es uno de los hilos conductores de la obra de Manny. Esa veneración surge del instrumento con el que Vega experimentó de joven, el tambor, y con su origen, África. Su fascinación por la habilidad de este instrumento para expresar el esplendor histórico, cultural y musical y por su fuerza para reunir a las comunidades está siempre presente en su obra. Desde figuras como Tito Puente, Jerry González y Changó, el "Dueño de

Fig. 21
Poster for Festival Santiago Apóstol de Loiza a el Barrio, illustration by Vega/
Cartel del Festival Santiago Apóstol de Loiza a el Barrio, ilustración de Vega, **2012,**
25 × 19 in. (63.5 × 48.3 cm)

drum, and where it comes from, Africa. His fascination with its ability to represent history, culture, and musical brilliance and its power to bring communities together is ever present in his art. Through subjects like Tito Puente, Jerry González, and the Yoruba "Lord of the Drum" Shangó, *el tambor llama* (the drum calls), as Manny calls us to acknowledge this African heritage and, as it is said in Santería, *moforibale al tambor* (bow in reverence to the drum).

los Tambores" yoruba, hasta Yemayá y muchos otros, el tambor llama de verdad, igual que nos llama Manny Vega a reconocer esta herencia africana y, como se dice en la santería, *moforibale al tambor* (inclinarse en reverencia al tambor).

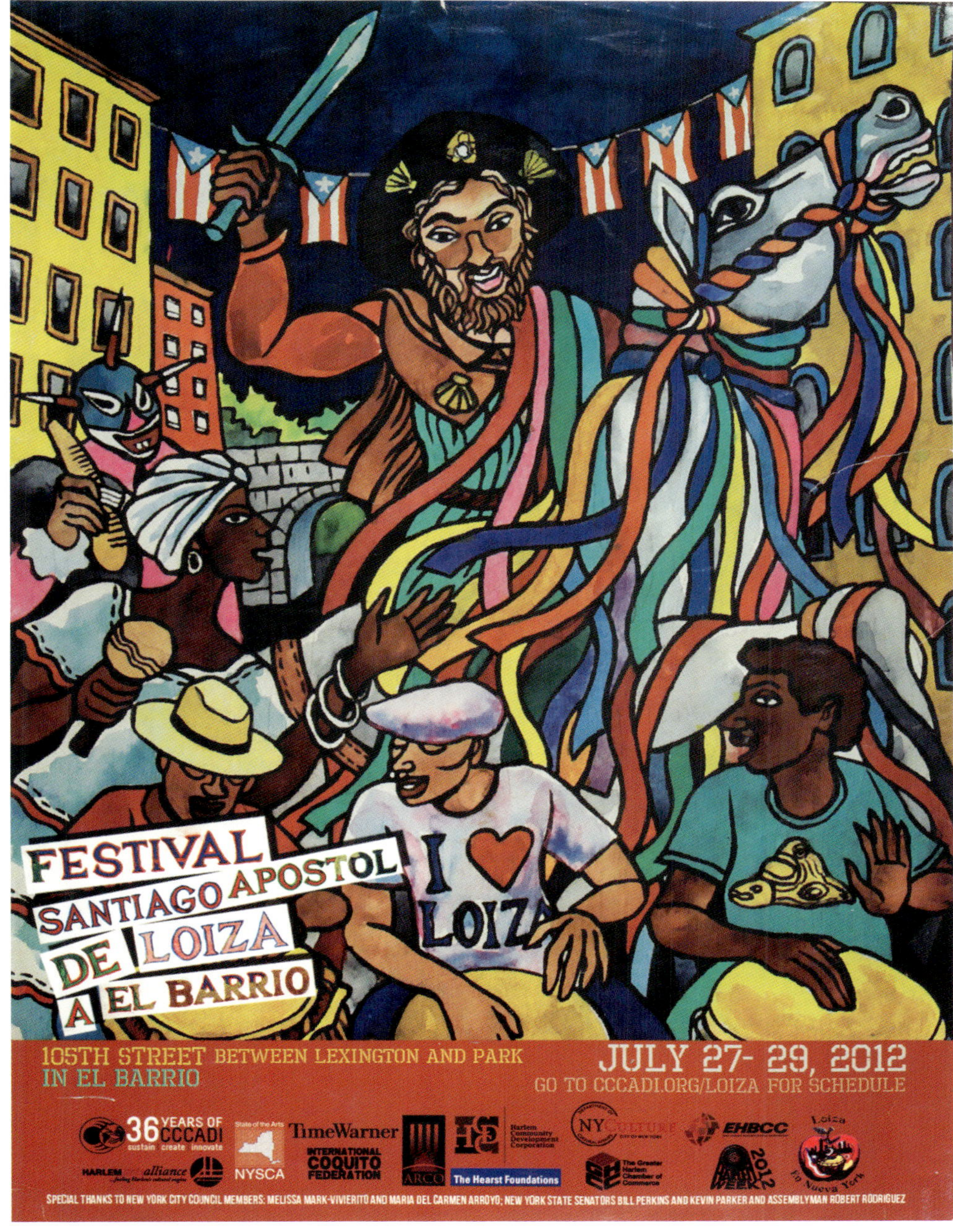

MUSICIANS AND DANCERS

~

MÚSICOS Y BAILARINES

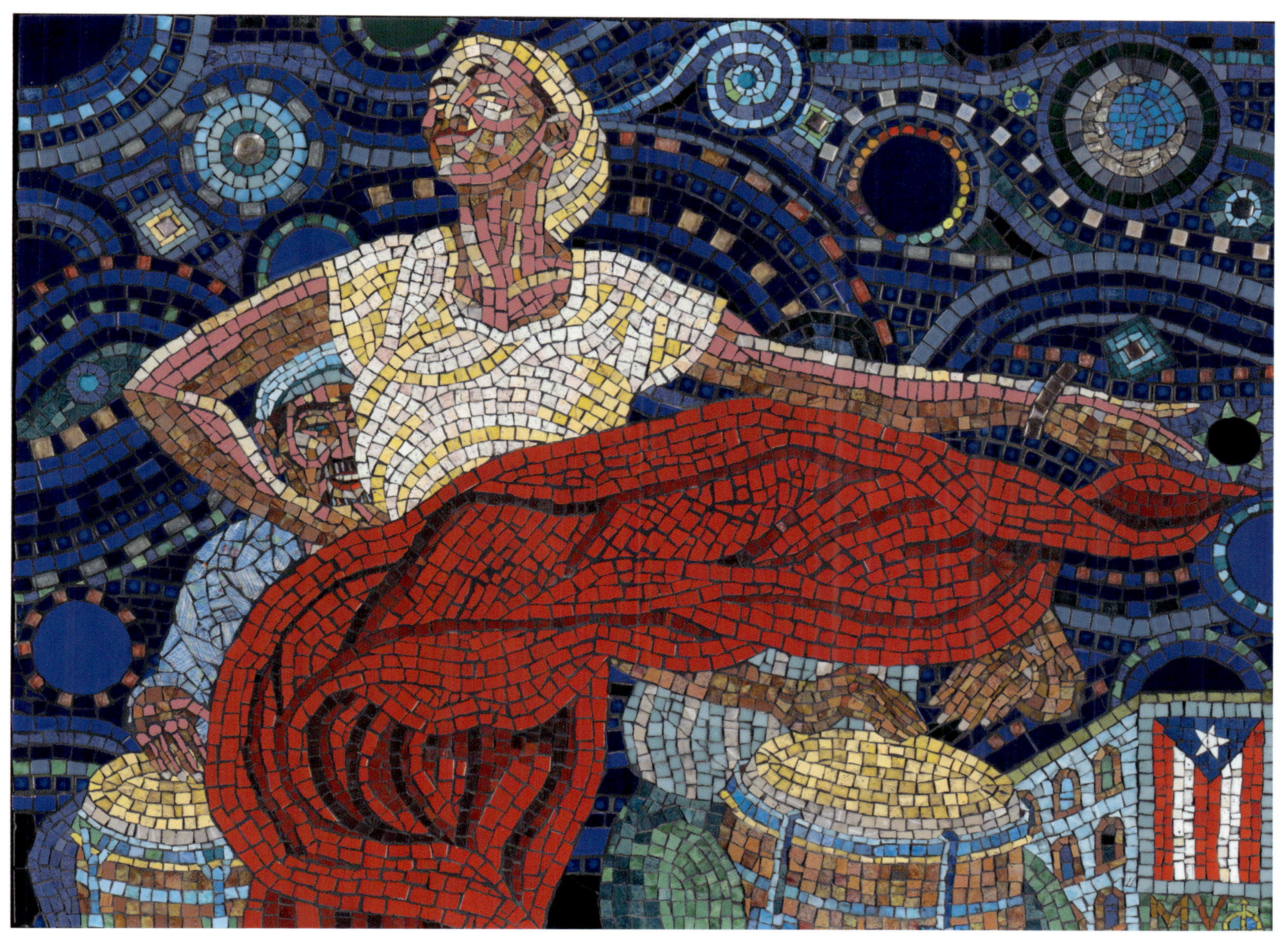

Plate 50
Bomba celestial, 2009–10
Colored glass on wood/
Vidrio coloreado sobre macera
38 × 50 in. (96.5 × 127 cm)

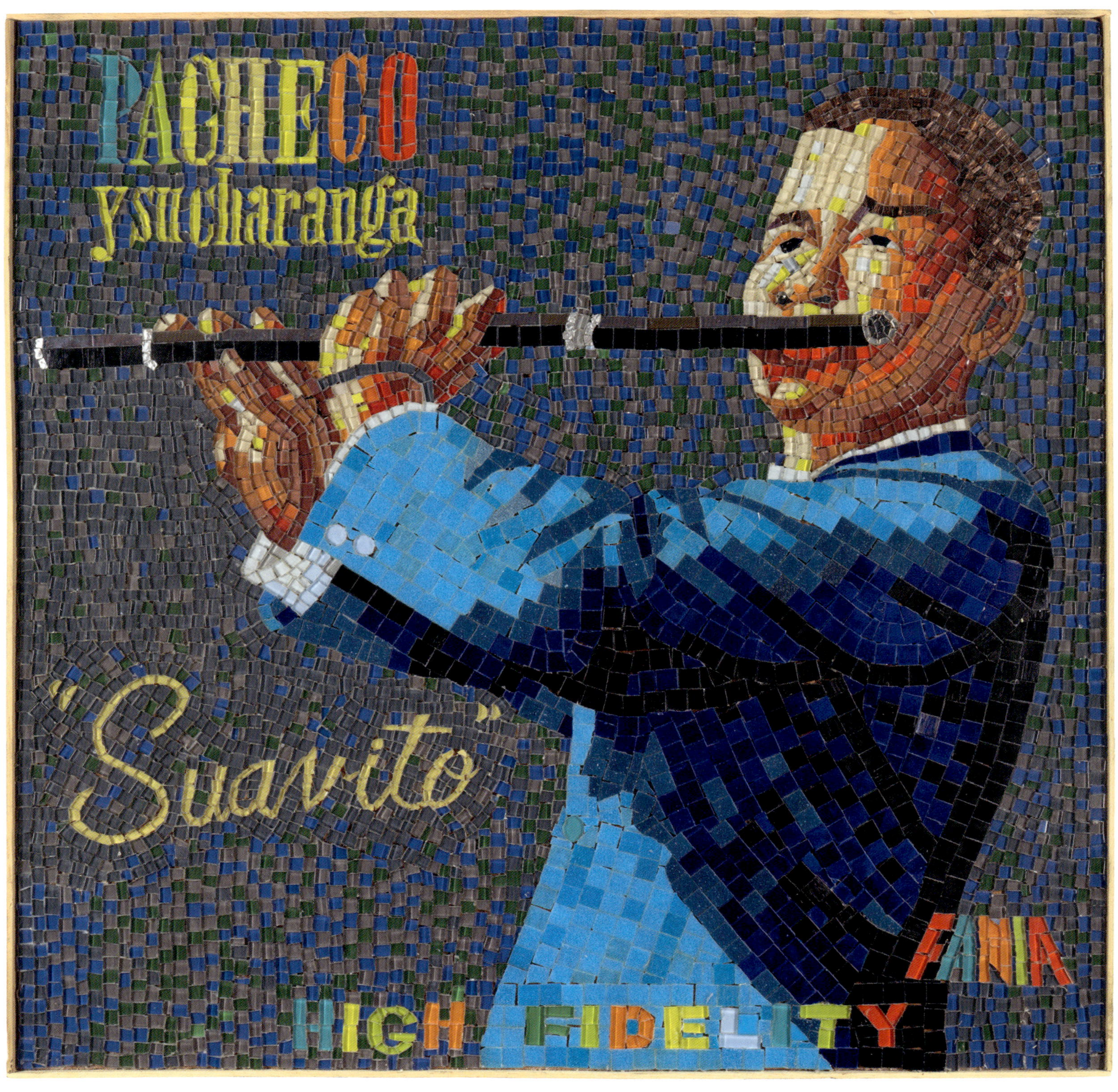
PACHECO
y su charanga
"Suavito"
FANIA
HIGH FIDELITY

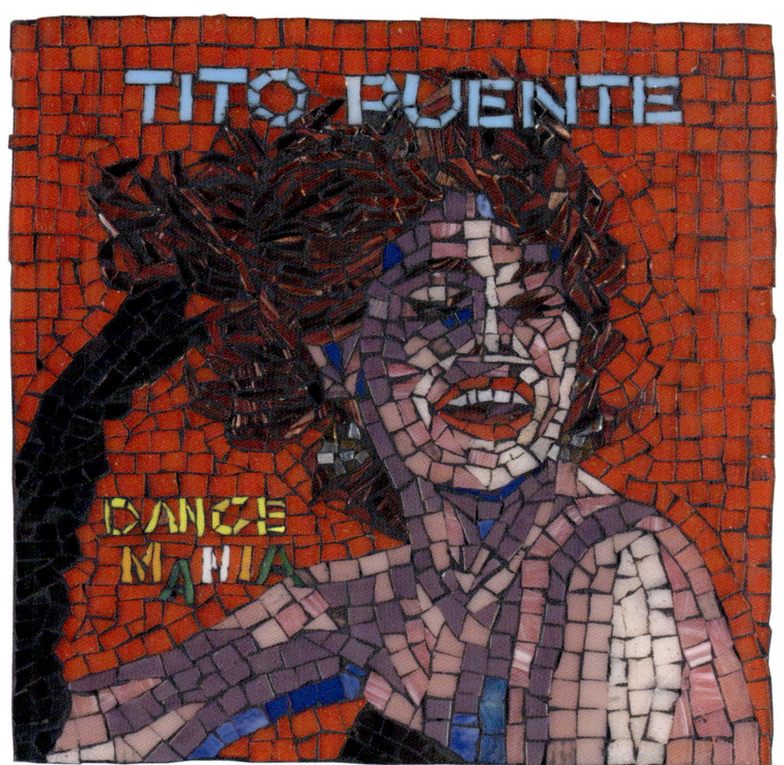

Plate 51 (opposite)
Pacheco (after Johnny Pacheco album cover), 2021
Colored glass on wood/
Vidrio coloreado sobre madera
40 × 40 in. (101.6 × 101.6 cm)

Plate 52 (left)
Dance Mania (after Tito Puente album cover), 2016
Colored glass on wood/
Vidrio coloreado sobre madera
12 × 12 in. (30.5 × 30.5 cm)

Plate 53 (below)
Rey del timbal (after Tito Puente album cover), 2015
Colored glass on wood/
Vidrio coloreado sobre madera
12 × 12 in. (30.5 × 30.5 cm)

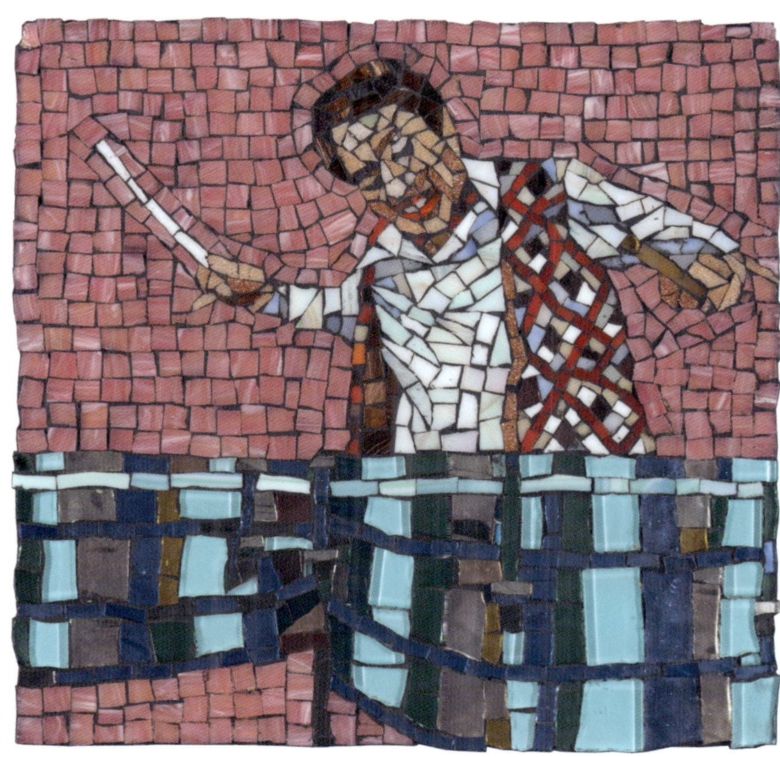

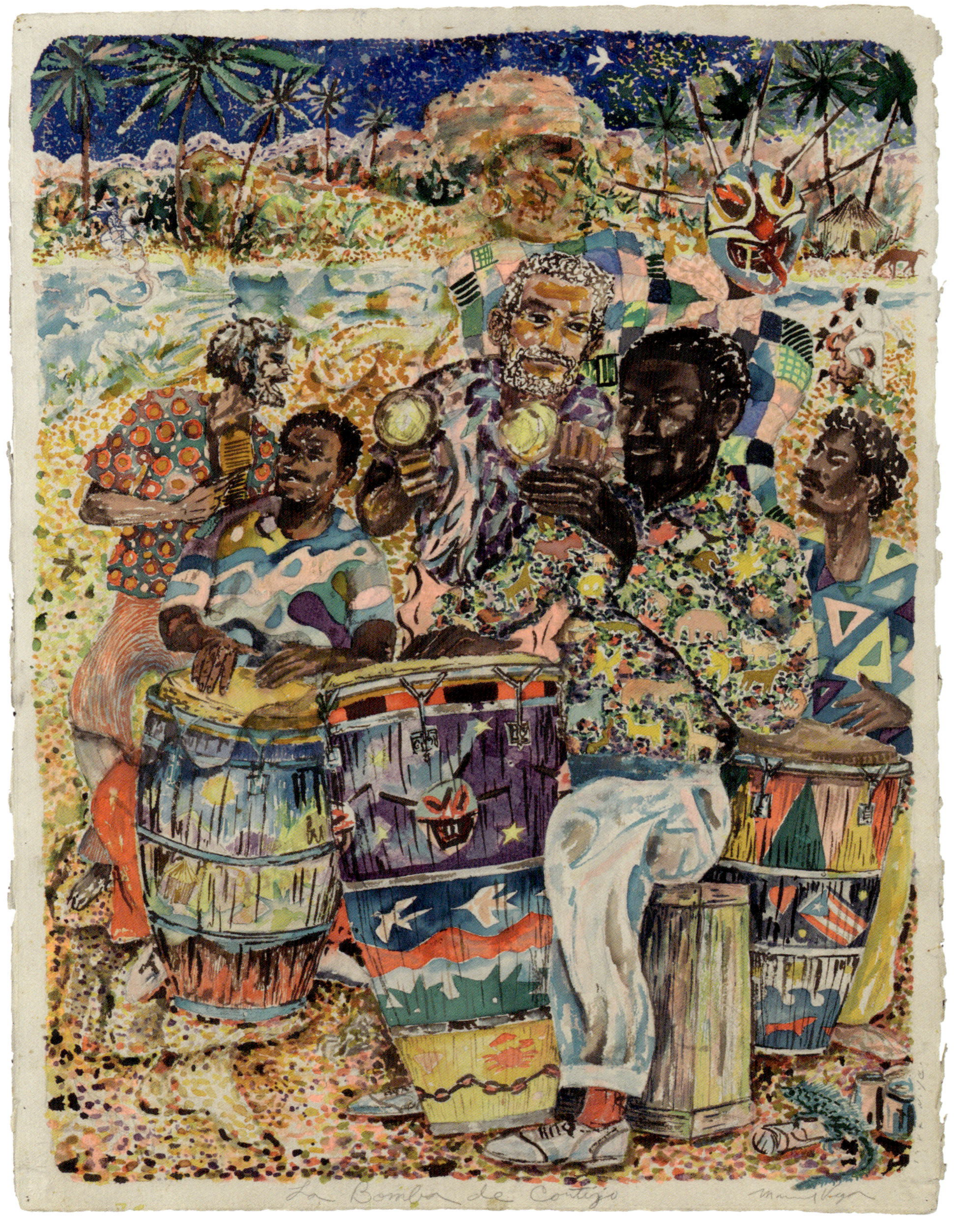

Plate 54
Bomba de Cortijo, 1981
Watercolor on paper/Acuarela sobre papel
30⁵⁄₁₆ × 22¾ in. (77.1 × 57.8 cm)

Plate 55
Dícelo Mon, 1981
Watercolor on paper/Acuarela sobre papel
30 5/16 × 22 3/4 in. (77.1 × 57.8 cm)

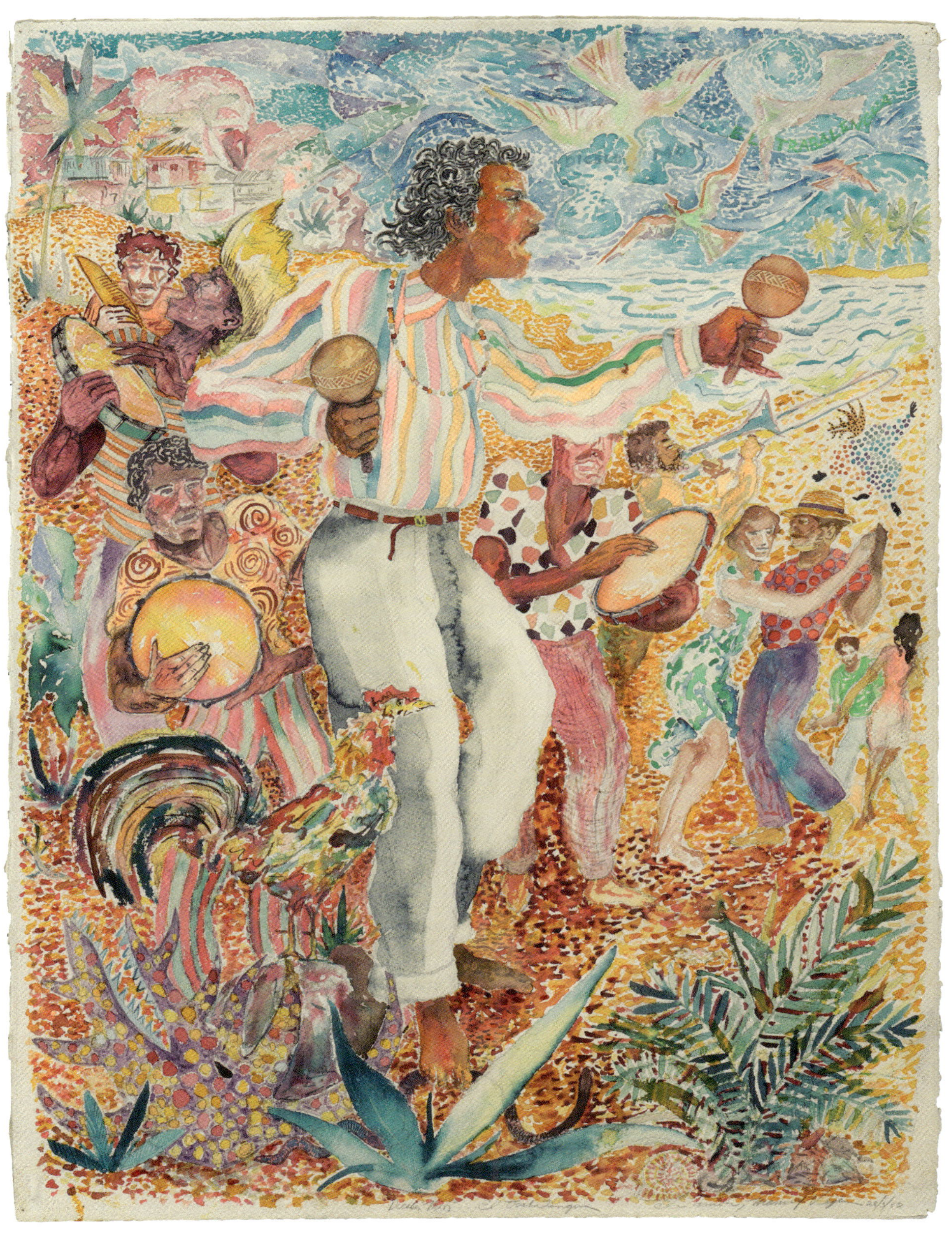

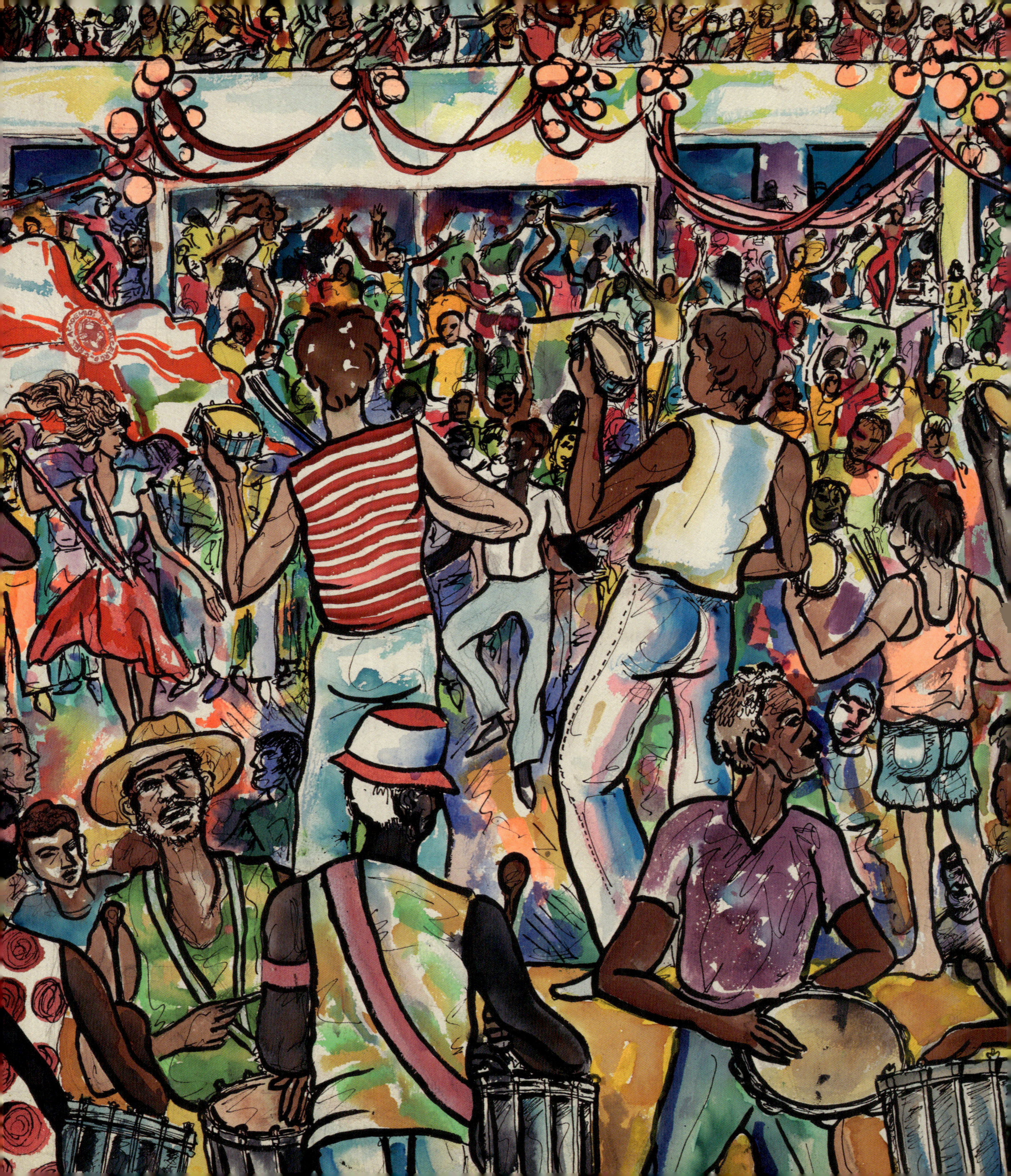

Plate 56
Ensaio de Salgueiro, 1984
Watercolor on paper/Acuarela sobre papel
25¾ × 40 in. (65.4 × 101.6 cm)

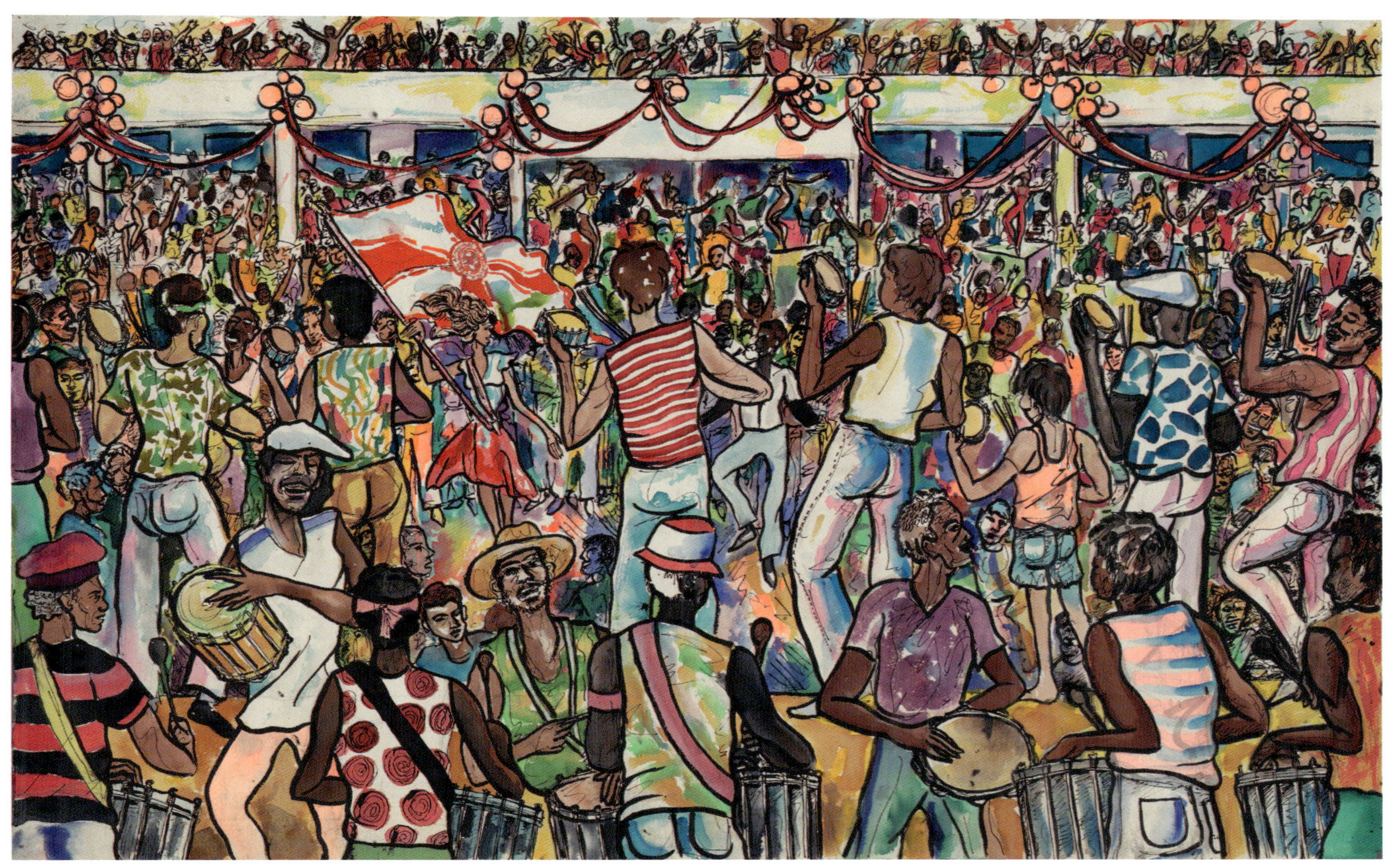

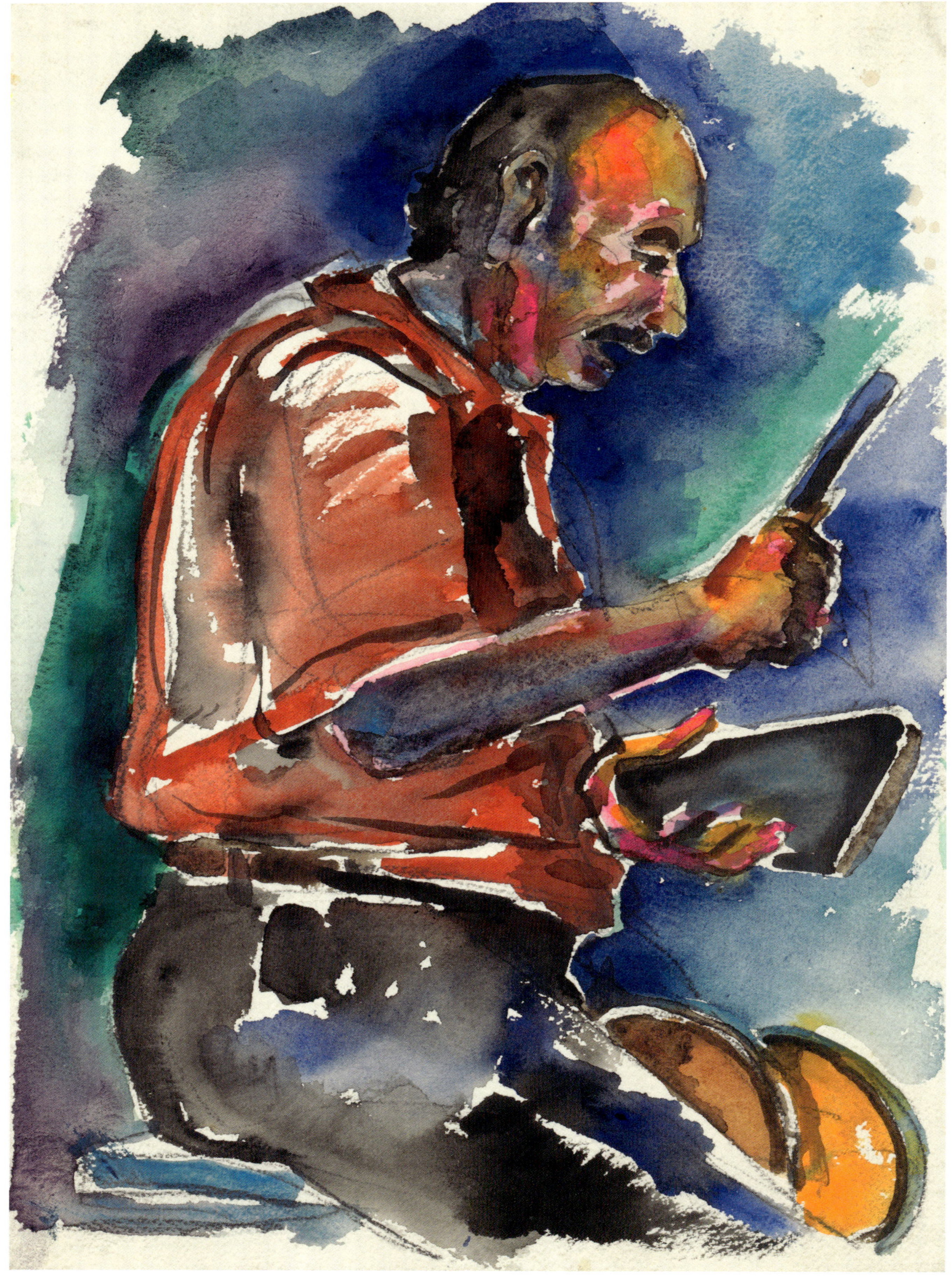

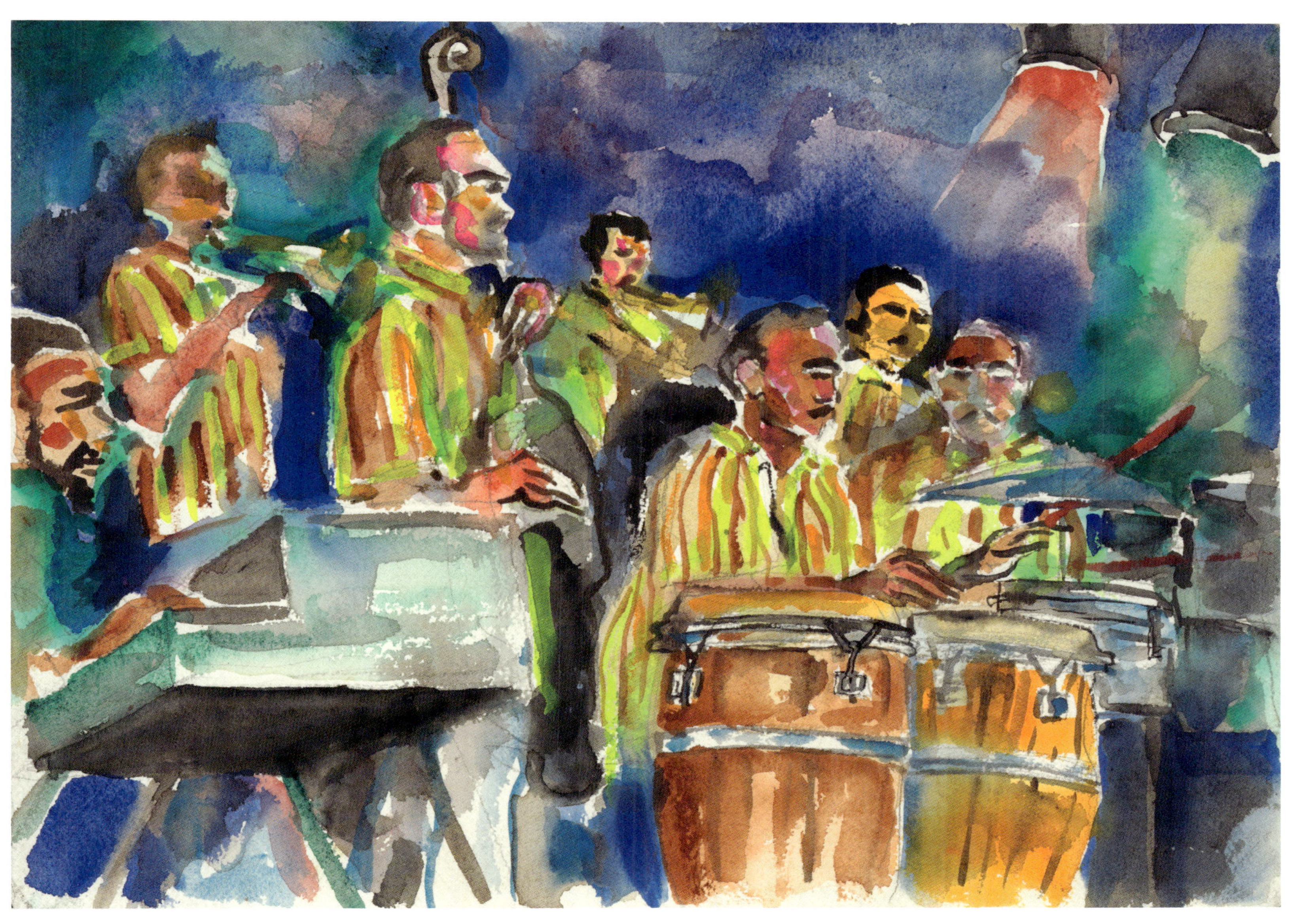

Plate 57 (opposite)
Manny Oquendo, 1992
Watercolor on paper/Acuarela sobre papel
14⅛ × 10¼ in. (35.9 × 26 cm)

Plate 58 (above)
Conjunto Libre at the Village Gate, ca. 1992
Watercolor on paper/Acuarela sobre papel
10¼ × 14⅛ in. (35.9 × 26 cm)

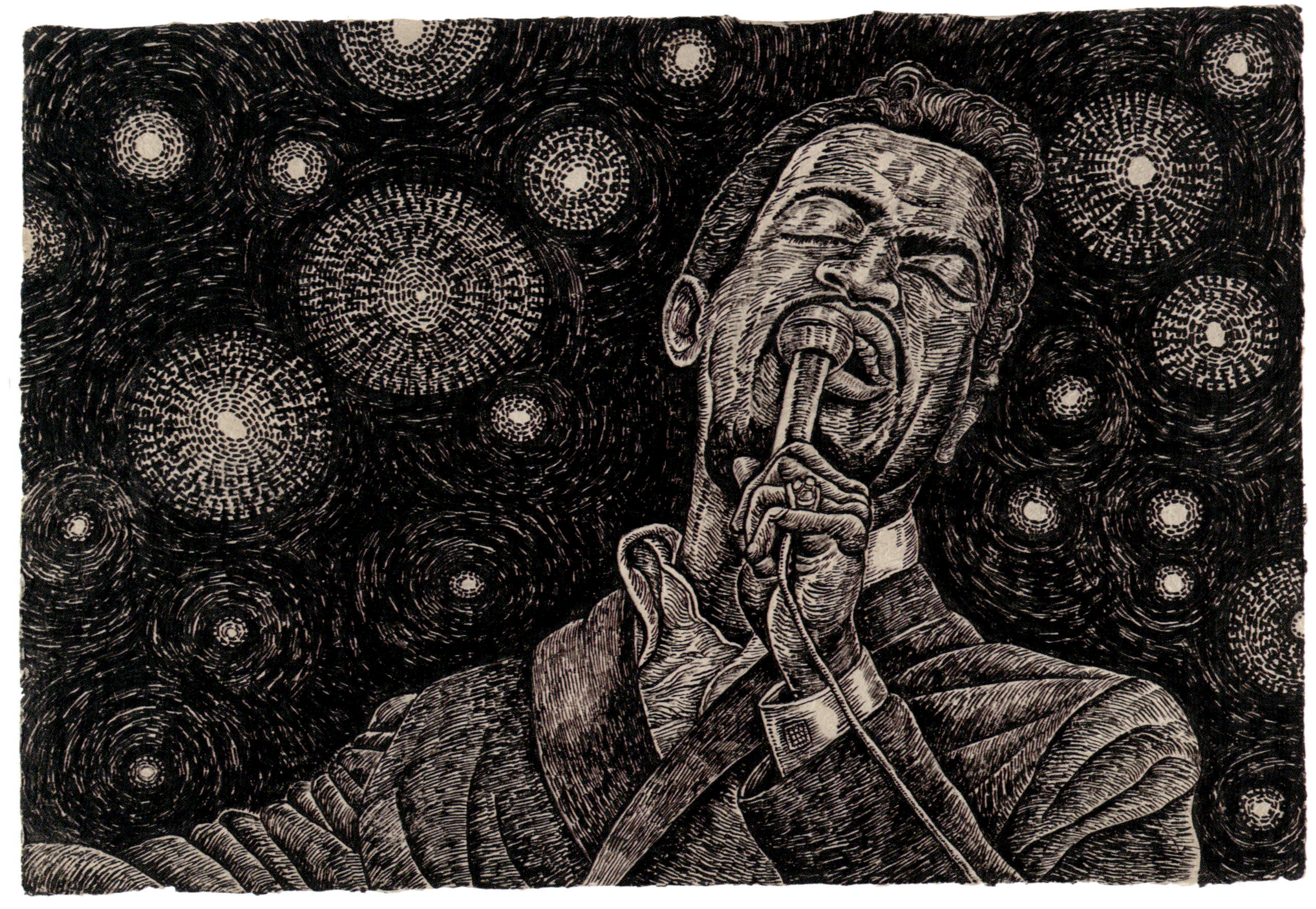

Plate 59 (above)
Sammy Davis, Jr., 2018
Pen and ink on paper/
Pluma y tinta sobre papel
$27^{7}/_{8}$ × $39^{1}/_{2}$ in. (70.8 × 100.3 cm)

Plate 60 (opposite)
Bonito sabroso, 2008
Colored glass on wood/
Vidrio coloreado sobre madera
56 × 48 in. (142.2 × 121.9 cm)

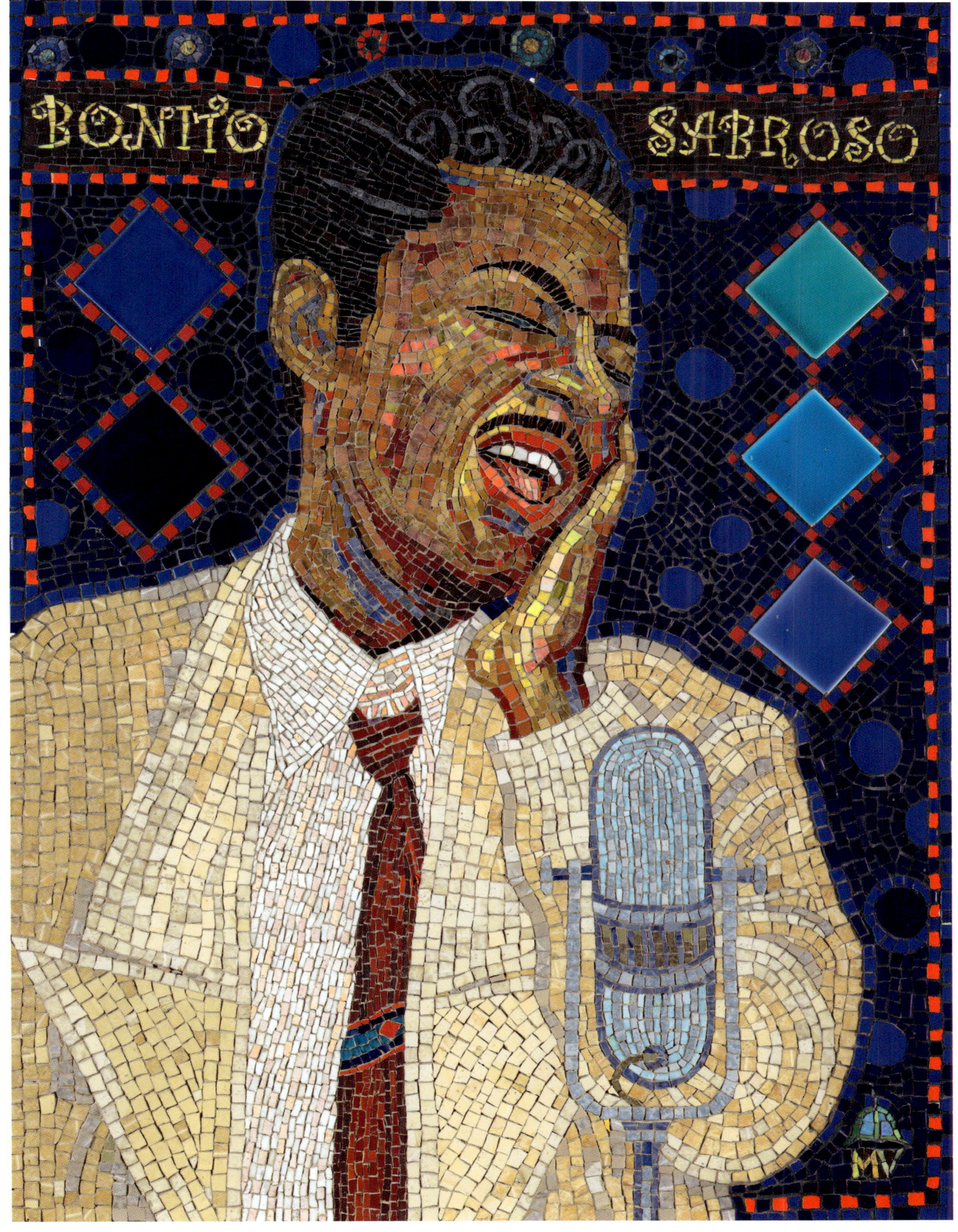
BONITO
SABROSO
MV

Plate 61
Oshe Meji, 2008
Pen and ink on Lapka banana leaf paper from Nepal/Pluma y tinta sobre papel de hoja de plátano Lapka de Nepal
70 × 39 in. (177.8 × 99 cm)

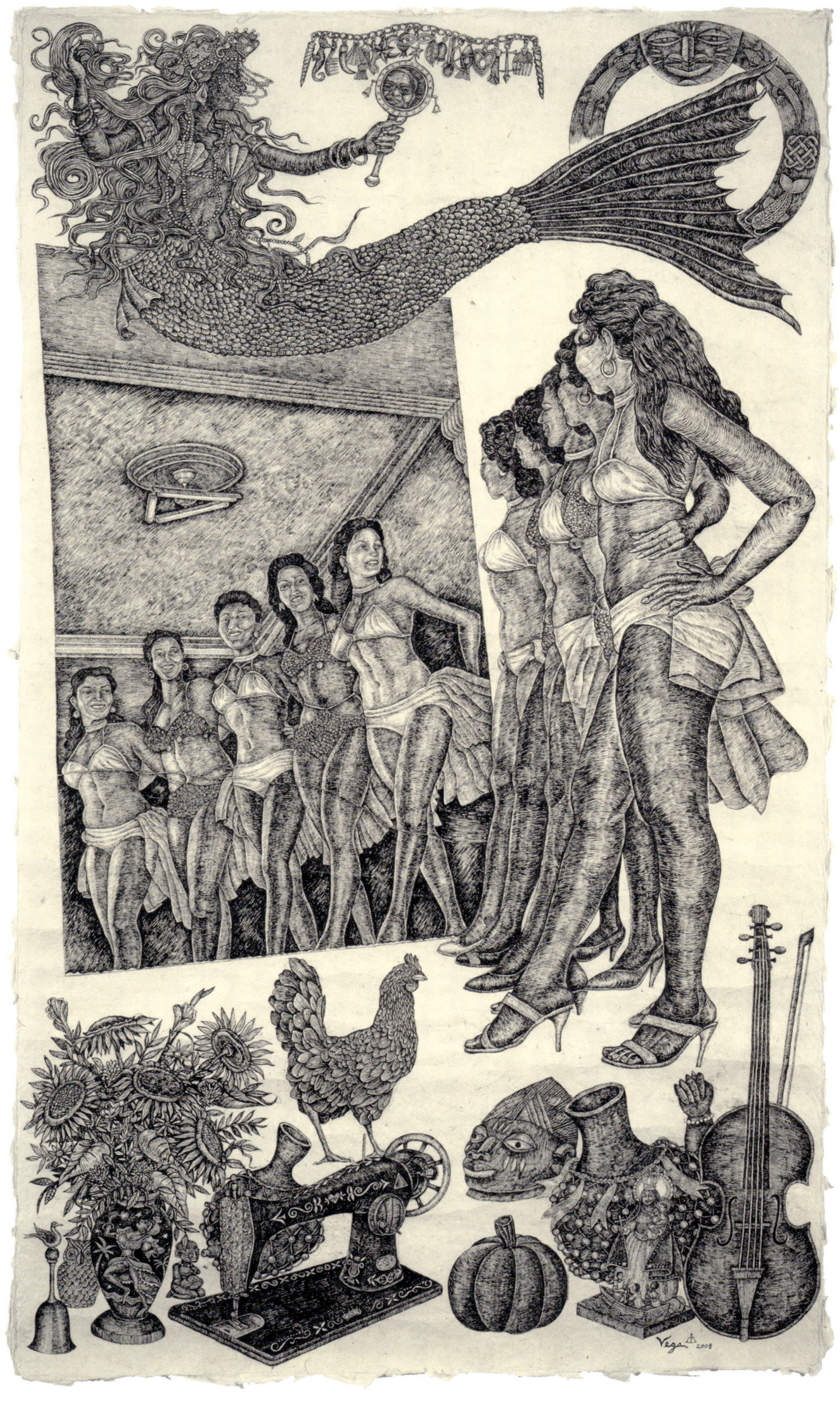
Vega 2008

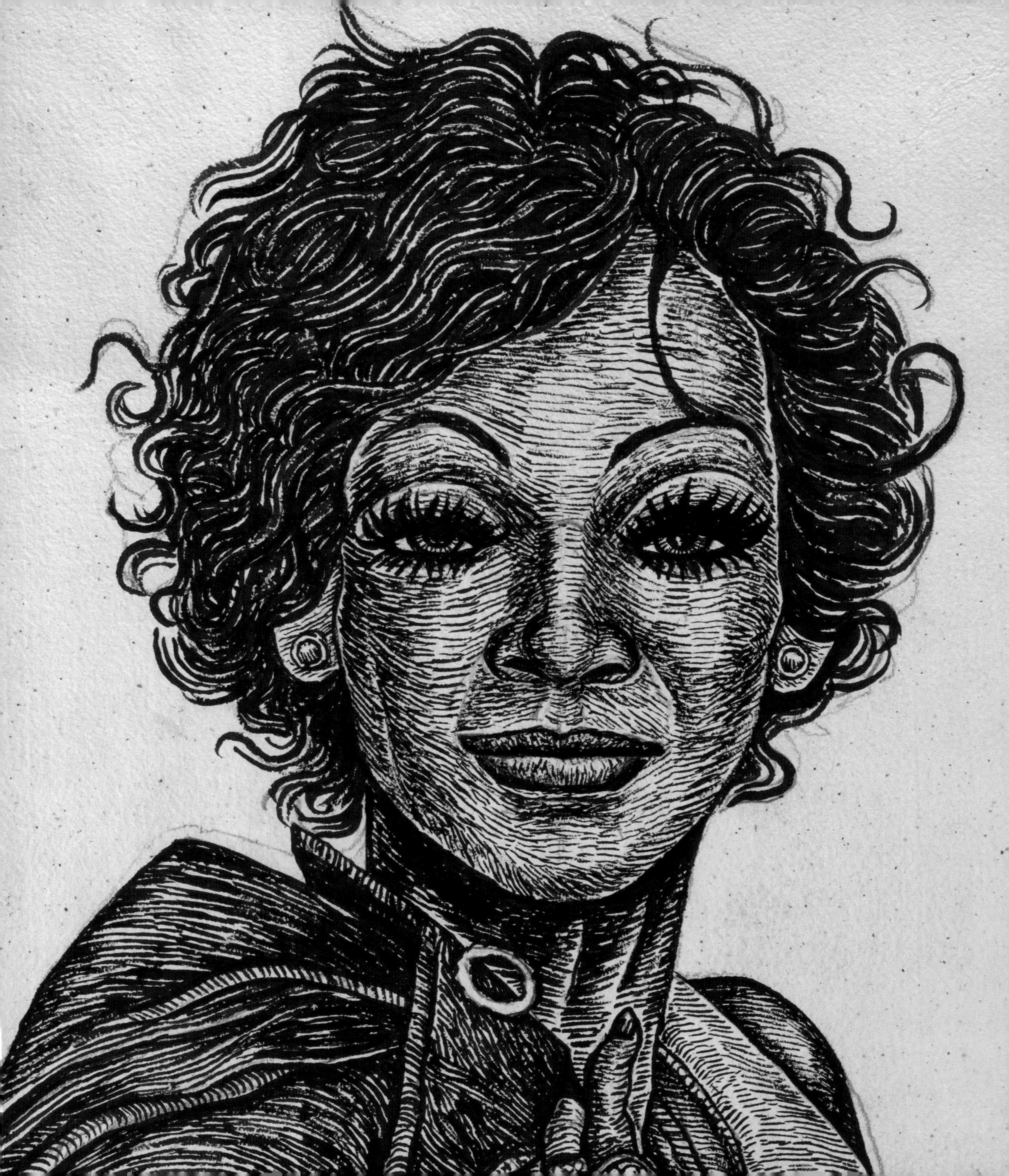

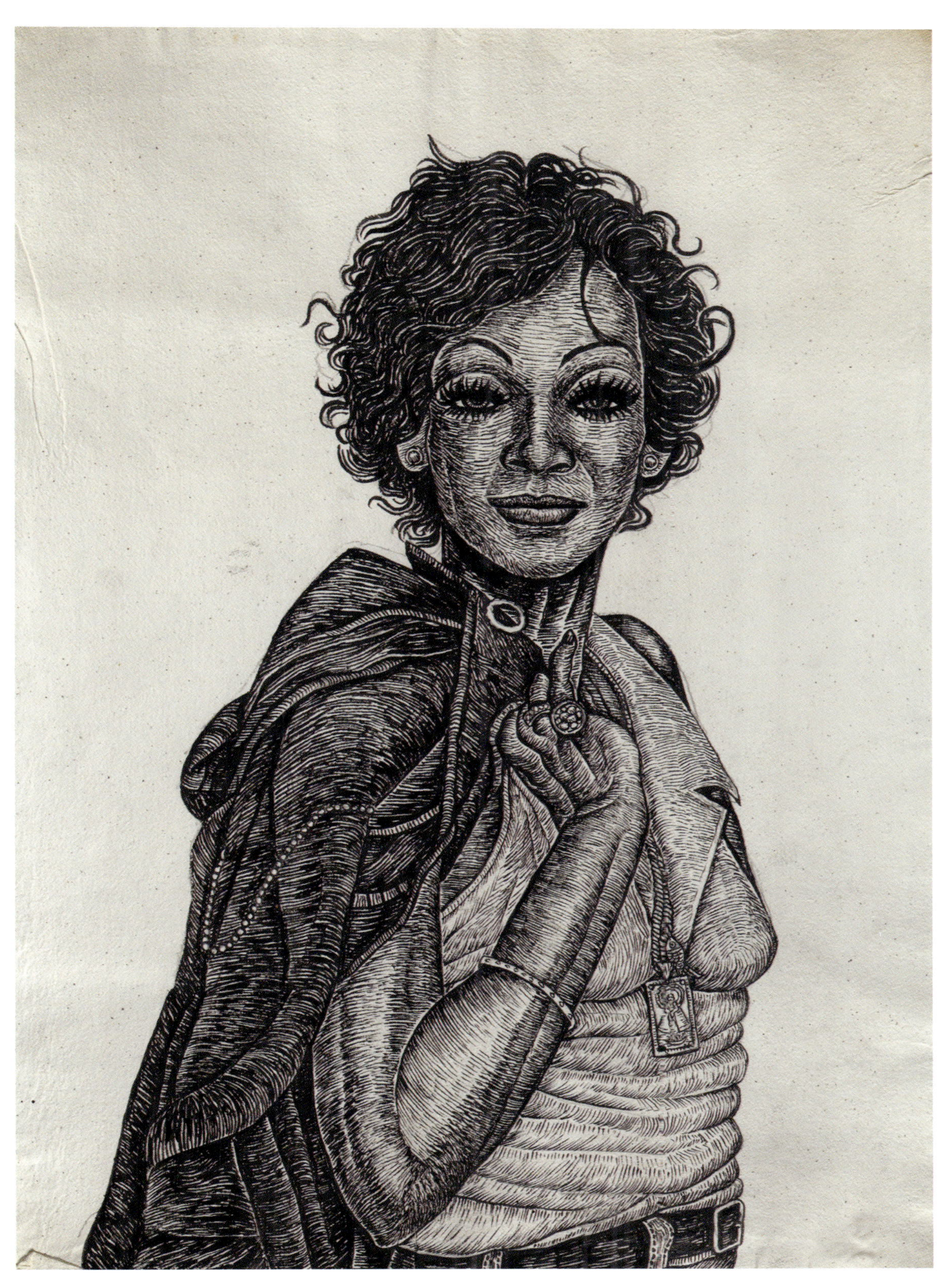

Plate 62
La Lupe, 2024
Pen and ink on Lapka banana leaf paper from Nepal/Pluma y tinta sobre papel de hoja de plátano Lapka ce Nepal
30 × 23 in. (76.2 × 58.4 cm)

Plate 63
Bomba, 1982
Woodcut on paper/Xilografía sobre papel
22 × 15 in. (55.9 × 38.1 cm)

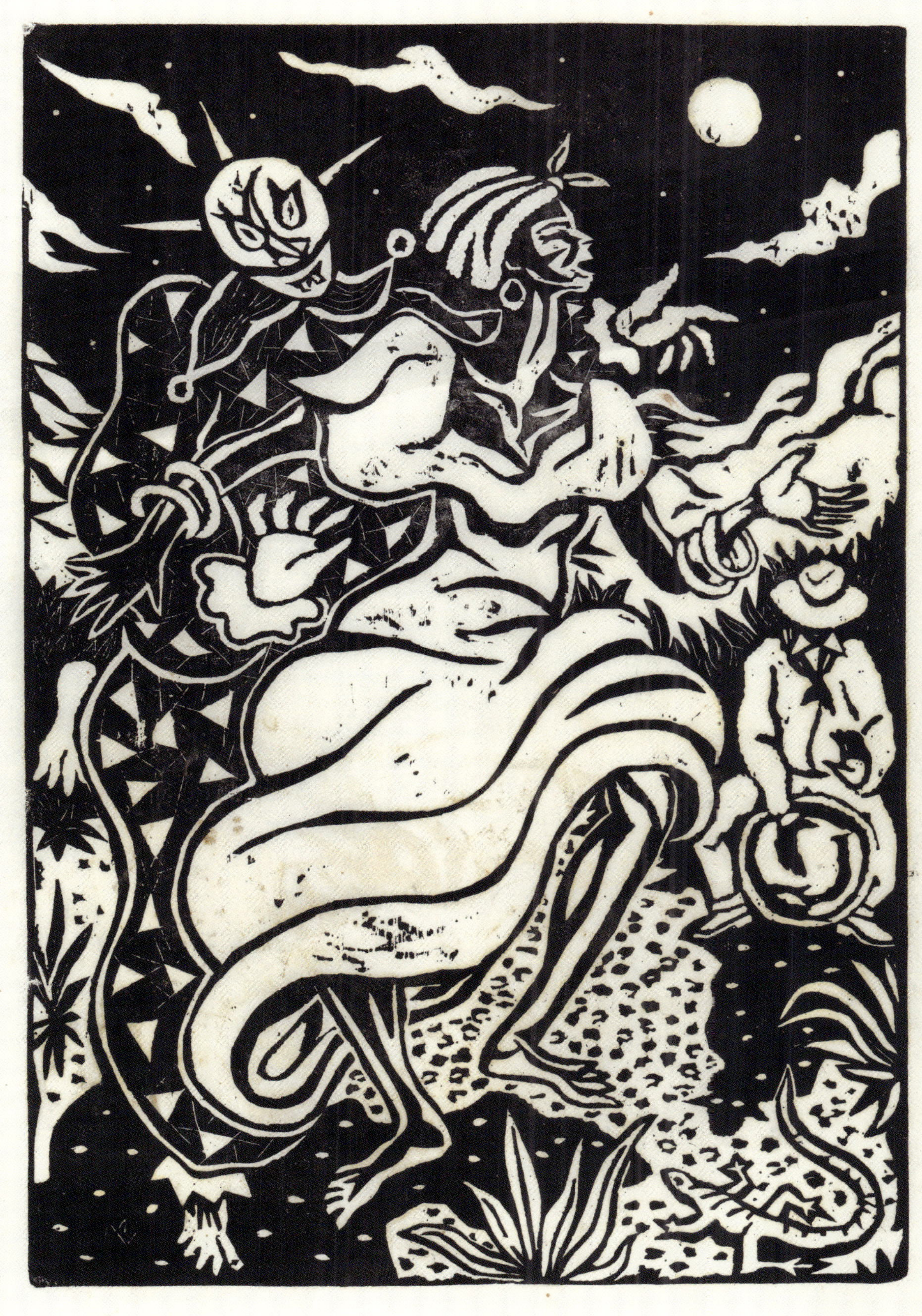

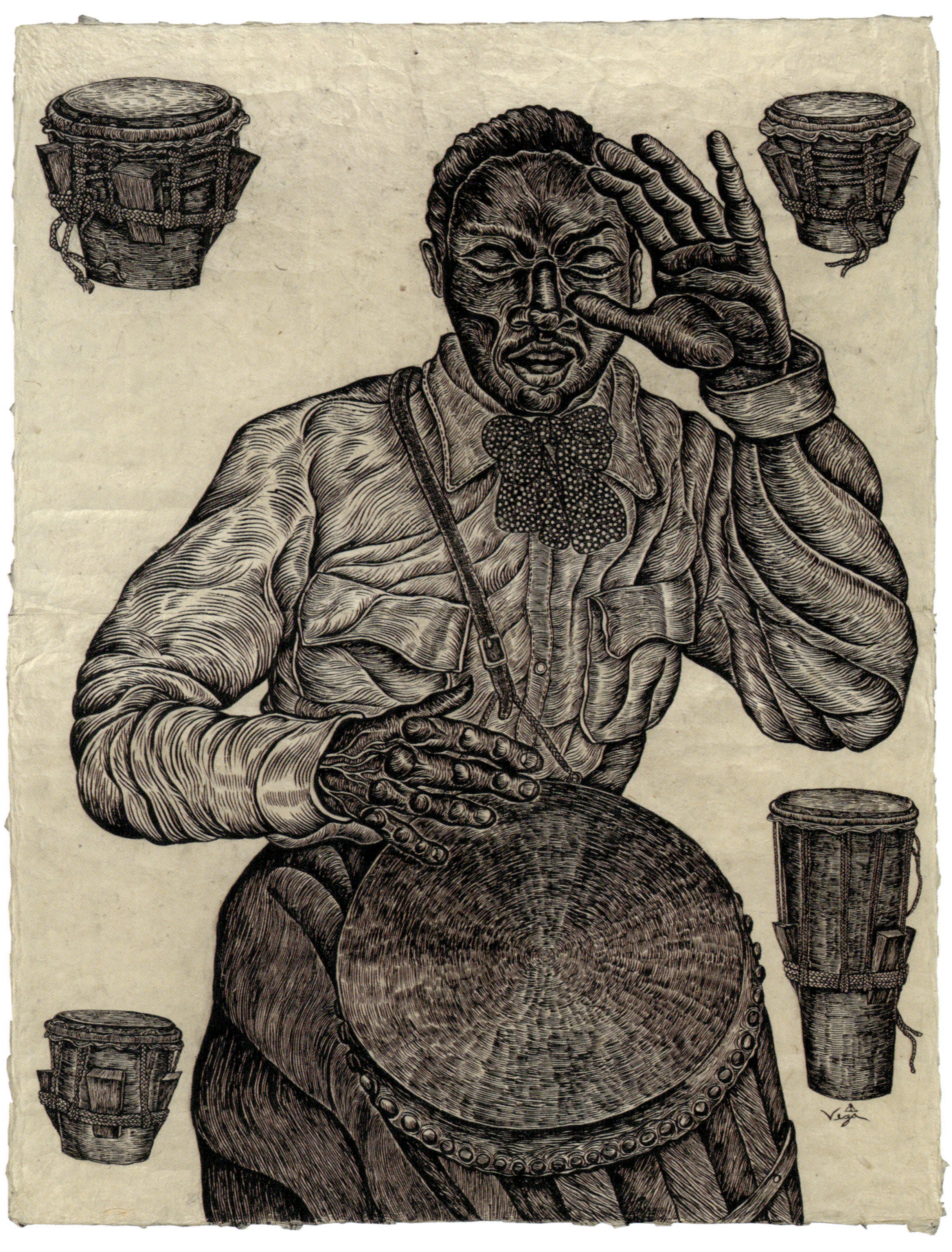

Plate 64
Chano Pozo, 2002
Pen and ink on Lapka banana leaf paper from Nepal/Pluma y tinta sobre papel de hoja de plátano Lapka de Nepal
60 × 46½ in. (152.4 × 118.1 cm)

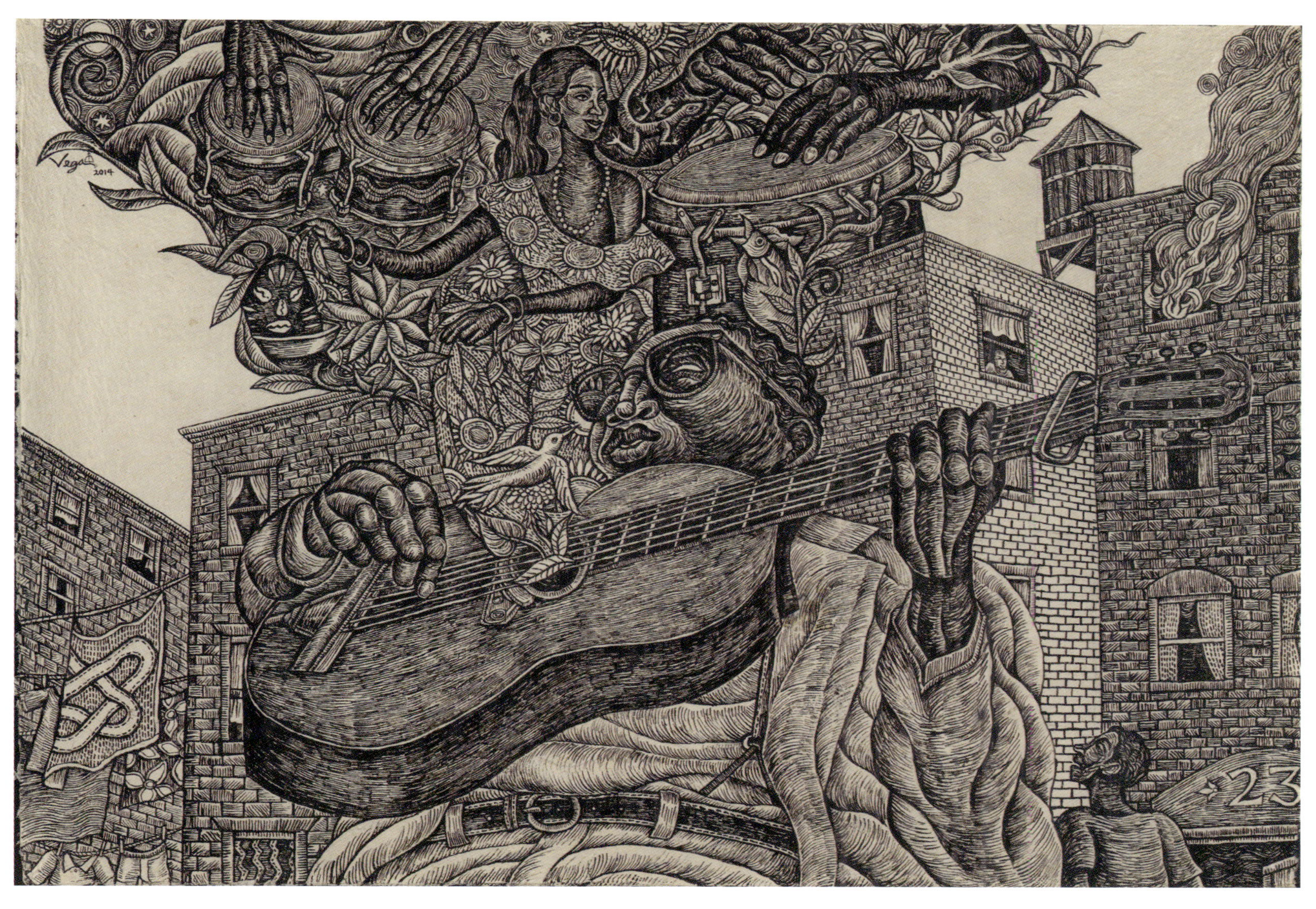

Plate 65
Arsenio en El Barrio, 2019
Pen and ink on Lapka banana leaf paper from Nepal/Pluma y tinta sobre papel de hoja de plátano Lapka de Nepal
29 × 38 in. (73.7 × 96.5 cm)

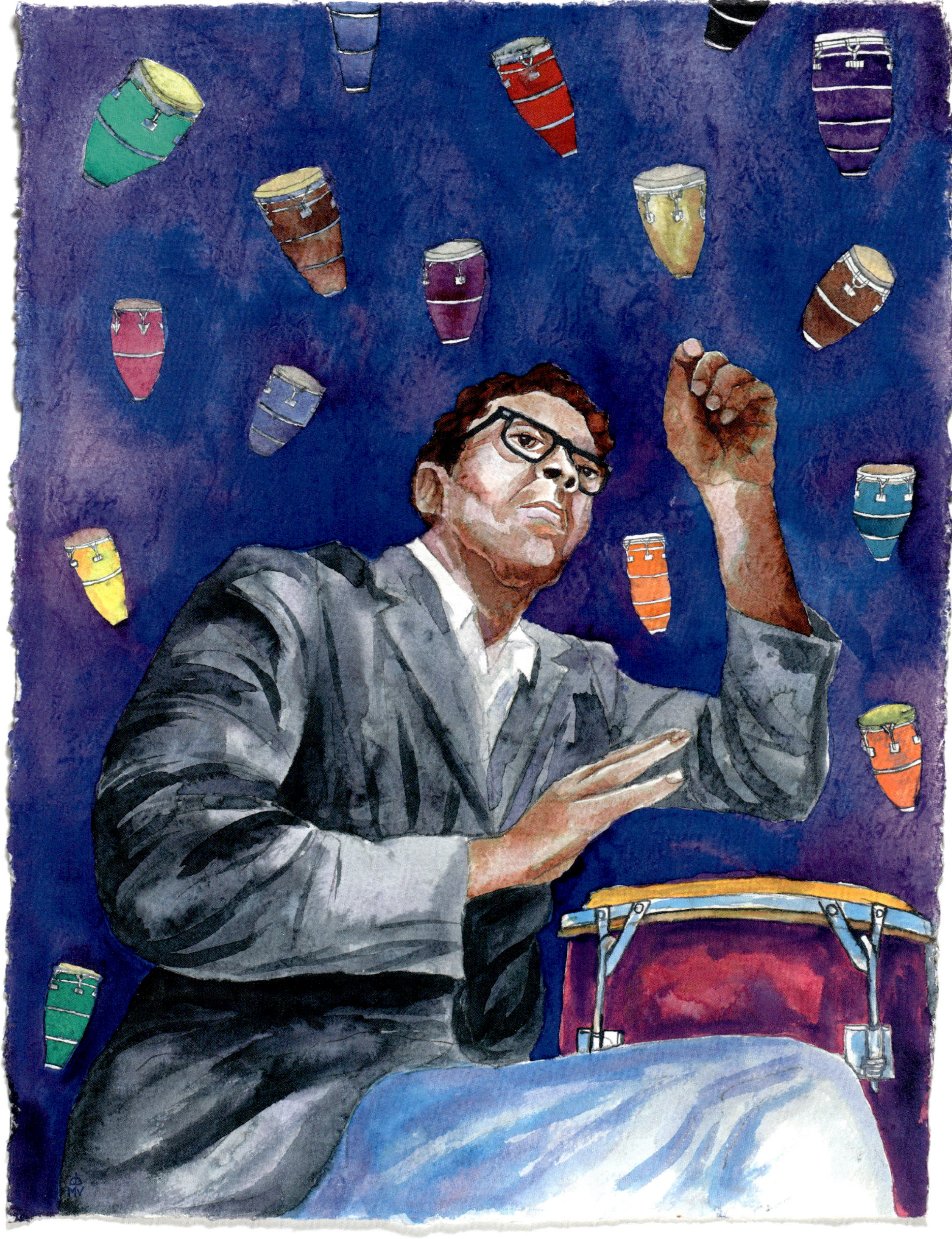

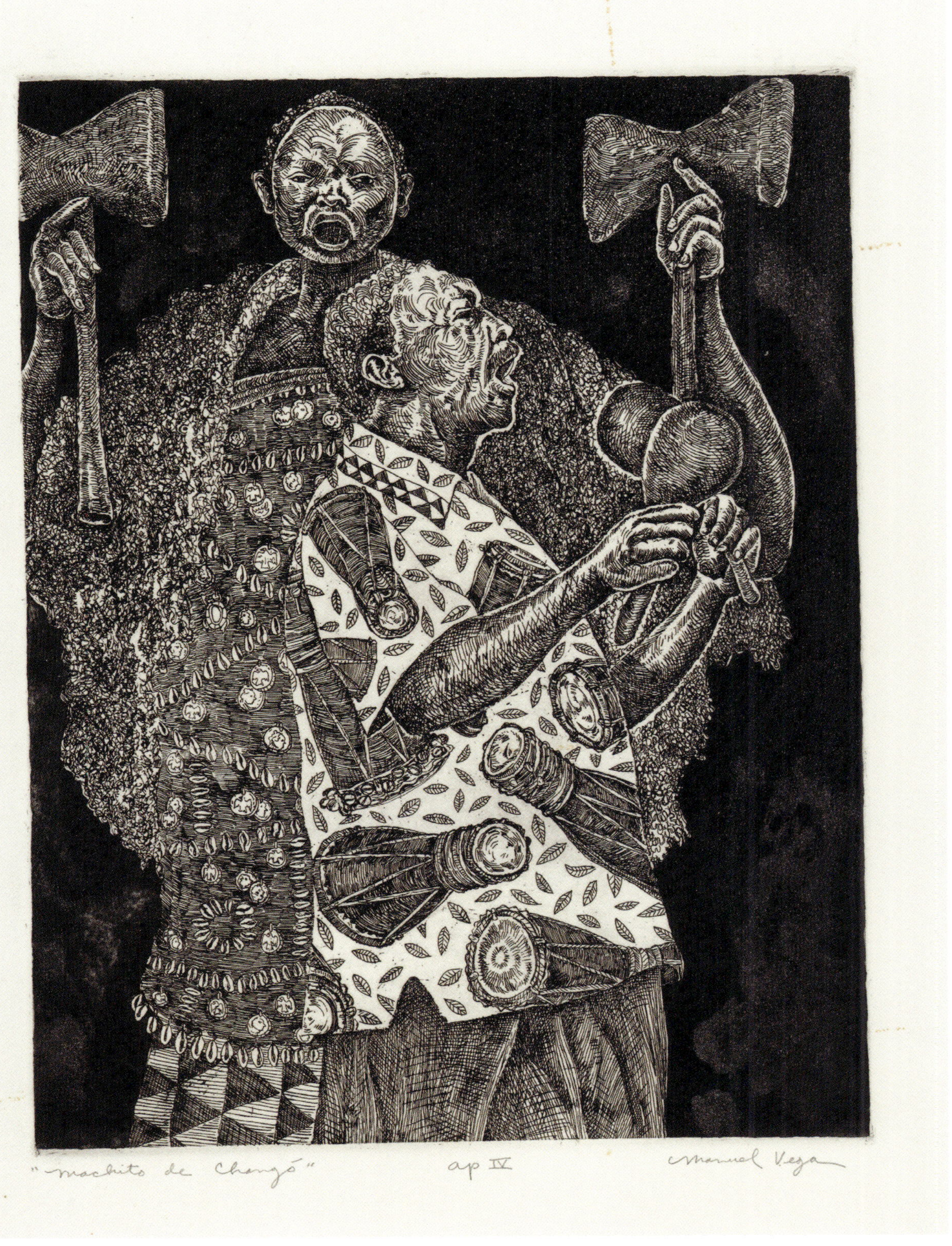

Plate 66 (opposite)
Ray Barretto, 2021
Watercolor on paper/Acuarela sobre papel
30 1/8 × 22 1/16 in. (76.5 × 56 cm)

Plate 67 (above)
***Machito de Changó*, ca. 1992**
Etching on paper/Aguafuerte sobre papel
12 × 9 in. (30.5 × 22.9 cm)

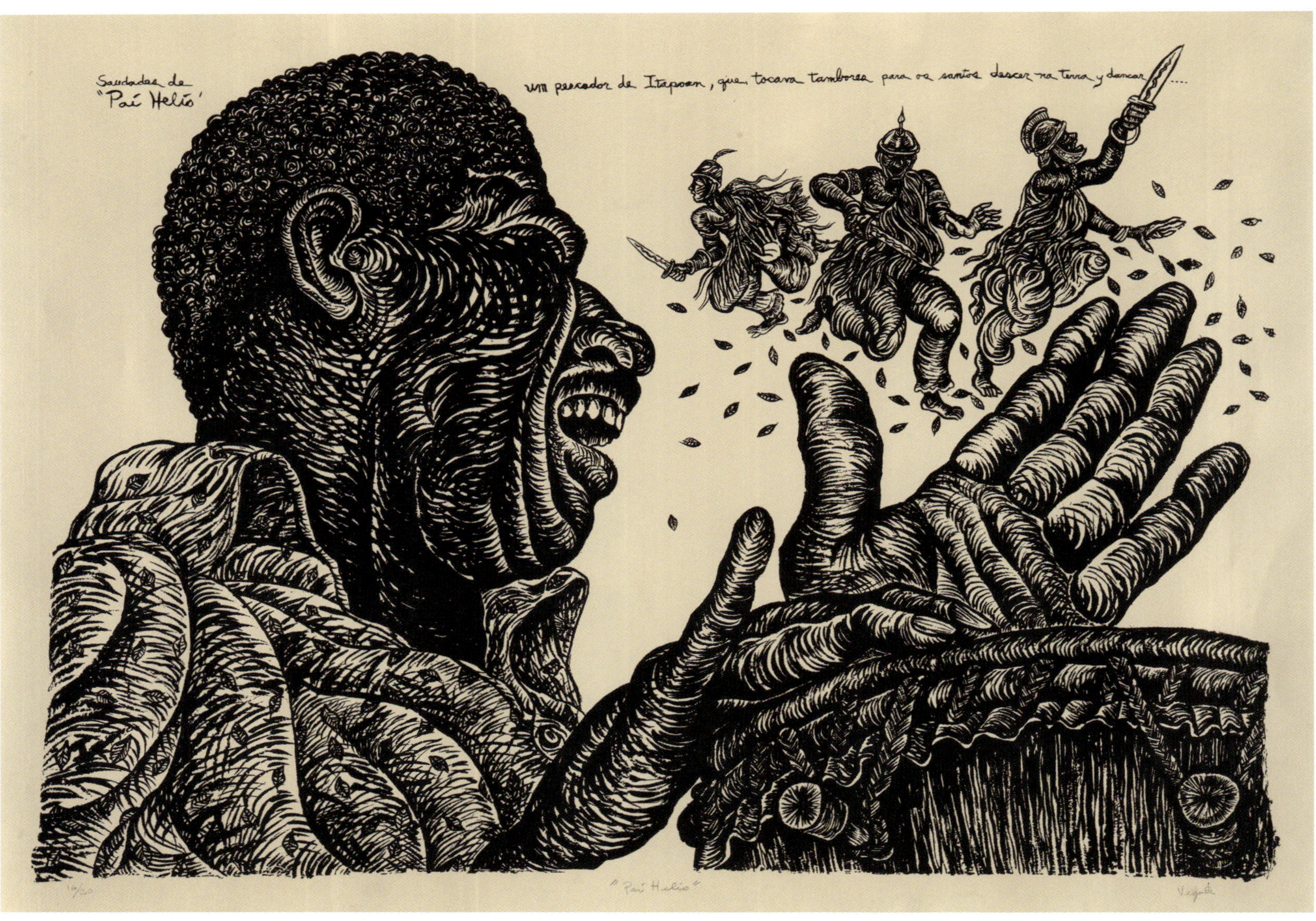
Saudades de
"Paí Helio'
um pescador de Itapoan, que tocava tamboras para os santos descer na terra y dancar....
"Paí Helio"

Plate 68 (opposite)
Paí Helío, ca. 1992
Brush and ink on Lapka banana leaf paper from Nepal/Pluma y tinta sobre papel de hoja de plátano Lapka de Nepal
29¾ × 42 in. (75.6 × 106.7 cm)

Plate 69 (right)
Loremil Machado, 2003
Pen and ink on Lapka banana leaf paper from Nepal/Pluma y tinta sobre papel de hoja de plátano Lapka de Nepal
74½ × 27 in. (189.2 × 68.6 cm)

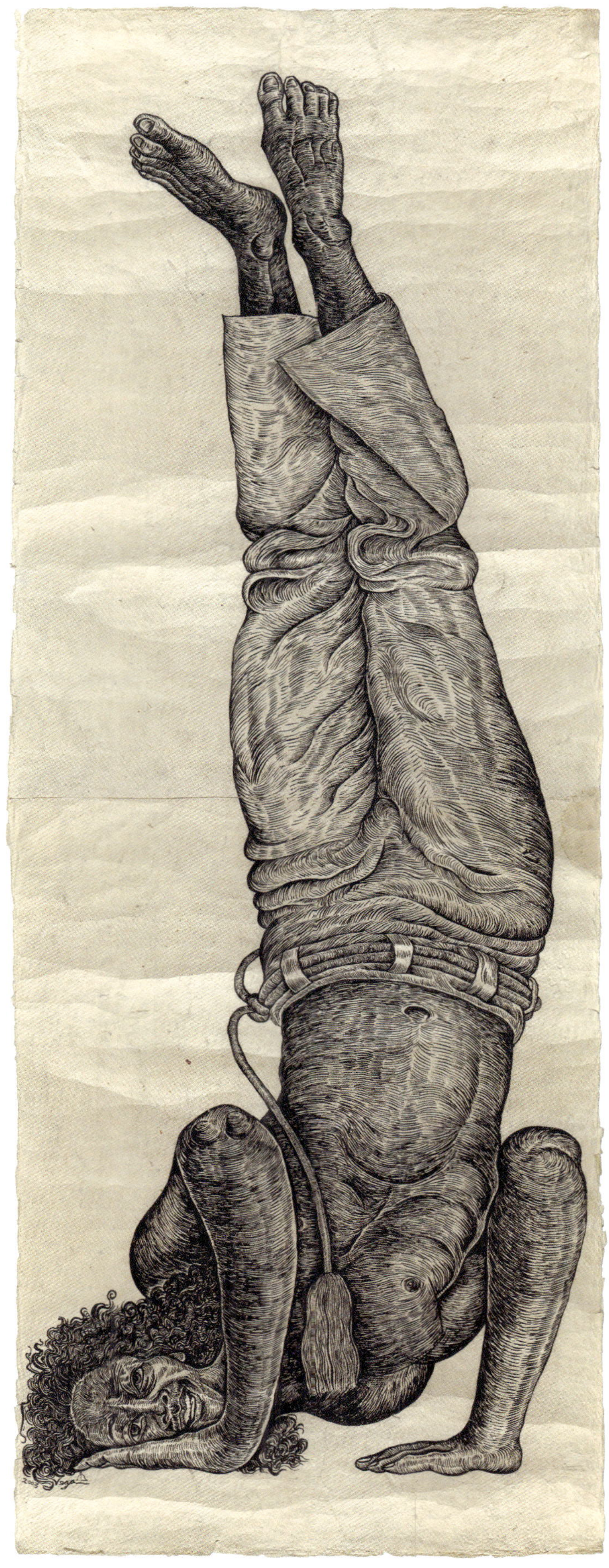

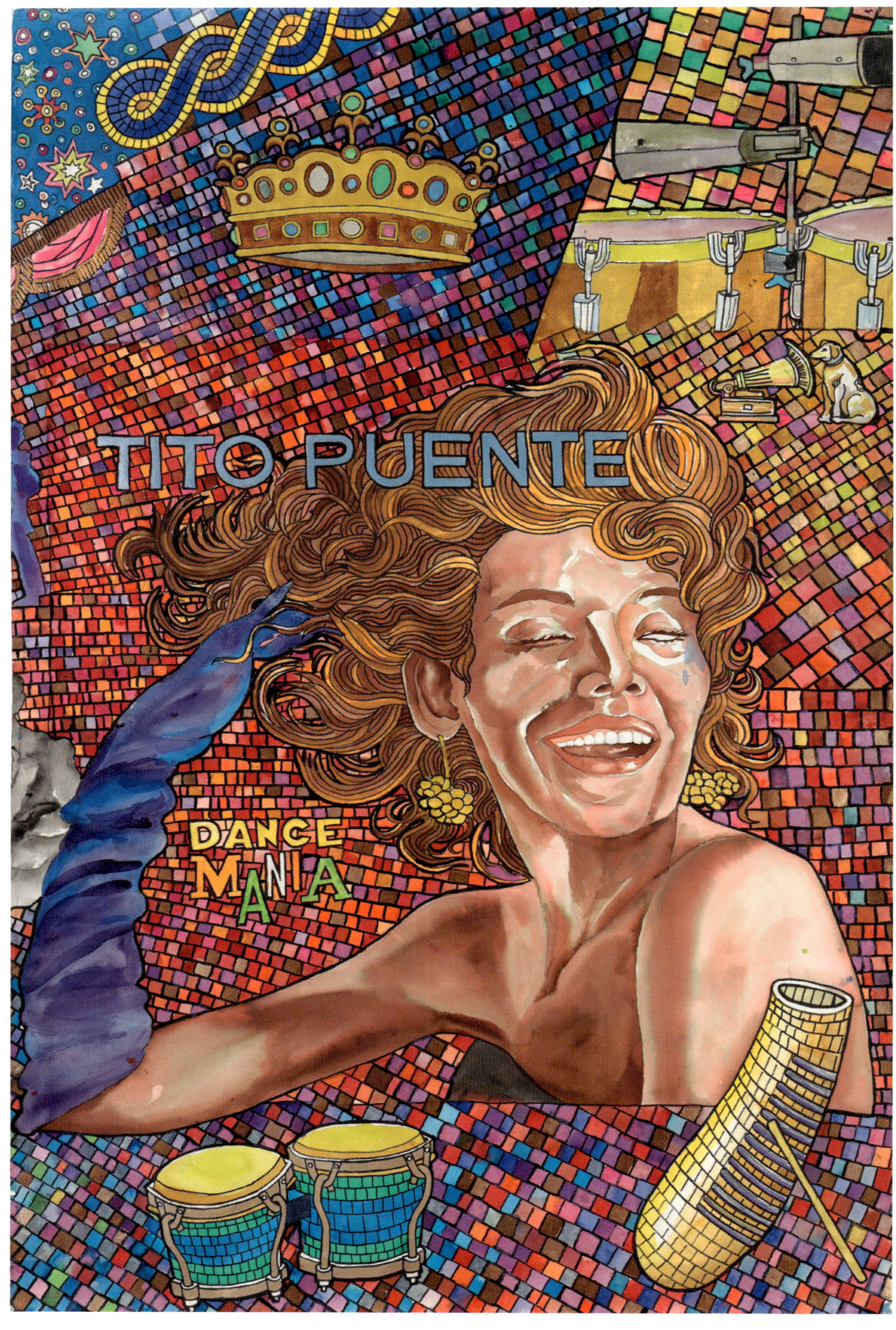
TITO PUENTE
DANCE
MANIA

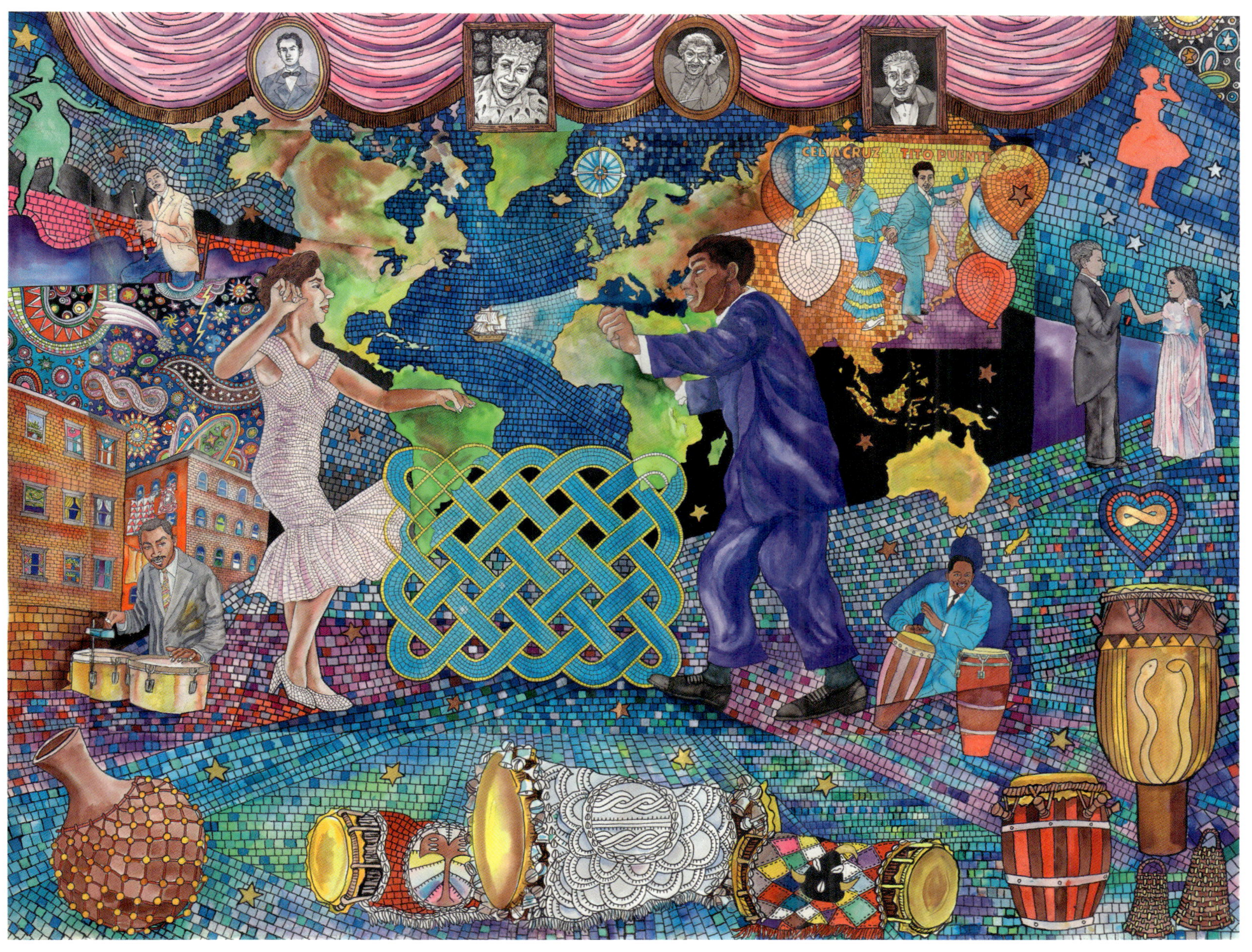

Plate 70 (opposite)
Tito Puente Memorial (watercolor maquette I), 2015
Watercolor on paper/ Acuarela sobre papel
55¼ × 36 in. (140.3 × 91.4 cm)

Plate 71 (above)
Tito Puente Memorial (watercolor maquette II), 2015
Watercolor on paper/ Acuarela sobre papel
55 × 71½ in. (139.7 × 181.6 cm)

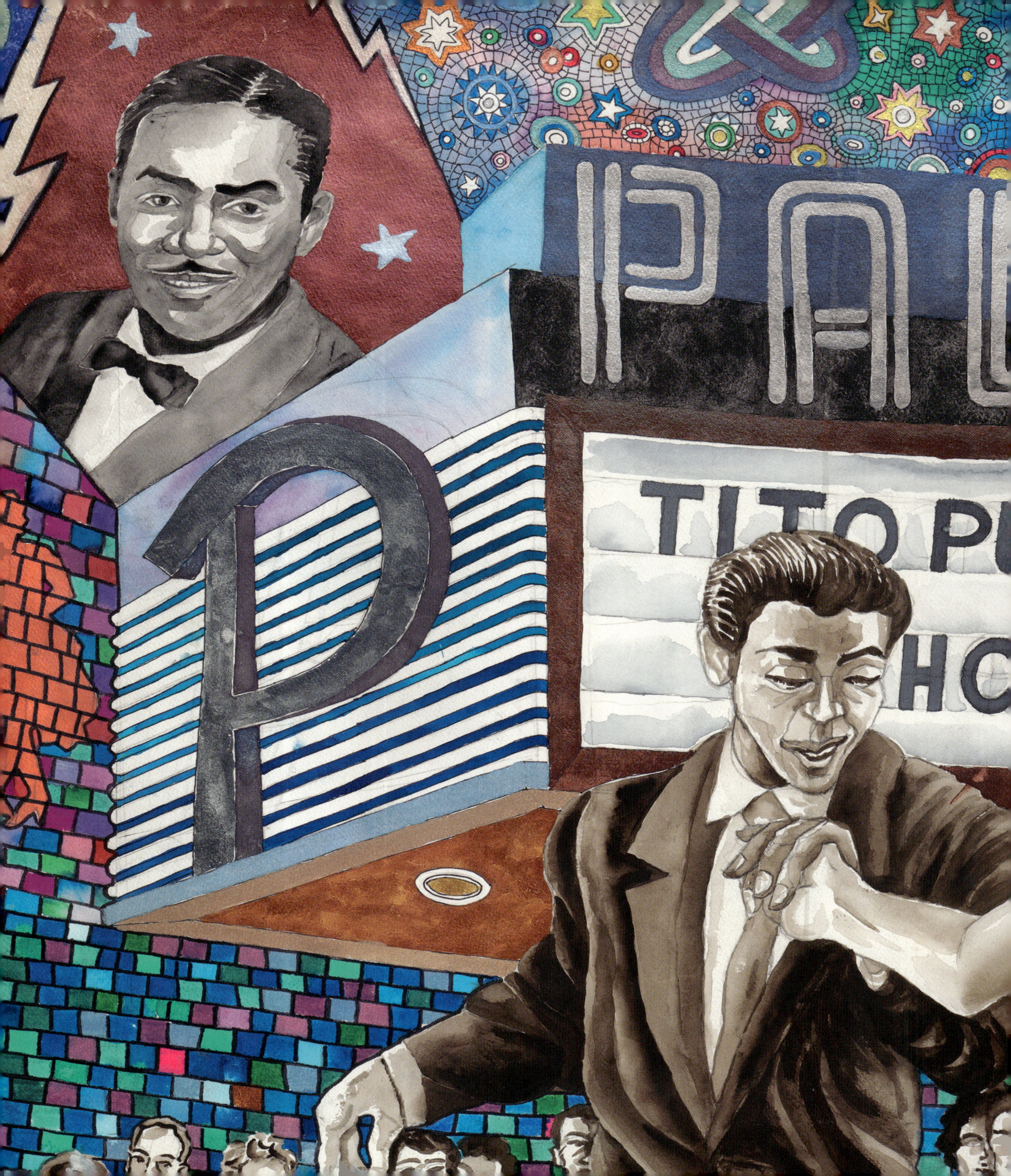
PA
TITO PU
HO

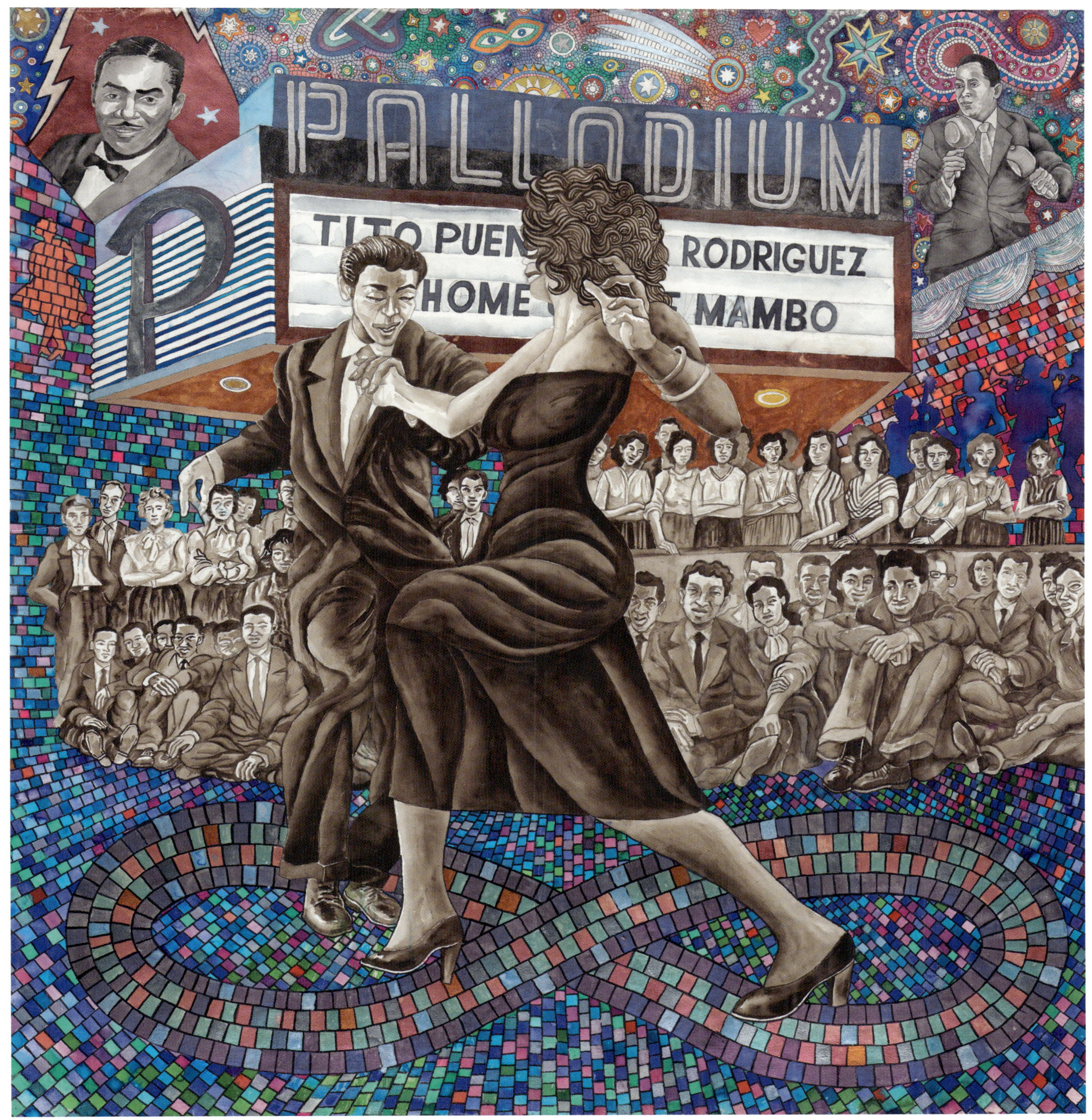

Plate 72
Tito Puente Memorial (watercolor maquette III), 2015
Watercolor on paper/Acuarela sobre papel
55 × 52 in. (139.7 × 132.1 cm)

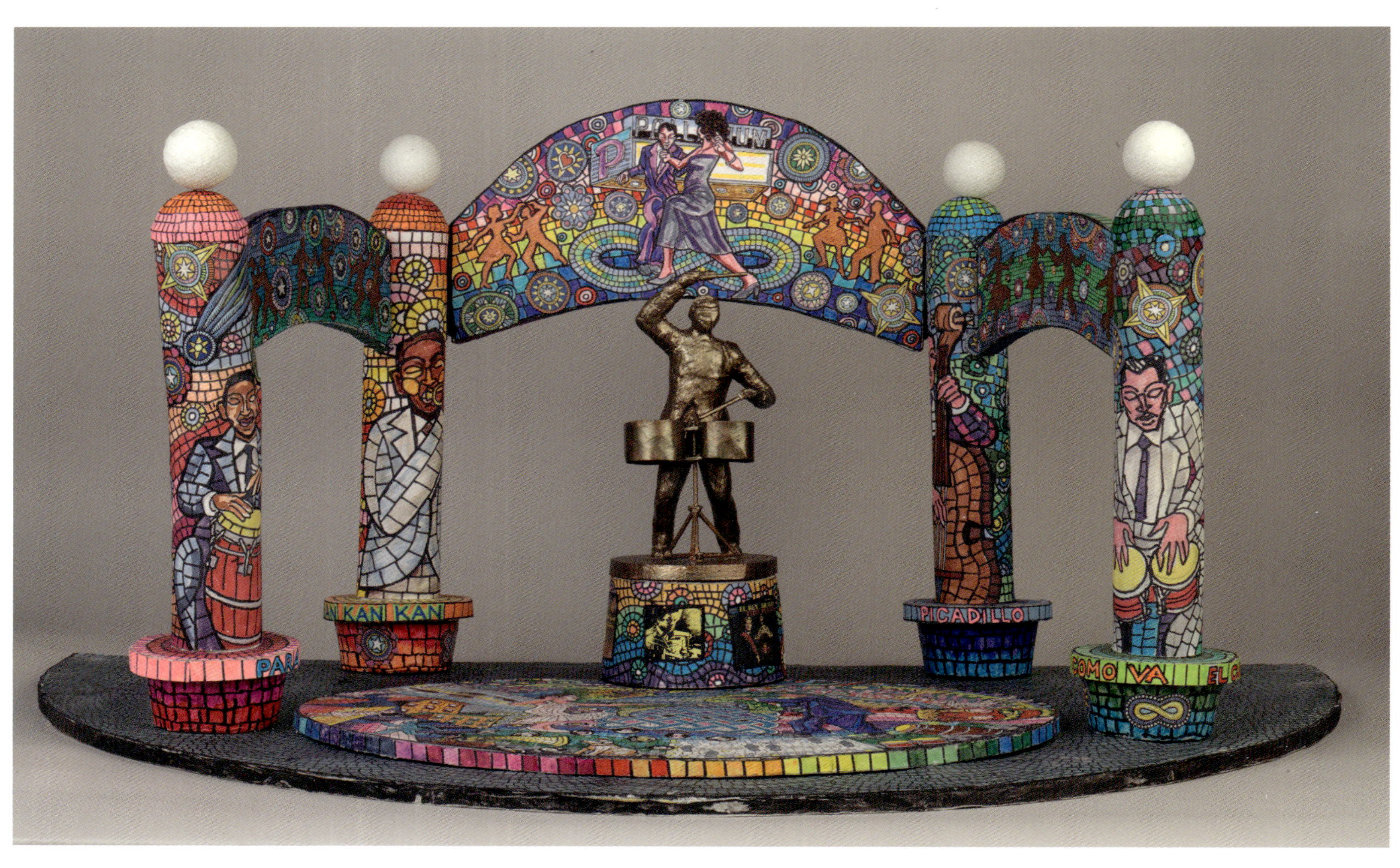
PARA
KAN KAN
PICADILLO
COMO VA

Plate 73 (opposite)
Tito Puente Memorial (maquette I), 2022
Mixed media/Medios mixtos
26 × 40 × 20 in. (66 × 101.6 × 50.8 cm)

Plate 74 (below)
Tito Puente Memorial (maquette I, detail), 2022
Mixed media/Medios mixtos
26 × 40 × 20 in. (66 × 101.6 × 50.8 cm)

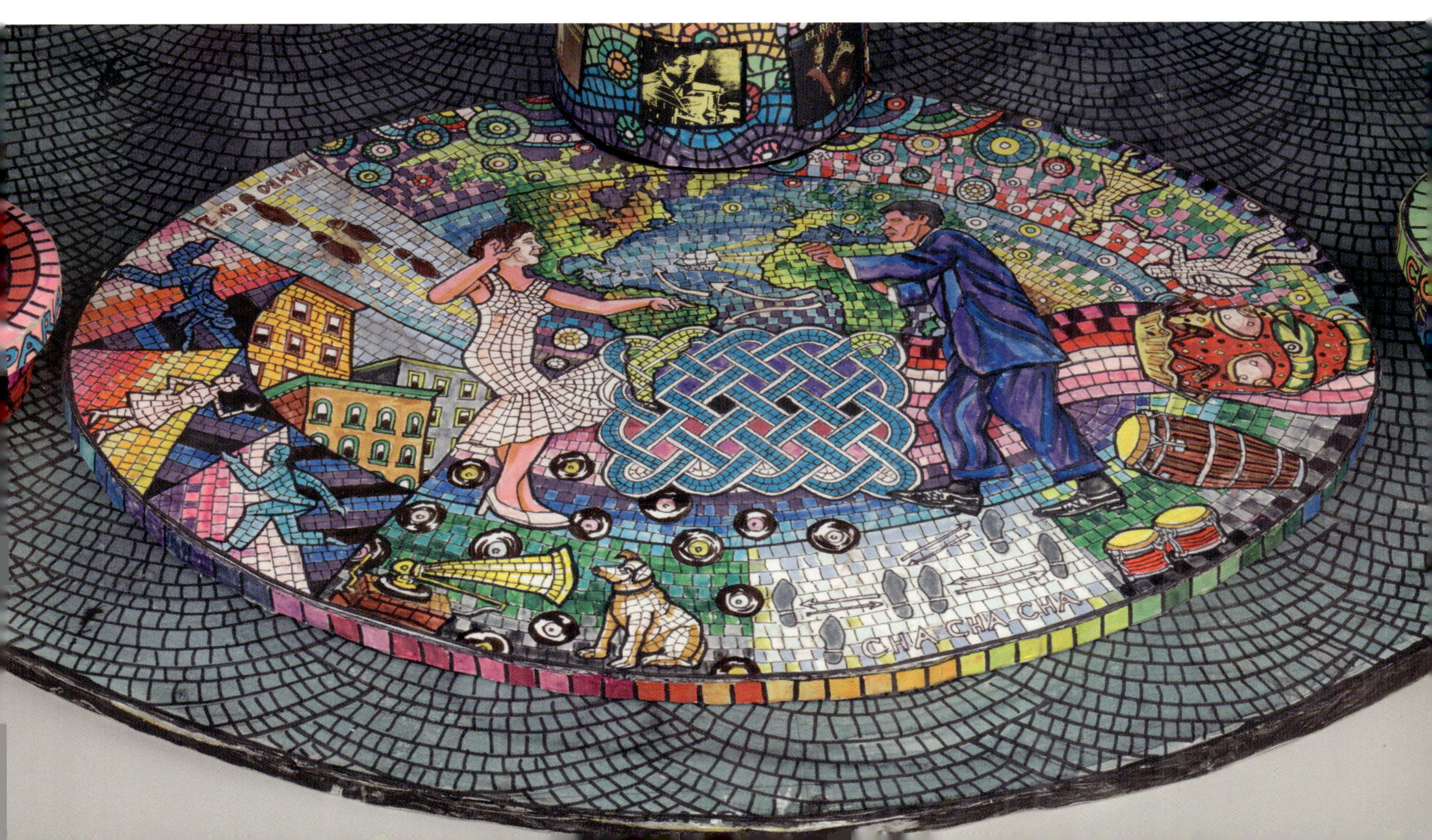

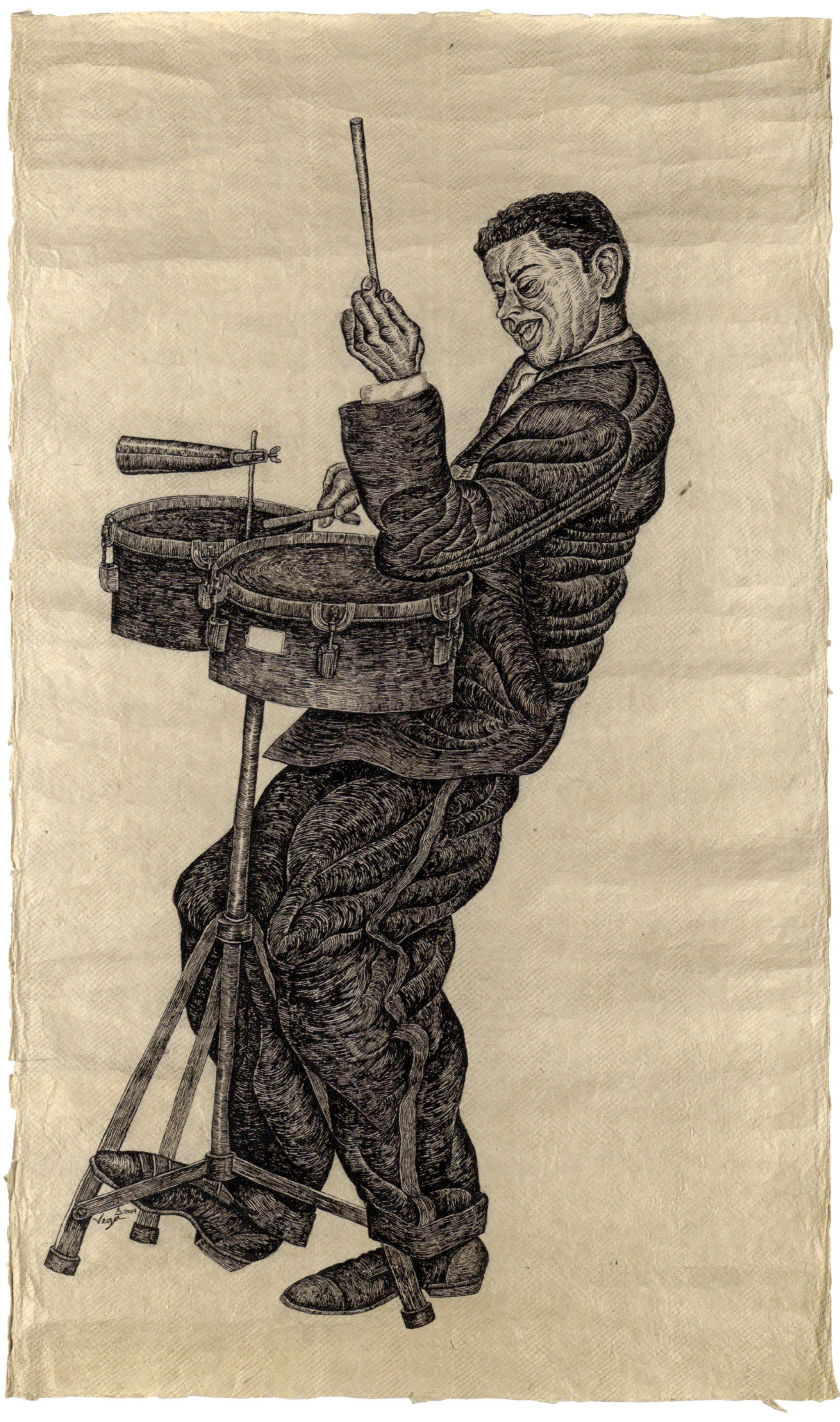

Plate 75 (opposite)
Palladium Tito, 2003
Pen and ink on Lapka banana leaf paper from Nepal/Pluma y tinta sobre papel de hoja de plátano Lapka de Nepal
68½ × 39½ in. (174 cm × 100.3 cm)

Plate 76 (below)
Tito Puente, 2009
Colored glass on wood/
Vidrio coloreado sobre madera
23½ × 29½ in. (59.7 × 74.9 cm)

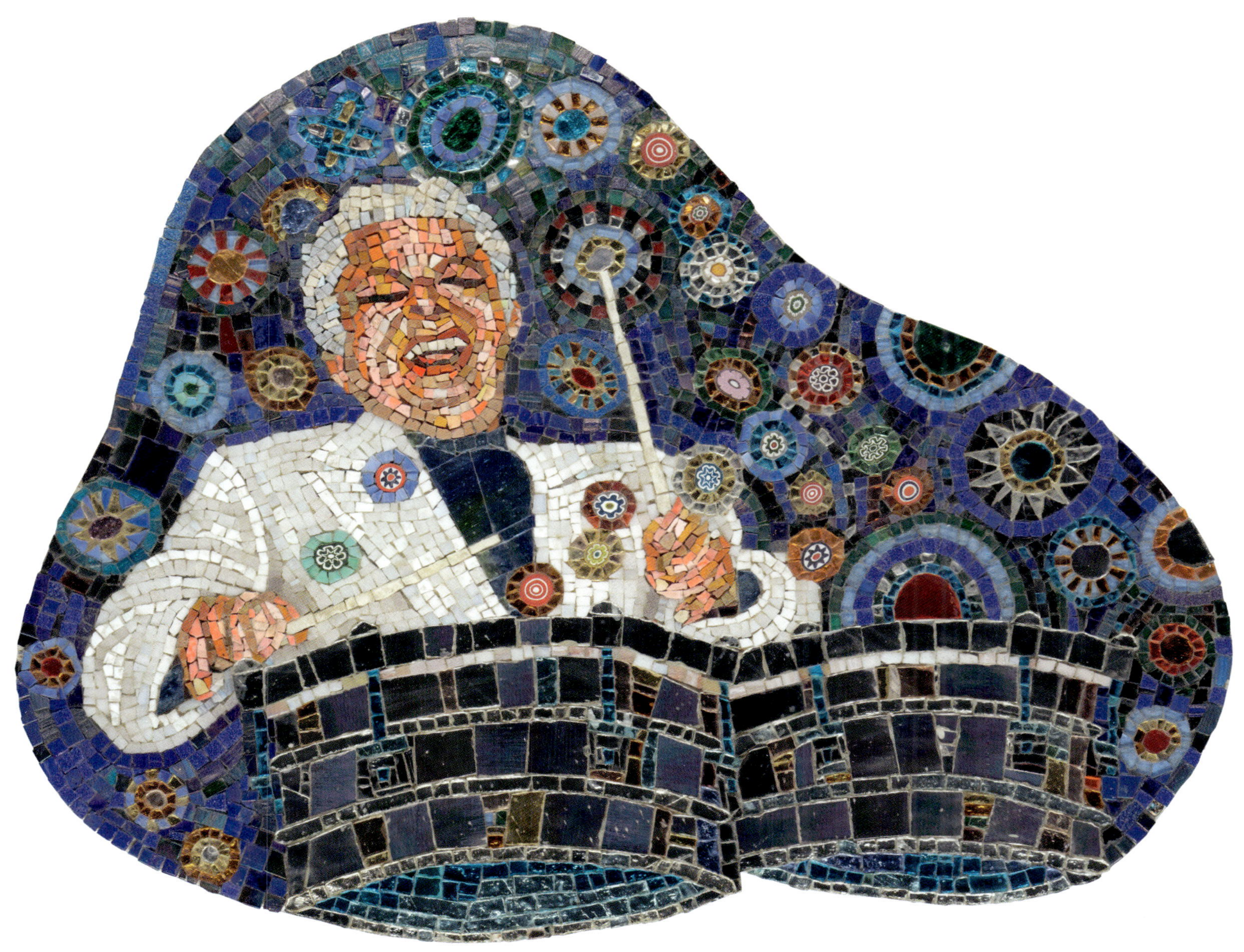

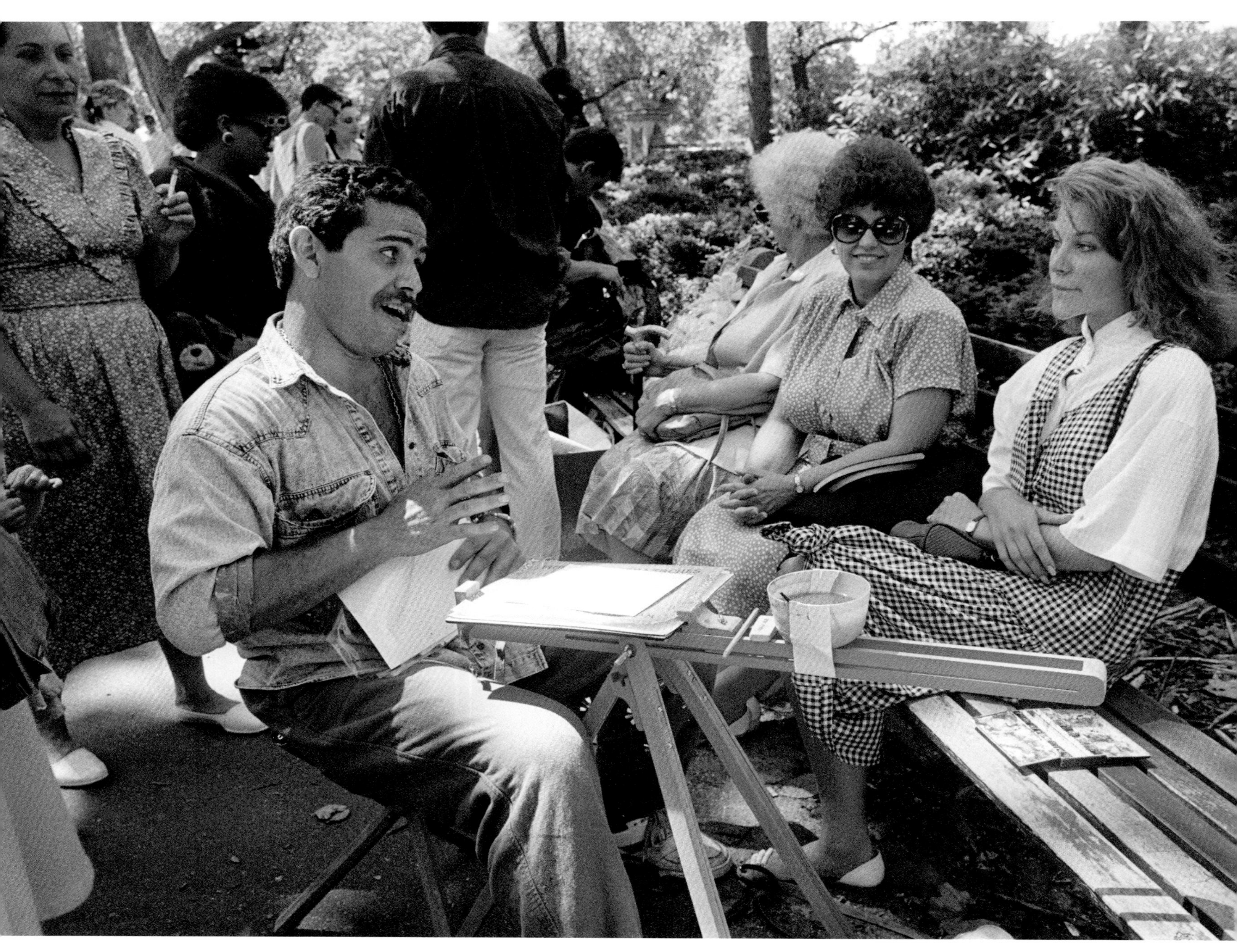

Fig. 22 (above)
Manny Vega drawing in Central Park, 1980s, photograph by/fotografía de **Máximo Rafael Colón**

Fig. 23 (opposite)
Hank Prussing and Vega, *The Spirit of East Harlem*, 1973–78, water-based paint on brick/ pintura a base de agua sobre ladrillo, **East 104th Street and Lexington Avenue, Manhattan, photograph by/**fotografía de **Rob Stephenson, 2024**

MANNY VEGA, URBAN AMERICAN
Ágnes Berecz

Manny Vega's murals and mosaics appear on the streets, in a subway station, in the schools of East Harlem, and in the Bronx building of the Puerto Rican theater company Pregones. Based on fragmented narratives and free associations, Vega's art often relies on text and image juxtapositions and always features richly layered historical and artistic references reaching from classical Western art to indigenous craft practices. Since his initial engagement with public art in the mid-1970s when he became the apprentice of Hank Prussing, Vega has been a formative presence and an acclaimed public artist in New York (Fig. 22). His participation in Prussing's mural *The Spirit of East Harlem* (1973–78)—a four-story painting

MANNY VEGA, AMERICANO URBANO
Ágnes Berecz

Los murales y los mosaicos de Manny Vega pueden verse en las calles, en una estación del metro, en las escuelas de East Harlem y en el edificio del Bronx de Pregones, la compañía de teatro puertorriqueña. El arte de Vega —que se basa en narrativas fragmentadas y asociaciones libres— se vale de la yuxtaposición de texto e imágenes y presenta en todo momento una superposición abundante de referencias históricas y artísticas que abarcan desde el arte occidental clásico hasta las prácticas artesanales indígenas.

Manny Vega comenzó a dedicarse al arte público a mediados de los años setenta cuando se convirtió en aprendiz de Hank Prussing; desde entonces, se ha vuelto una presencia formativa y un

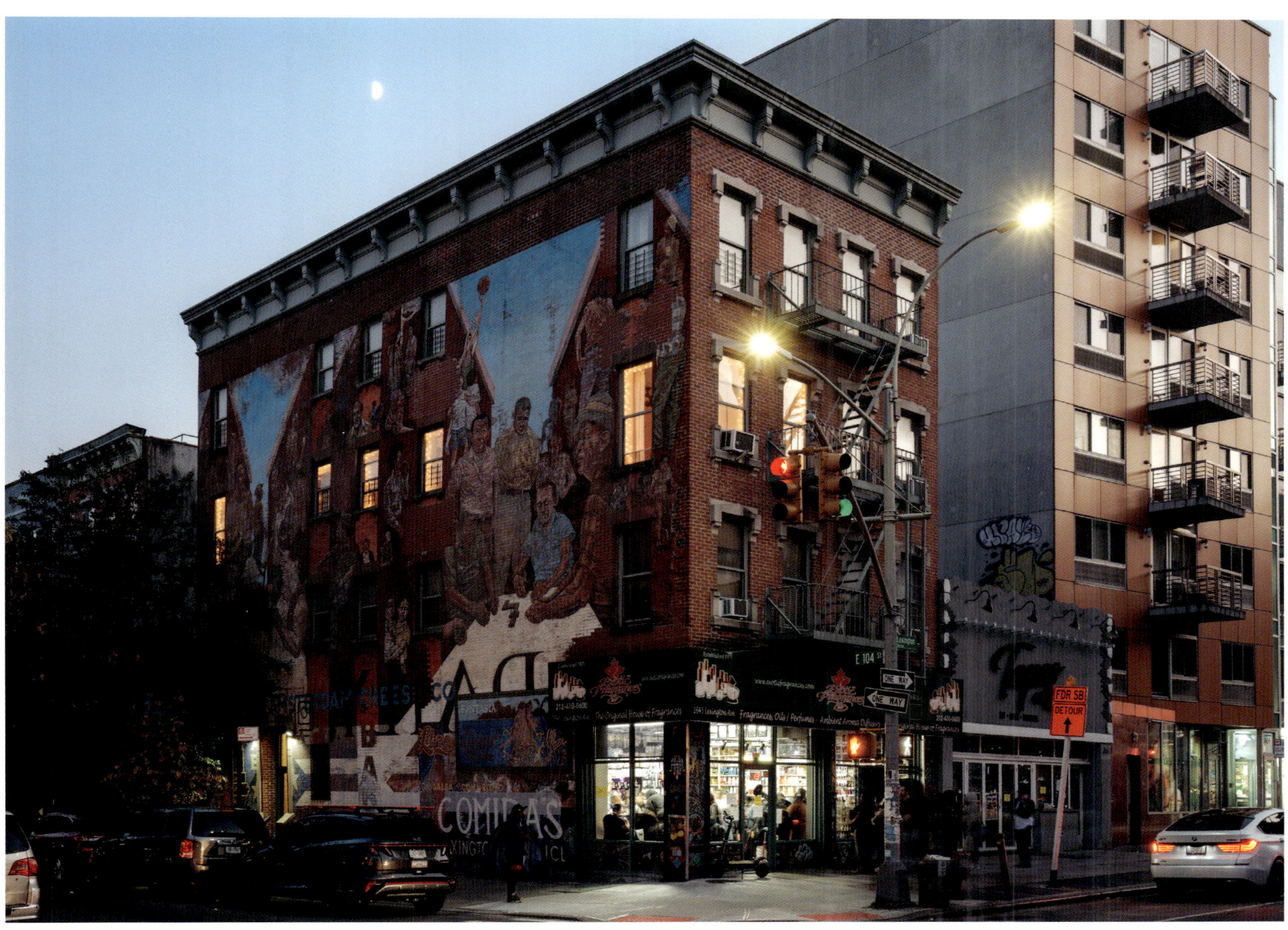

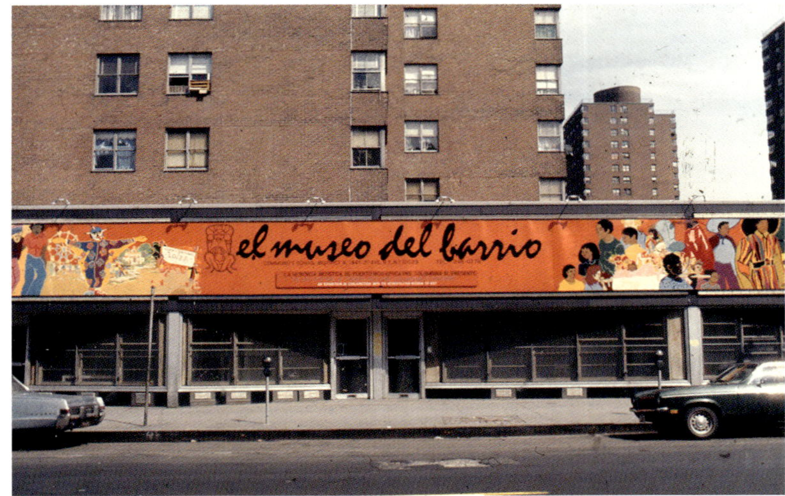

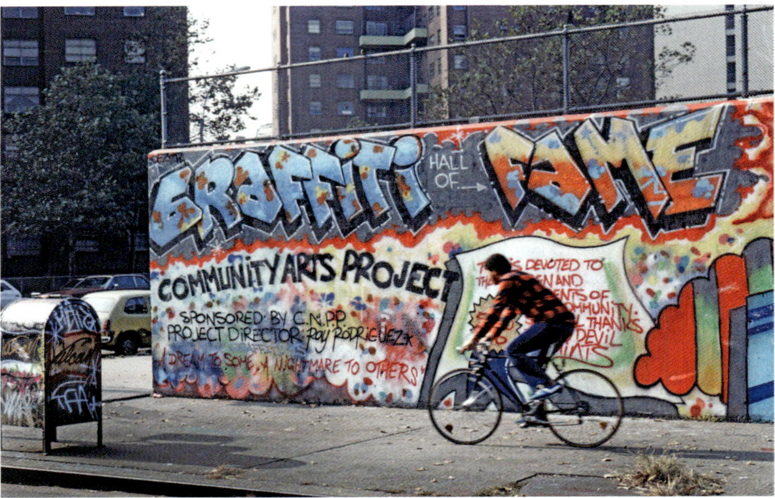

commissioned by the Hope Community, Inc., to cover a wall on the southeast corner of Lexington Avenue and East 104th Street (Fig. 23)—ignited Vega's interest in context-driven and site-sensitive public artworks that are rooted in their surroundings, speak to communal concerns, and represent local figures.[1]

Vega's initiation into mural painting took place in a decade when New York—a city on the verge of bankruptcy, with broken social structures and lacking municipal investments—witnessed the third wave of public art programs in its history. During the first wave, the Art Commission of the City of New York, a city agency founded in 1898, designed public spaces as sites of decor and commemoration following the tenets of the Aesthetic Movement. In the second wave, during the New Deal era, the ornamental projects and murals commissioned for federal and municipal buildings by the Works Progress Administration introduced social and political themes but never compromised on their appeal as monuments and decorations. When compared to the city's earlier art-commissioning plans, the public art initiatives of the 1970s had radically different agendas.

In the last decades of the past century, long after the disappearance of the City Beautiful planning model and its adjacent spatial practices, the meaning of public space became transformed and contested. After the opening of the Seagram Building's elevated urban plaza in 1958 and the 1961 Zoning Resolution, privately owned public spaces, operating under corporate surveillance, began reshaping the city's streets. In the 1970s artists and community activists proposed alternative engagements in and with public space, turning the city into a laboratory-like site of civic and creative experimentation. While artists utilized public space as a stage for social interactions and commentary, a new network of institutions, including the Public Art Fund, Creative Time, and CITYarts, Inc., reframed the relationship between people and the streets. Other newly founded institutions such as El Museo del Barrio (1969) and

aclamado artista público en Nueva York (fig. 22). Su participación en el mural de Prussing *El espíritu de East Harlem* (1973-78) —una pintura de cuatro pisos encargada por Hope Community Inc. para cubrir una pared de la esquina sudeste de la Avenida Lexington y la Calle 104 E. (fig. 23)— despertó el interés de Vega por las obras de arte público bien contextualizadas y sensibles al lugar donde se ubican, inspiradas en su entorno, que hablan de los problemas de la comunidad y representan figuras locales.[1]

La iniciación de Vega en la pintura mural se dio durante una década en la que Nueva York —una ciudad al borde de la bancarrota, con estructuras sociales quebradas y escasez de inversiones municipales— fue testigo de la tercera ola de programas de arte público de su historia. Durante la primera ola, la Comisión de Arte de la Ciudad de Nueva York, un organismo municipal que se fundó en 1898, designó espacios públicos para la decoración y la conmemoración siguiendo los principios del Movimiento Esteticista. En la segunda ola, durante la época del New Deal, se encargaron proyectos ornamentales y murales para los edificios federales y municipales por la Works Progress Administration (WPA) que presentaban temas sociales y políticos, pero que conservaban su atractivo como monumentos o como elementos decorativos. En comparación con los anteriores planes encargando obras de arte para la ciudad, las iniciativas de arte público de los años setenta tuvieron agendas muy diferentes.

En las últimas décadas del siglo pasado, mucho después de la desaparición del modelo de planificación City Beautiful y de las prácticas espaciales relacionadas con este movimiento, se transformó y cuestionó hasta el propio significado de "espacio público". Después de la inauguración de la plaza urbana elevada del Seagram Building en 1958 y de la Ley de Zonificación de 1961, los espacios de uso público pero de propiedad privada comenzaron a dar nueva forma a las calles de la ciudad. En contraste con la

Fig. 24 (opposite left)
Nitza Tufiño (b. 1949), *Loiza Aldea*, 1973, mural/mural**, El Museo del Barrio, Third Avenue and East 106th Street, Manhattan**

Fig. 25 (opposite right)
VULCAN and TNT CREW, Graffiti Hall of Fame, 1981, Park Avenue and East 106th Street, Manhattan, photograph/fotografía **© Martha Cooper**

Fig. 26 (below left)
Vega, *Homeland Here and Now* (detail), 2023, colored glass on wood/ vidrio coloreado sobre madera**, Lexington Avenue and East 104th Street, Manhattan photograph by/**fotografía de **Rob Stephenson, 2024**

Fig. 27 (below right)
Vega, *Homeland Here and Now* (detail), 2023, colored glass on wood/ vidrio coloreado sobre madera**, Lexington Avenue and East 104th Street, Manhattan, photograph by/**fotografía de **Rob Stephenson, 2024**

the Studio Museum in Harlem (1968), as well as the Nuyorican artists' collective Taller Boricua (1969), of which Vega was a member, created platforms for Black and Latino artists (Fig. 24).

Vega began working in the mid-1970s, at the peak of the racialized, neocolonial impoverishment of El Barrio. Following the Puerto Rican political and civil rights struggles of postwar New York, the 1970s saw the continuation of legal fights for educational equality and the development of youth culture led by activists such as Manuel "Manny" Díaz, Dra. Antonia Pantoja, Gilberto Gerena Valentín, and the Young Lords.[2] By the end of the 1970s, a new generation of street artists like Vega, Alfredo "Freddy" Hernández, Sting Ray (Ray Rodríguez), FUTURA2000 (Leonard Hilton McGurr), Crash (John Matos), Lady Pink (Sandra Fabara), James De La Vega, and, later, the Puerto Rico Collective and Tats Cru created a mural and graffiti movement in the Bronx, El Barrio, and Loisaida (Manhattan's Lower East Side) that defied and reinvented the heritage of street and public art.[3] The founding of the Graffiti Hall of Fame by Sting Ray at the corner of East 106th Street and Park Avenue in 1980 signaled the growing visibility of pan-Latino street art (Fig. 25). Vega's participation in Prussing's mural *The Spirit of East Harlem* was part of the new civic and public art initiatives that reframed the politics of the neighborhood's communal life as part of Puerto Rican self-determination.

To work as a public artist in New York, where the opposing forces of cultural and corporate capital intersect and streets are battlefields of conflicting interests, requires long conversations with people and governing bodies, knowledge of bureaucratic procedures, and an awareness of what constitutes one's public and counterpublic.

emergencia de estos espacios públicos de propiedad privada que funcionaban bajo la supervisión de corporaciones, en los años setenta artistas y activistas de la comunidad propusieron una forma alternativa de relacionarse con el espacio público y la ciudad se convirtió en una especie de laboratorio para la experimentación cívica y creativa. Mientras los artistas utilizaban el espacio público como un escenario para la interacción social y la crítica, una nueva red de instituciones —entre ellas, el Public Art Fund, Creative Time y CITYarts Inc.— redefinían la relación entre la gente y las calles. Otras instituciones recién fundadas —como El Museo del Barrio (1969), el Studio Museum en Harlem (1968), y el colectivo Nuyorican de artistas Taller Boricua (1969; Vega fue uno de sus miembros)— creaban plataformas para artistas de origen negro y latino (fig. 24).

Manny Vega creó sus primeras obras en un contexto político particular: a mediados de los años setenta el racismo y el empobrecimiento neocolonial de El Barrio estaban en su máximo. Después de las luchas por los derechos políticos y civiles de los puertorriqueños de Nueva York de la posguerra (1960–74), los años setenta fueron testigos de la continuación de las luchas legales por la igualdad educativa y el desarrollo de una cultura juvenil liderada por activistas como Manuel "Manny" Díaz, Antonia Pantoja, Gilberto Gerena Valentín y el grupo Young Lords.[2] Hacia finales de los años setenta una nueva generación de artistas urbanos como Vega, Alfredo "Freddy" Hernández, Sting Ray (Ray Rodríguez), FUTURA2000 (Leonard Hilton McGurr), Crash (John Matos), Lady Pink (Sandra Fabara), James De La Vega y, posteriormente, Puerto Rico Collective y Tats Cru habían creado un movimiento de murales y grafiti en el Bronx, El Barrio y Loisaida que desafió y reinventó el

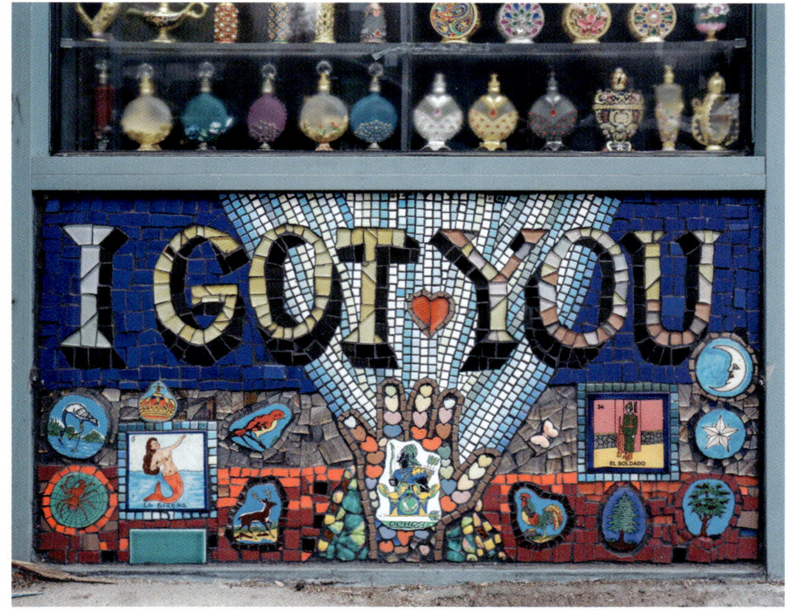

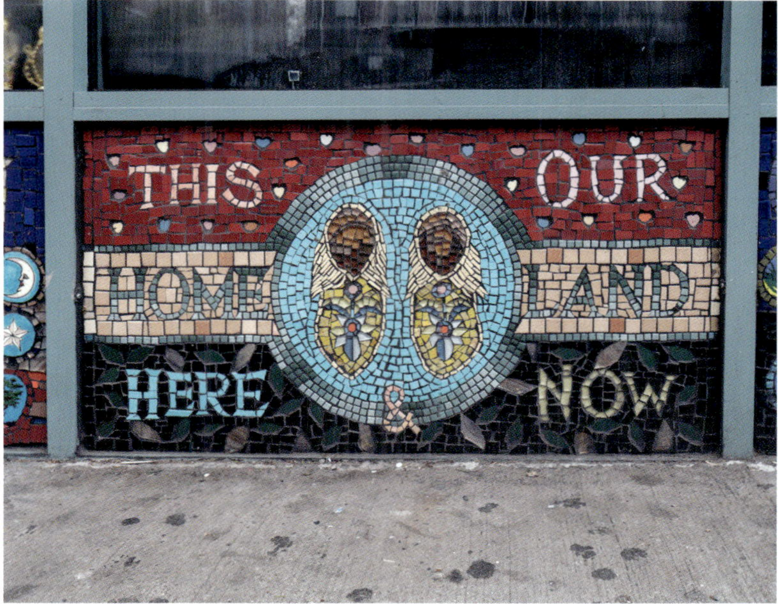

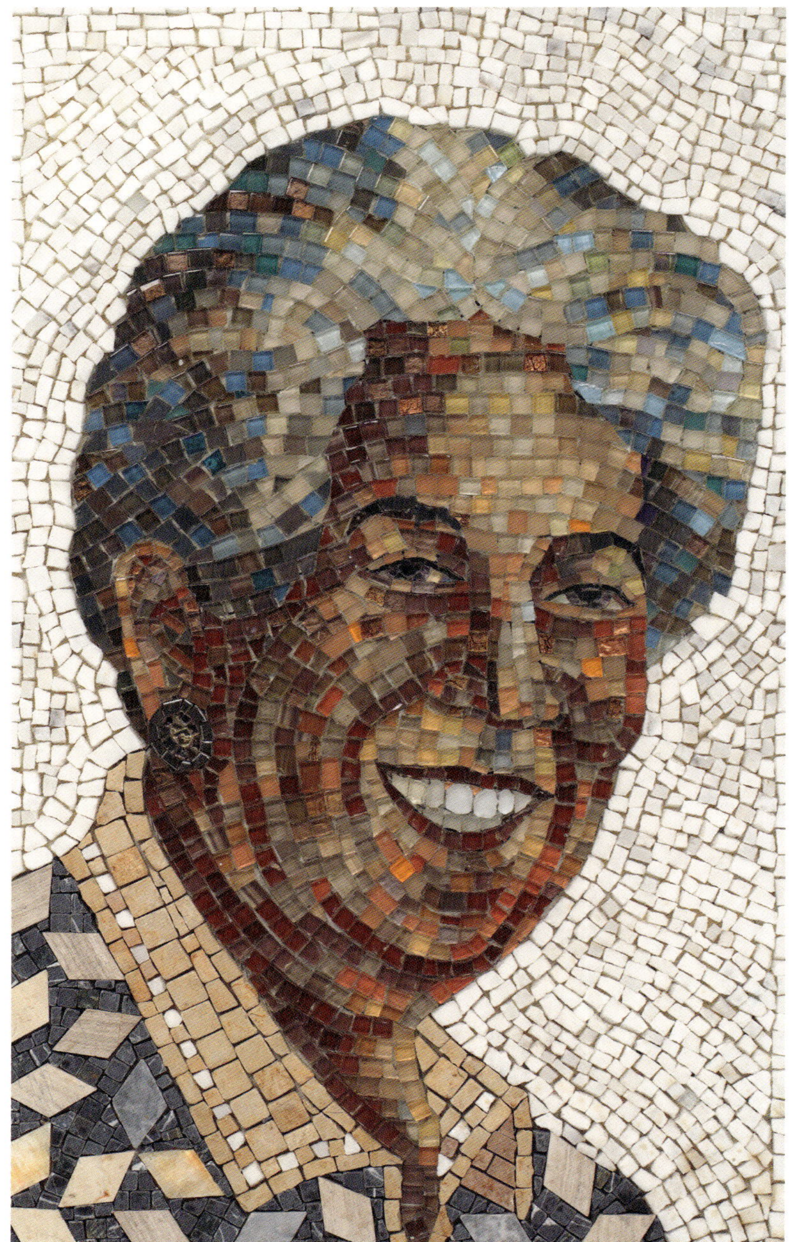

Fig. 28 (left)
Vega, *Antonia Pantoja*, 2014, marble, glass, and stone/mármol, vidrio y piedra, **38¾ × 22⅞ × 1 in. (98.4 × 58.1 × 2.5 cm)**

Fig. 29 (opposite)
Ricanstruction Netwerks and Puerto Rico Collective, *Dos Alas*, 1999, mural/mural, **East 105th Street between Second and Third Avenues, Manhattan, photograph by**/fotografía de **Rob Stephenson, 2024**

Since public art is a vague and generous category, and its history in New York, as Adam Gopnik puts it, "is largely a history of failures, misunderstandings, and good intentions gone wrong," working as a public artist is a daunting task.[4]

Vega's street art practice provides a model for thinking of art in public space as a vehicle and an instigator of locational identity and collective memory. His images and words appear within a few city blocks in East Harlem: they speak to those who pass by the Exotic

legado del arte público y urbano.[3] En 1980, Sting Ray fundó el Graffiti Hall of Fame en la esquina de la Calle 106 E. y la Avenida Park. Este hecho evidenció la creciente visibilidad del arte urbano pan-latino (fig. 25). La participación de Vega en el mural de Hank Prussing *El espíritu de East Harlem* formó parte de las nuevas iniciativas de arte cívico y público que replantearon las políticas de la vida comunitaria del barrio como parte de la autodeterminación de las personas puertorriqueñas.

Para trabajar como artista público en Nueva York —donde se cruzan las fuerzas opuestas del capital cultural y corporativo, y donde las calles son campos de batalla de los conflictos de intereses— es necesario conversar mucho con la población y con los funcionarios del gobierno, conocer los procedimientos burocráticos, y tener conciencia de quién es tu público y tu *contrapúblico*. Dado que el arte público es una categoría de arte vaga y amplia, y que su historia en Nueva York, como dice Adam Gopnik, "es, en gran medida, una historia de fallas, malentendidos y buenas intenciones que salieron mal", trabajar como artista público es una tarea ardua.[4]

La práctica de arte urbano de Vega ofrece un modelo para pensar el arte en espacios públicos como un vehículo para expresar y generar identidad local y memoria colectiva. Sus imágenes y palabras aparecen a pocas cuadras de distancia unas de otras en El Barrio: les hablan a quienes pasan por *Exotic Fragrances*, la tienda en Lexington Avenue ("I got you" fig. 26), marcan el lugar como un sitio de pertenencia compartida ("This home here our land now" fig. 27), y celebran y conmemoran a figuras imponentes como la poeta puertorriqueña Julia de Burgos (pl. 87) y la trabajadora social y educadora feminista Dra. Antonia Pantoja (fig. 28), a espíritus visionarios, como en *Espíritu* (pl. 104), y a figuras del barrio cuyos rostros reconocerán los vecinos. Sus obras son mensajes públicos y anuncios, declaraciones políticas y espirituales que se caracterizan por presentar dualidades de lo real y lo surreal, de la palabra y la imagen, de la representación y la fantasía.

Sean retratos de un vendedor local de frutas —como sus mosaicos de la estación del metro número 6 en la Calle 110 (pl. 83)— o figuras visionarias, las obras de Manny Vega se destacan por su exuberancia decorativa y sus colores vívidos y brillantes. Obligan a los transeúntes a detenerse y contrastar con el abandono de las calles por parte de las autoridades de la ciudad. "Si pudiéramos determinar el valor monetario de un minuto de goce visual y lo multiplicáramos por la cantidad de veces que eso ocurre día tras día, año tras año, obtendríamos una suma inmensa", escribió el

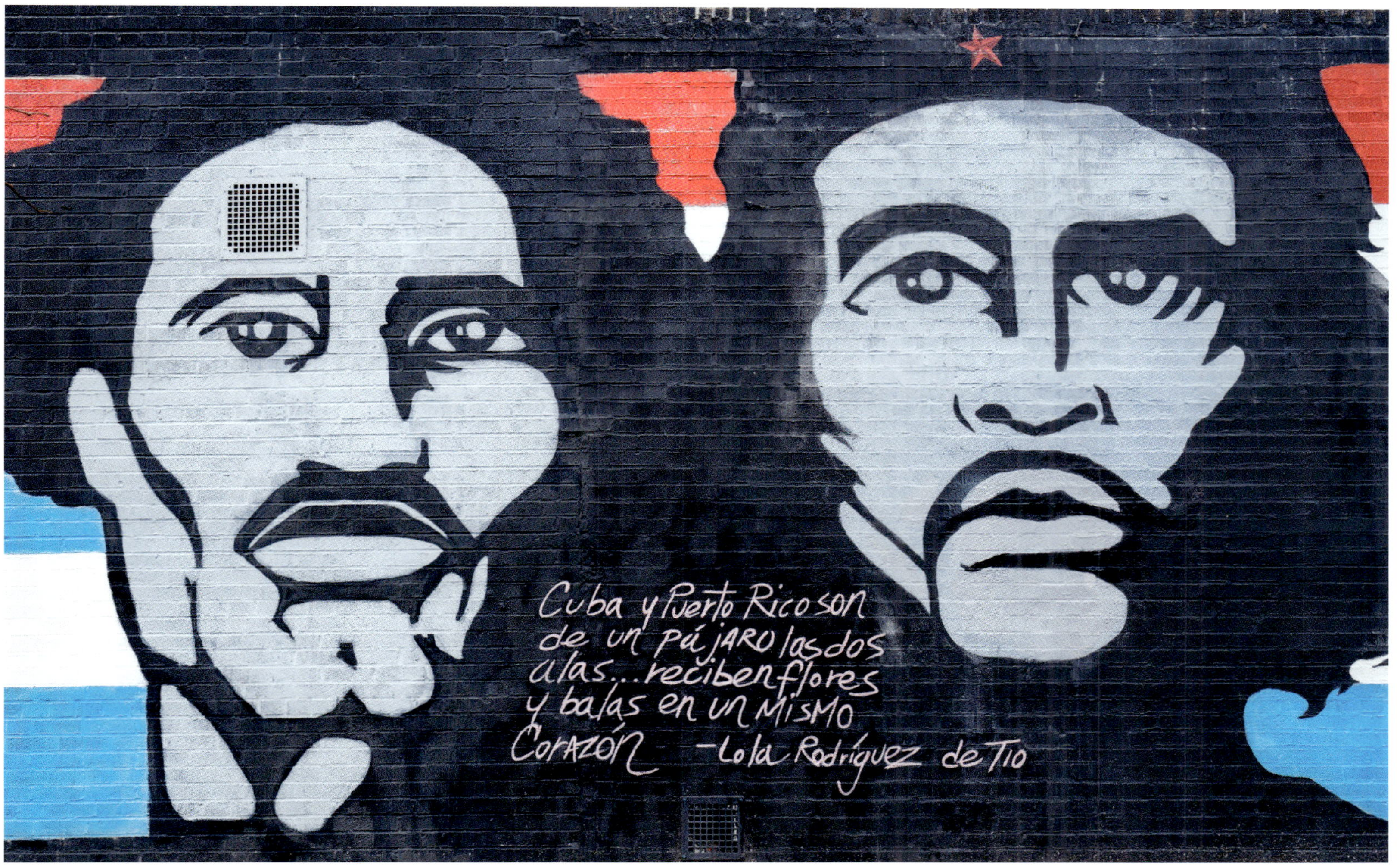

Fragrances store on Lexington Avenue ("I got you"; Fig. 26), mark the location as a shared site of belonging ("This home here our land now"; Fig. 27), celebrate and commemorate larger-than-life figures such as the Puerto Rican poet Julia de Burgos (Pl. 87) and the social worker and feminist educator Dra. Antonia Pantoja (Fig. 28), visionary spirits like *Espíritu* (Pl. 92), and neighborhood figures whose faces might be recognized by local passersby. His works are public messages and announcements, political and spiritual declarations characterized by dualities of real and surreal, word and image, depiction and fantasy.

Whether portraits of a local fruit vendor, as in his 6 train subway station mosaics at 110th Street (Pl. 83), or visionary figures, Vega's works are marked by ornamental exuberance and radiating, vivid colors. They halt the passerby and provide a counterpoint to the municipal neglect of city streets. "If one could put a monetary value on a minute of visual enjoyment and multiply that by instances day after day, year after year, one would obtain a rather stupendous sum,"

urbanista William H. Whyte después de darse cuenta que la gente suele sonreír cuando pasa por Paley Park, un jardín corporativo en el *midtown* de Manhattan.[5] La obra de Vega provoca efectos similares y a la vez deja en claro que ofrecer placer visual en la calle es un proyecto social y un acto del cuidar.

El arte público se ha considerado una práctica social desde sus comienzos. En 1936 Holger Cahill escribió acerca del Federal Art Project: "La pintura mural no es arte de estudio; es social por su propia naturaleza. En sus grandes períodos, siempre se la ha asociado a la expresión de los significados sociales, la experiencia, la historia, las ideas y las creencias de una comunidad".[6] Los murales que se crearon en la ciudad tras la década de los años sesenta suelen entenderse como herramientas de construcción de comunidad y como actos simbólicos de resistencia a la gentrificación (fig. 29). Como escribieron Elsa Cardalda y Amílcar Tirado Avilés, los murales de East Harlem —sean por encargo o por iniciativa propia, de un solo

wrote urbanist William H. Whyte after noticing that people often smiled when walking by Paley Park, a corporate garden in midtown.[5] Vega's work generates similar effects, while also making clear that providing visual pleasure on the street is a social project and an act of care.

Public art has been understood as a social practice since its beginning. As Holger Cahill put it in 1936, writing about the Federal Art Project, "Mural painting is not a studio art; by its very nature it is social. In its great periods it has always been associated with the expression of social meanings, the experience, history, ideas, and beliefs of a community."[6] The post-1970s murals in the city are usually understood as tools of community building and symbolic acts of resistance to gentrification (Fig. 29). Whether commissioned or uninvited, individually or collectively made, the murals in East Harlem, as Elsa Cardalda Sánchez and Amílcar Tirado Avilés write, reclaimed the streets "as social chronicles of the community and as unofficial historical documents."[7]

Community is a vague and heavily overused notion, and when it relates to El Barrio, the mythical center of Latinidad in the city, its meaning should never be taken for granted.[8] Who constitutes Vega's community? A collective of people sharing a territory, a common space? Puerto Ricans whose numbers in East Harlem are decreasing since the 1980s? The growing population of Dominican and Mexican New Yorkers? Vegas's murals and mosaics are part of a broader body of work. He is a portraitist and a master draftsman who has been drawing New Yorkers and tourists for decades in small portraits as well as monumental ink drawings, an educator who has been teaching art-making classes in the schools of El Barrio, and a maker of assemblages, theater sets, and wearable sculptures—he works with and *in* public across different media.

He is at home in El Barrio, a place where, "whether it is by pathologizing, romanticizing, promoting, or even minimizing its Puerto Rican and Latino presence," Spanish is widely and variedly spoken.[9] Vega's public work has always been characterized by dialogic, collaborative processes that relate to the pedagogical practice of Paolo Freire, the Brazilian philosopher and teacher whose ideas are often evoked by community-based organizations and the makers of public art projects. As Freire writes in his *Pedagogy of the City*, "To be with the community, to work with the community, does not necessitate the construction of the community as the proprietor of truth and virtue. To be and work with the community means to respect its members, learn from them so one can teach

autor o colectivos— reivindicaban las calles "como crónicas sociales de la comunidad y documentos históricos no oficiales".[7]

La noción de "comunidad" es imprecisa y se ha utilizado en exceso, pero cuando está relacionada con El Barrio, el centro mítico de latinidad en la ciudad, su significado nunca debe darse por sentado.[8] ¿Quiénes constituyen una comunidad para Manny Vega? ¿Un colectivo de personas que comparten un territorio, un espacio común? ¿Personas oriundas de Puerto Rico cuya población en East Harlem comenzó a disminuir en los ochenta? ¿La creciente población neoyorquina con ascendencia dominicana y mexicana? Los murales y los mosaicos de Vega forman parte de un cuerpo de obras mucho más amplio. Como retratista y maestro dibujante, Manny lleva décadas dibujando a neoyorquinos y turistas tanto en pequeños retratos como en dibujos en tinta de tamaño monumental; como educador, imparte clases de creación en las escuelas de El Barrio; también crea ensamblajes, decorados teatrales y esculturas usables: trabaja con el público y en público con diferentes medios.

Vega se siente cómodo en El Barrio, un lugar donde, "ya sea por patologizar, romantizar, promover o incluso minimizar la presencia puertorriqueña y latina", se habla mucho español, y en múltiples variedades.[9] La obra pública de Vega siempre se ha caracterizado por los procesos dialógicos y colaborativos relacionados con la práctica pedagógica de Paulo Freire, el filósofo y educador brasileño cuyas ideas suelen citar las organizaciones de base comunitaria y quienes crean proyectos de arte público. Como escribió Freire en *Pedagogy of the City*: "Para estar en la comunidad, para trabajar en la comunidad, no es necesaria la construcción de la comunidad como propietaria de la verdad y la virtud. Estar en la comunidad y trabajar con ella significa respetar a sus miembros, aprender de ellos para poder también enseñarles".[10] No importa que esté dibujando retratos de transeúntes, dirigiendo talleres o trabajando con residentes de East Harlem para seleccionar los poemas de Julia de Burgos —incluidos en su mosaico de 2006 dedicado a la poeta puertorriqueña (pl. 87)— Vega siempre trabaja en conversación con muchas otras personas; pero "el compromiso y el trabajo de crear le pertenecen a él".[11]

Los proyectos de arte público de Manny Vega que se inspiran en rituales de intercambio comunitario —como los retratos de yeso en el South Bronx de John Ahearn y Rigoberto Torres— reflejan la herencia Nuyorican del artista. Vega nació en el Bronx, en el seno de una familia puertorriqueña, se graduó de la High School of Art and Design y se volvió parte de la escena cultural Nuyorican del

Fig. 30
Antoni Gaudí (Spanish, 1852–1926), Park Güell, 1900–14, Barcelona, Spain

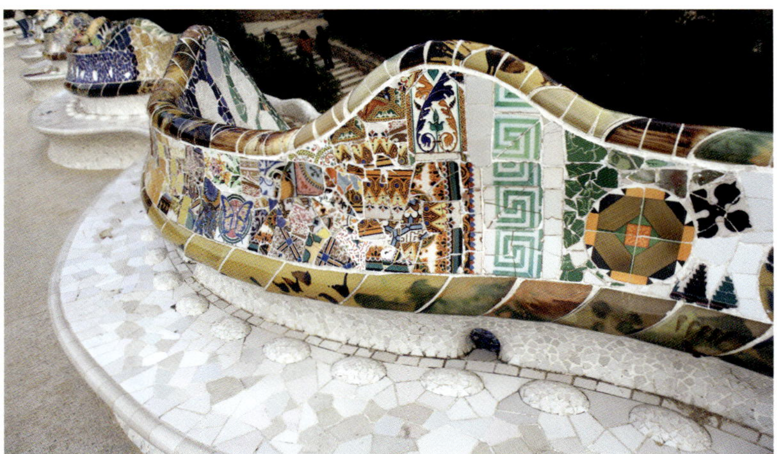

them as well."[10] Whether he is drawing portraits of passersby, leading workshops, or working with the inhabitants of East Harlem to select the poems of Julia de Burgos for his 2006 wall mosaic dedicated to the Puerto Rican poet (Pl. 87), Vega always works in a conversation with many others, but "own[s] the commitment and the labor of making."[11]

Based on rituals of communal exchange, like the South Bronx portrait casts of John Ahearn and Rigoberto Torres, Vega's public art projects reflect his Nuyorican heritage. Born in the Bronx into a Puerto Rican family, Vega graduated from the High School of Art and Design and became part of the Nuyorican cultural scene of East Harlem. A former member of Taller Boricua, and an avid listener of Afro-Cuban music, Vega also became closely familiar with the cultures of pre-Columbian and post-revolutionary Mexico, including Oaxacan pottery, indigenous folk art, and Diego Rivera's murals through travels, friendships, and his marriage. Since the mid-1980s, he has regularly spent time in Bahia, Brazil, where he practices Candomblé, a syncretic religion with roots in African, especially Yoruba, indigenous American, and Roman Catholic spiritualism.[12] By embodying Freire's proposition "to be and work with the community," Vega presents images and texts that are examples of the politics of care, and manifestations of civic and communal belonging. He acts as a creative medium and a social geographer to narrate histories and articulate collective memories without relinquishing beauty and spirituality as the tenets of creative practice.

Since the late 1990s, mosaic has become Vega's primary medium. After his first tile work, a 1998 portrait of the Candomblé priestess Mãe Menininha do Gantois (Pl. 96), and his formative visit to the Metropolitan Museum of Art's 2004 exhibition *Byzantium: Faith and Power (1261–1557)*, Vega studied mosaic making in Ravenna, Italy. He then traveled to Barcelona to visit the work of Catalan architect Antoni Gaudí (Fig. 30).[13] An artform that, from antique floor mosaics to Byzantine images, has occasioned both monumental decorations

East Harlem. Fue miembro del Taller Boricua y ávido consumidor de música afrocubana; gracias a sus viajes, sus amistades y su matrimonio, también se familiarizó estrechamente con las culturas precolombina y posrevolucionaria de México, las que incluyen la cerámica oaxaqueña, el arte folclórico indígena y los murales de Diego Rivera. Desde mediados de los años ochenta, Vega viaja con frecuencia a Bahía, Brasil, donde practica el candomblé, una religión sincrética con raíces en el espiritualismo africano —en especial, yoruba— lo indígena americano y el catolicismo romano.[12]

Al incorporar la propuesta de Freire de "estar en la comunidad y trabajar con ella", Vega presenta imágenes y textos que son ejemplo de políticas del cuidar y manifestaciones de pertenencia cívica y comunitaria. Él oficia de medio creativo y geógrafo social que narra historias y articula memorias colectivas conservando la belleza y la espiritualidad como principios de la práctica creativa.

Desde fines de los años noventa, M. Vega trabaja principalmente con mosaicos. Después de su primera obra con azulejos en 1998 —un retrato de la sacerdotisa de candomblé Mãe Menininha do Gantois (pl. 96)— y de su visita formativa a la exposición del 2004 del Metropolitan Museum of Art, *Byzantium: Faith and Power (1261-1557)*, Vega estudió la técnica del mosaico en Ravena, Italia. Después viajó a Barcelona para visitar la obra del arquitecto catalán Antoni Gaudí (fig. 30).[13] Desde los antiguos mosaicos de piso hasta las imágenes bizantinas, esta forma de arte produjo tanto decoraciones monumentales como íconos portátiles; el arte y el oficio de la creación con mosaicos debe llevarse a cabo con una planificación cuidadosa, requiere trabajo manual lento y una construcción rítmica. La labor meticulosa y exigente de cortar y disponer piezas de vidrio en filas secuenciadas de formas coloridas y llenas de luz también evoca memorias sónicas de tambores, especialmente el sonido y la textura de la bomba y el atabaque, dos de los instrumentos más importantes de la música afropuertorriqueña y afrobrasileña que el artista admira desde hace tanto tiempo. Vega considera que la creación con mosaicos es un oficio refinado, un ejercicio espiritual y un proceso ritualista.

La adopción de mosaicos de vidrio coloridos también se vio motivada por su preocupación respecto a la longevidad de las obras de arte público. "La pintura se destiñe", afirmó en 2008. El hecho es que muchos de los primeros proyectos de Vega —entre ellos, el mural en el Bronx sobre la celebración de una imaginaria boda puertorriqueña de la década de los ochenta— desaparecieron casi sin dejar rastro (fig. 31).[14] Los mosaicos son resistentes y más

Fig. 31 (below)
Vega, *Cimarrones*, 1981, enamel paint on brick/pintura esmaltada en pared de ladrillo, **12 × 24 ft. (3.7 × 7.3 m), 156th Street and Prospect Avenue, Bronx, photograph by/** fotografía de **Camilo Vergara, 2016**

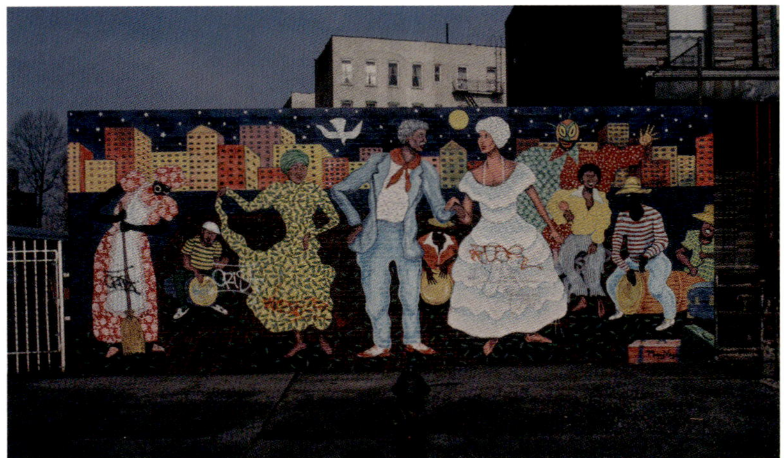

Fig. 32 (below)
Diego Rivera (Mexican, 1886–1957), *The History of Theater in Mexico, or A Popular History of Mexico/La historia del teatro en México, o Una historia popular de México*, 1953, mosaic/ mosaico, **Teatro de los Insurgentes, Mexico City, Mexico**

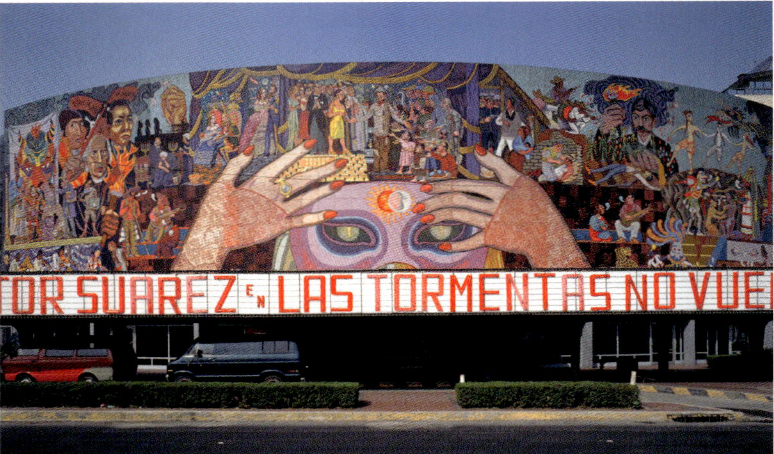

and portable icons, mosaic making requires careful planning, slow handiwork, and rhythmic construction. The regulated and demanding manual labor of cutting and arranging pieces of glass forming sequenced rows of light-filled and colored shapes also evokes sonic memories of drums, especially the sound and tactility of bomba and atabaqué, two of the prime instruments of Afro-Puerto Rican and Afro-Brazilian music long admired by the artist. For Vega, mosaic making is a refined craft, a spiritual exercise, and a meditative, ritualistic process.

Vega's adoption of colored-glass mosaic was also motivated by his concerns over the longevity of his public artworks. "Paint fades," he stated in 2008. Indeed, many of his early projects, including the Bronx mural of an imaginary Puerto Rican wedding celebration from the 1980s, disappeared almost without a trace (Fig. 31).[14] Mosaics are resilient and better suited to long-lasting commemorative projects. Vega's glass mosaics bring into play the historical legacy of Greek, Roman, and Byzantine art, but they also refer to Venetian mosaics and their late reconfiguration in Diego Rivera's 1953 monumental work *Historia del teatro en México*, on the facade of the Teatro de los Insurgentes in Mexico City (Fig. 32).

Vega's mosaics are invitations to ponder the luminosity of solid forms and the animated light that travels across the surface of his works, along with the history of the medium. Whether they are large-scale and in situ or small and portable, Vega's mosaics transcend their material constitution and situate the artform in new social

adecuados para proyectos conmemorativos duraderos. Además de tener en cuenta el legado histórico del arte griego, romano y bizantino, los mosaicos de vidrio de Vega también hacen referencia a los mosaicos venecianos y su posterior reconfiguración en la obra monumental de Diego Rivera de 1953 titulada *Historia del teatro en México* y que se encuentra en la fachada del Teatro de los Insurgentes en Ciudad de México (fig. 32).

Los mosaicos de Vega son invitaciones a valorar la luminosidad de las formas sólidas y de la luz animada que atraviesa la superficie de sus obras, junto con la historia del medio. Sean obras a gran escala *in situ* o pequeñas obras portátiles, sus mosaicos trascienden su constitución material y se reinventan en nuevos contextos sociales y culturales. Al trasladar los mosaicos del interior de los edificios y de los pasajes subterráneos del metro a la calle, los convirtió en un medio de arte público (fig. 33). Mediante narraciones y conmemoraciones del lugar y sus habitantes —figuras cotidianas, celebridades y residentes por mucho tiempo olvidados— él ha creado retratos colectivos de lugares específicos y espacios de conocimiento, memorias y experiencias compartidas y producidas por esa comunidad.

"El espacio urbano —escribe Rosalyn Deutsche— es un producto del conflicto", y para trabajar en las calles de Nueva York es necesario contrarrestar, mitigar o resistir la destrucción social y el apoderamiento arquitectónico hostil de la gentrificación.[15] Desde Henri Lefebvre, quien llamó a reclamar el derecho a la

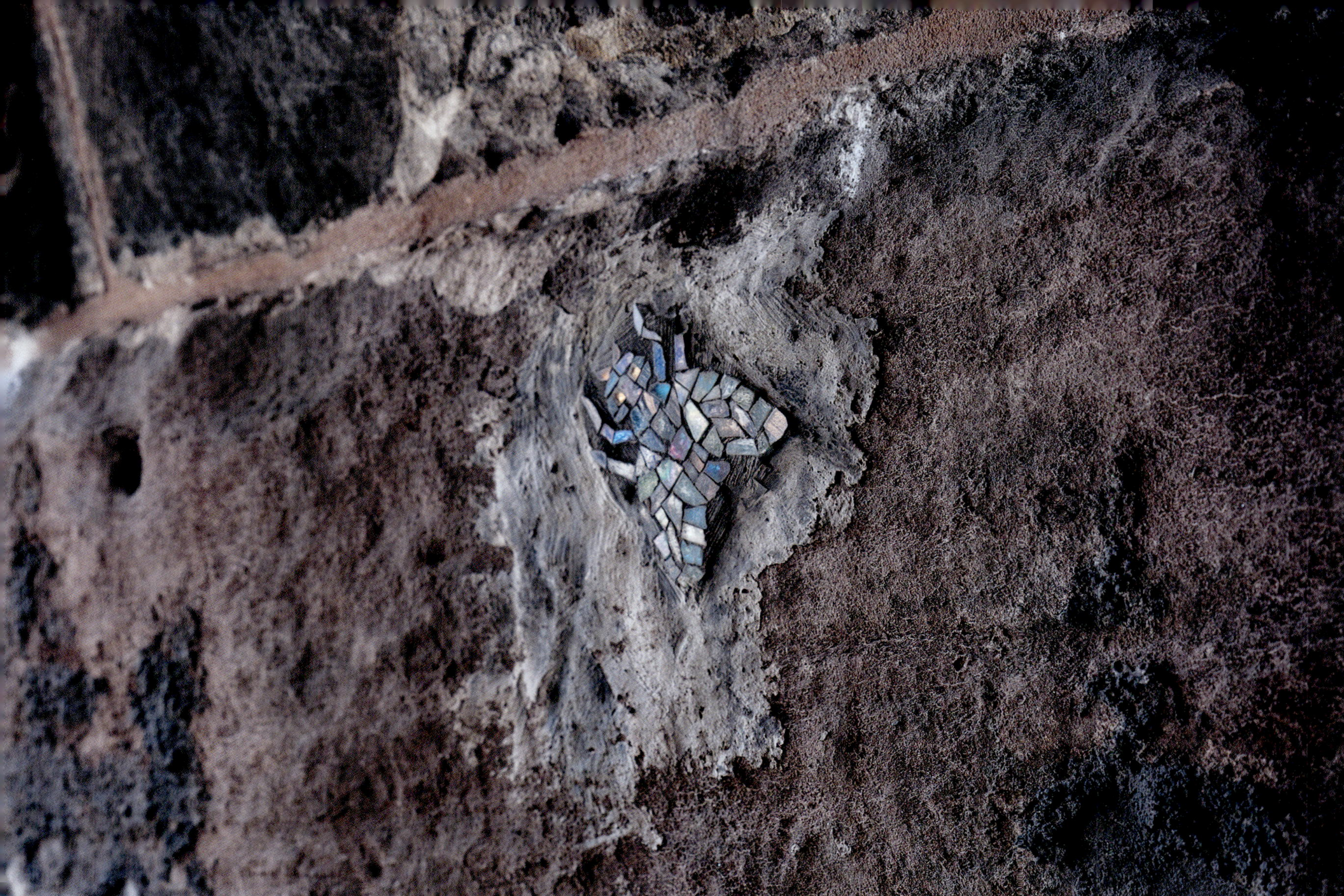

and cultural contexts. He transferred mosaic from the interiors of buildings and the underground passages of the subway to the street, and thus reimagined it as a medium of public art (Fig. 33). By narrating and commemorating the place and its people—everyday figures, public celebrities, and long forgotten residents—he created collective portraits of a specific location and a site of communally shared and produced knowledge, memories, and experiences.

"Urban space," as Rosalyn Deutsche writes, "is the product of conflict," and working on the streets of New York demands efforts to counter, mitigate, or resist the social destruction and the hostile architectural takeover of gentrification.[15] From Henri Lefebvre's call to claim rights to the city to David Harvey's arguments for urban commons, questions about who participates and how in shaping

ciudad, hasta los argumentos de David Harvey sobre los espacios urbanos comunes, las preguntas sobre quiénes participan en la formación del espacio público y cómo lo hacen han sido el centro de los debates sobre el arte público en Nueva York. La obra pública de Manny Vega existe en una ciudad posindustrial donde la comercialización del espacio y el marketing, eslóganes de los proyectos de regeneración urbana, suelen servir a los intereses de los desarrolladores de bienes raíces, y en una ciudad donde las actividades de arte iniciadas por los locales pueden contribuir involuntariamente a la creación de "la ciudad como un espectáculo", un sitio romantizado con espíritu urbano y autenticidad étnica.[16] Los proyectos de arte público y urbano, sean estos por encargo o por iniciativa propia, han contribuido a lo que la socióloga Sharon

Fig. 33 (above)
Vega, *Untitled* (mosaic graffiti), 2008, colored glass and cement on stone / vidrio coloreado y cemento sobre piedra, **5 × 5 ½ in. (12.7 × 14 cm), Park Avenue Viaduct at East 103rd Street, Manhattan, photograph by**/fotografía de **Rob Stephenson, 2024**

public space has been at the core of public art debates in New York. Vega's public work exists in a post-industrial city where place-making and place-marketing, the slogans of urban regeneration projects, are all too often serving the interests of real estate developers, and where locally initiated art activities can unwillingly participate in the creation of "the city as a spectacle"—a site of romanticized urban grit and ethnic authenticity.[16] Public and street art projects, whether commissioned or uninvited, have contributed to what the sociologist Sharon Zukin calls "urban entertainment," and preservation initiatives as varied as the Municipal Art Society's Adopt-A-Monument and Adopt-A-Mural programs, the community-based advocacy group East Harlem Preservation, and City Lore and its online inventory Place Matters often become part of the infrastructure of gentrification.[17] How do we account for the recent co-optation of art forms that have been traditionally understood as part of a symbolic resistance to both racialized underdevelopment and gentrification?[18] Public art matters for the people who live with it, but also for those who encounter it occasionally, including those who participate in one of the numerous East Harlem mural and monument tours that are advertised online.[19] How can public art continue to exist as a site of collective memory, beauty, and spiritual sustenance in urban spaces that hover between decay and commodification, and are constitutive of the neoliberal experience industry (Fig. 34)?

Vega has long been aware of the ethical and political intricacies that speaking on behalf of people in public space entails. His work has never been about erecting monuments but creating living archives in shared spaces to honor others and tell their histories. By often signing his work as "Manny Vega et al." and thus claiming a collective authorship, he exercises a symbolic gesture that reinforces the communal spirit of making and presenting work. As he put it: "the work belongs to the response."[20] Vega's public art and teaching, his work and life, are part of a social and spiritual practice that is imprinted by hybrid cultural and spiritual kinships and geographies. His work takes us to West Africa, whose cultures informed both the craft and music-making practices of Puerto Rico and the Candomblé rituals of Bahia that articulated experiences of slavery, colonialism, and cultural dislocation. His art also brings into play the indigenous crafts and post-revolutionary murals of Mexico, the Byzantine mosaics of Ravenna, and Gaudí's modernist *trencadís* works in Barcelona. Vega's is a cross-continental and trans-historical trajectory. As the late art historian David Craven argued, both Latin American and Catalan modernism, especially the work of Rivera

Zukin llamó "entretenimiento urbano"; y las diversas iniciativas de conservación, programas como Adopt-A-Monument (Adopta un monumento) y Adopt-A-Mural (Adopta un mural) de la Municipal Art Society, el grupo de defensa comunitario East Harlem Preservation, o City Lore y su inventario en línea Place Matters, suelen convertirse en parte de la infraestructura de la gentrificación.[17] ¿Cómo justificamos la cooptación reciente de formas de arte que han sido tradicionalmente entendidas como parte de una resistencia simbólica tanto al subdesarrollo como a la gentrificación de carácter racial?[18] El arte público es importante tanto para quienes conviven con él como para las personas que se topan con él ocasionalmente, incluidas aquellas quienes participan en una de las tantas visitas guiadas a los murales y monumentos de East Harlem que se promocionan en línea.[19] ¿Cómo es posible que el arte urbano siga existiendo como sitio de memoria colectiva, belleza y sustento espiritual en espacios urbanos que oscilan entre la decadencia y la comercialización, y que son parte esencial de la industria de la experiencia neoliberal (fig. 34)?

Hace ya mucho tiempo que Vega comprendió las complejidades éticas y políticas que implica el hecho de hablar en nombre del pueblo en espacios públicos. El objetivo de su obra nunca ha sido levantar monumentos sino crear archivos vivientes en espacios compartidos con el fin de honrar a otras personas y contar sus historias. Suele firmar sus obras como "Manny Vega *et al.*"; de ese modo reivindica la autoría colectiva y ofrece un gesto simbólico que refuerza el espíritu comunitario de la creación y la presentación de obras. Como explica el propio artista: "la obra pertenece a la respuesta que genera".[20]

El arte público y la docencia de Manny Vega, su vida y obra, forman parte de una práctica social y espiritual que surge de los orígenes y las geografías de una gran diversidad cultural y espiritual. Su obra nos lleva a África Occidental, cuyas culturas influyen tanto en las prácticas de creación artística y musical de Puerto Rico como en los rituales del candomblé de Bahía, y que integran experiencias de esclavitud, colonialismo y desplazamiento cultural. Su arte también se inspira en las artesanías indígenas y en los murales posrevolucionarios de México, en los mosaicos bizantinos de Ravena y en las obras modernistas en *trencadís* que creó Gaudí en Barcelona. La trayectoria de Vega es intercontinental y transhistórica. Como afirmó el fallecido historiador de arte David Craven, el modernismo latinoamericano de Rivera y el modernismo catalán de Gaudí, dos de los principales referentes e influencias

and Gaudí, two of Vega's most important artistic influences and role models, have been informed by an "ambidextrous ability to go both forward and backward in history simultaneously" as well as by a "multiculturalism and dynamic open-endedness that have generally been a hallmark of the best alternative modernism."[21]

The alternative modernism of Rivera and Gaudí, the cultural politics of pan-Latinidad in 1970s East Harlem, the politics of Candomblé that responded to subaltern struggles in Brazil, along with Vega's childhood in the multiethnic environment of the Bronx all formed a path that traverses cultures, geographies, and historical periods. Vega's practice reflects the multiplicity of lived experiences and consists of artistic manifestations at the crossroads: his art and life articulates what Doreen Massey calls "a global sense of the local, a global sense of place"—a fluid place of multiple identities and processes.[22] Defying simple notions of identity and cultural politics, his practice is not the work of the native son but that of the migrant, the traveler, the exile. And since El Barrio is still a "reservoir of immigrants and vulnerable workers," as Arlene Dávila wrote two decades ago, the cross-cultural and historical syncretism of Vega's work is not merely a cultural trope but also a political stance.[23]

Manny Vega is a Nuyorican whose art and spiritual practice connects Europe, Africa, the Caribbean, and the Americas. He proposes to reimagine the culture of the city beyond ethnicist agendas and the confinement of singular identities. "What shall I be called when all remains of me is a memory?" asked the poet Julia de Burgos. Manny would likely answer: an urban American artist.

artísticas de Vega, se basaron en una "habilidad ambidiestra de desplazarse, al mismo tiempo, hacia adelante y hacia atrás en la historia" y en una "apertura multicultural y dinámica que, en general, ha sido el sello distintivo del mejor modernismo alternativo".[21]

El modernismo alternativo de Rivera y Gaudí, las políticas culturales de pan-latinidad en el East Harlem de los años setenta, las políticas del candomblé que respondieron a las luchas subalternas en Brasil: todo esto, junto con la infancia de Vega en el entorno multiétnico del Bronx, trazó un camino que recorre culturas, geografías y periodos históricos. La práctica de Vega refleja la multiplicidad de sus experiencias de vida y está compuesta por manifestaciones artísticas que confluyen: su arte y su vida articulan lo que Doreen Massey llama "un sentido global de lo local, un sentido global del lugar", un lugar fluido con múltiples identidades y procesos.[22] Su obra desafía las nociones simples de la política identitaria y cultural; no se trata de la obra de un hijo nativo, sino la del migrante, el viajero, el exiliado. Y dado que El Barrio sigue siendo una "reserva de migrantes y trabajadores vulnerables", como escribió Arlene Dávila hace dos décadas, el sincretismo histórico e intercultural presente en la obra de Manny Vega no es sólo un tropo cultural, sino también un posicionamiento político.[23]

En la práctica artística y espiritual de Manny Vega se conectan Europa, África, el Caribe y las Américas. El artista propone reimaginar la cultura de la ciudad más allá de las agendas etnicistas y del confinamiento en identidades singulares. "¿Cómo deberían llamarme cuando todo lo que quede de mí sea un recuerdo?", pregunta la poetisa Julia de Burgos. Creo que Manny respondería: artista americano urbano.

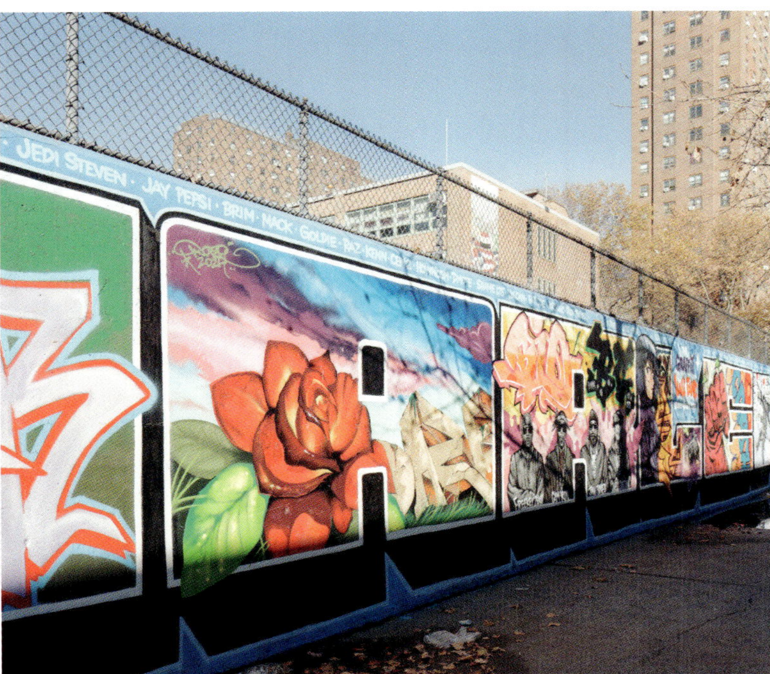

Fig. 34
Graffiti Hall of Fame, 2024, Park Avenue and East 106th Street, Manhattan, photograph by/fotografía de **Rob Stephenson**

PUBLIC ART

~

ARTE PÚBLICO

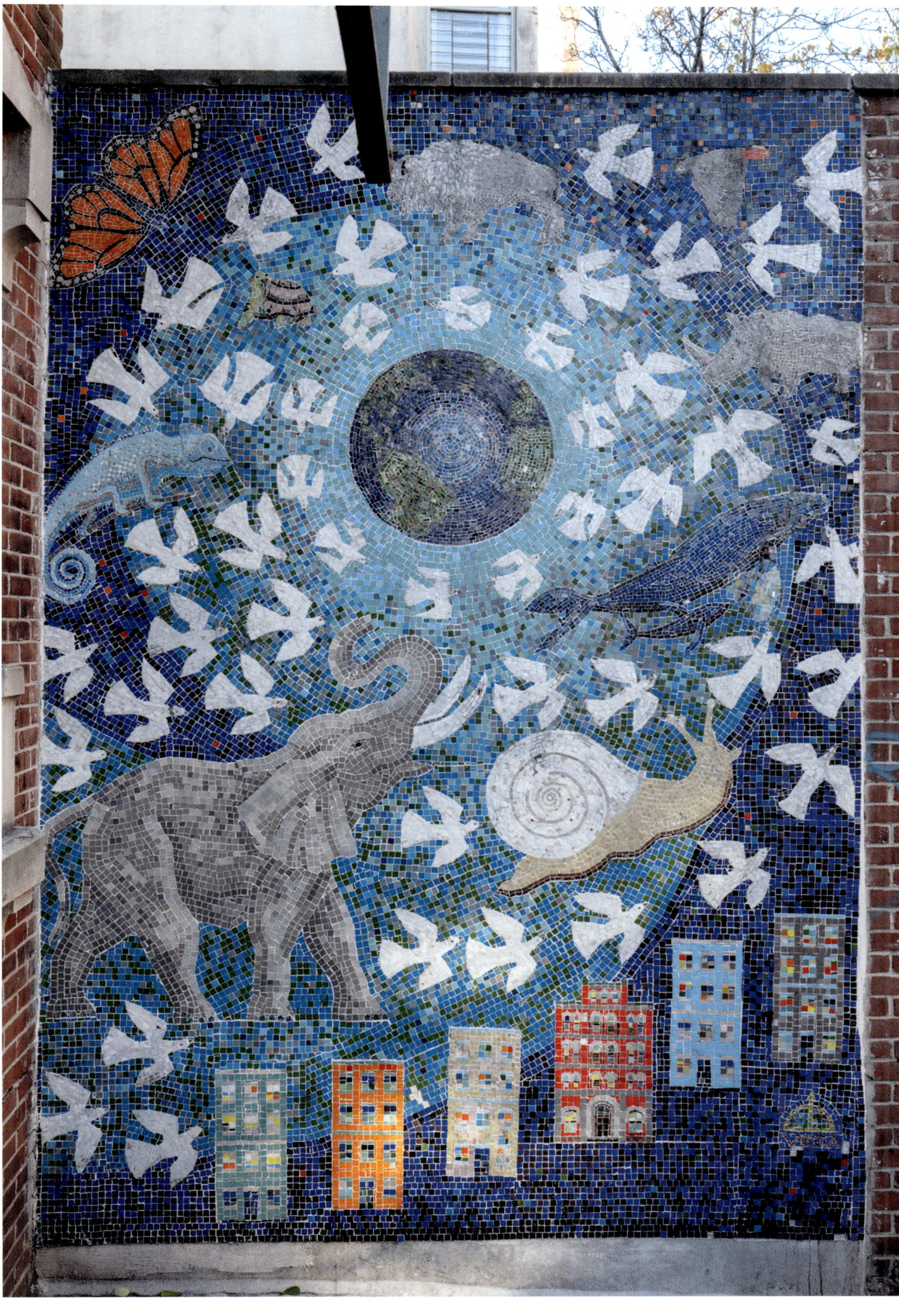

Plate 77
Al ritmo de la paz, 2019
Colored glass on wood/
Vidrio coloreado sobre madera
12 ft. 9 in. × 8 ft. 4 in. (3.9 × 2.5 m)
East 104th Street between Lexington and Third Avenues, Manhattan

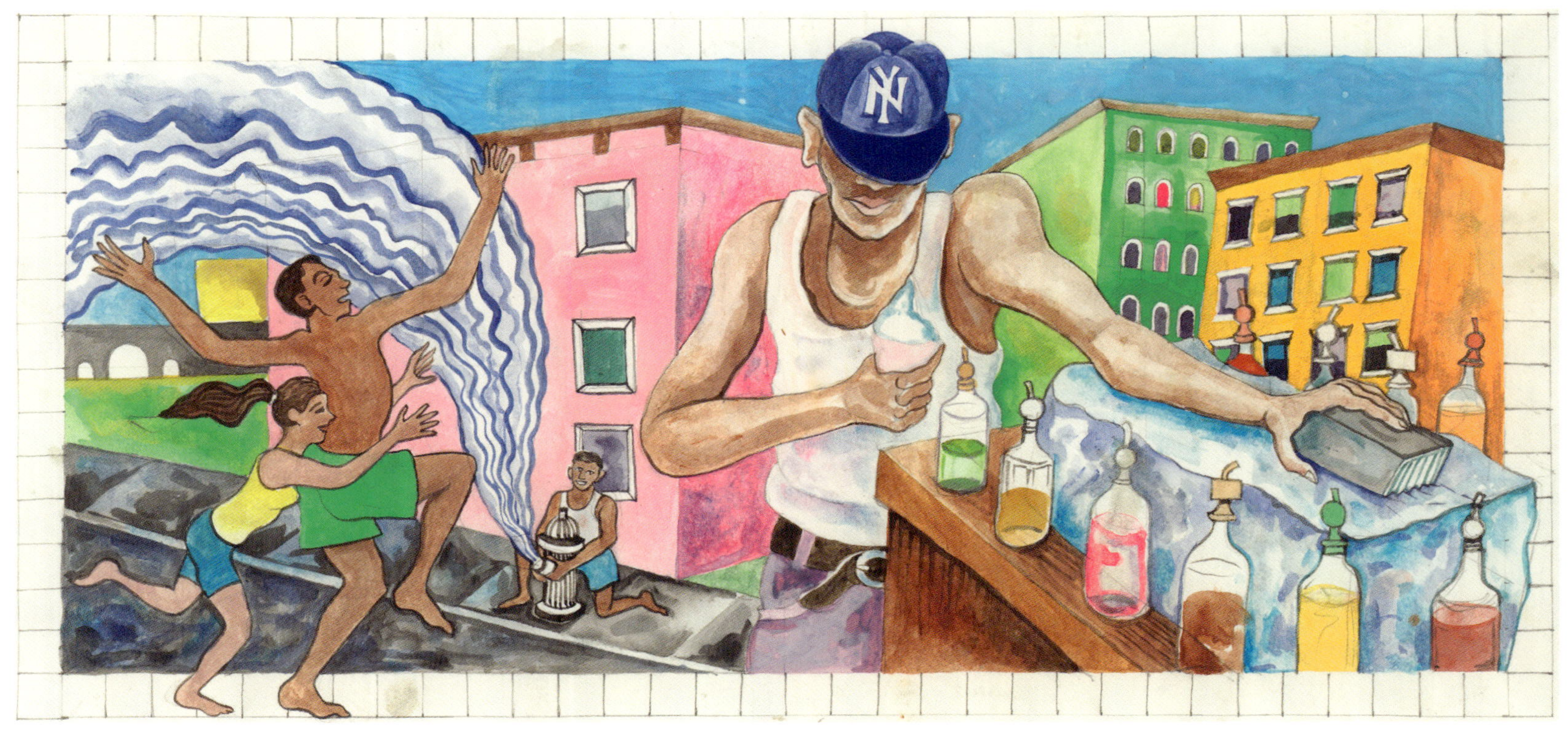

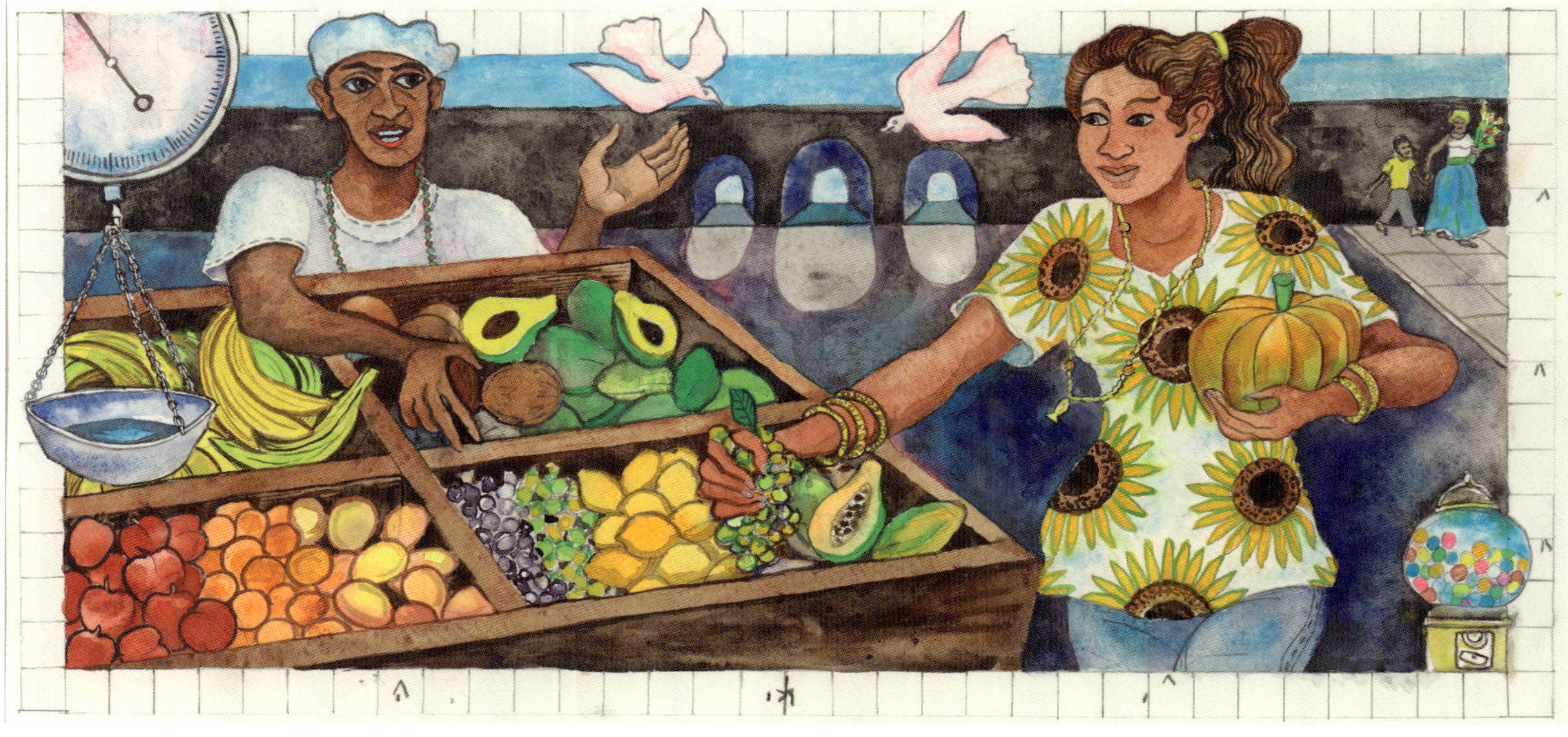

Plate 78 (top)
Sábado en la 110: Air (preparatory maquette), 1996
Watercolor on paper/Acuarela sobre papel
14½ × 22½ in. (36.2 × 57.2 cm)

Plate 79 (above)
Sábado en la 110: Earth (preparatory maquette), 1996
Watercolor on paper/Acuarela sobre papel
14½ × 22½ in. (36.2 × 57.2 cm)

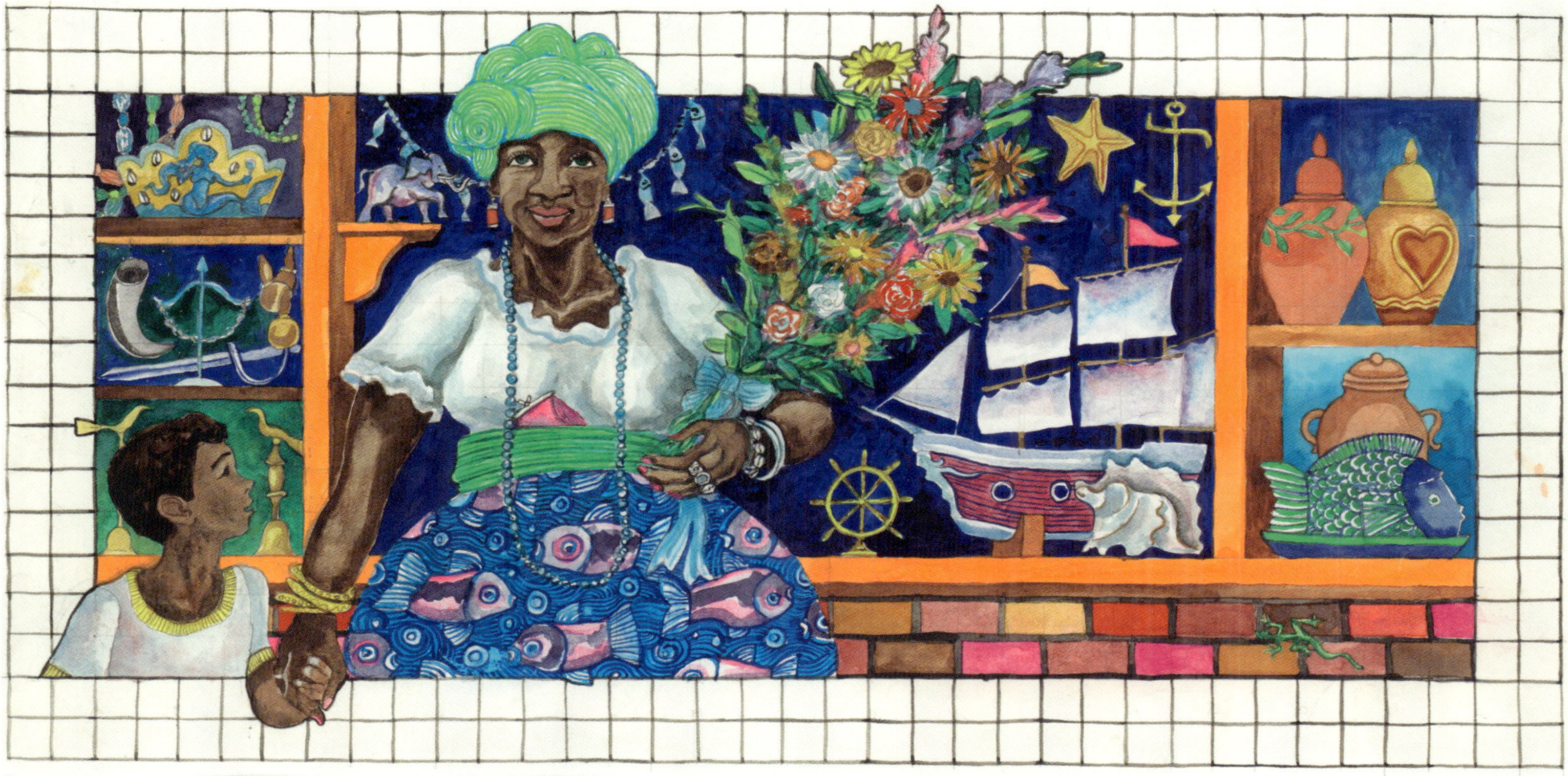

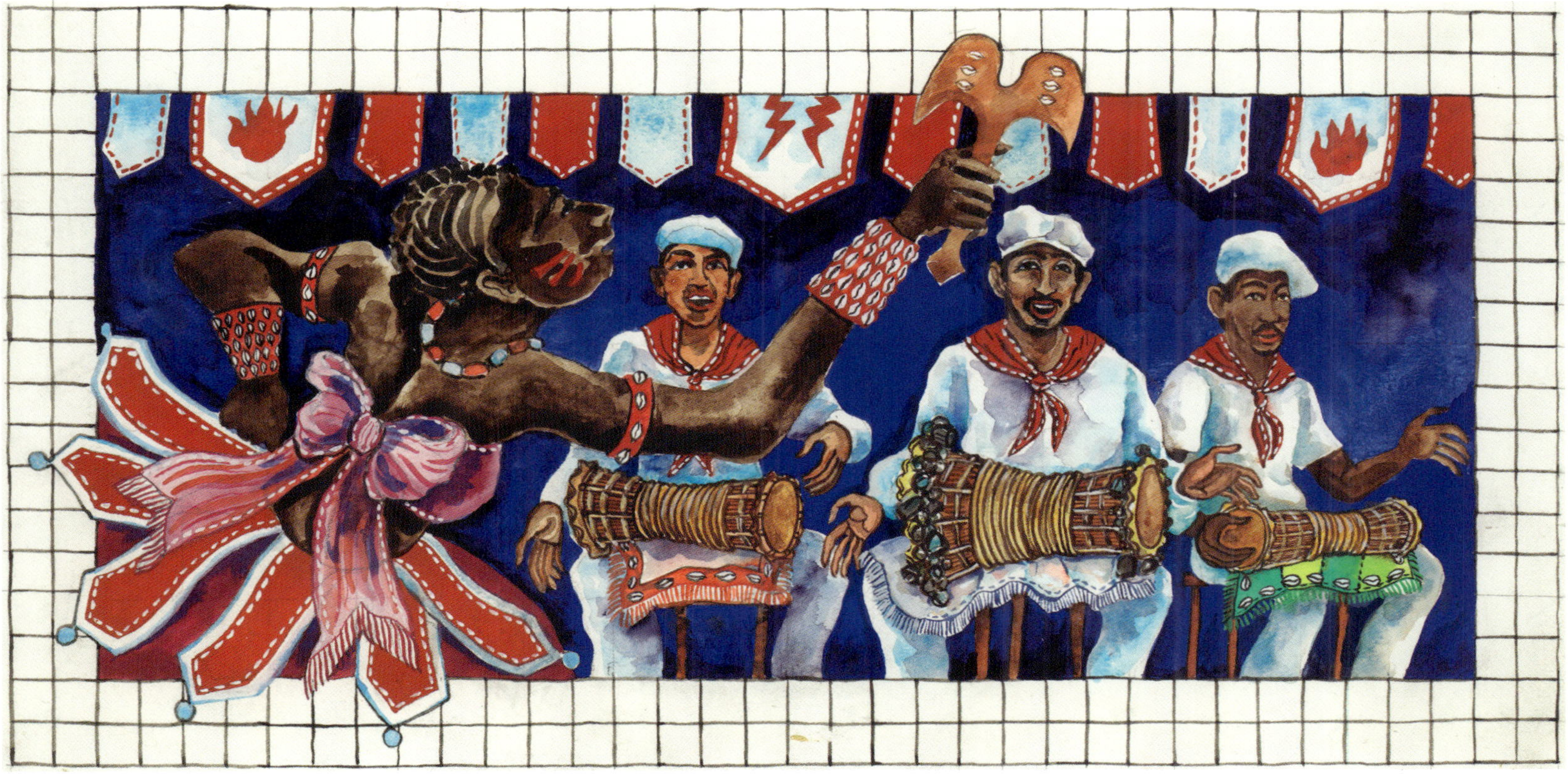

Plate 80 (top)
Sábado en la 110: Water (preparatory maquette), 1996
Watercolor on paper/Acuarela sobre papel
14½ × 22½ in. (36.2 × 57.2 cm)

Plate 81 (above)
Sábado en la 110: Fire (preparatory maquette), 1996
Watercolor on paper/Acuarela sobre papel
15 × 20 in. (38.1 × 50.8 cm)

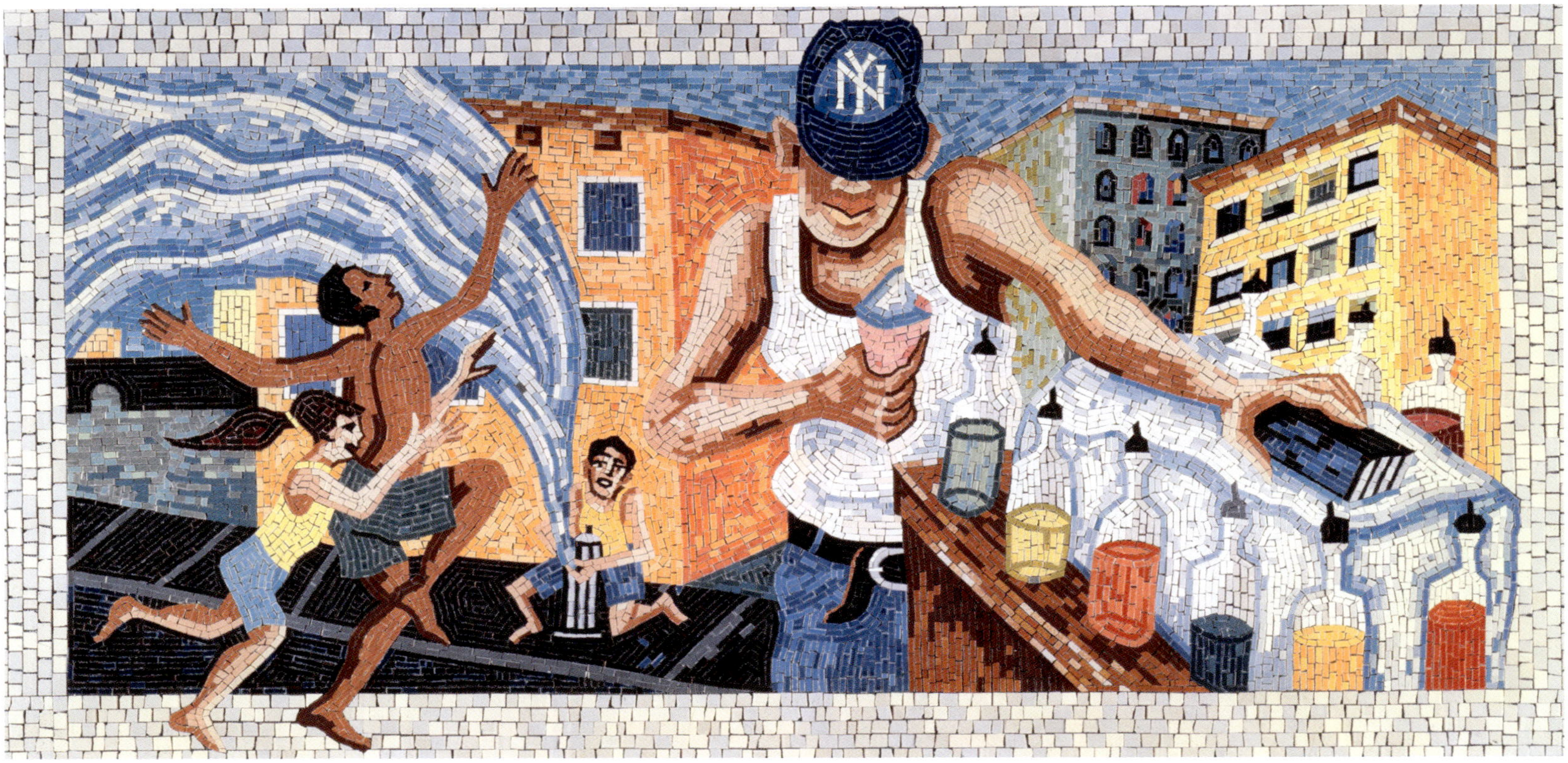

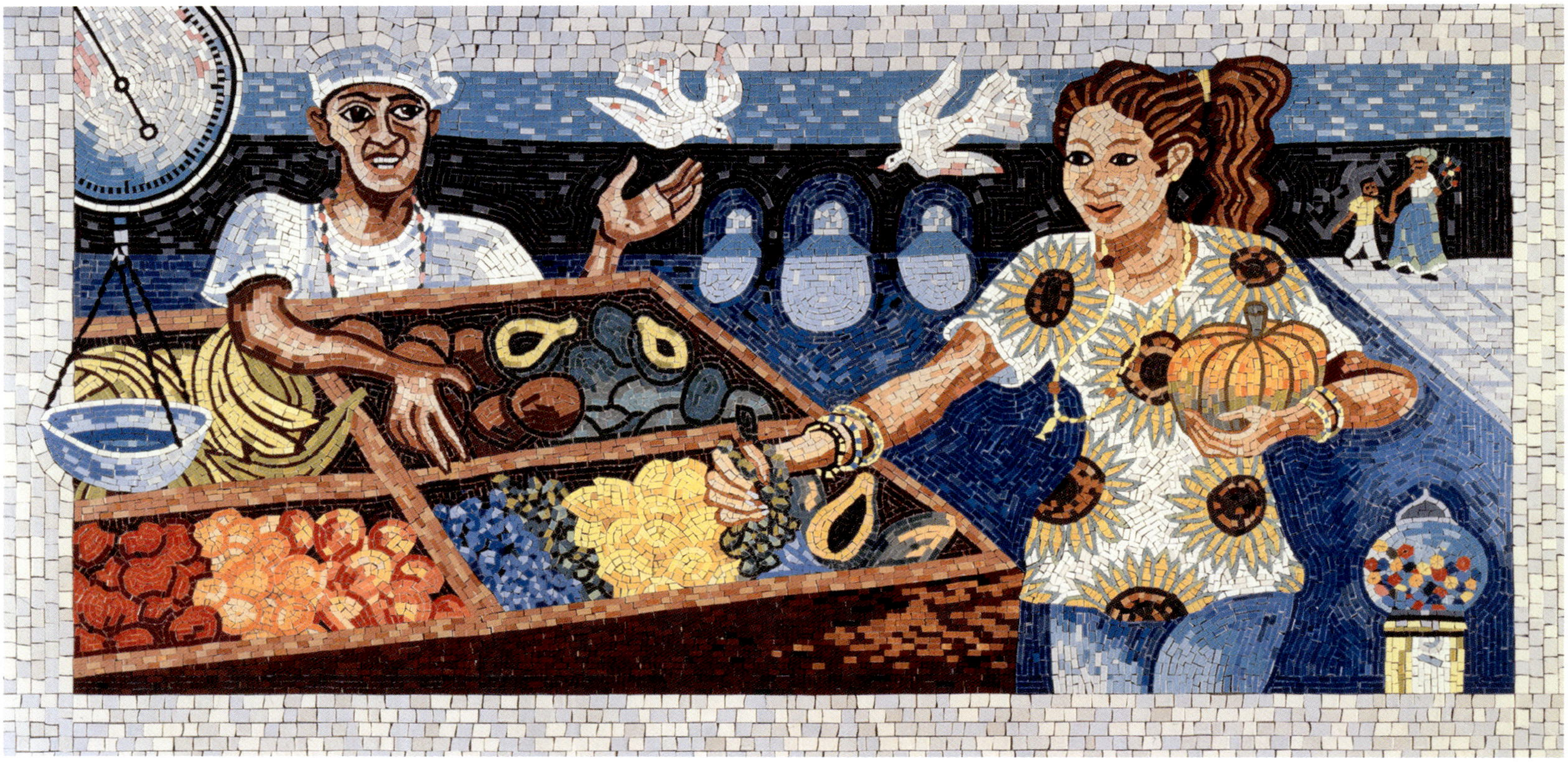

Plate 82 (top)
Sábado en la 110: Air, 1997
Colored glass on wood/
Vidrio coloreado sobre madera
48 × 94 in. (121.9 × 238.7 cm)
Subway platform, 6 Train, East 110th Street and Lexington Avenue, Manhattan

Plate 83 (above)
Sábado en la 110: Earth, 1997
Colored glass on wood/
Vidrio coloreado sobre madera
48 × 94 in. (121.9 × 238.7 cm)
Subway platform, 6 Train, East 110th Street and Lexington Avenue, Manhattan

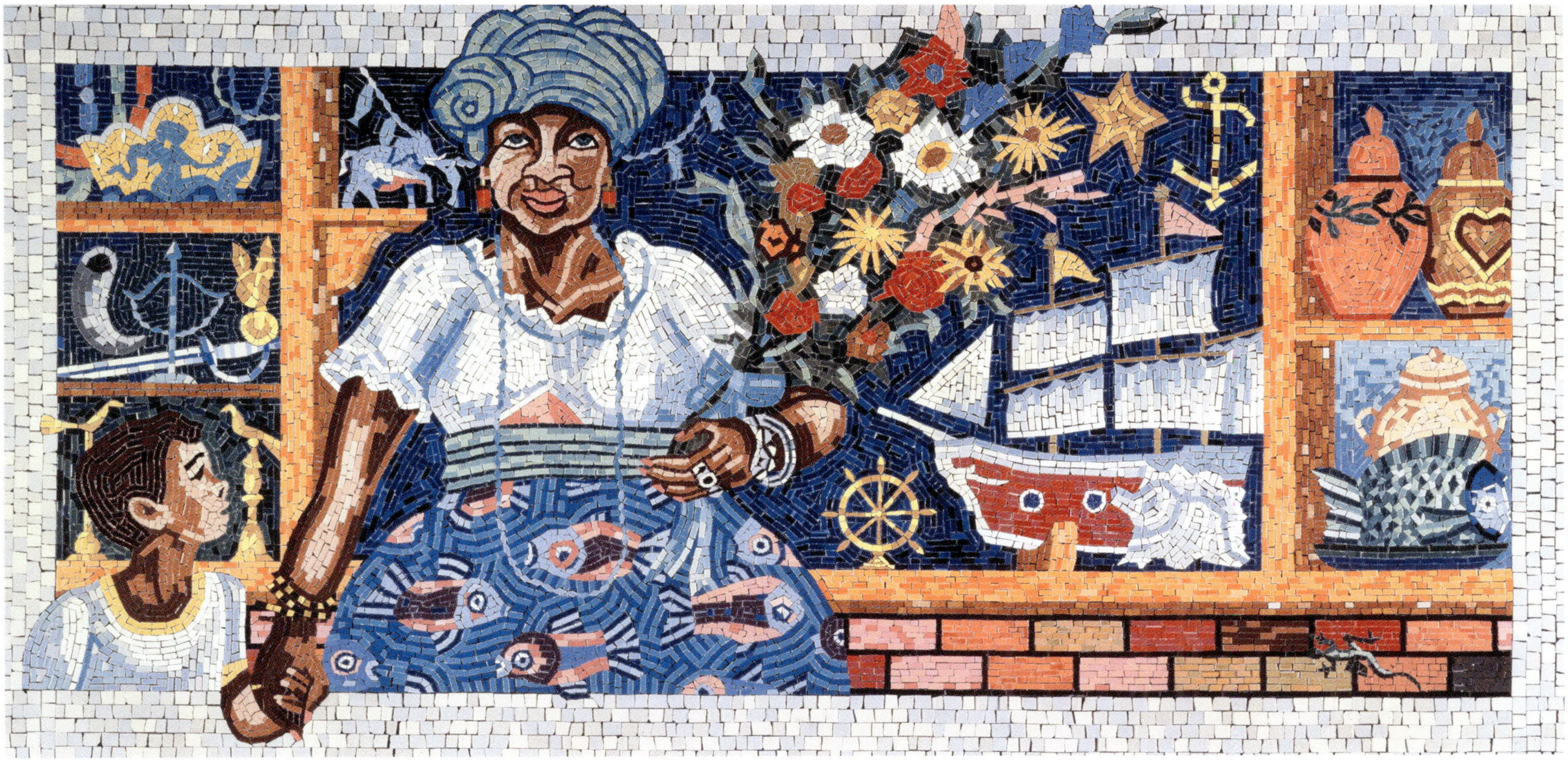

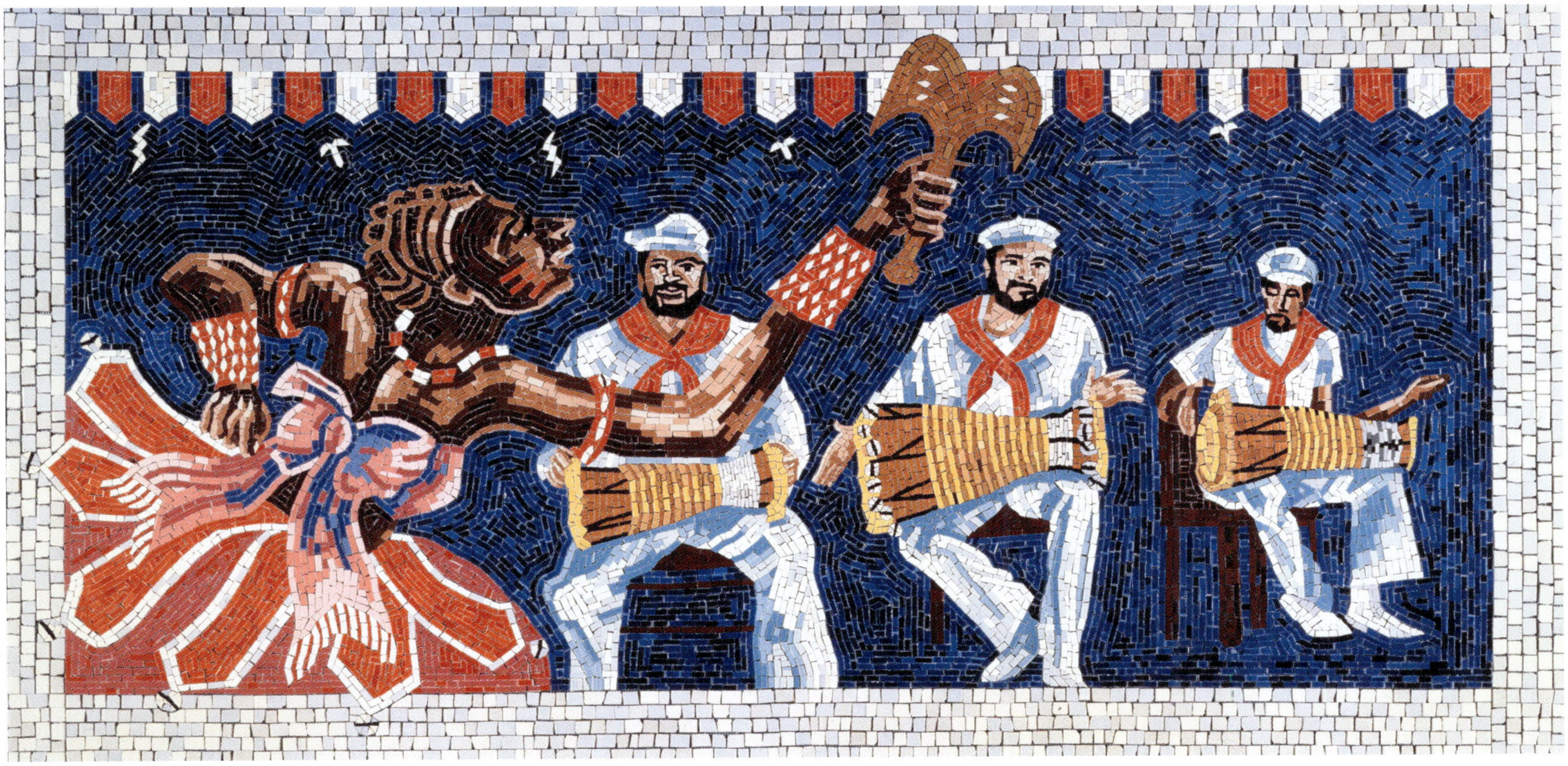

Plate 84 (top)
***Sábado en la 110: Water*, 1997**
Colored glass on wood/
Vidrio coloreado sobre madera
48 × 94 in. (121.9 × 238.7 cm)
Subway platform, 6 Train, East 110th Street and Lexington Avenue, Manhattan

Plate 85 (above)
***Sábado en la 110: Fire*, 1997**
Colored glass on wood/
Vidrio coloreado sobre madera
48 × 94 in. (121.9 × 238.7 cm)
Subway platform, 6 Train, East 110th Street and Lexington Avenue, Manhattan

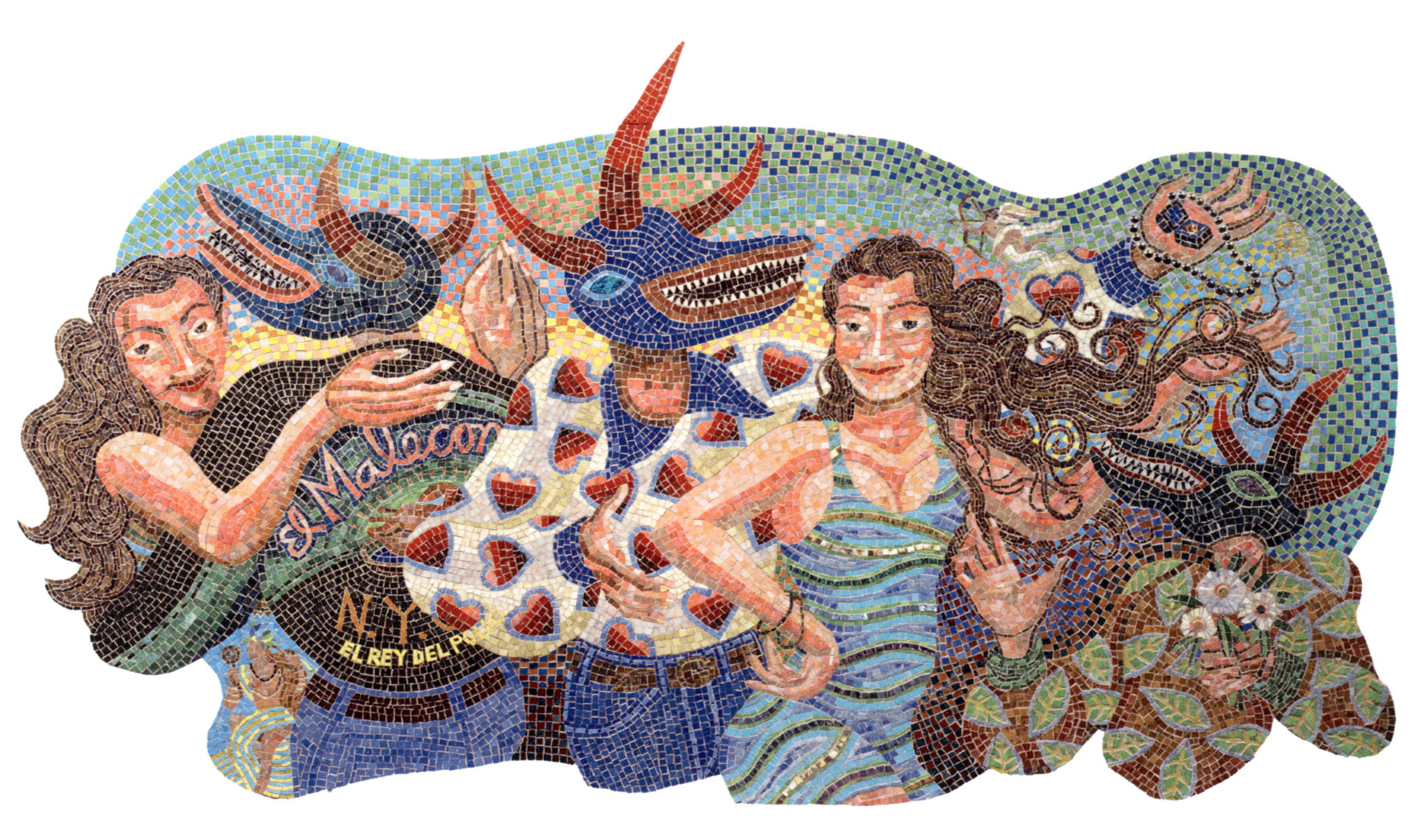

Plate 86
El Malecón II, 2005
Colored glass on wood/
Vidrio coloreado sobre madera
45 × 72 in. (114.3 × 182.8 cm)

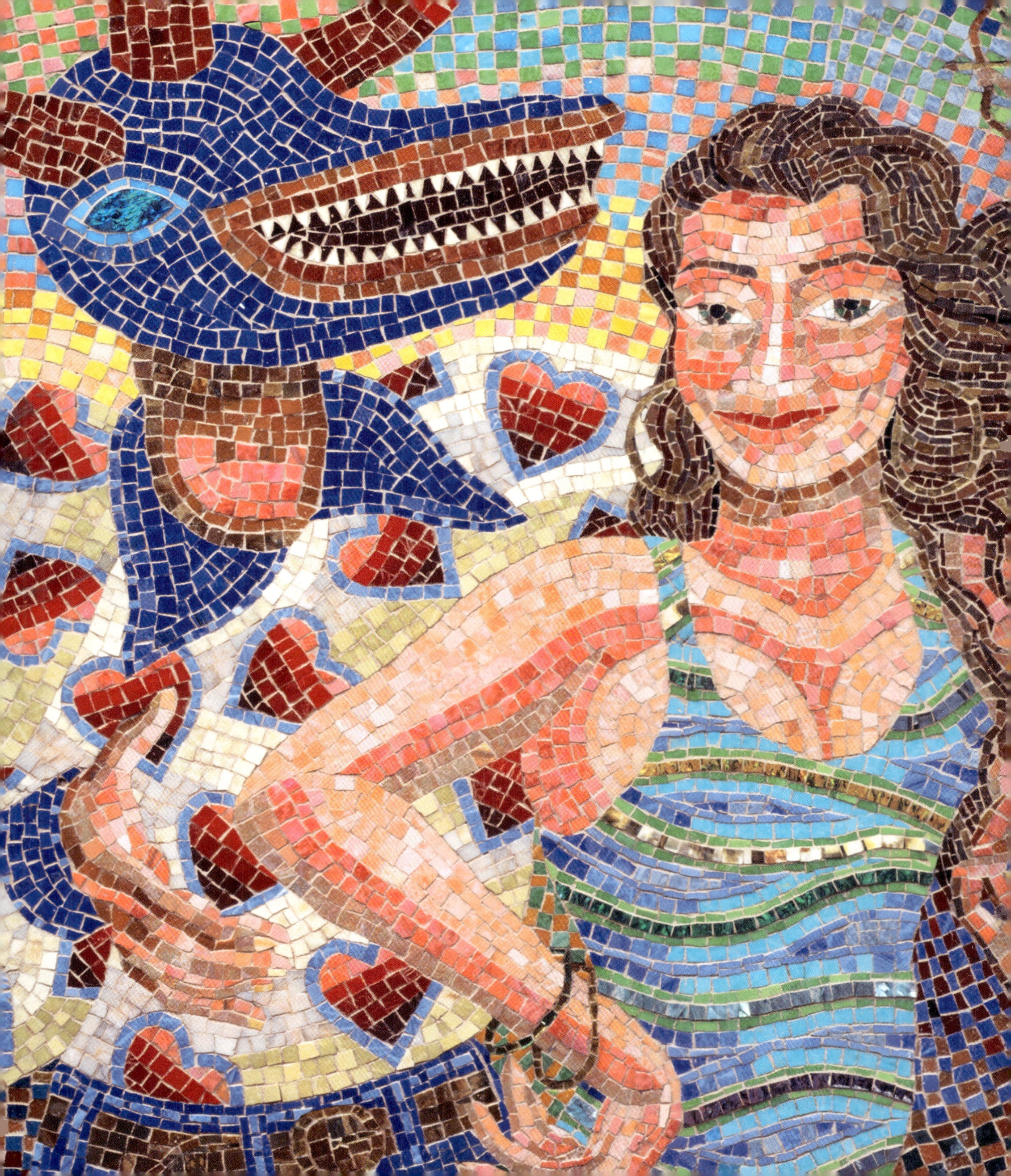

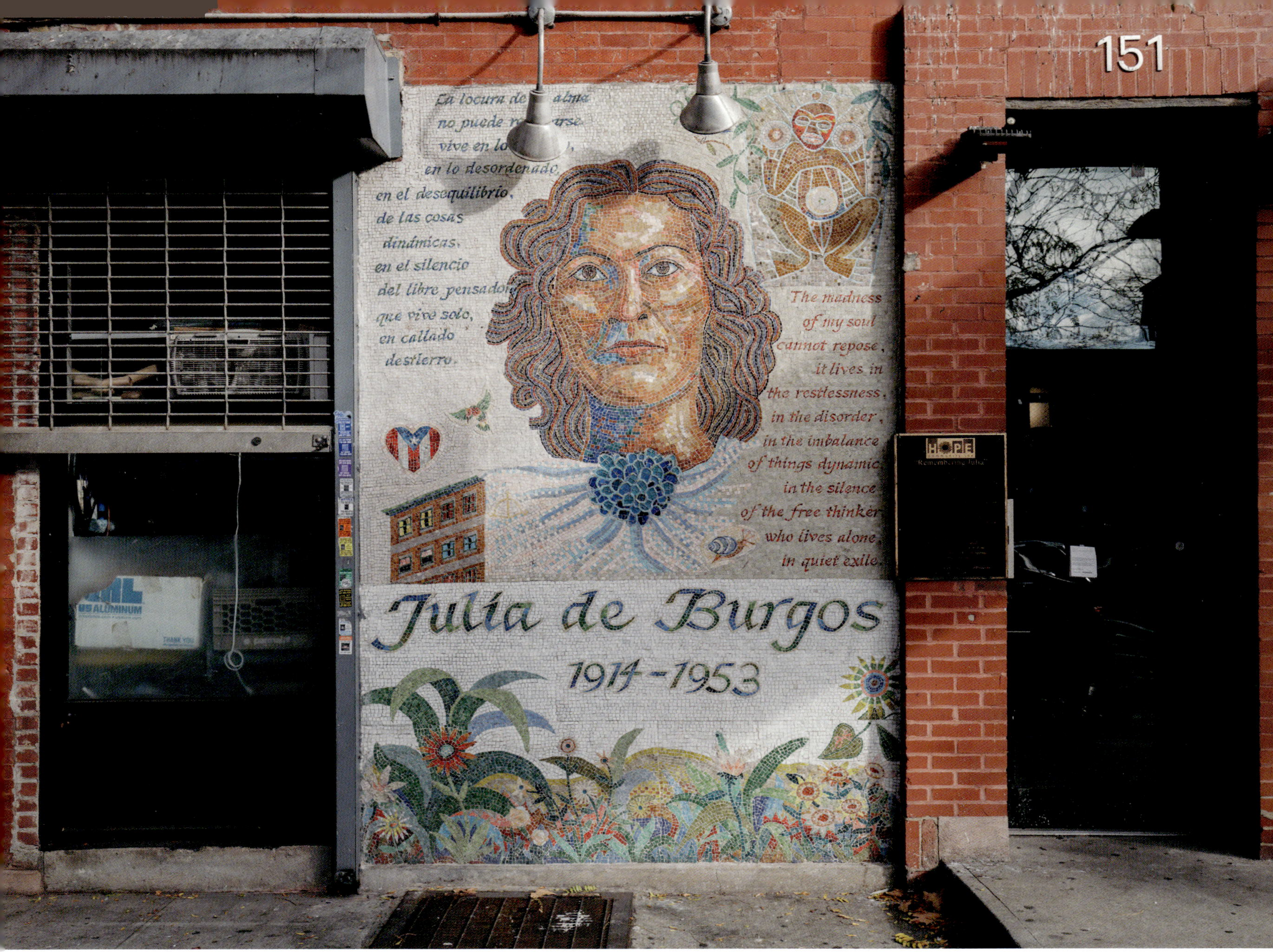

Plate 87 (above)
Julia de Burgos, 2006
Tile on brick/Azulejo sobre ladrillo
12 ft. × 7 ft. 4 in. (3.7 × 2.2 m)
East 106th Street and Lexington Avenue, Manhattan

Plate 88 (opposite)
Mural at East Harlem Tutorial Program, 2023–24
Colored glass on sheetrock/
Vidrio coloreado sobre placas de yeso
15 × 15 ft. (4.6 × 4.6 m)

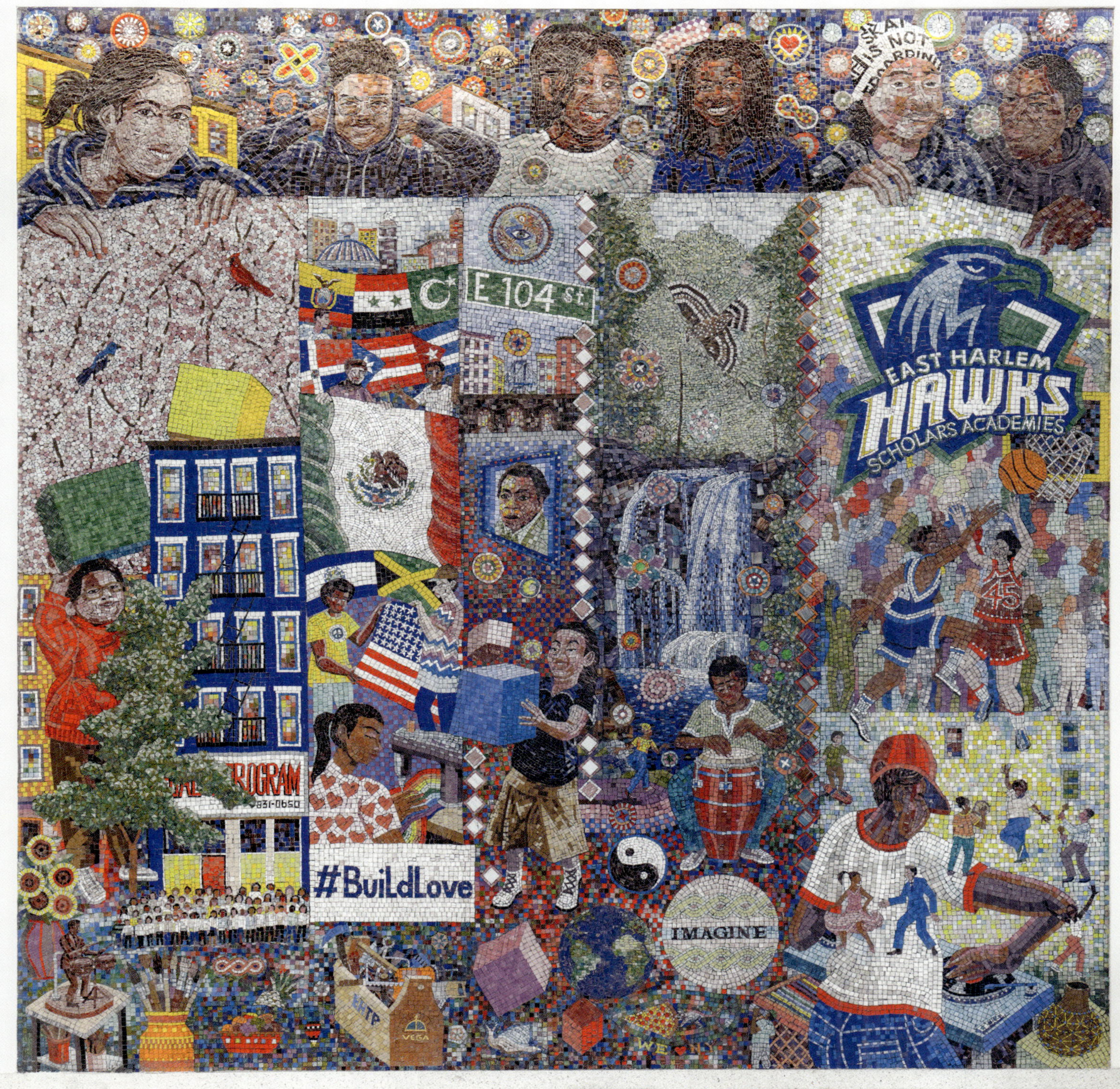
E 104 St.
EAST HARLEM
HAWKS
SCHOLARS ACADEMIES
#BuiLdLove
IMAGINE

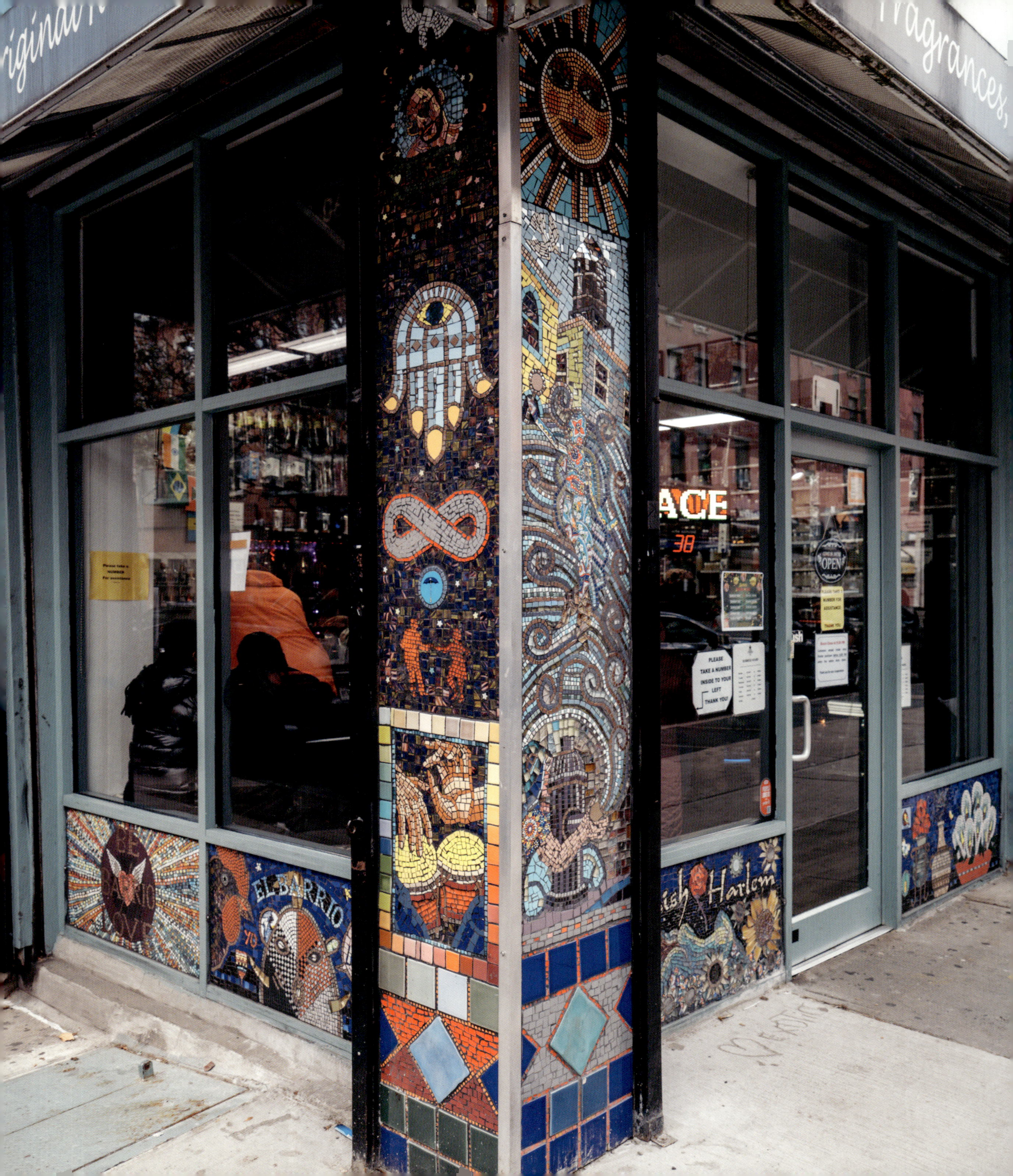

Fragrances,
EL BARRIO
Harlem
ACE
38
OPEN
PLEASE
TAKE A NUMBER
INSIDE TO YOUR
LEFT
THANK YOU

Plate 89 (opposite)
Homeland Here and Now, 2023
Colored glass on plaster/
Vidrio coloreado sobre yeso
Multiple components, various dimensions
Lexington Avenue and East 104th Street, Manhattan

Plate 90 (below)
Homeland Here and Now (detail), 2023
Colored glass on plaster/
Vidrio coloreado sobre yeso
30 × 9 in. (76.2 × 22.8 cm) (detail only)
Lexington Avenue and East 104th Street, Manhattan

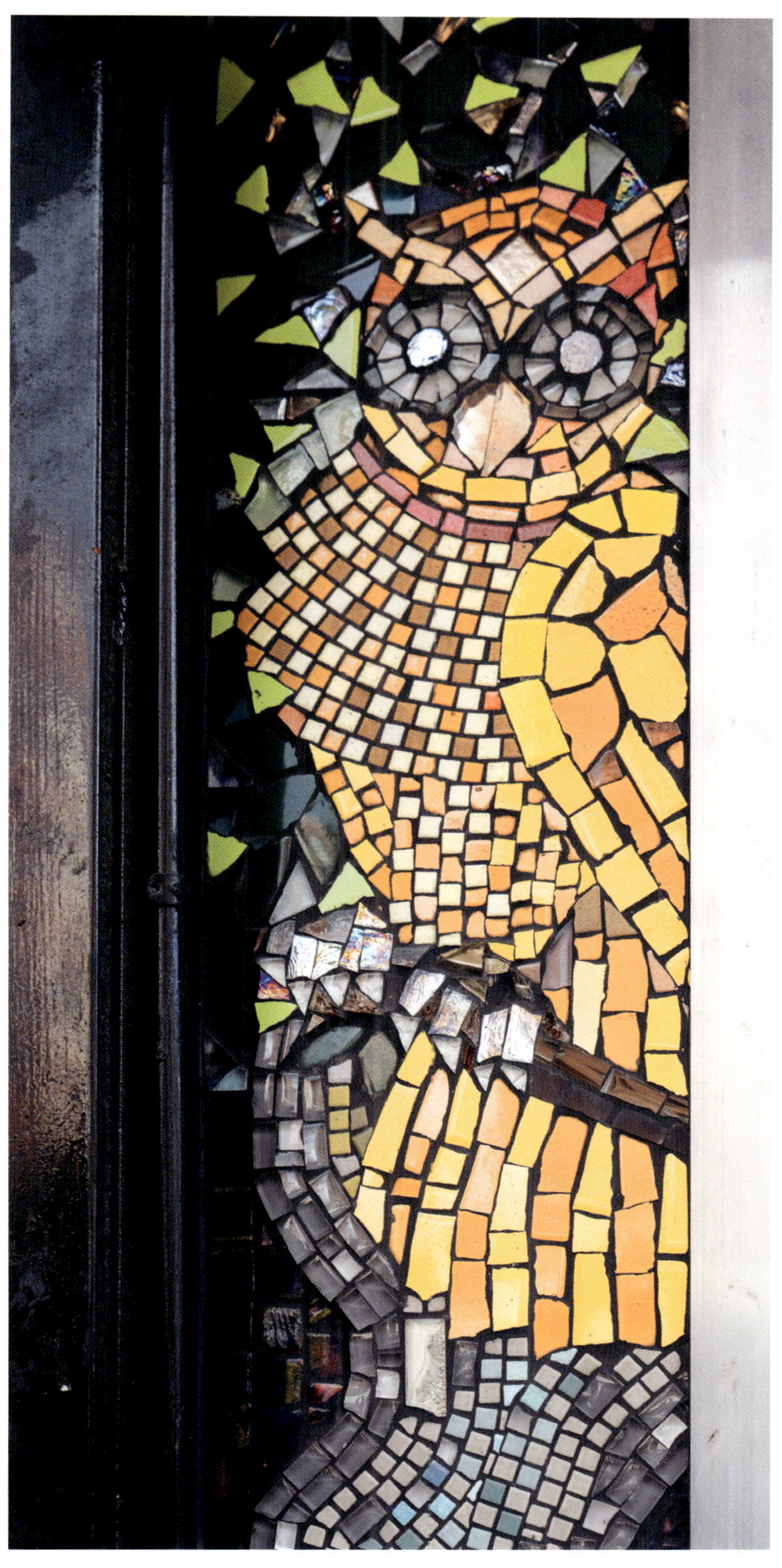

Plate 91
Mural at Pregones PRTT (Puerto Rican Traveling Theater), 2005
Colored glass on plaster/
Vidrio coloreado sobre yeso
15 × 20 ft. (4.5 × 6 m)

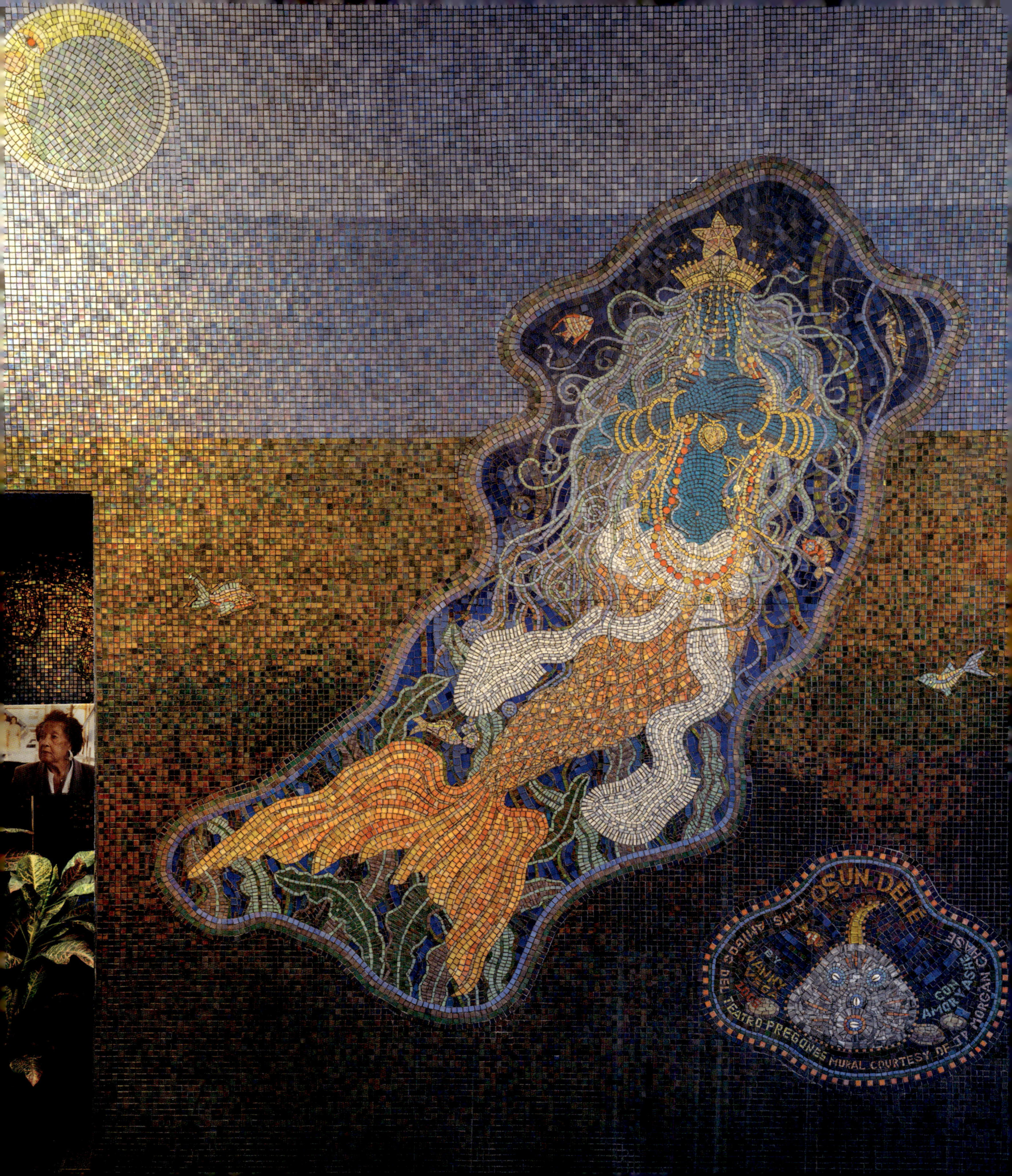
OSUN DELE
BY MANNY VEGA
2005
CON AMOR Y ASHE
MIS AMIGOS DEL TEATRO PREGONES
MURAL COURTESY OF JP MORGAN CHASE

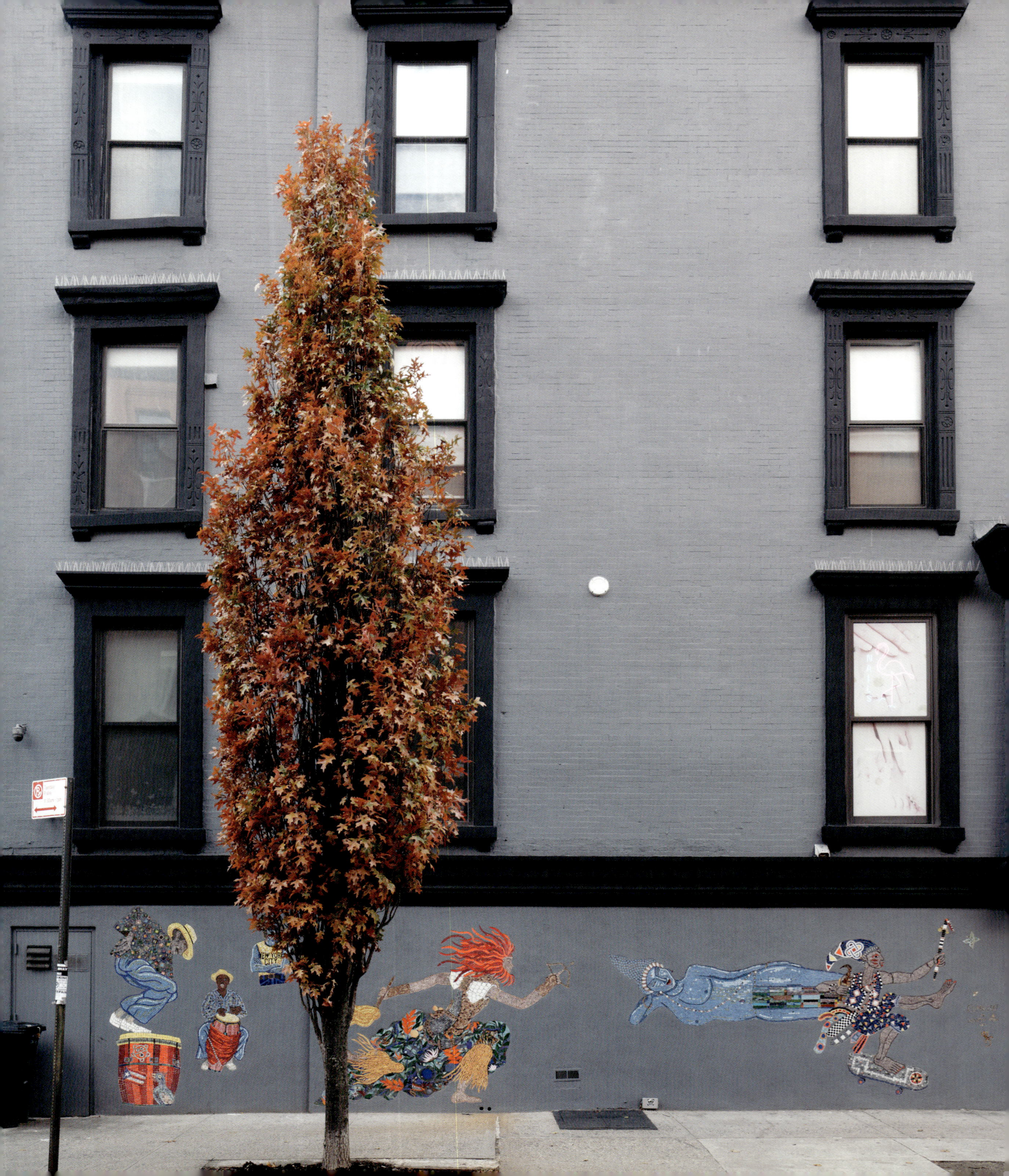
CITY

Plate 92 (opposite)
Espíritu, 2012
Colored glass on plaster/
Vidrio coloreado sobre yeso
7 ft. 2 in. × 32 ft. 1 in. (2.2 × 9.8 m)
East 105th Street and Lexington Avenue, Manhattan

Plate 93 (below)
Espíritu (detail), 2012
Colored glass on plaster/
Vidrio coloreado sobre yeso
East 105th Street and Lexington Avenue, Manhattan

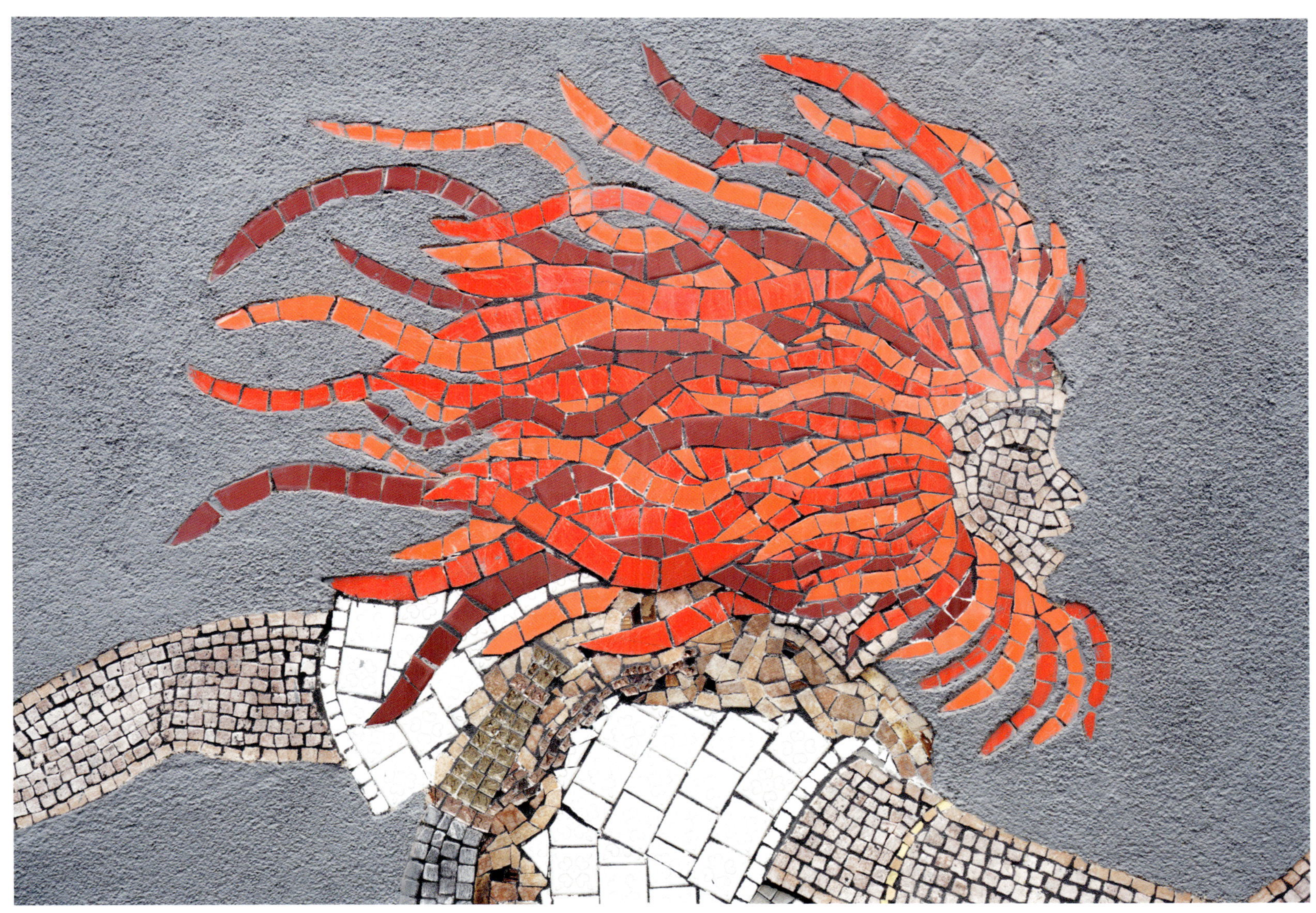

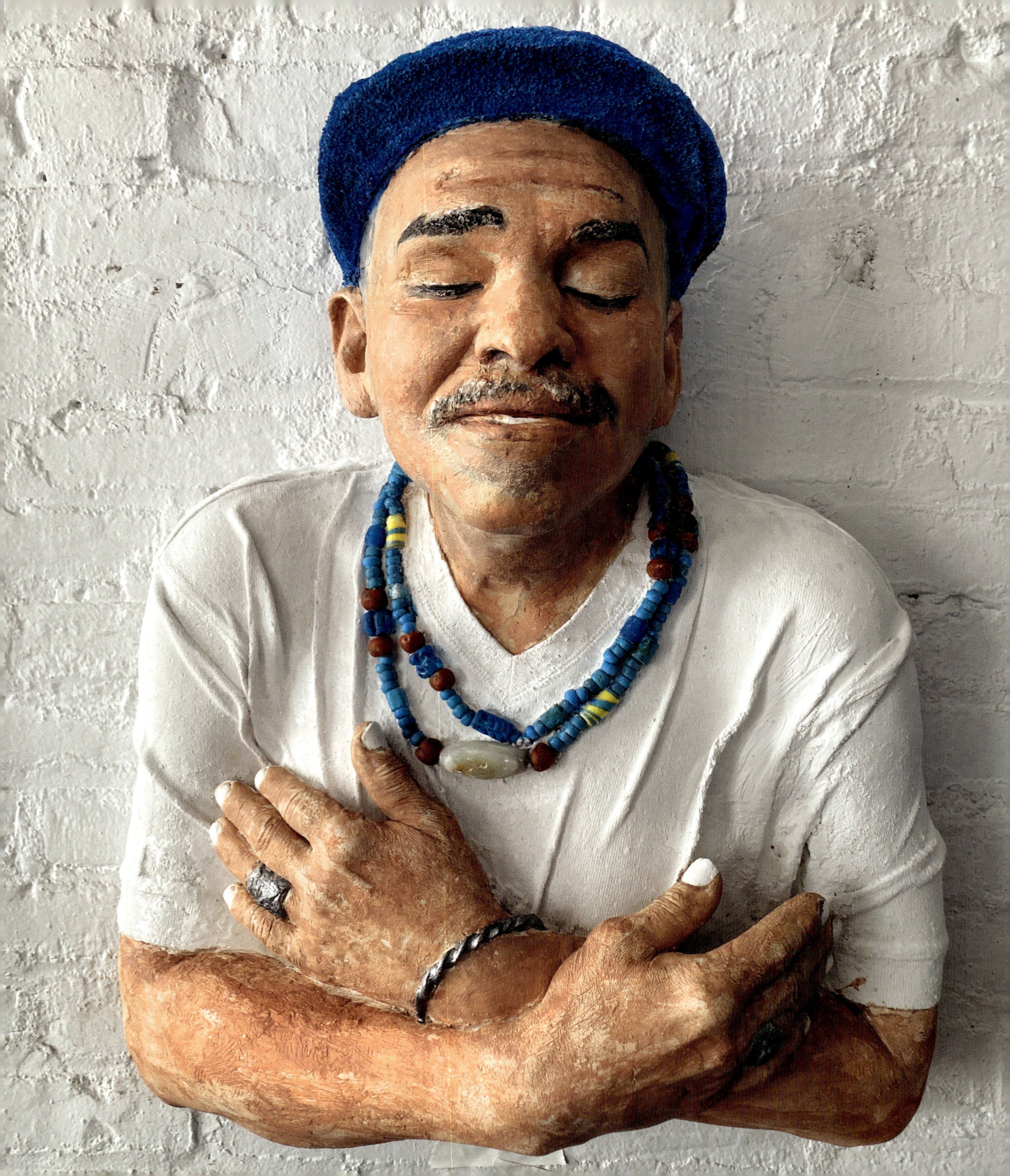

REVERENCE AND ENTHUSIASM
John Ahearn

In the mid-1990s Rigoberto Torres and I opened a storefront life-casting studio in a former bar at East 100th Street and Lexington Avenue. I got to know Manny Vega, who had worked with Hank Prussing in the 1970s to create the huge El Barrio mural *The Spirit of East Harlem* (Fig. 23, p. 125). I had gone to visit Manny in his home on the West Side with Sol'Sax, the most radical Afrocentric artist. So I was familiar with Manny's relationship with the Brazilian Candomblé temple Gantois and held him in high esteem. I convinced him to let me acquire his magnificent early black ink image of Ochosi, which I still gaze on daily in my home on East 100th Street. This Ochosi is gnarly and powerful and wades through a forest dark and teeming with life.

The whole corridor of Lexington between 104th Street and the 6 train station at 110th Street is crowded everywhere with Manny's hand. Of all the mosaic works along Lexington Avenue, *Espíritu*, on East 105th Street, won't let me go (Pl. 92). We see an Ochosi figure marching proudly across the center, a woman possessed by the male Ochosi spirit (Fig. 36). Whereas my 1995 black ink Ochosi is hunky and slow and surrounded by forest life, this one is lithe and quick and sharply focused on the future. This female figure leaps through the stark cement space, but inner nature can be read within "her" skirt—see the tiger and the dragon (and dragonfly!) among all the leaves and the flowers. Note the bees lovingly depicted everywhere: they represent Manny's initiated temple brothers and sisters.

When he first started working at this mural site, Manny would bring cutout figures of paper that he had designed at home. As he pasted some to the wall, people would assemble to ask questions and suggest new things to him. Later, the owner of the fragrance shop there offered to contribute so that Manny would make permanent mosaics. Manny had a pile of old tiles from different projects and decided to throw them all in. The first section of *Espíritu* is dedicated to Manny's idea of music (Fig. 37). He presents the Cepeda brothers, who taught bomba drumming. While Tito is in the background playing his conga, Roberto has leapt on his drum to do a dance. Look at the crazy patterns in his shirt! Manny has also added his idol, John Lennon. On the other side of the mural, a punk Elegba messenger on his skateboard flies by a very elegant reclining Buddha. The Buddha is eternal and has found enlightenment, but this kid Elegba just got here, and he carelessly chases a butterfly—balanced on one foot! Manny really used up his old stock of tile. Between Elegba's cap, his clothes, and his skateboard, checkers and stripes and triangles are everywhere.

REVERENCIA Y ENTUSIASMO
John Ahearn

A mediados de los años noventa, Rigoberto Torres y yo inauguramos un estudio de *life casting* en un antiguo bar sobre la Calle 100 E. y la Avenida Lexington. Allí conocí a Manny Vega, quien había trabajado con Hank Prussing en la década de los setenta para crear el enorme mural *El espíritu de East Harlem* en El Barrio (fig. 23, p. 125). Había visitado a Manny en su casa del West Side con Sol'Sax, el artista *afrocéntrico* más radical. Ya conocía la relación de Manny con el templo brasilero de candomblé Gantois y lo tenía en alta estima. Le convencí de que me dejara adquirir una magnífica imagen en tinta negra de Ochosi, una de sus primeras obras, que aún contemplo cada día en mi hogar de la Calle 100 E. Este Ochosi es retorcido y poderoso, vadea por un bosque oscuro y rebosante de vida.

Todo el corredor de Lexington entre la Calle 104 y la estación de tren Calle 110 está repleto de obras de Manny. De todas las que se ven sobre la Avenida Lexington, *Espíritu*, sobre la Calle 105 E., es la que más me atrapa (pl. 92). La figura de Ochosi marcha orgullosa en el centro, una mujer poseída por el espíritu masculino Ochosi (fig. 36). Mi Ochosi en tinta negra de 1995 es fornido y lento, y está rodeado de vida silvestre; mientras que este es ágil y rápido, y está claramente enfocado hacia el futuro. Esta figura femenina salta a través de un espacio de puro cemento. Pero su naturaleza interna puede leerse en "su" falda. Observen al tigre y al dragón (¡y a la libélula!) entre todas las hojas y las flores. Presten atención a las adorables abejas que aparecen por todos lados: representan a los hermanos y las hermanas de Manny que se iniciaron en su templo.

Cuando empezó a trabajar en el sitio donde está este mural, Manny trajo figuras de papel recortadas que había diseñado en su casa. Mientras las pegaba a la pared, la gente se reunía para hacerle preguntas y sugerirle cosas nuevas. Más tarde, el propietario de la tienda de perfumes del lugar se ofreció a contribuir para que Manny hiciera mosaicos permanentes. Manny tenía una pila de azulejos viejos de diferentes proyectos y decidió colocarlos todos ahí. La primera sección está dedicada a la idea de Manny respecto de la música (fig. 37). Presenta a los hermanos Cepeda, quienes enseñaban a tocar el tambor de la bomba. Mientras Tito Cepeda está al fondo tocando su conga, su hermano Roberto ha brincado sobre su tambor para bailar. ¡Miren los patrones locos de su camisa! Además, Manny agrega a su ídolo, John Lennon. Del otro lado del mural, un mensajero punk de Elegua pasa volando en su patineta por al lado de un Buda reclinado muy elegante. El Buda es eterno y ha encontrado la iluminación. Pero este Elegua niño simplemente llega y, sin pensarlo, persigue la mariposa ¡parado en un solo pie!

Fig. 35
John Ahearn (American, b. 1951), *Manny Vega*, 2022, oil on fiberglass/óleo sobre fibra de vidrio**, 26 × 20 × 11 in. (66 × 50.8 × 27.9 cm)**

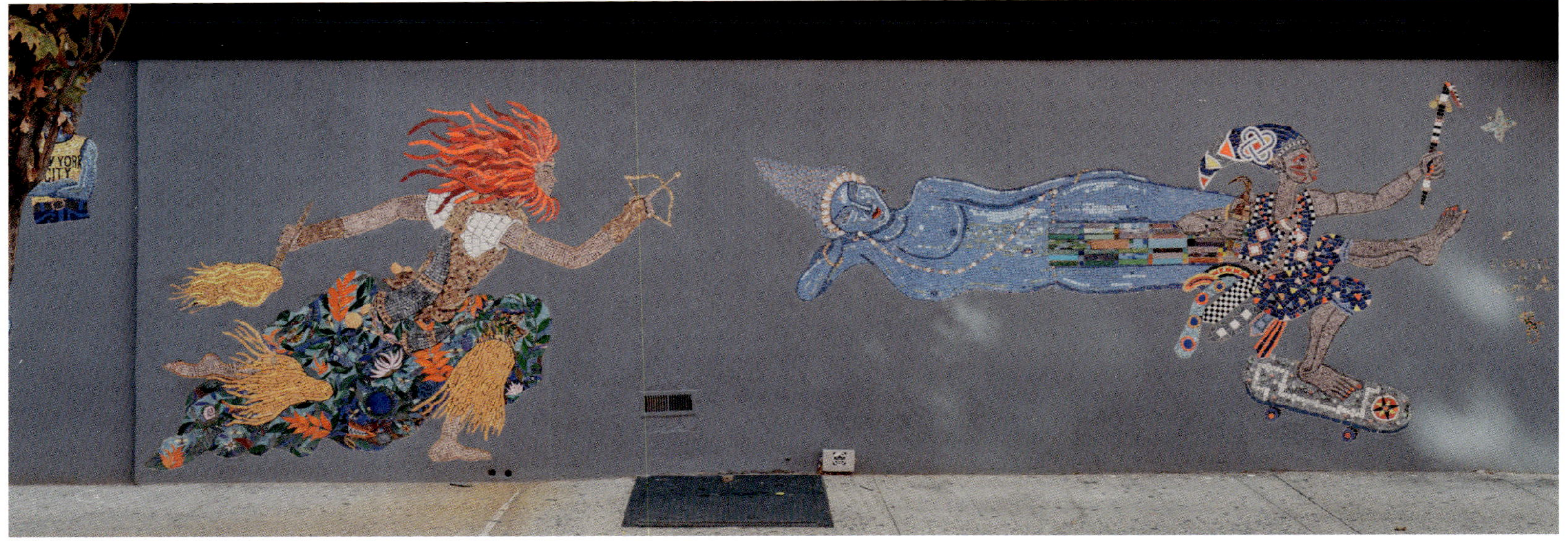

In 2022 there was a memorial service at El Museo del Barrio for the great El Barrio photographer Hiram Maristany. We were led out by BombaYo's drumming and dancing, and I saw Manny. He proposed we do a casting project together. That week I visited his Upper West Side apartment, crowded with all his treasures, and we considered a simple arrangement of his things that he could donate to the cast to represent him. I liked one photo of Manny with his blue hat and his blue necklace (Fig. 38).

I saw humility and reverence.

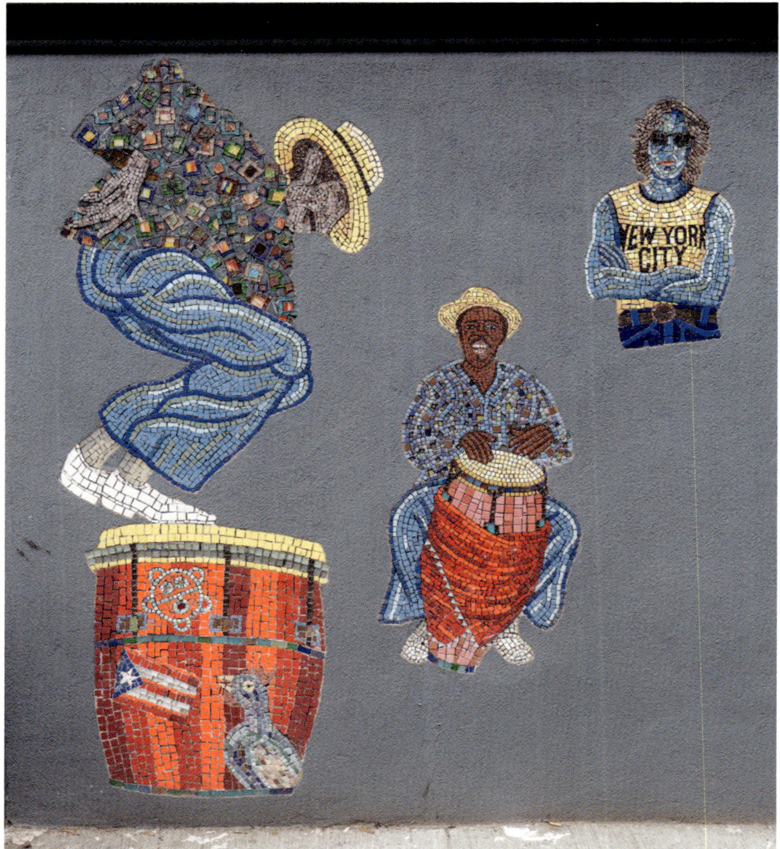

Manny realmente hizo uso de su viejo suministro de azulejos. En el gorro, en la ropa y en la patineta: los cuadrados, los triángulos y las tiras están en todos lados.

En 2022 se ofreció un servicio fúnebre en El Museo del Barrio para el gran fotógrafo de El Barrio Hiram Maristany. Mientras nos conducía el tamborileo y el baile de Bomba Yo, me encontré con Manny. Me propuso que hiciéramos juntos un proyecto de fundido. Esa semana visité su apartamento en el Upper West Side, abarrotado de todos sus tesoros, y analizamos una disposición simple de esos objetos que podría donar a la fundición para que lo representaran. Me gustó una foto de Manny con su sombrero y su collar azules (fig. 38).

Vi humildad y reverencia.

Fig. 36 (above)
Vega, *Espíritu* (detail), 2012, colored glass on plaster/vidrio coloreado sobre yeso, **East 105th Street and Lexington Avenue, Manhattan**

Fig. 37 (left)
Vega, *Espíritu* (detail), 2012, colored glass on plaster/vidrio coloreado sobre yeso, **East 105th Street and Lexington Avenue, Manhattan**

Fig. 38 (opposite)
Manny Vega, 2022, photograph by/fotografía de **John Ahearn**

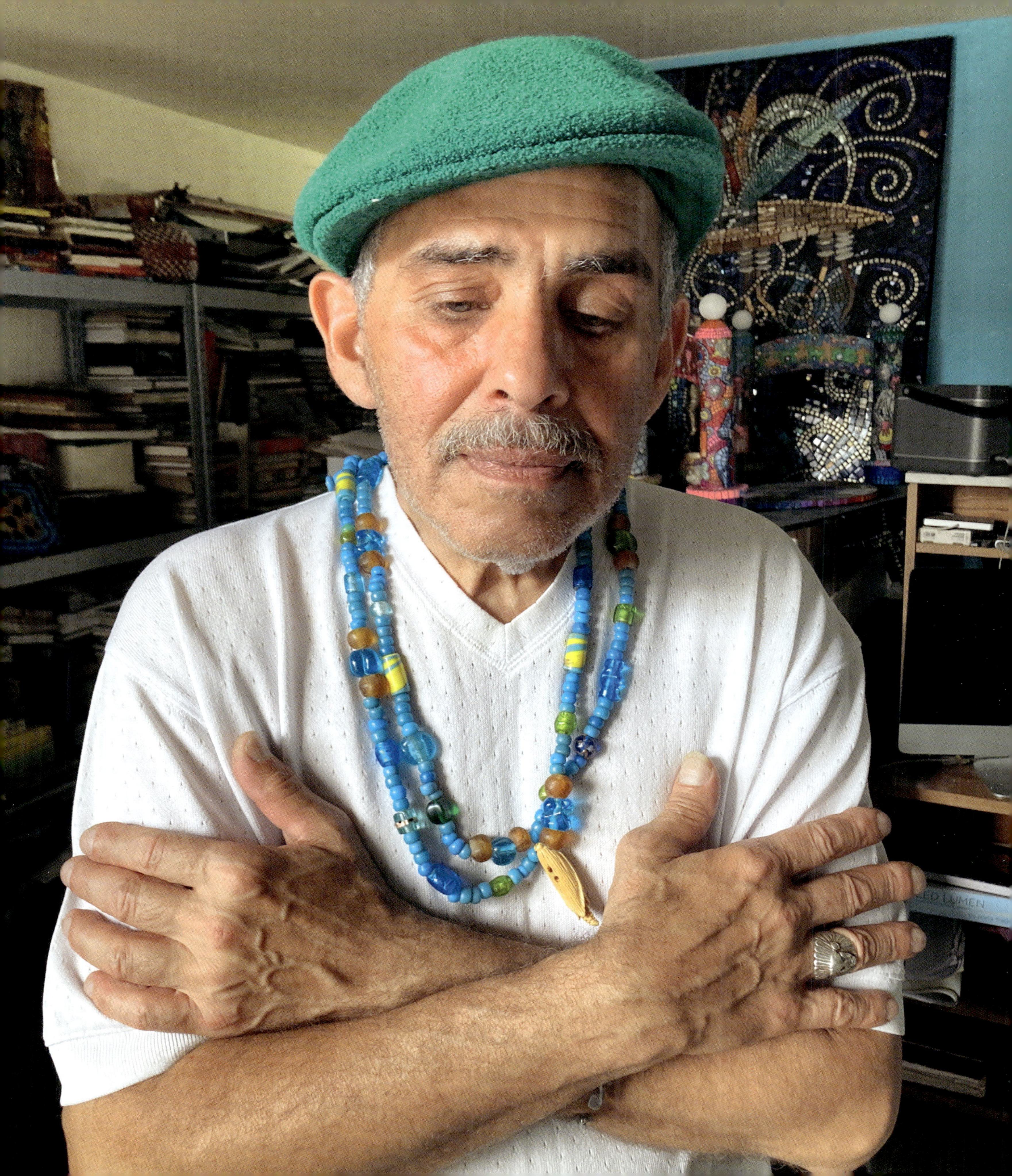

FEMININE DIVINE

~

LA DIVINIDAD FEMENINA

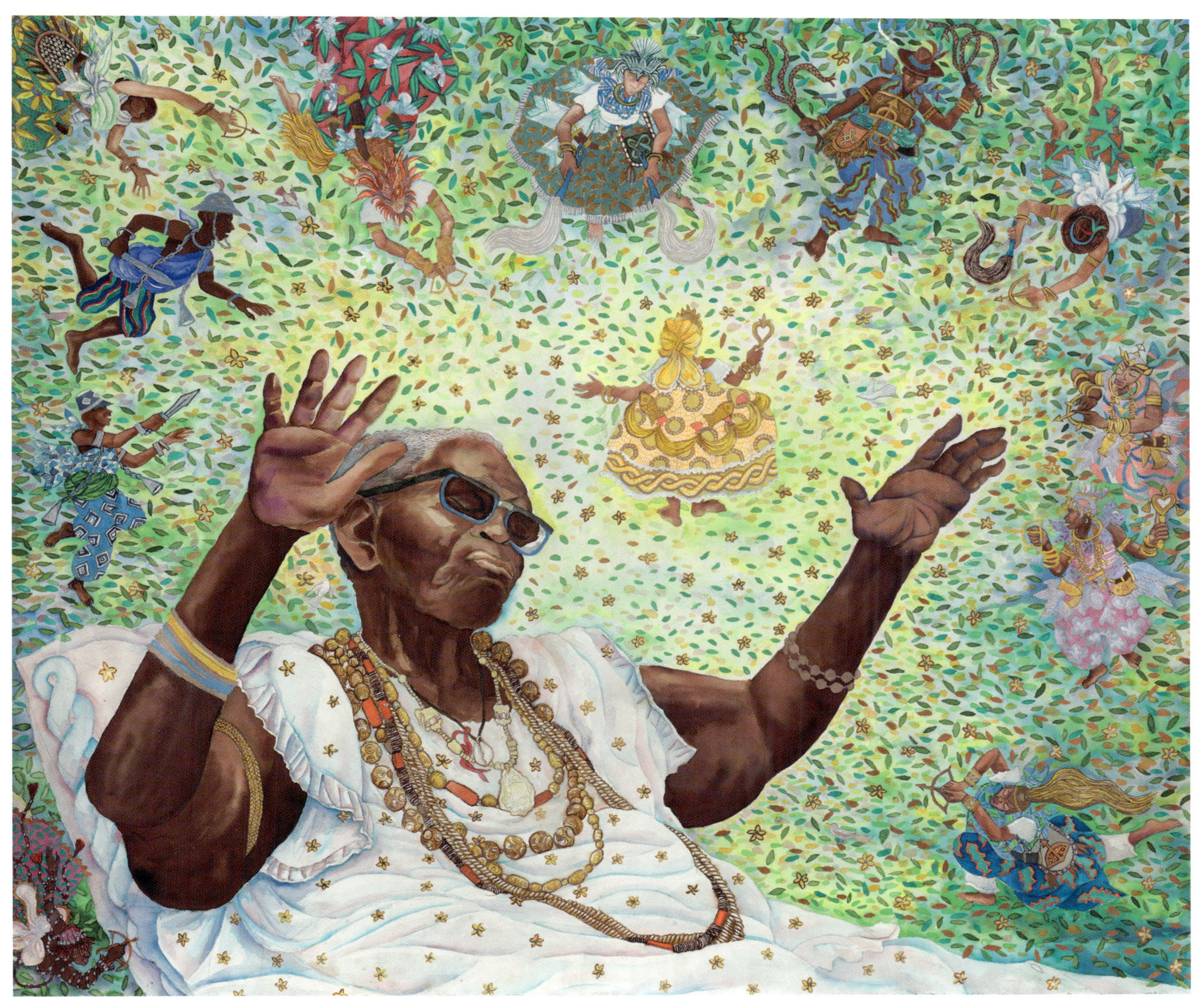

Plate 94
Mãe Encanto, 2021
Watercolor on paper/Acuarela sobre papel
44½ × 52 in. (113 × 132.1 cm)

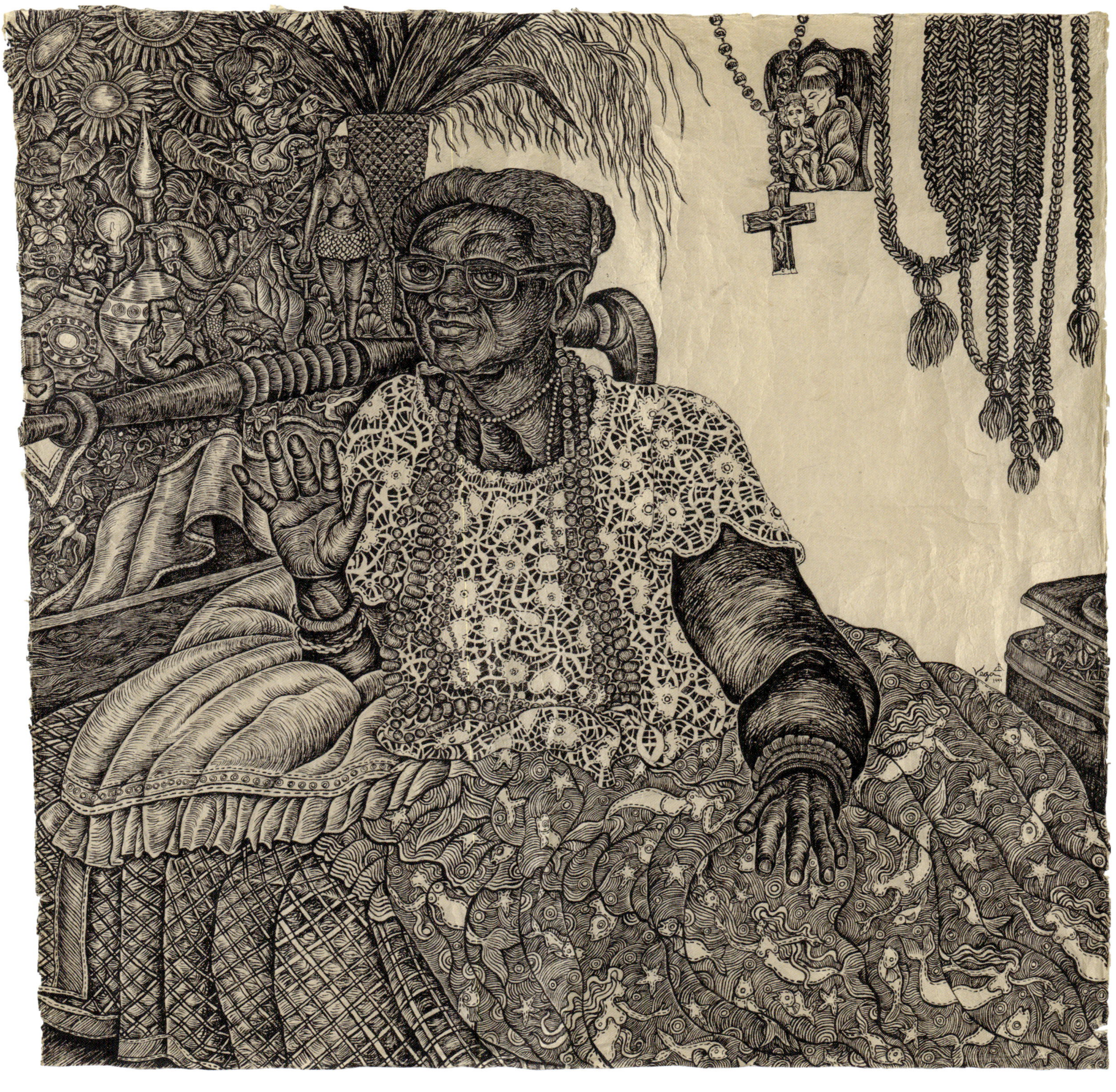

Plate 95 (opposite)
Mãe Menininha do Gantois, 1999
Pen and ink on Lapka banana leaf paper from Nepal/Pluma y tinta sobre papel de hoja de plátano Lapka de Nepal
58 × 58 in. (147.3 × 147.3 cm)

Plate 96 (below)
Mãe Menininha, 1998
Colored glass on plaster/
Vidrio coloreado sobre yeso
24 × 30 in. (61 × 76.2 cm)

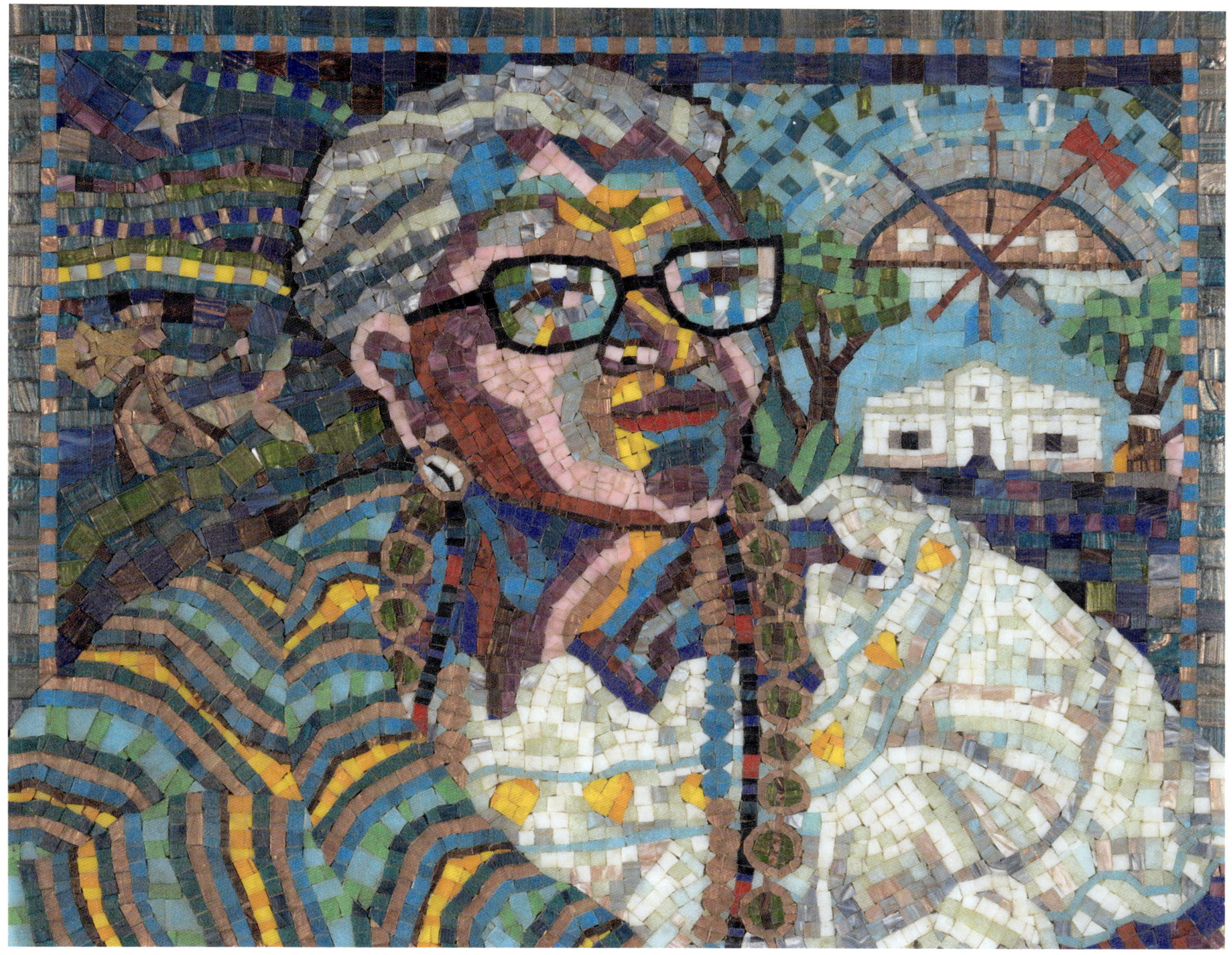

Plate 97
Mãe Menininha Bizantina, 2024
Colored glass on wood/
Vidrio coloreado sobre madera
50 × 30¼ in. (127 × 76.8 cm)

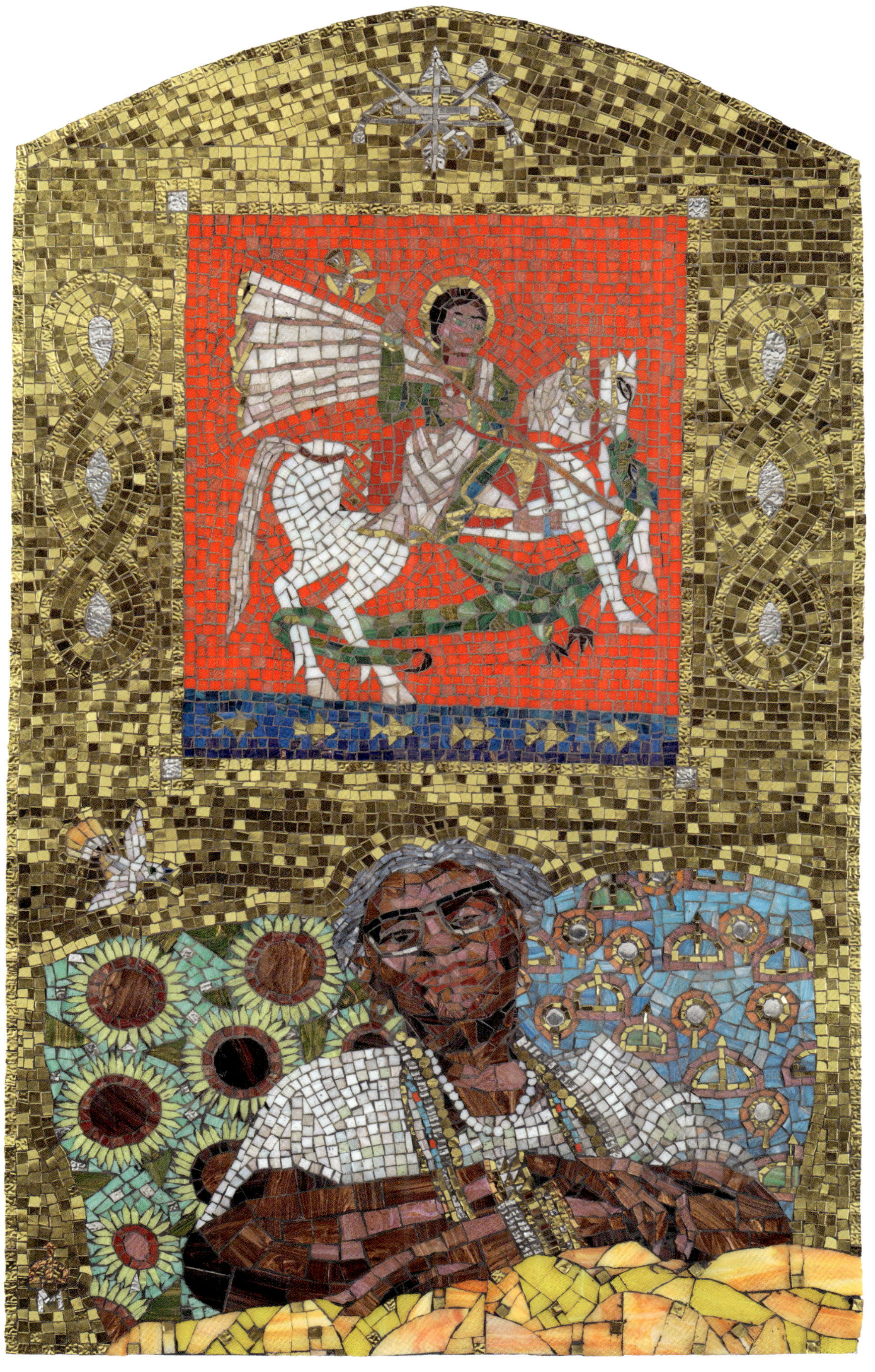

Plate 98 (below)
Ana I, 2001
Colored glass on wood/
Vidrio coloreado sobre madera
16 × 12 in. (40.6 × 30.5 cm)

Plate 99 (opposite)
Ana II, 2001
Colored glass on wood/
Vidrio coloreado sobre madera
24 × 19½ in. (61 × 49.5 cm)

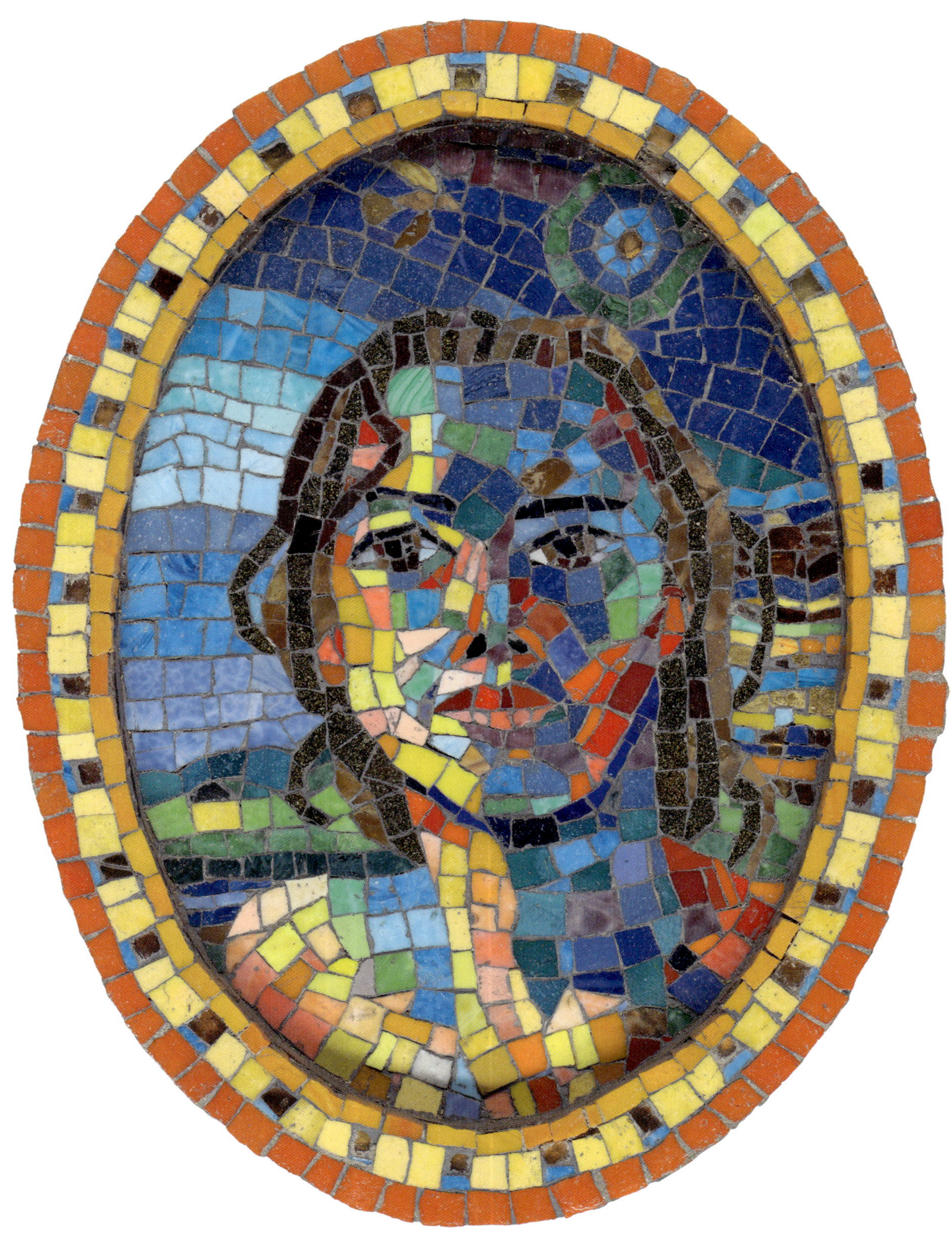

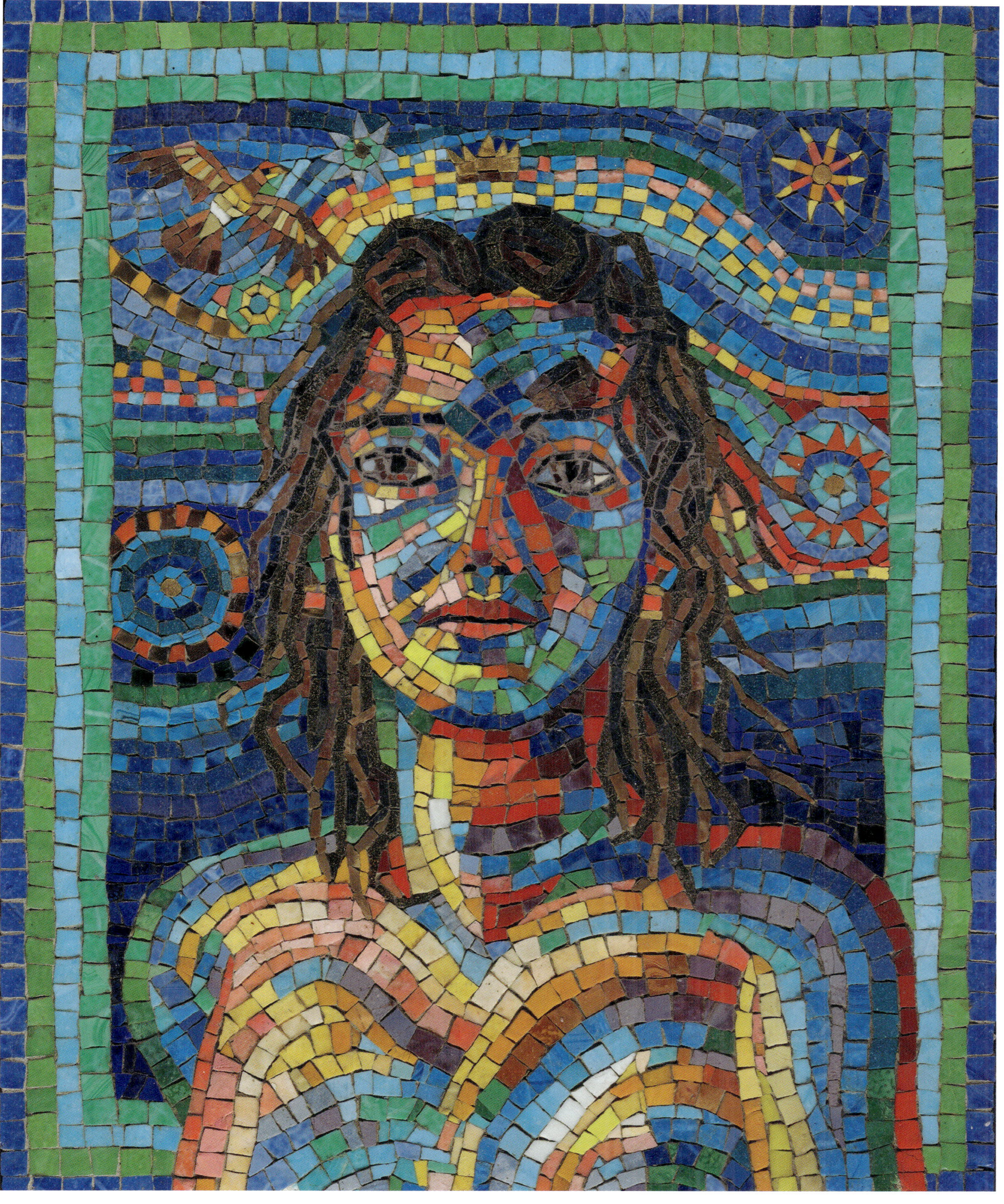

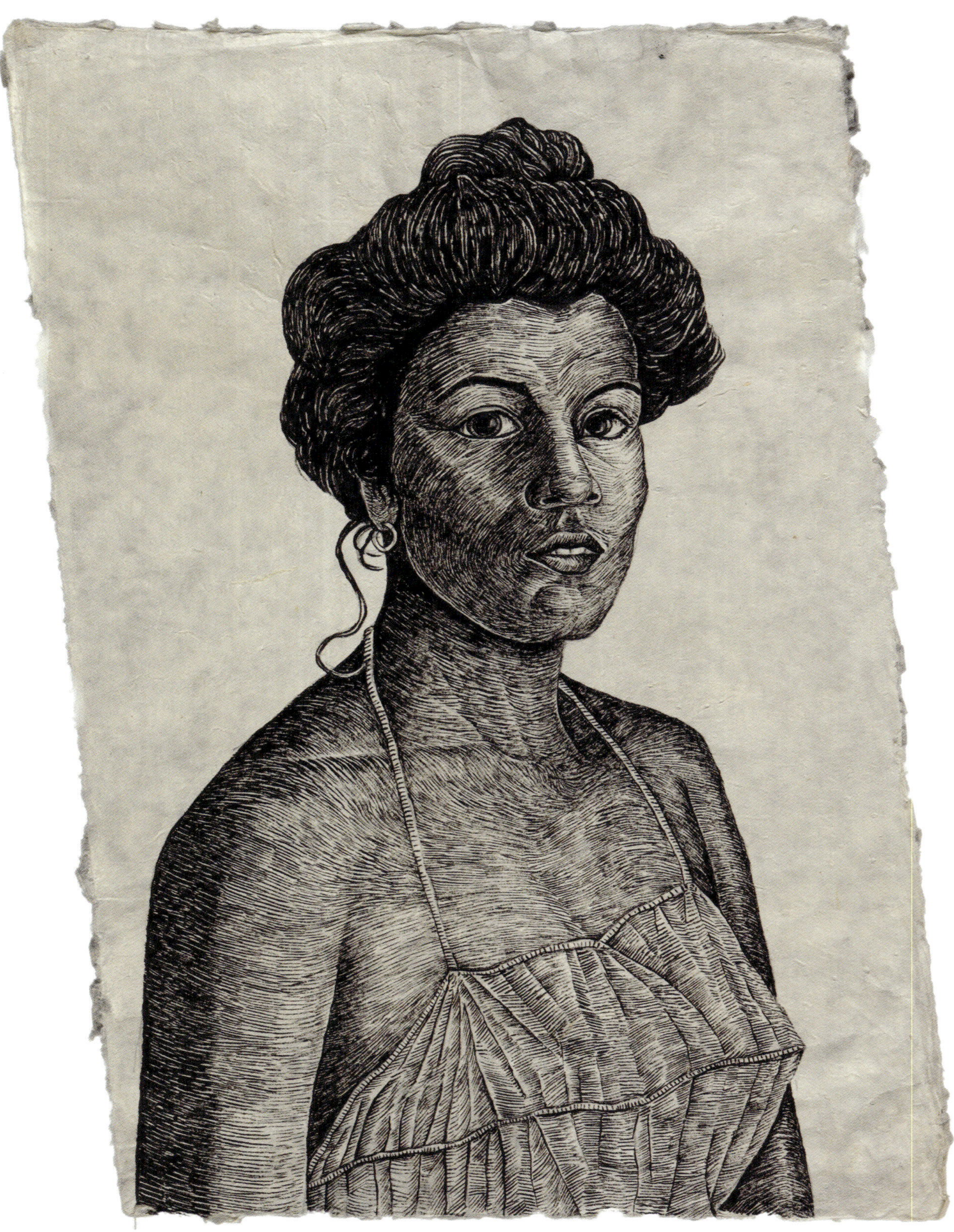

Plate 100 (above)
***Evelyn*, 2023**
Pen and ink on Lapka banana leaf paper from Nepal/Pluma y tinta sobre papel de hoja de plátano Lapka de Nepal
31 × 24 in. (78.7 × 61 cm)

Plate 101 (opposite)
***Rita*, 2020**
Pen and ink on Lapka banana leaf paper from Nepal/Pluma y tinta sobre papel de hoja de plátano Lapka de Nepal
39 × 28 in. (99 × 71 cm)

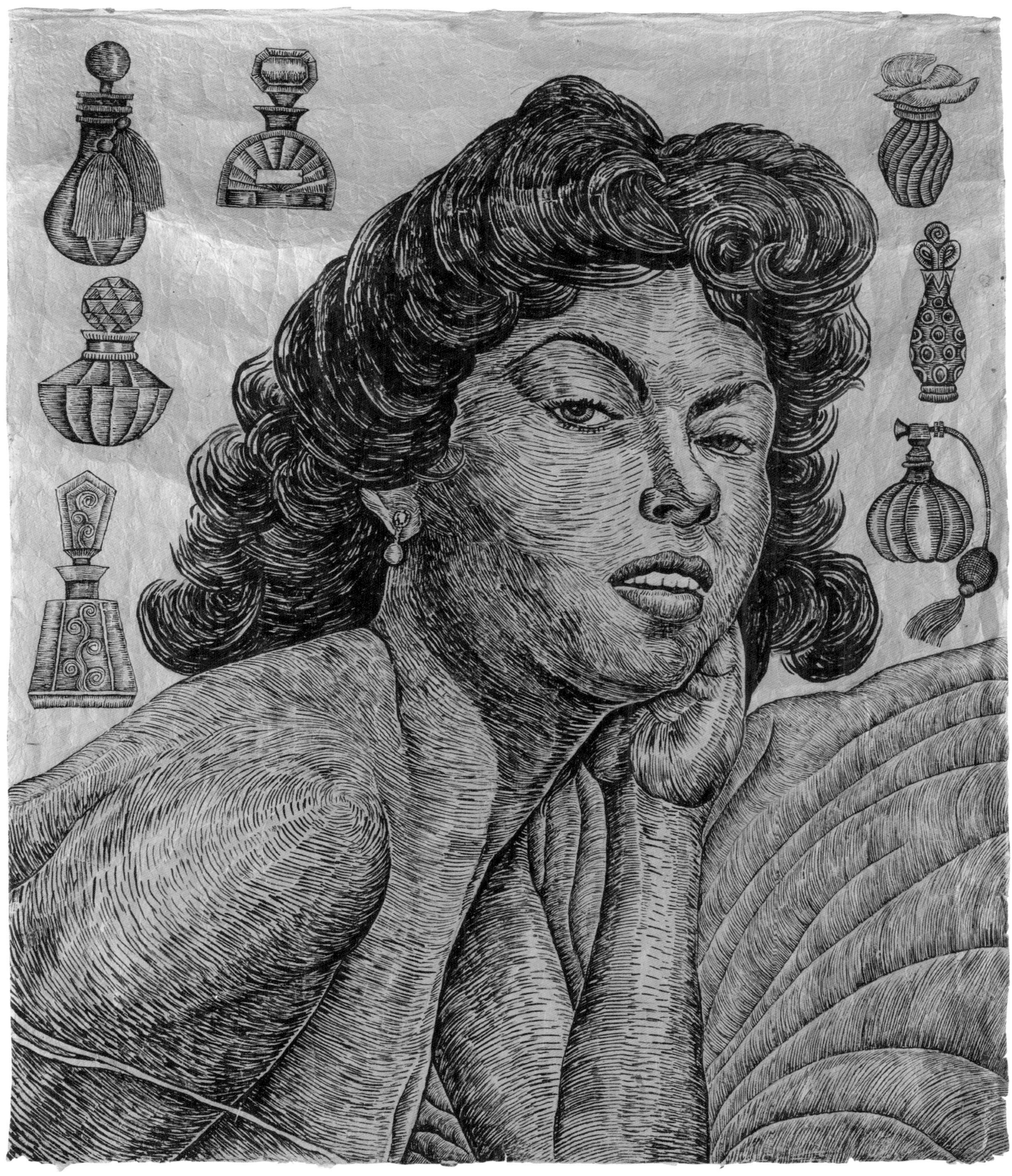

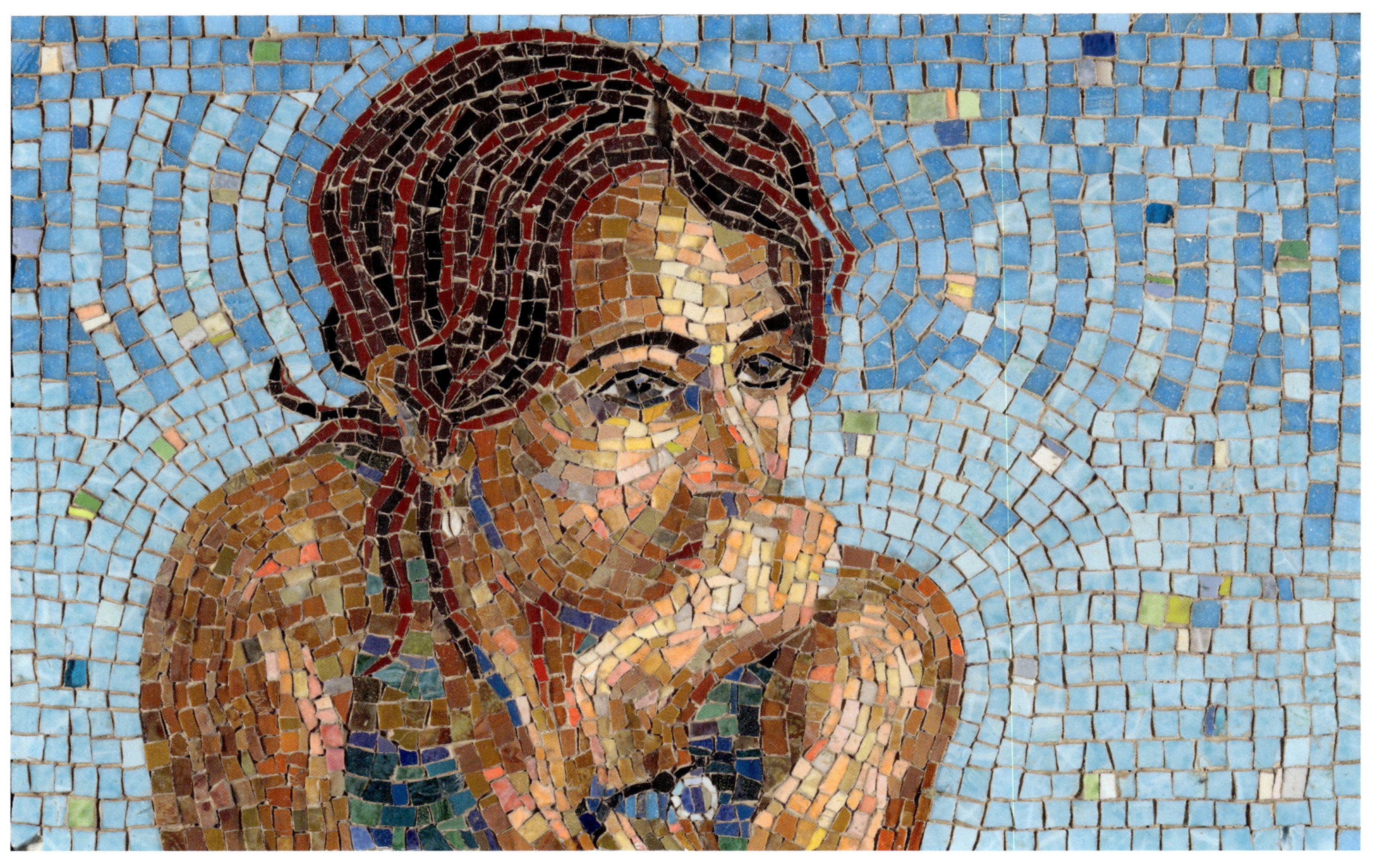

Plate 102 (above)
Yosiel, ca. 2007
Colored glass on wood/
Vidrio coloreado sobre madera
17 × 26 in. (43.2 × 66 cm)

Plate 103 (opposite)
Rolinda, 2021
Watercolor on paper/ Acuarela sobre papel
45 × 30 in. (114.3 × 76.2 cm)

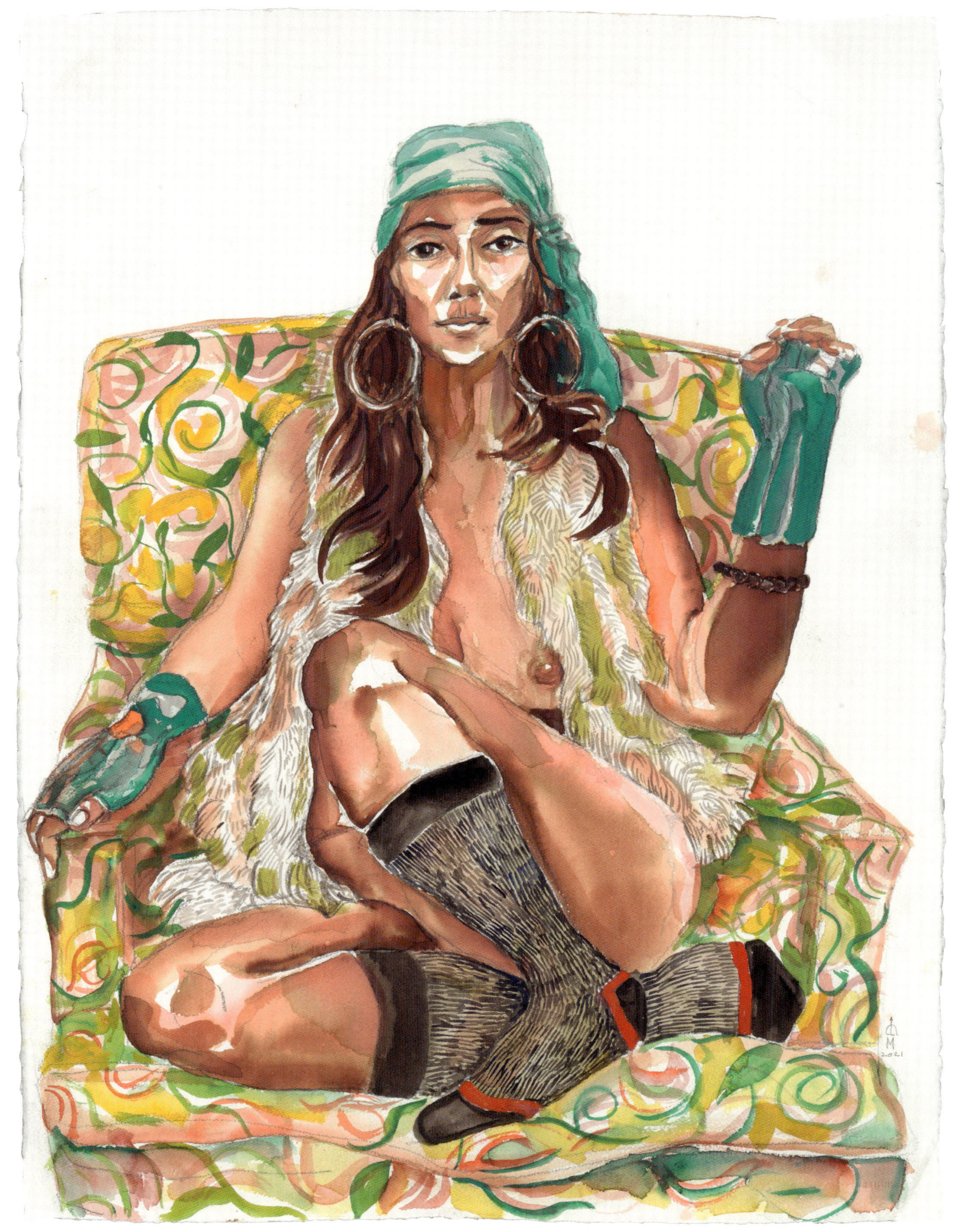

Plate 104
Muse Flash, 2022
Pen and ink on paper/
Pluma y tinta sobre papel
31½ × 23¼ in. (80 × 59.1 cm)

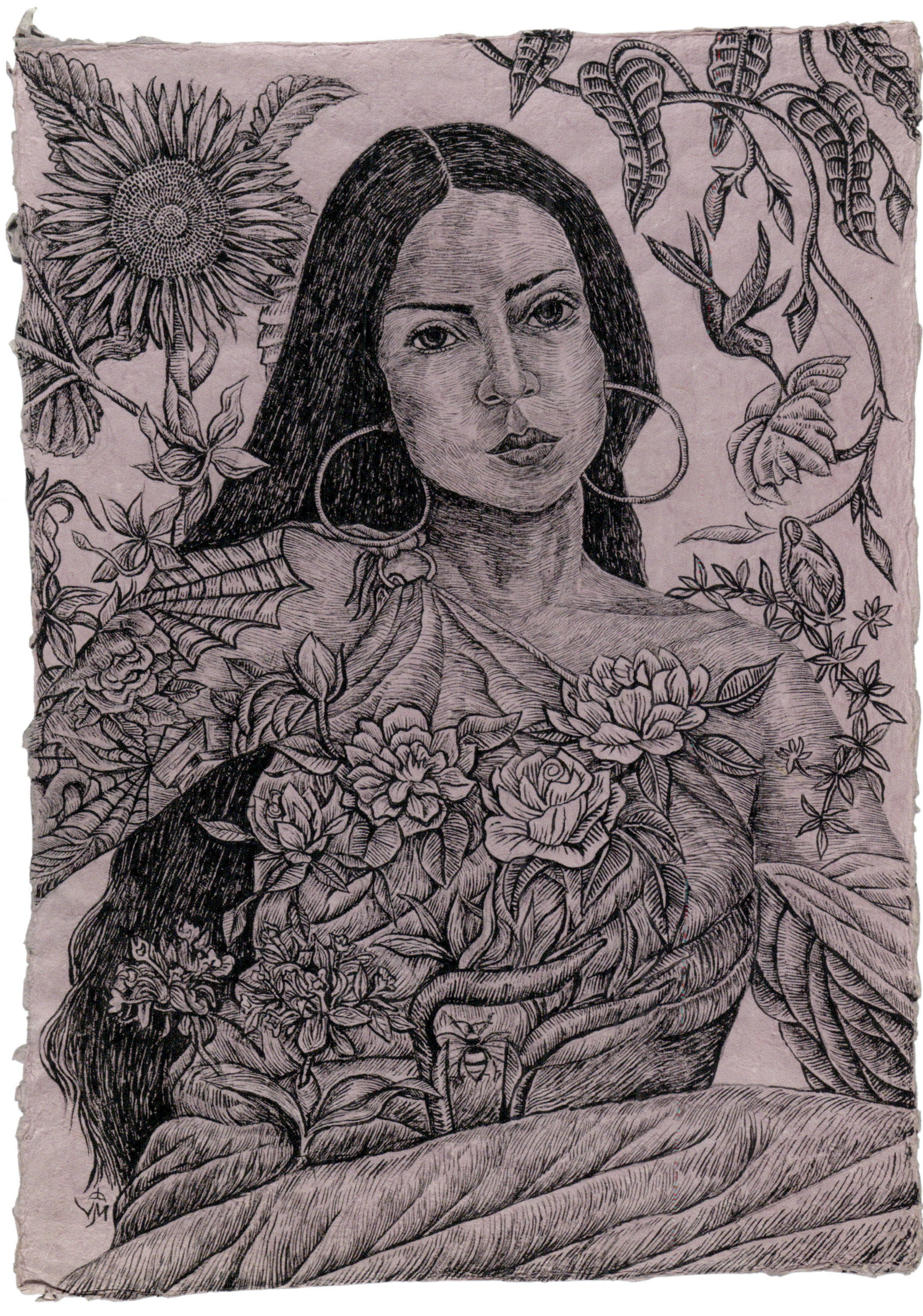

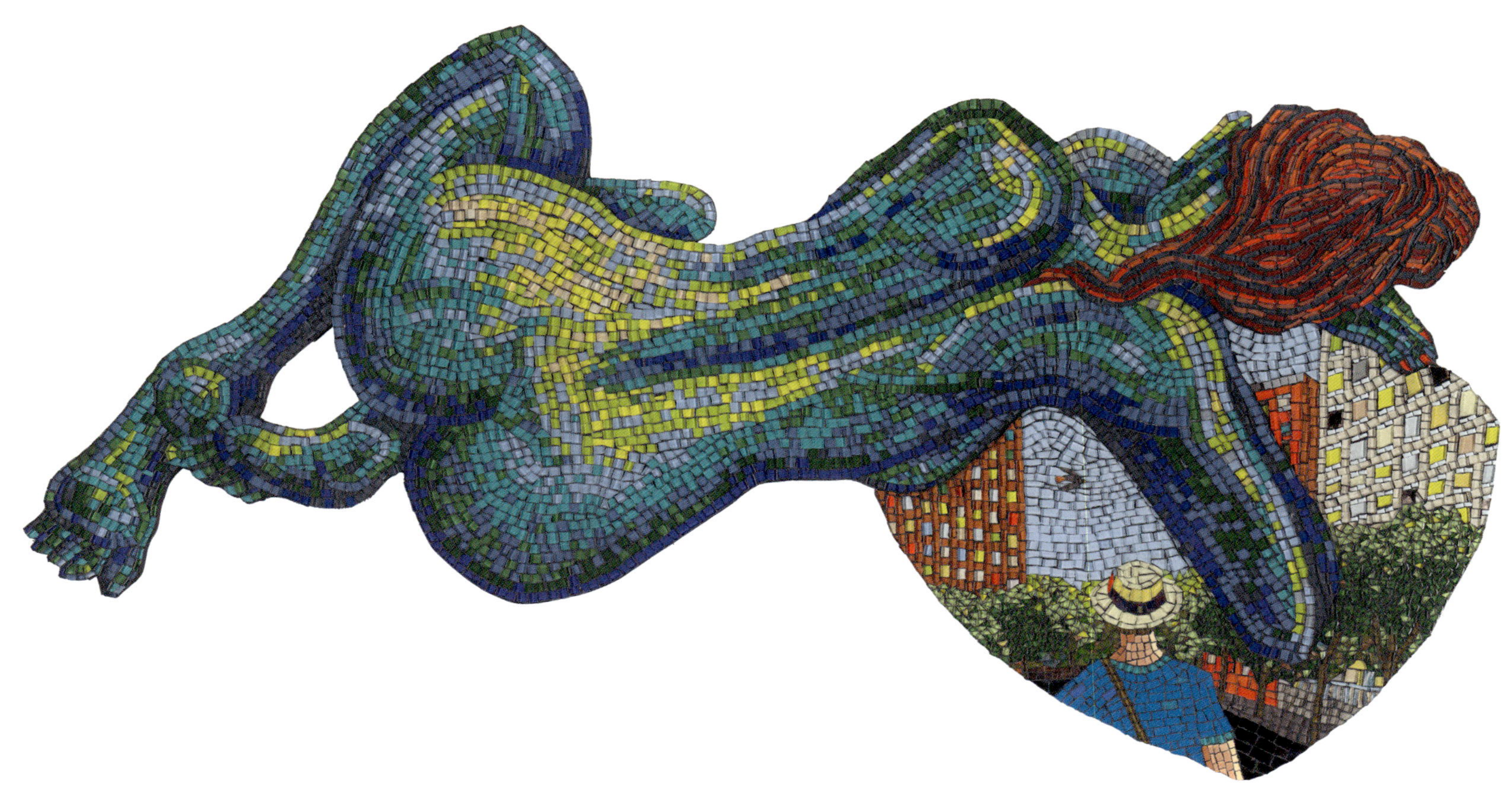

Plate 105 (above)
West Side Muse, 2022
Colored glass on wood/
Vidrio coloreado sobre madera
32 × 69 in. (81.3 × 175.3 cm)

Plate 106 (below)
Musa del monte, 2022
Colored glass on wood/
Vidrio coloreado sobre madera
31 × 74 in. (78.7 × 188 cm)

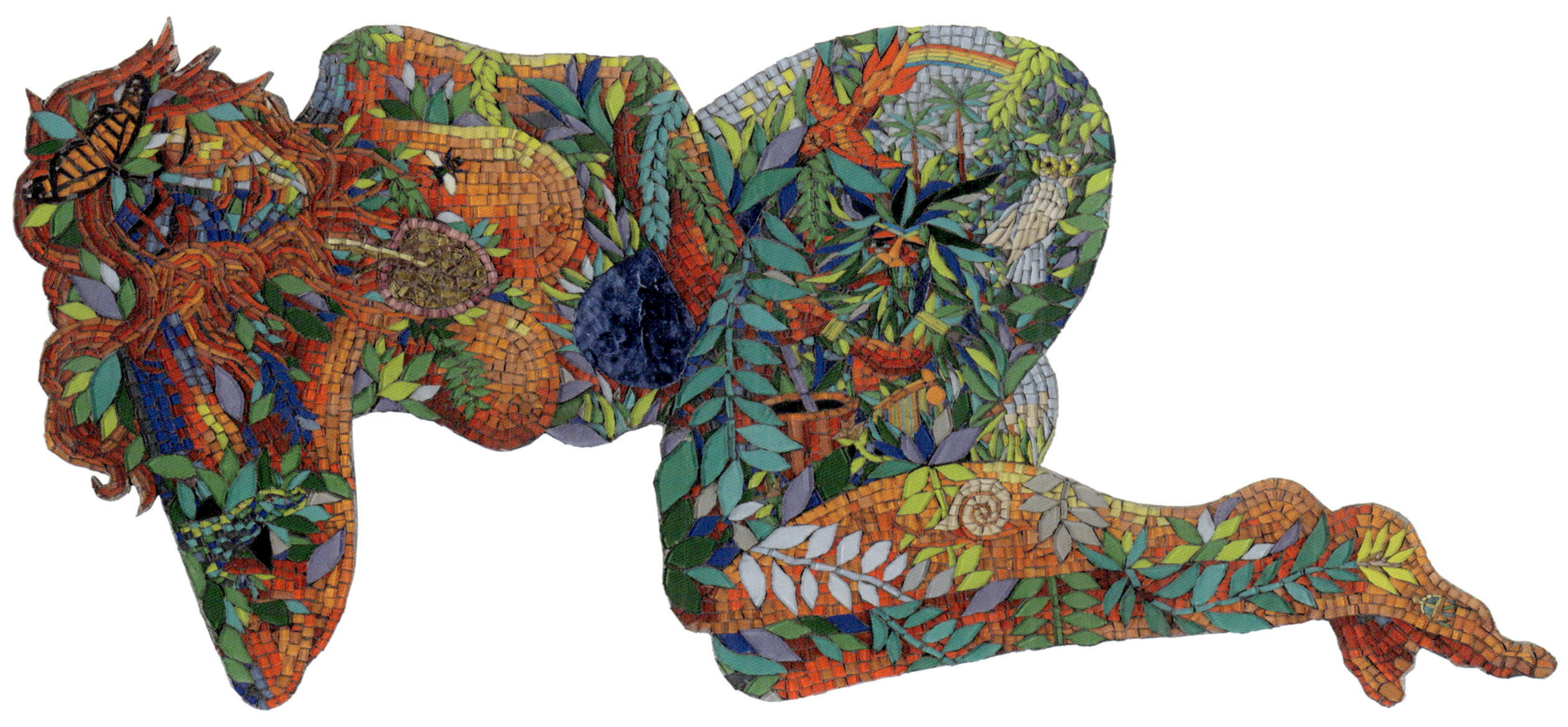

KILLING TIME

~

MATATIEMPOS

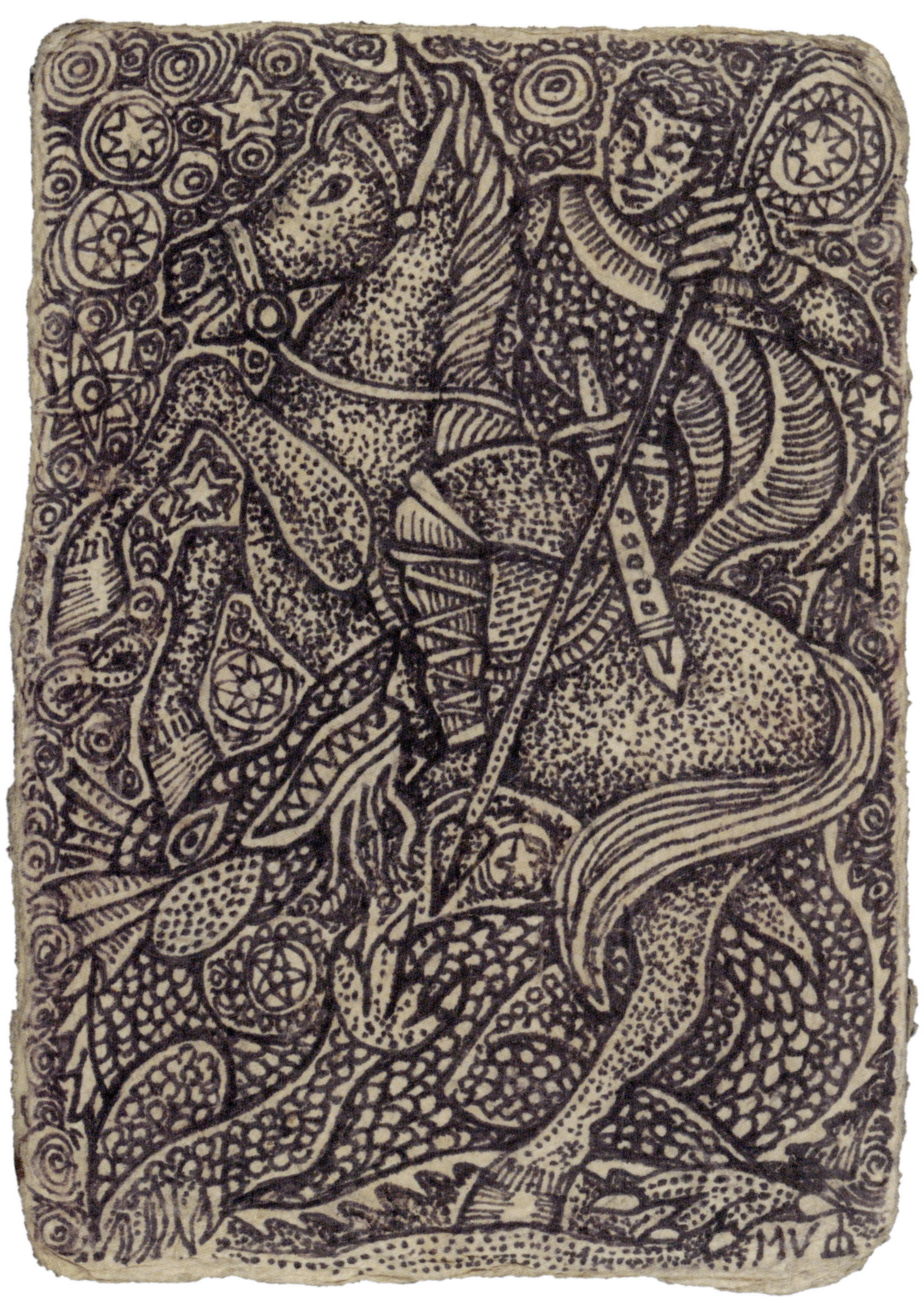

Plate 107
Waiting Room Sketch I, 2011
Pen and ink on paper/
Pluma y tinta sobre papel
6 × 4 in. (15.2 × 10.2 cm)

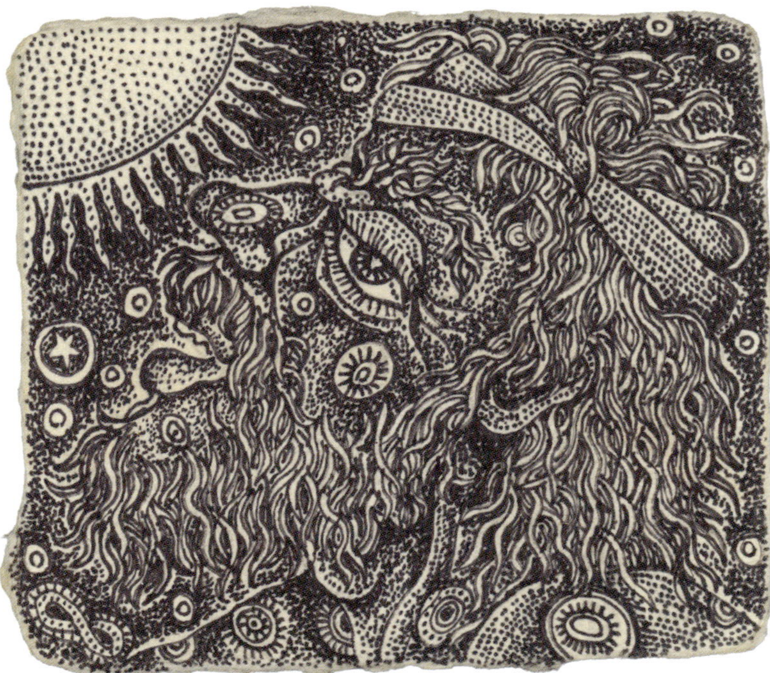

Plate 108 (left)
***Waiting Room Sketch III*, 2011**
Pen and ink on paper/
Pluma y tinta sobre papel
5 × 5½ in. (12.7 × 14 cm)

Plate 109 (below)
***Waiting Room Sketch V*, 2011**
Pen and ink on paper/
Pluma y tinta sobre papel
6 × 4 in. (15.2 × 10.2 cm)

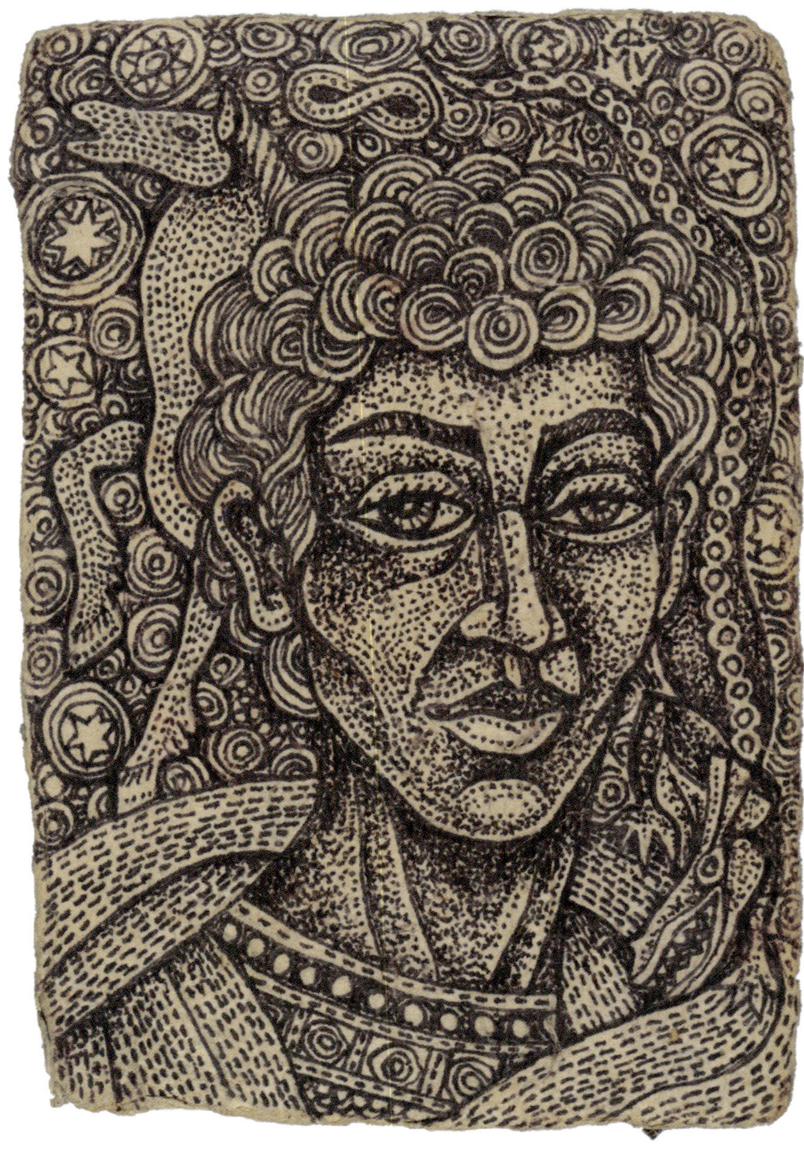

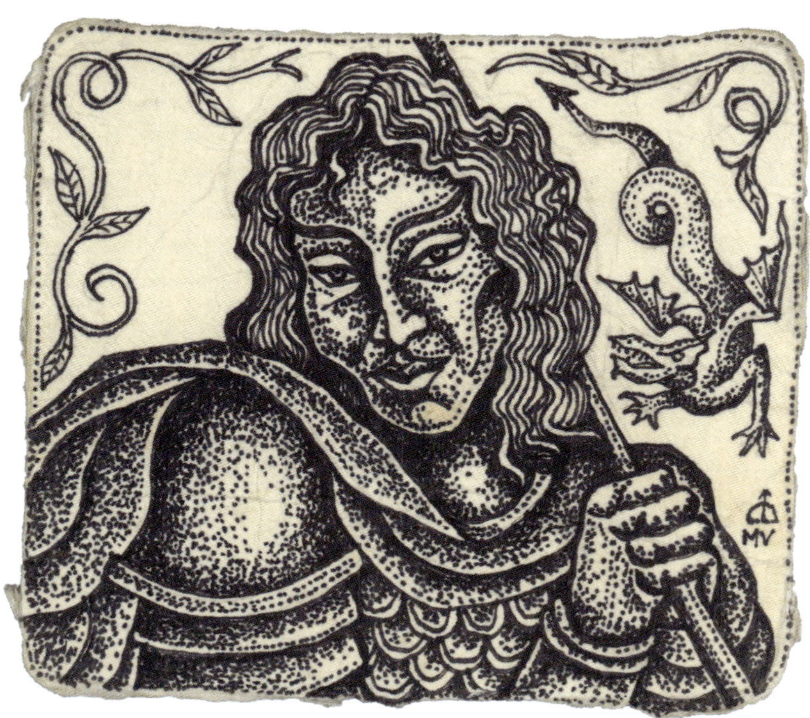

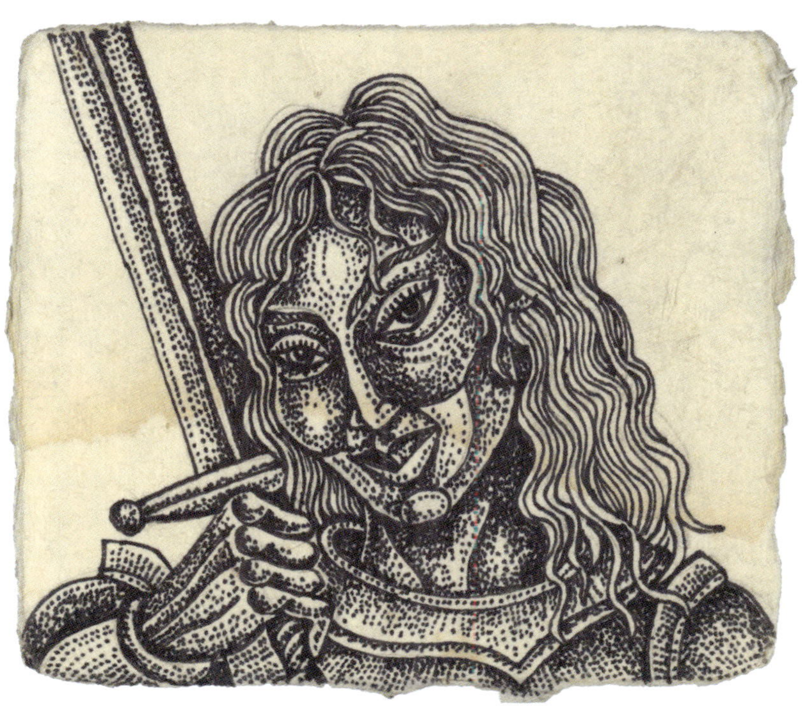

Plate 110 (top)
Waiting Room Sketch VI, 2011
Pen and ink on paper/
Pluma y tinta sobre papel
5 × 5½ in. (12.7 × 14 cm)

Plate 111 (above)
Waiting Room Sketch VII, 2011
Pen and ink on paper/
Pluma y tinta sobre papel
5 × 5½ in. (12.7 × 14 cm)

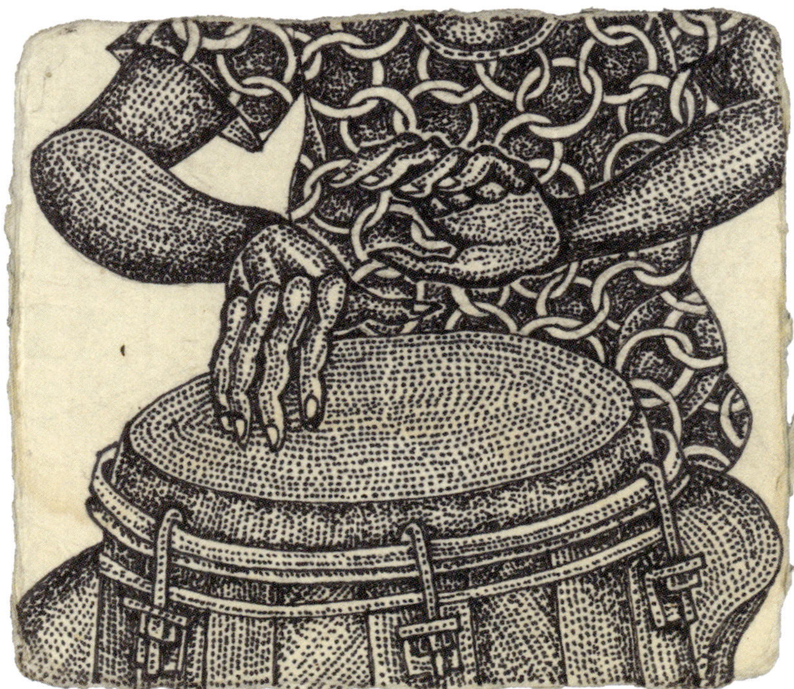

Plate 112 (left)
***Waiting Room Sketch IX*, 2011**
Pen and ink on paper/
Pluma y tinta sobre papel
5 × 5½ in. (12.7 × 14 cm)

Plate 113 (below and opposite)
***Waiting Room Sketch XI*, 2011**
Pen and ink on paper/
Pluma y tinta sobre papel
5½ × 5 in. (14 × 12.7 cm)

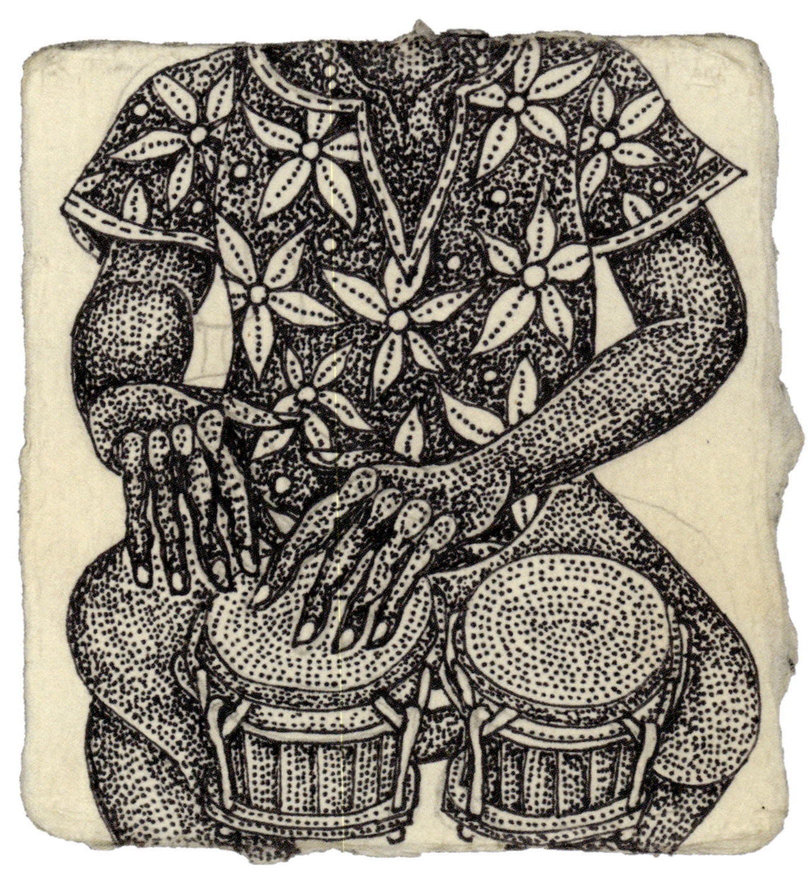

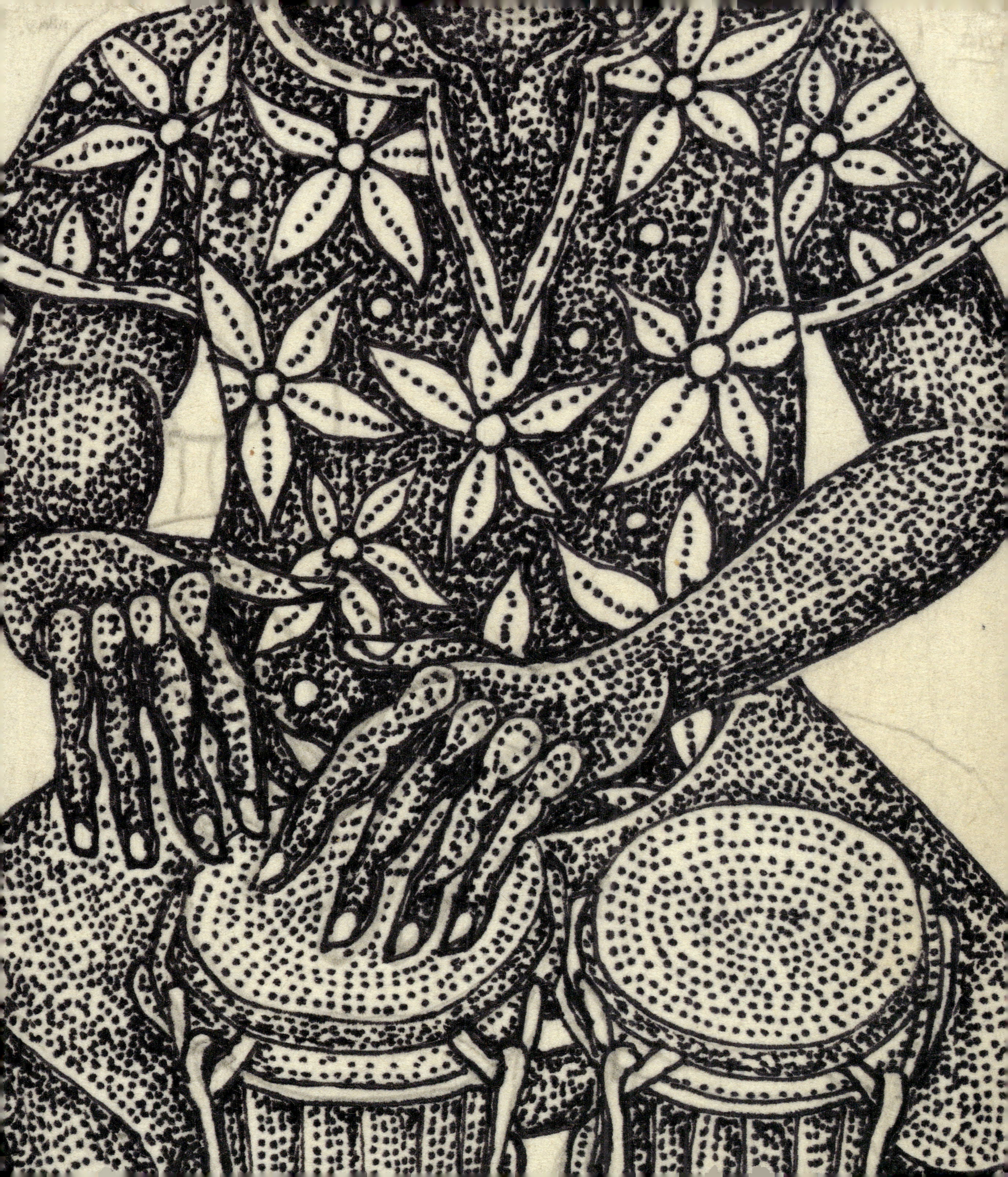

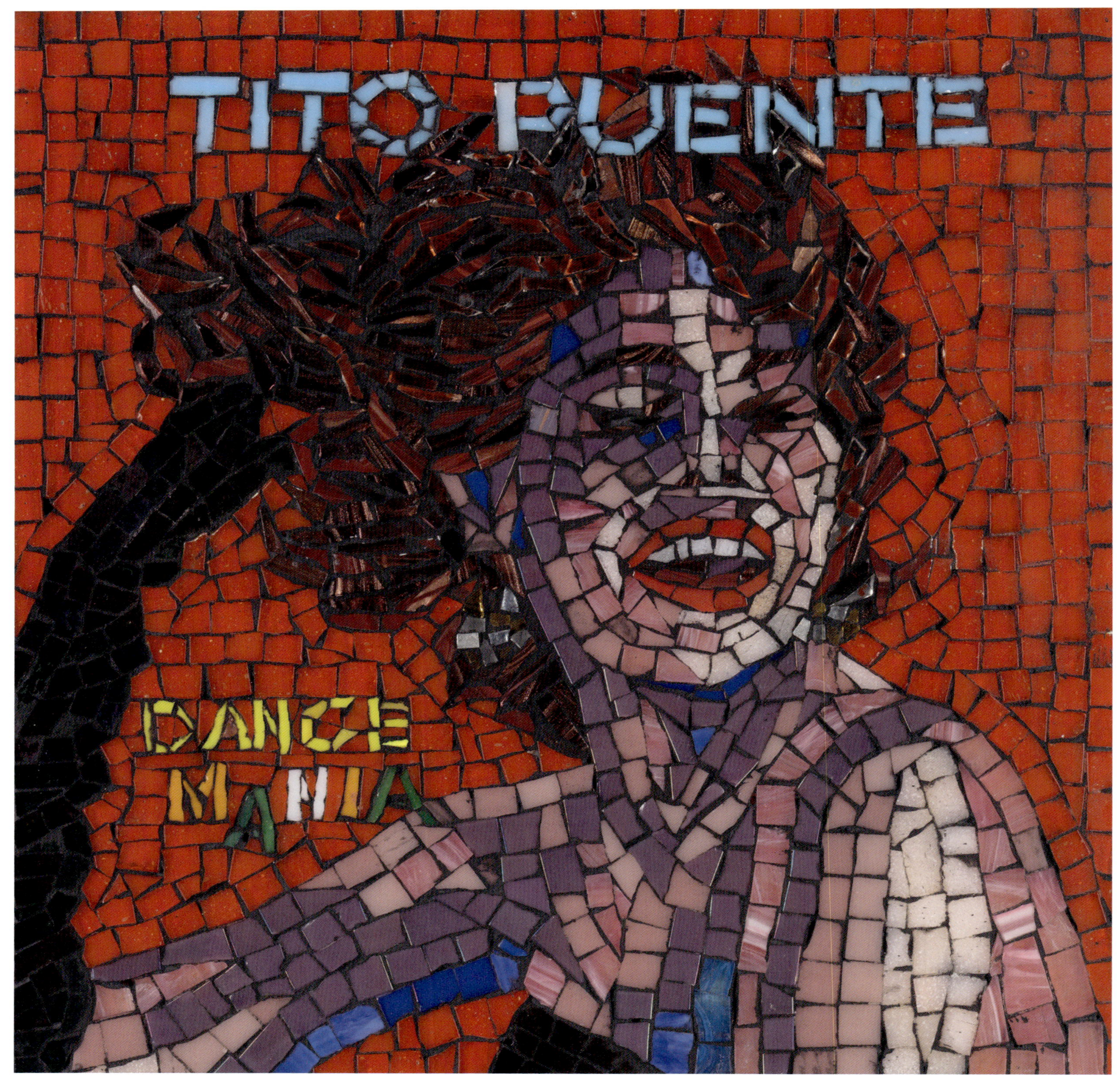

Fig. 39
Vega, *Dance Mania* (after Tito Puente album cover), 2016, colored glass on wood/ vidrio coloreado sobre madera, **12 × 12 in. (30.5 × 30.5 cm)**

BYZANTIUM IN MANNY
Andrea Myers Achi

For a Byzantinist, uncovering the artist's intent is a challenge. The hopes, dreams, and personal motivations that inspired Byzantine artists often remain elusive. We rarely know their names, their families, or how their personal experiences shaped the art they left behind. These unknowns become even more poignant when discussing Byzantine works that are little-known in the art-historical record. Conversations with Manny Vega during tours of the Metropolitan Museum of Art's *Africa and Byzantium* exhibition and Museum of the City of New York's *Byzantine Bembé* brought into focus how much we, as scholars of premodern art, are missing. Primary sources, though they provide fragments of information, never present the full picture—but through Vega's work, we can experience glimpses of Byzantium.

Today, the term *Byzantine* is often used to describe something complex or convoluted, but it also refers to an empire that dominated

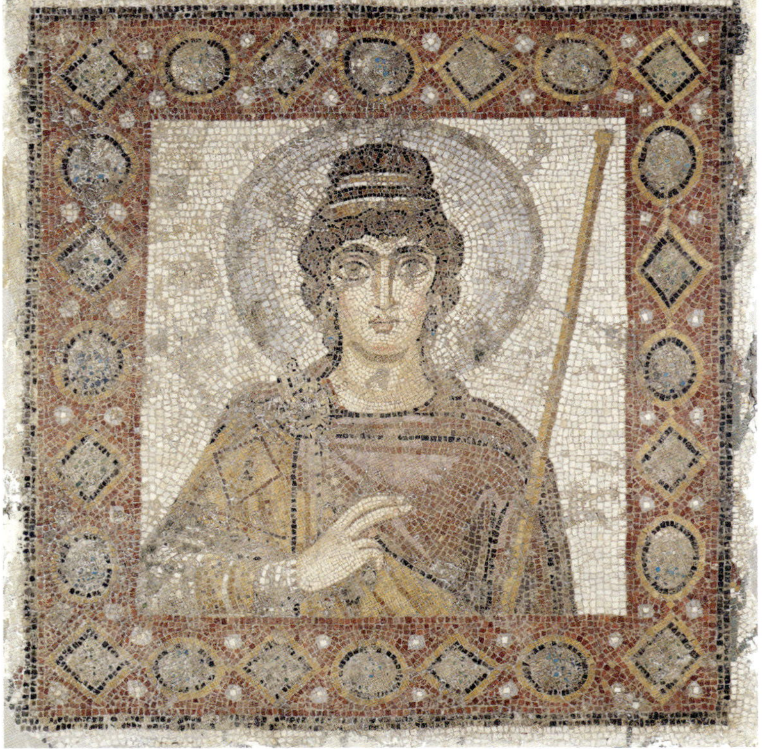

Fig. 40
Mosaic with "Lady of Carthage"/Mosaico con "La Dama de Cartago", **4th–5th century, North African (Carthage, Tunisia), marble, limestone, and glass paste**/mármol, piedra caliza y pasta de vidrio, **43⁵⁄₁₆ × 41³⁄₄ in. (110 × 106 cm)**

BIZANCIO EN MANNY
Andrea Myers Achi

Para una bizantinista, develar la intención del artista es un desafío. Las esperanzas, los sueños y las motivaciones personales que inspiraban a los artistas bizantinos siguen siendo un misterio. Pocas veces conocemos sus nombres, a sus familias o las experiencias personales que influyeron en el arte que produjeron. Estas incógnitas se vuelven aún más inquietantes cuando analizamos obras bizantinas poco conocidas en los registros de la historia del arte. En conversación con Manny Vega —durante visitas a la exposición *Africa and Byzantium* en el Metropolitan Museum of Art y a la exposición *Byzantine Bembé* del Museum of the City of New York— se hizo evidente que, a pesar de ser especialista en arte premoderno, existe una gran cantidad de información que nos es desconocida. Las fuentes primarias ofrecen información fragmentada, nunca presentan el panorama completo, pero a través del trabajo de M. Vega podemos entrever destellos de Bizancio.

En la actualidad, el término "bizantino" suele usarse para describir algo complejo o intrincado, pero también para hacer referencia a un imperio que dominó el Mediterráneo durante varios siglos a partir del siglo IV d. C. En el 330, el emperador romano Constantino mudó la capital de su imperio, que estaba en Roma, a una ciudad que conectaba el Mediterráneo con el Mar Negro. Esta pequeña ciudad portuaria, originalmente llamada Bizancio, pasó a llamarse Constantinopla. Era una "nueva Roma". Fue una decisión radical y estratégica. Este cambio en las capitales también provocó una transformación en la religión del Imperio. Constantino se convirtió al cristianismo y sentó las bases para que el imperio se convirtiera en un estado cristiano. Imaginemos que, en la actualidad, un presidente trasladara la capital de EE. UU. de Washington D. C. a Los Ángeles. Este hipotético traslado podría provocar un cambio cultural en la identidad estadounidense.

En los años posteriores a Constantino continuaron las transformaciones profundas en todo el Mediterráneo. El griego se convirtió en el idioma principal en lugar del latín, la religión pasó de ser politeísta a ser monoteísta, y el arte también cambió. A medida que el cristianismo se extendía por el Mediterráneo, emergieron nuevas formas del arte cristiano. Sí, las prácticas, los estilos y las ideas se conservaron pero esta nueva forma de arte bizantino fue diferente: era llamativo, ostentoso y brillante por el oro; era cautivador, lleno de movimiento y exuberancia.

El término "Bizancio" no es muy apropiado dado que la gente que vivía en esas regiones no se consideraba "bizantina", un término moderno para el imperio y su pueblo. La ciudadanía del imperio

the Mediterranean for centuries, beginning in the fourth century CE. In 330, the Roman emperor Constantine shifted the capital of his empire from Rome to a city that connected the Mediterranean to the Black Sea. This city, originally a small harbor town called Byzantion, was renamed Constantinople. It was a "New Rome." This was a radical yet strategic choice. This shift in capital cities also led to a transformation in religion for the empire. Constantine converted to Christianity and laid the framework for the empire to become a Christian one. Imagine if a current president changed the US capital from DC to LA. One could envision this hypothetical move prompting a cultural shift in American identity.

In the years after Constantine, seismic shifts continued across the Mediterranean. The dominant language shifted from Latin to Greek, religion moved from polytheism to monotheism, and art also changed. As Christianity spread across the Mediterranean, new Christian art forms emerged. Yes, practices, styles, and ideas continued, but this new form of Byzantine art was different. It was loud, flashy, and bright with gold; it was captivating; it had movement and exuberance.

The term *Byzantium* is a bit of a misnomer because the people who lived in these regions did not consider themselves "Byzantines," a modern term for the empire and its people. The empire's citizens considered themselves Roman until the fifteenth century. By the sixth century, under Emperor Justinian, the Byzantine Empire was at its largest. It stretched from the Balkans to the Atlantic coast, encompassing the entirety of the landmasses bordering the Mediterranean Sea, from Carthage in Tunisia to Nice in France. Nevertheless, when most people think of Byzantium, they do not necessarily think of Africa immediately.

However, Northern Africa had important Byzantine artistic and economic centers along the shores of the Mediterranean. For example, Alexandria in present-day Egypt and Carthage in present-day Tunisia were among the most significant production centers in the Byzantine Mediterranean. Those cities were the New York and Paris of Byzantium. In addition to being cosmopolitan cities, they were also cultivation centers for new intellectual and religious debates. These cities stood as bastions of cultural exchange, where scholars, theologians, and merchants from diverse backgrounds converged, fostering a dynamic environment of innovation. Alexandria, for instance, was a hub for theological discourse and education, home to one of the ancient world's most significant libraries and philosophical traditions. Carthage played a pivotal

se consideraba romana, hasta el siglo XV. Para el siglo VI, bajo el mandato del emperador Justiniano, el imperio bizantino había alcanzado su mayor extensión. Se extendía desde los Balcanes hasta la costa del Atlántico, y abarcaba la totalidad de las masas continentales que bordeaban el mar Mediterráneo desde Cartago, en Túnez, hasta Niza, en Francia. A pesar de esto, cuando pensamos en Bizancio, África no es necesariamente lo primero que se nos viene a la mente.

Sin embargo, el norte de África tuvo importantes centros artísticos y económicos bizantinos a lo largo de las costas del Mediterráneo. Por ejemplo, Alejandría (actual Egipto) y Cartago (actual Túnez) figuraban entre los centros de producción más importantes del Mediterráneo bizantino. Esas ciudades eran el equivalente a Nueva York y París para Bizancio. Además de ser ciudades cosmopolitas, también eran centros de desarrollo de nuevos debates intelectuales y religiosos. Estas ciudades eran bastiones de intercambio cultural donde confluían académicos, teólogos y comerciantes de diversas procedencias que fomentaban un entorno dinámico de innovación. Alejandría, por ejemplo, era un centro de discursos y educación relacionados con la teología, hogar de una de las bibliotecas y las tradiciones filosóficas más importantes del mundo antiguo. Cartago tuvo un papel fundamental en la economía bizantina, en particular como proveedor de granos y otros recursos esenciales. Esta mezcla de vigor intelectual e importancia económica destaca el papel integral que tuvo el norte de África en la perdurabilidad y en la influencia del Imperio bizantino.

En 2023 Manny Vega visitó la exposición *Africa and Byzantium* en el Metropolitan Museum of Art. La exposición analizaba las complejas narrativas que vinculan el norte de África con el mundo bizantino, y profundizaba en cuestiones relacionadas con la identidad y las conexiones culturales. Su visita a esta exposición lo llevó a comparar su obra con los mosaicos africanos bizantinos. La exposición planteaba preguntas provocadoras: ¿Los artistas se consideraban africanos? ¿Veían los estilos de los mosaicos como un reflejo de su tierra natal? En una visita a la que lo acompañé, Manny examinó detenidamente casi todos los 150 objetos expuestos. No sólo analizó el dominio de la técnica detrás de las obras de arte, sino también temas más profundos relacionados con la memoria, la identidad y la herencia cultural. Reflexionó sobre la eterna experiencia humana de la creación y la pérdida, y sobre el eterno poder del arte para unir mundos diferentes. Al principio de la

role in the Byzantine economy, particularly as a supplier of grain and other essential resources. This blend of intellectual vigor and economic importance underlines the integral role northern Africa played in the Byzantine Empire's longevity and influence.

In 2023 Manny Vega visited *Africa and Byzantium* at the Metropolitan Museum of Art, an exhibition exploring the complex narratives linking northern Africa to the Byzantine world, delving into questions of identity and cultural connections. His visit to this exhibition prompted a comparison of his work with Byzantine African mosaics. The exhibition posed provocative questions: Did the artists consider themselves African? Did they see their mosaic styles as a reflection of their homeland? On a tour with me, Vega meticulously examined almost all 150 objects on view. He explored not only the technical mastery behind the artworks but also the deeper themes of memory, identity, and cultural heritage. He reflected on the timeless human experience of creation and loss, as well as the enduring power of art to bridge disparate worlds. At the beginning of our conversation, we closely examined a floor mosaic from fifth-century Tunisia featuring a woman known as the Lady of Carthage (Fig. 40). Its elegance and mystery prompted Vega to reflect on his homage to Tito Puente (Fig. 39), and he drew parallels between the representation of women in Byzantine art and his own work. Through this dialogue, the layers of Byzantine influence in Vega's artistic perspective became strikingly clear. This moment bridged ancient and contemporary art, revealing the enduring legacy and resonance of Byzantine creativity today. By the end of the exhibition tour, Vega's perspectives underscored how historical objects continue to inspire meaningful dialogue in our world.

While examining the 1,500-year-old mosaics featured in the exhibition, Vega explained how tesserae, the small pieces used to create mosaics, were painstakingly crafted. Waving his hands in the air, he described the arduous and often painful process to achieve the precision necessary for each individual piece to fit perfectly into the larger composition. This insight offered a fresh perspective, illuminating Byzantine artisans' sheer dedication and skill. Vega enriched our discussion by showing me an image on his iPhone of his own tools—they bore a striking resemblance to those used by the Byzantines centuries ago. This parallel was a profound revelation, showcasing the enduring legacy of ancient techniques and their continued relevance in modern artistic practices. The act of creation, though separated by millennia, remains a deeply human endeavor characterized by ingenuity and perseverance.

conversación examinamos con atención un mosaico de piso del Túnez del siglo V titulado *La dama de Cartago* (fig. 40). Su elegancia y misterio impulsaron a Vega a reflexionar sobre su homenaje a Tito Puente (fig. 39); también trazó paralelismos entre la representación de las mujeres en el arte bizantino y en la de su propia obra.

Este diálogo reveló la profunda influencia bizantina en la perspectiva artística de Vega. En ese momento se fusionaron el arte antiguo y el arte contemporáneo, y se reveló el legado imperecedero y la resonancia de la creatividad bizantina en la actualidad. Cuando la exposición llegó a su fin, las reflexiones de Vega resaltaron la capacidad de los objetos históricos para generar diálogos relevantes en la actualidad.

Mientras examinábamos los mosaicos de hace 1500 años que conformaban la exposición, Vega explicó cómo se elaboraban meticulosamente las *tesserae*, las pequeñas piezas que se usan para crear los mismos. Moviendo las manos en el aire, describió el arduo y, en general, doloroso proceso que se debe atravesar para lograr que cada pieza individual tenga la precisión necesaria, que es lo que permite que encaje a la perfección en la composición mayor. Esta visión ofreció una perspectiva novedosa y arrojó luz sobre la enorme dedicación y habilidad de los artesanos bizantinos. Para enriquecer nuestro debate, Manny mostró una imagen de sus propias herramientas en su teléfono móvil. Las herramientas tenían un sorprendente parecido con aquellas que usaban los bizantinos hace siglos, y que conectan el mundo histórico y el contemporáneo de la elaboración de mosaicos. Este paralelismo fue una profunda revelación, y demostró la permanencia del legado de las técnicas antiguas y de su continua relevancia en las prácticas artísticas modernas. El acto de la creación, aunque hayan pasado miles de años, sigue siendo una tarea profundamente humana caracterizada por la ingeniosidad y la perseverancia.

Unas semanas después de esta visita, Vega me invitó a su exposición en el Museum of the City of New York. Nuestra conversación derivó en las similitudes entre su proceso creativo y las tradiciones artísticas de los mosaiquistas bizantinos. Se destacó una pieza en particular: un asombroso mosaico que se parecía mucho a las imágenes paradisíacas que suelen encontrarse en el arte bizantino. El arte paleocristiano solía emplear pavos reales para simbolizar la salvación y la inmortalidad, como los brillantes ejemplos de la iglesia de San Vital de Ravena, Italia, uno de los mosaicos más exquisitos del período bizantino temprano (fig. 42). Si bien el mosaico de Vega no era una réplica directa de esta tradición,

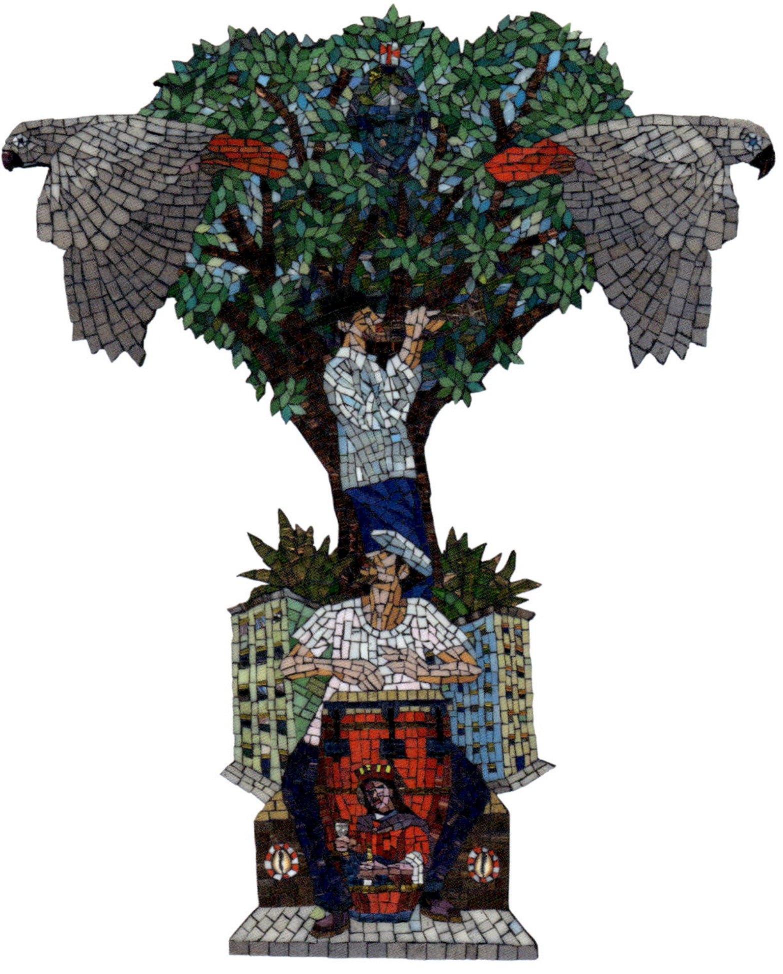

Fig. 41 (left)
Vega, *Jerry Shangó* (*Shangó* series), 2015–17, colored glass on wood/vidrio coloreado sobre madera, **40 × 31 in. (101.6 × 78.7 cm)**

Fig. 42 (opposite)
Detail of a peacock, dome vault of the Presbytery/Detalle de un pavo real, bóveda de cúpula del Presbiterio, **Basilica of San Vitale, 6th century, Ravenna, Italy, mosaic/**mosaico

A few weeks after the tour, Vega invited me to his exhibition at the Museum of the City of New York. Our conversation turned to the similarities between Vega's creative process and the artistic traditions of Byzantine mosaicists. One piece, in particular, stood out: a stunning mosaic that bore a striking resemblance to the paradisiacal imagery often found in Byzantine art. Early Christian art frequently used peacocks as symbols of salvation and immortality, such as the vibrant examples in the Basilica of San Vitale in Ravenna, Italy, one of the finest surviving early Byzantine mosaics (Fig. 42). While Vega's mosaic was not a direct replication of this tradition, the echoes of Byzantine influence were unmistakable. The vivid blues and greens, the dynamic sense of movement, and the interplay of light and shadow evoked a timeless connection between past and present.

Byzantine art, known for its diasporic nature, seamlessly blended and reinterpreted motifs from diverse cultures, time periods, and geographies. This syncretic approach allowed Byzantine works to

los ecos de la influencia bizantina eran inconfundibles. Los azules y verdes intensos, el sentido dinámico de movimiento, y los juegos de luces y sombras evocaban una conexión atemporal entre el pasado y el presente.

El arte bizantino, conocido por su naturaleza diaspórica, combinaba y reinterpretaba a la perfección motivos de diversas culturas, períodos y geografías. Este enfoque sincrético permitía que las obras bizantinas resonaran a través de las fronteras y que así se creara un lenguaje artístico dinámico. Los mosaicos de Vega representan un *ethos* similar: reimaginan estos elementos tradicionales en un contexto moderno mientras que mantienen una conexión con sus raíces históricas. En una de sus piezas, dos pájaros que vuelan con elegancia sobre un tamborilero que mira hacia arriba, llenan la composición de energía y movimiento tangibles (fig. 41). Esta vitalidad refleja el efecto de los mosaicos de pared de las iglesias bizantinas, que se diseñaban meticulosamente para guiar la atención de quienes las observaban con líneas fluidas, contrastes dramáticos y un deliberado juego de luz y color.

Este uso deliberado del color, tanto en el arte bizantino como en la obra de Vega, evoca sensaciones de calma y vitalidad, y atrae al público hacia las escenas. Al observar estos paralelismos me sorprendió la profunda continuidad entre las dos formas de arte y encontré, en la obra de Vega, un eco moderno del legado artístico bizantino. El juego de tradición e innovación de sus mosaicos pone de relieve cómo las estéticas antiguas pueden encontrar nueva vida y significado en el arte contemporáneo, además de que fomentan un diálogo eterno entre el pasado y el presente.

Mientras que los mosaicos de las paredes de las iglesias bizantinas destacaban los primeros conceptos teológicos cristianos, los mosaicos de piso del periodo bizantino representaban, mayormente, escenas de la vida diaria con detalles excepcionales. Estos mosaicos de piso solían incluir imágenes de animales, plantas, escenas de caza y representaciones de celebraciones y actividades agrícolas.

Uno de los mosaicos de la exposición de Vega en el MCNY era notablemente similar al mosaico romano de Túnez, que fue la imagen insignia de la exposición *Africa and Byzantium* (fig. 43). El mosaico del siglo II encapsulaba escenas de la vida común en el mundo romano-bizantino: retrataba a hombres realizando tareas cotidianas, como caminar y llevar una cesta de pan o una jarra de vino. Si bien su identidad es ambigua, es probable que estos hombres hayan sido esclavos. Esta pieza se incluyó en la exposición en un esfuerzo deliberado por destacar la diversidad de

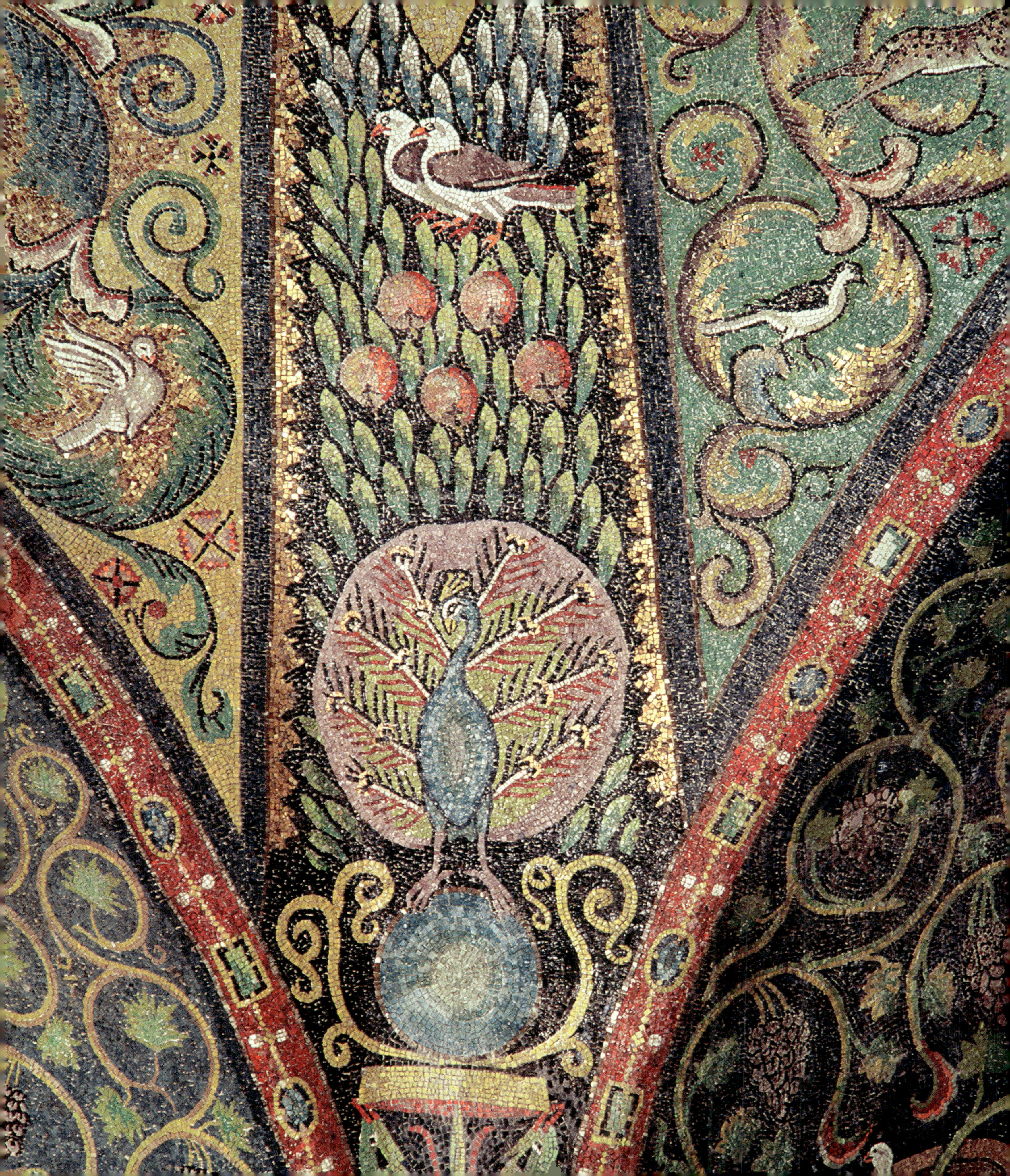

resonate across boundaries, creating a dynamic artistic language. Vega's mosaics embody a similar ethos, reimagining these traditional elements in a modern context while maintaining a connection to their historical roots. In one of his pieces, two birds soar gracefully above a drummer who gazes upward, infusing the composition with palpable energy and movement (Fig. 41). This vitality mirrors the effect of wall mosaics in Byzantine churches, which were meticulously designed to guide viewers' attention with flowing lines, dramatic contrasts, and a calculated interplay of light and color.

This deliberate use of color, in Byzantine art and in Vega's work, evokes a sense of both calm and vibrancy, drawing the viewer into scenes. Observing these parallels, I was struck by the profound continuity between the two art forms, finding in Vega's work a modern echo of Byzantine artistic legacy. The interplay of tradition and innovation in his mosaics underscores how ancient aesthetics can find new life and meaning in contemporary art, fostering a timeless dialogue between past and present.

While the walls of Byzantine church mosaics often emphasize early Christian theological concepts, the floor mosaics of the Byzantine period mostly depict scenes of daily life. These remarkably detailed works frequently include images of animals, plants, and hunting scenes, as well as depictions of feasts and agricultural activities.

In Vega's exhibition at MCNY, one mosaic bore a striking resemblance to a Roman example from Tunisia, which served as the signature image of the *Africa and Byzantium* exhibition (Fig. 43). The second-century mosaic portrayed men engaged in everyday tasks, such as walking and carrying a basket of bread and a wine carafe, encapsulating scenes of ordinary life in the Roman-Byzantine world. While their identities remain ambiguous, these men were likely enslaved. Including this piece in the exhibition was an intentional effort to highlight the diversity of people who lived and worked in the region during this period. Additionally, certain elements, such as the breadbasket, served as subtle symbolic references to Tunisia's role as the "breadbasket of the Mediterranean."

In contrast, Vega's mosaic—created nearly two millennia later—features two individuals on a motorcycle, their faces obscured by masks, evoking the collective memory of the COVID-19 pandemic in 2020 (Fig. 44). This contemporary work resonates with themes of resilience and adaptability in times of crisis, much like its ancient counterpart. However, while the Roman mosaic conveys a sense of labor and survival, Vega's piece exudes a certain lightheartedness. The multicolored glass fragments, scattered like celebratory confetti

Fig. 43
Mosaic panel with preparations for a feast/Panel de mosaico con preparativos para una fiesta, **4th quarter of the 2nd century**/Cuarto cuarto del siglo II, **North African (Carthage, Tunisia), marble, limestone, and glass paste**/mármol, piedra caliza y pasta de vidrio, **83 7/8 × 92 1/2 × 2 9/16 in. (213 × 235 × 6.5 cm)**

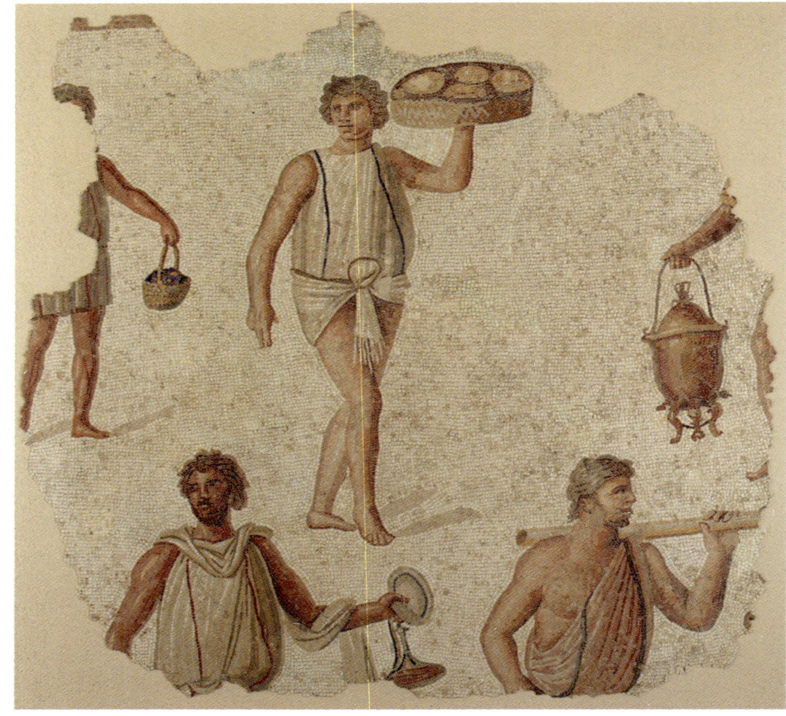

personas que vivían y trabajaban en la región durante este período. Además que ciertos elementos, como la cesta de pan, servían como referencias simbólicas sutiles al papel de Túnez como "el granero del Mediterráneo".

En contraste, los mosaicos de Vega —creados casi dos mil años después— presentan a dos personas en una motocicleta con los rostros ocultos detrás de unas mascarillas, con lo cual despiertan la memoria colectiva de la pandemia por COVID-19 en 2020 (fig. 44). Esta obra contemporánea evoca temas de resiliencia y adaptabilidad en épocas de crisis, algo muy parecido a lo que hace su contraparte de la antigüedad. Sin embargo, mientras que el mosaico romano transmite una sensación de trabajo y supervivencia, la pieza de M. Vega rezuma cierta despreocupación. Los fragmentos de vidrio multicolor, esparcidos como si fueran confeti de celebración por toda la composición, inyectan una energía alegre a la narrativa. Como historiadora de arte, suelo reflexionar sobre cómo el arte creado en tiempos de peligro captura las dualidades de la experiencia humana:

Fig. 44
Vega, *2020 WTF*, 2022, colored glass on wood/ vidrio coloreado sobre madera**,**
32 × 35 in. (81.3 × 88.9 cm)

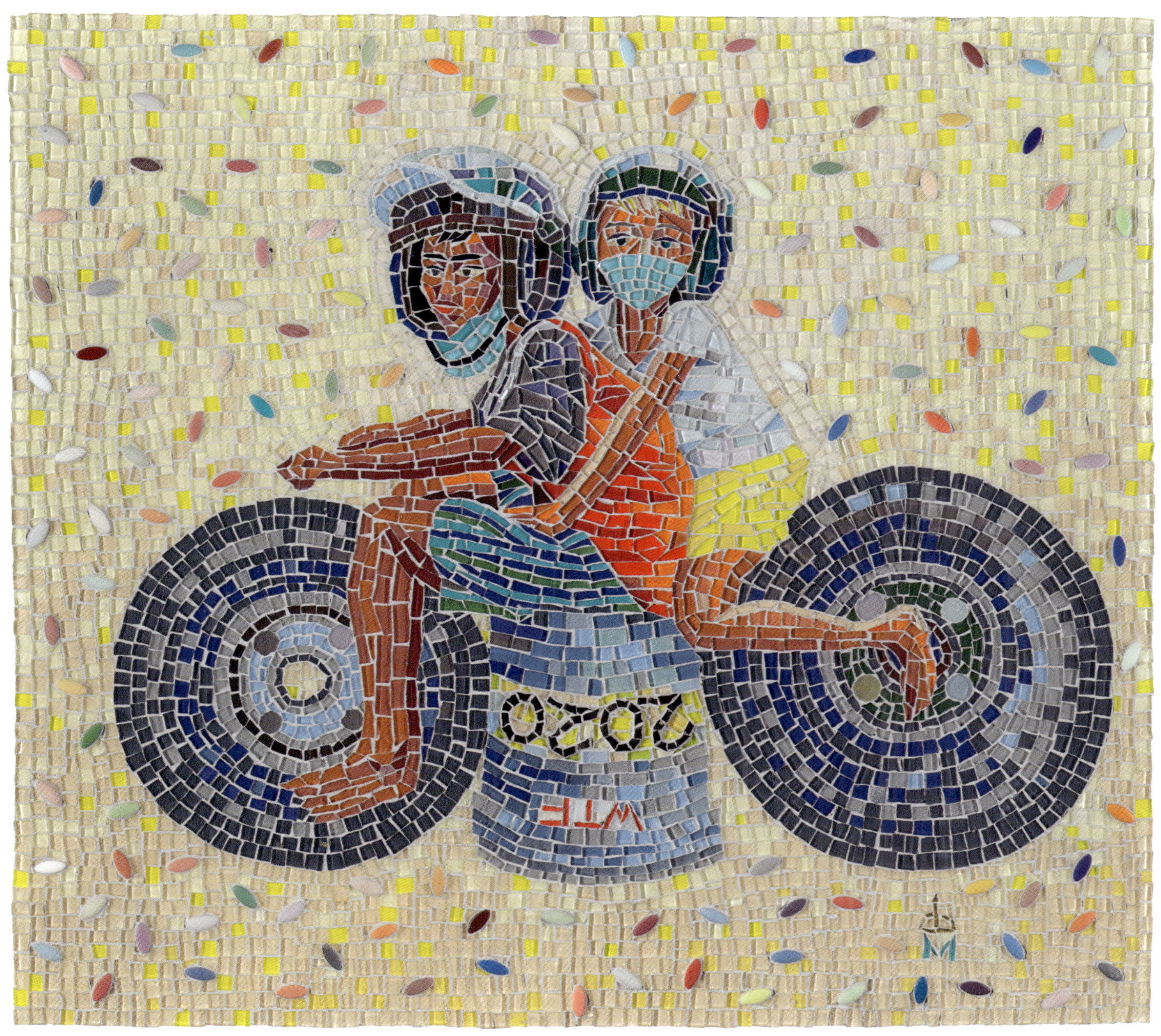

Fig. 45
Vega, *Saint Cecilia*, 2023, watercolor on paper/acuarela sobre papel, 22½ × 15 in. (57.2 × 38.1 cm)

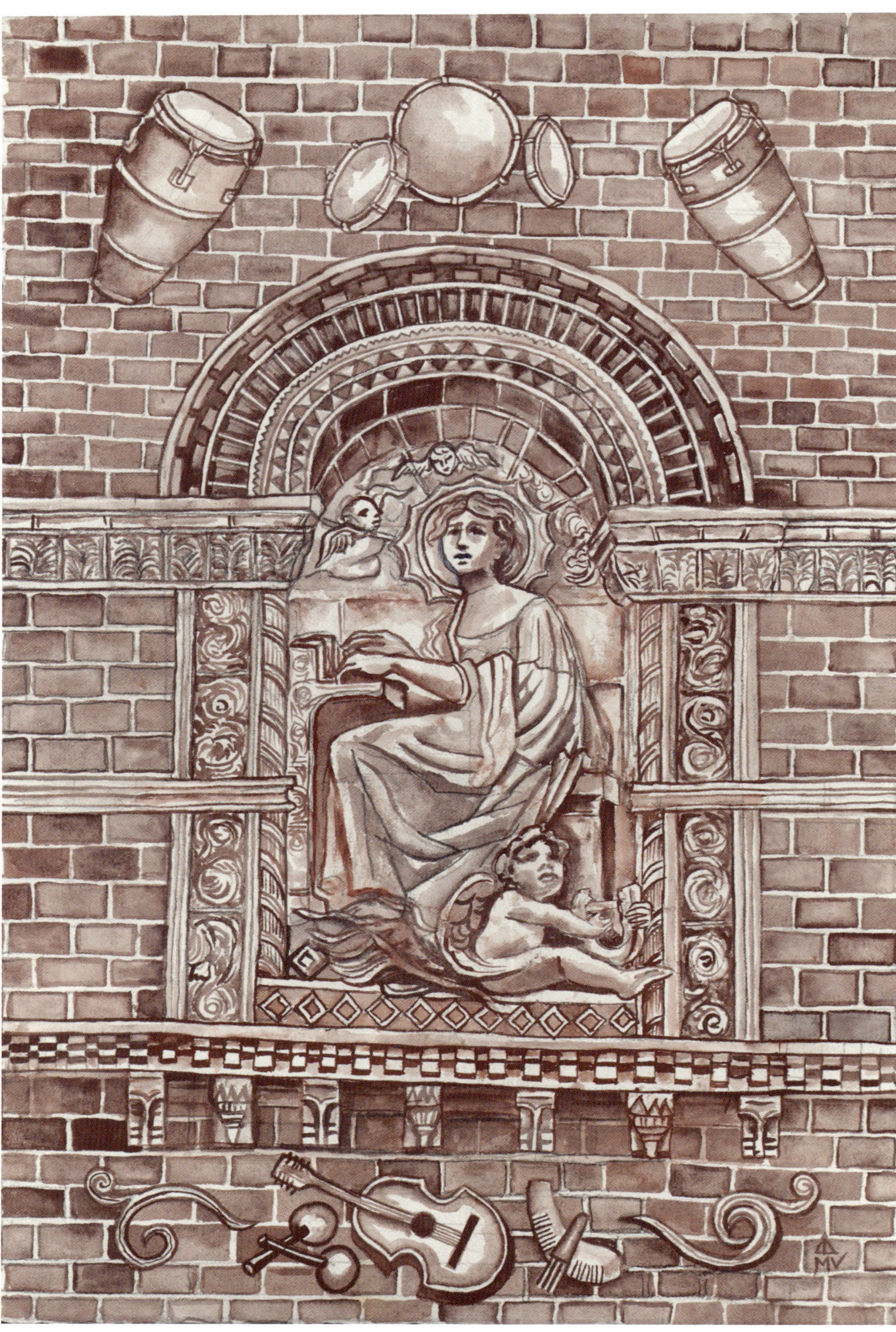

Fig. 46
Jaharis Byzantine Lectionary, ca. 1100, Constantinople, tempera, gold, and ink on parchment, leather binding/témpera, oro y tinta sobre pergamino, encuadernación en piel, **overall 14½ × 11⅝ × 4⅞ in. (36.8 × 29.6 × 12.4 cm), folio 13¾ × 10⁵⁄₁₆ in. (35 × 26.2 cm)**

across the composition, inject a playful energy into the narrative. As an art historian, I often reflect on how art created during times of peril captures the dualities of human experience—both the weight of uncertainty and the persistence of joy. Vega's mosaic, with its vibrant colors and dynamic composition, offers a refreshing perspective on navigating hardship, blending memory, creativity, and optimism into a singular visual statement.

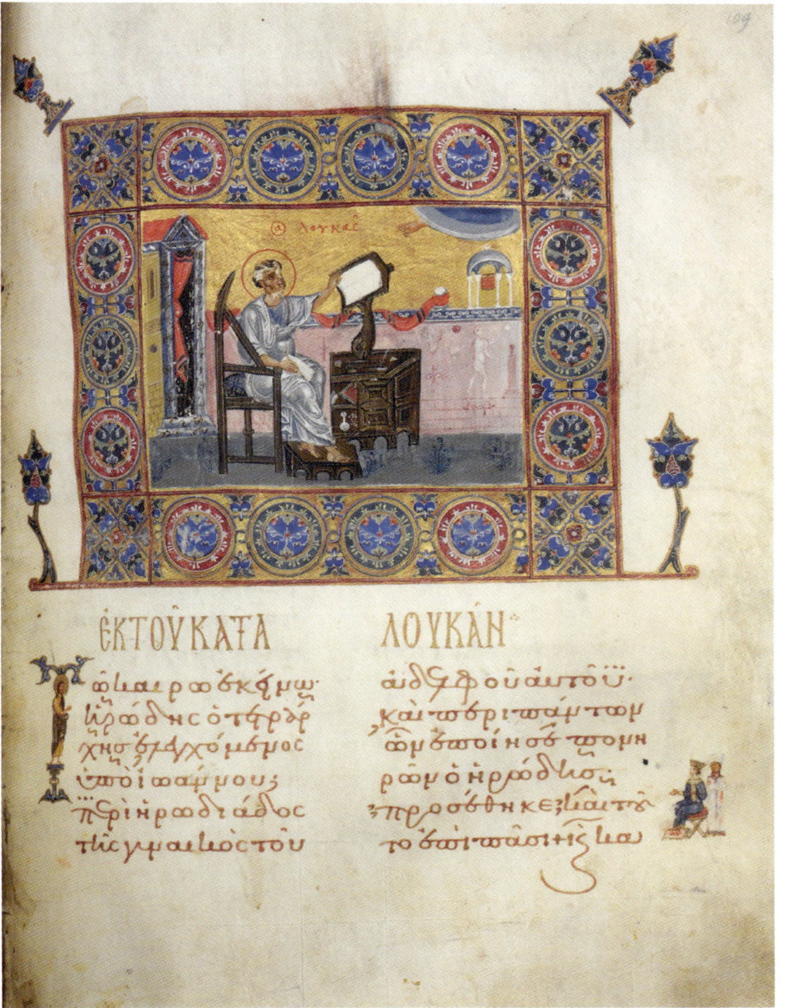

tanto el peso de la incertidumbre como la persistencia de la felicidad. El mosaico de Vega, con sus colores vibrantes y su composición dinámica, ofrece una perspectiva renovadora sobre cómo navegar las dificultades; mezcla memoria, creatividad y optimismo en una única declaración visual.

Además de reflejar el arte bizantino, la obra de Manny Vega también presenta influencias de África. Como se mencionó, África tuvo un papel preponderante en el mundo bizantino, y su cultura visual y material con frecuencia se cruzaba con el arte bizantino. Un ejemplo destacable es una caja nubia del actual Sudán que se remonta al siglo IV. Muchos artefactos como este revelan que existían fuertes alianzas políticas entre los reinos de África y el mundo Mediterráneo, además de un intenso intercambio de ideas y motivos artísticos. Estos reinos africanos, que prosperaron a lo largo de las rutas comerciales mediterráneas, mantuvieron su poder y su influencia durante más de dos mil años, y dejaron una huella imborrable en el arte bizantino.

La interconexión histórica encuentra ecos en el arte de M. Vega, donde el impacto del África antigua es innegable (pl. 35). En muchas sociedades africanas, las diosas ocuparon un lugar prominente en el panteón cultural y espiritual durante miles de años. Mediante el comercio transatlántico de esclavos, los recuerdos de estas diosas se llevaron a América y el Caribe como parte de la diáspora africana. Estas poderosas figuras femeninas siguen siendo fuente de inspiración; su legado se reinterpreta en el arte contemporáneo. El arte de Vega refleja esta fuerza y resiliencia eterna, y canaliza la energía de estas diosas en sus obras. Al inspirarse en esas ricas tradiciones culturales y espirituales, el arte de Vega conecta historias antiguas de África con las narrativas dinámicas del presente.

No todas las conexiones son abstractas. La inspiración del arte bizantino es directa en muchas de las obras de Vega, por ejemplo, en la representación de Santa Cecilia. Esta santa de la antigua Roma y patrona de la música, ocupa un lugar venerado en la tradición cristiana antigua. Vega se inspira en este legado para relacionar los temas del cristianismo antiguo y la iconografía de la música en su obra, e incorpora tambores, violines y ángeles (fig. 45). En su representación, Santa Cecilia se parece al San Lucas de los retratos tradicionales en los que recibe la inspiración divina, una conexión que afianza la obra en el arte cristiano histórico (fig. 46). La escena central, enmarcada en un arco, es similar a la estética de las tallas de marfil bizantinas donde una paleta monótona enfatiza a la protagonista de la composición (fig. 47).

Alongside its reflection of Byzantium, Vega's work also showcases the influence of Africa. As mentioned, Africa played a significant role in the Byzantine world, and its visual and material culture often intersected with Byzantine art. One striking example is a Nubian box from what is now Sudan, dating back to the fourth century. Artifacts like this reveal the strong political alliances that existed between the kingdoms of Africa and the Mediterranean world, showcasing a vibrant exchange of artistic ideas and motifs. These African kingdoms, which thrived along the Mediterranean trade routes, maintained their power and influence for over two thousand years, leaving an indelible mark on Byzantine art.

This historical interconnection finds echoes in Vega's art, where the impact of ancient Africa is undeniable (Pl. 35). In many African societies, goddesses held a prominent place in the spiritual and cultural pantheon for thousands of years. Through the transatlantic slave trade, memories of these goddesses were carried to the Americas and the Caribbean as part of the African diaspora. These powerful female figures continue to inspire; their legacy is reinterpreted in contemporary art. Vega's work reflects this enduring strength and resilience, channeling the energy of these goddesses into his work. By drawing on such rich cultural and spiritual traditions, Vega's art connects ancient African histories with the dynamic narratives of the present.

Not all of these connections are abstract. The inspiration of Byzantine art is directly evident in many of Vega's works, such as the representation of Saint Cecilia, an early Roman saint and the patron of music, who holds a revered place in the early Christian tradition. Vega draws inspiration from this legacy, weaving together the themes of early Christianity and the iconography of music in his work, incorporating drums, violins, and angels (Fig. 45). In his depiction of Saint Cecilia, she bears a resemblance to traditional portrayals of Saint Luke receiving divine inspiration, anchoring the piece in historical Christian art (Fig. 46). The central scene, framed by an archway, recalls the aesthetic of Byzantine ivory carvings, in which the monotone palette emphasizes the protagonist of the composition (Fig. 47).

When Vega and I met, he shared how profoundly the Byzantine art at the Met had influenced his creative process. These inspirations manifest clearly in his powerful works, not only in their form but also in their spirit. During a visit to his studio, I was struck by its archaeological quality—fragments of glass and mosaic tesserae scattered across the space, with mosaics in varying stages of

Cuando Vega y yo nos conocimos, me contó de la profundidad con la que el arte bizantino del Metropolitan Museum of Art había influido en su proceso creativo. Estas inspiraciones se manifiestan claramente en sus poderosas obras, no solo en su forma sino también en su espíritu. Durante una visita a su estudio, me sorprendió su calidad arqueológica: fragmentos de *tesserae* desperdigados por todo el lugar y mosaicos en diferentes etapas de ejecución. Era como entrar a un sitio de excavación. Esto me llevó a preguntarme: si un arqueólogo descubriera el estudio de Manny Vega en mil años, ¿vería la influencia bizantina? ¿Confundiría estas obras con originales bizantinos? Creo que vale la pena reflexionar al respecto.

La obra de Manny Vega canaliza el estilo, la forma y la función del arte bizantino. Sin embargo, no es una imitación sino una reinterpretación. A través de estos mosaicos, Vega conecta el pasado y el presente, conserva la esencia del arte bizantino a la vez que le infunde narrativas contemporáneas y expresión personal. Su arte nos recuerda que el legado de Bizancio trasciende el tiempo y sigue inspirando y evolucionando en las manos de artistas vivos. Como las nuevas formas de arte que emergieron después del siglo IV, el arte de Vega también representa el impacto del cambio, las identidades cambiantes y las memorias colectivas. La fusión de lo antiguo y lo contemporáneo permite que la obra de Vega ocupe un espacio único y garantice que el espíritu del arte bizantino siga vivo y conserve su importancia en el mundo actual.

completion. It felt like stepping into a living excavation site. This made me wonder: If an archaeologist were to uncover Vega's studio a thousand years from now, would they see the Byzantine influence? Would they mistake these works for Byzantine originals? I believe these questions are worth pondering.

Vega's work channels the style, form, and function of Byzantine art, but it does more than emulate—it reinterprets. Through his mosaics, Vega bridges past and present, preserving the essence of Byzantine art while infusing it with contemporary narratives and personal expression. His art reminds us that the legacy of Byzantium transcends time, continuing to inspire and evolve in the hands of living artists. Like the new art forms that emerged after the fourth century, Vega's art also represents the impact of change, shifting identities, and collective memories. This fusion of ancient and contemporary allows Vega's work to occupy a unique space, ensuring that the spirit of Byzantine art remains alive and relevant in today's world.

Fig. 47
Icon with the Koimesis, late 900s, probably Constantinople, elephant ivory, 7 5/16 × 5 13/16 × 7/16 in. (18.6 × 14.8 × 1.1 cm)

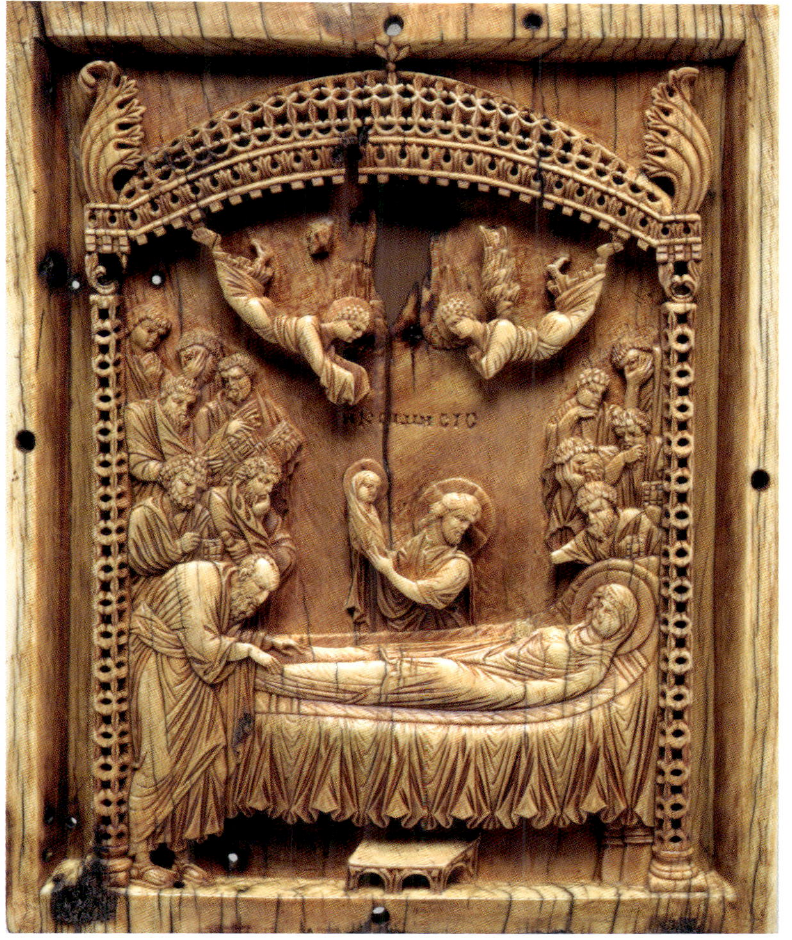

BEADWORK

~

TRABAJO CON CUENTAS

Plate 114
Ritual Bag II, 1991
Mixed media/Medios mixtos
44 × 12 × 1 in. (111.8 × 30.5 × 2.5 cm)

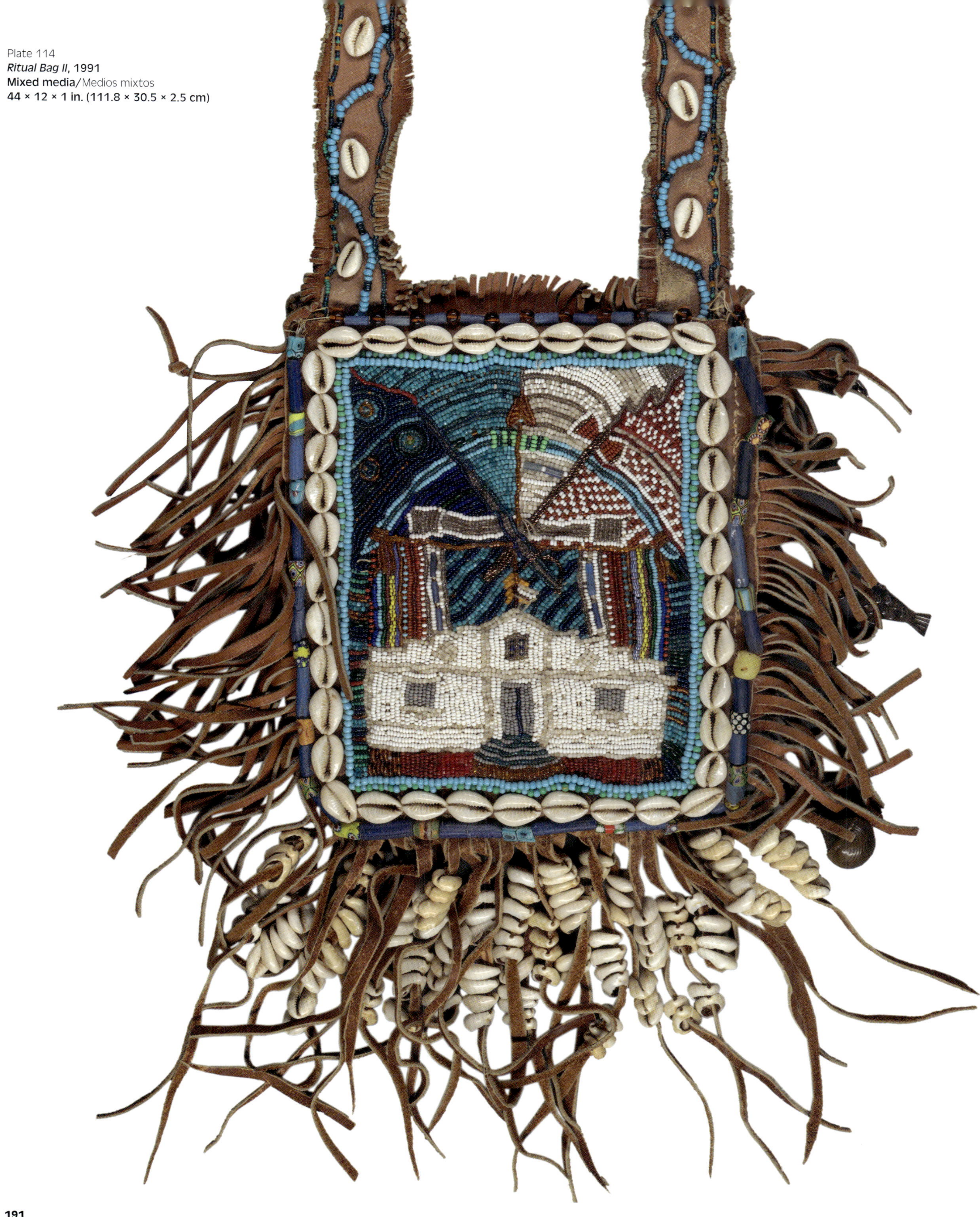

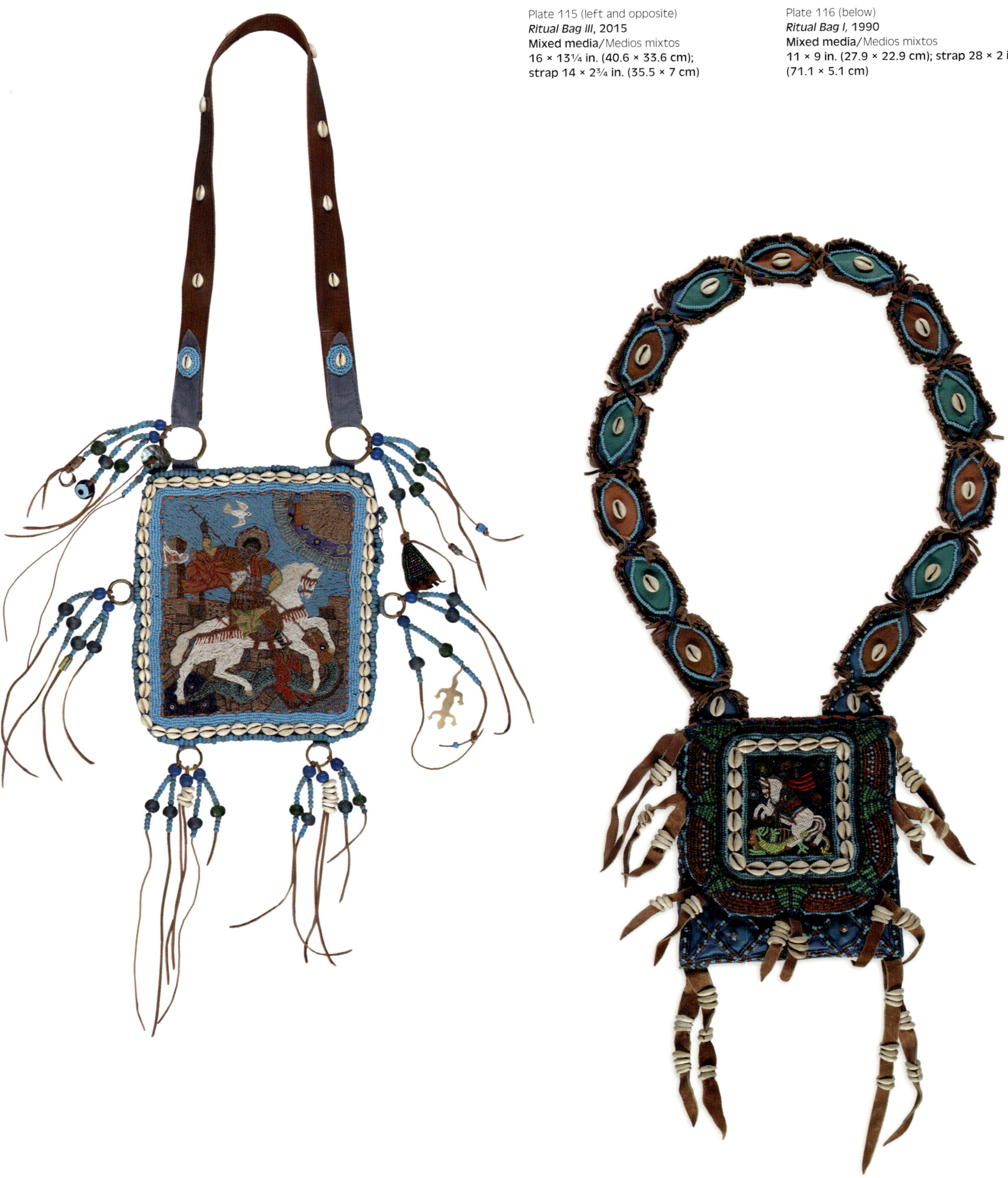

Plate 115 (left and opposite)
Ritual Bag III, 2015
Mixed media/Medios mixtos
16 × 13¼ in. (40.6 × 33.6 cm); strap 14 × 2¾ in. (35.5 × 7 cm)

Plate 116 (below)
Ritual Bag I, 1990
Mixed media/Medios mixtos
11 × 9 in. (27.9 × 22.9 cm); strap 28 × 2 in. (71.1 × 5.1 cm)

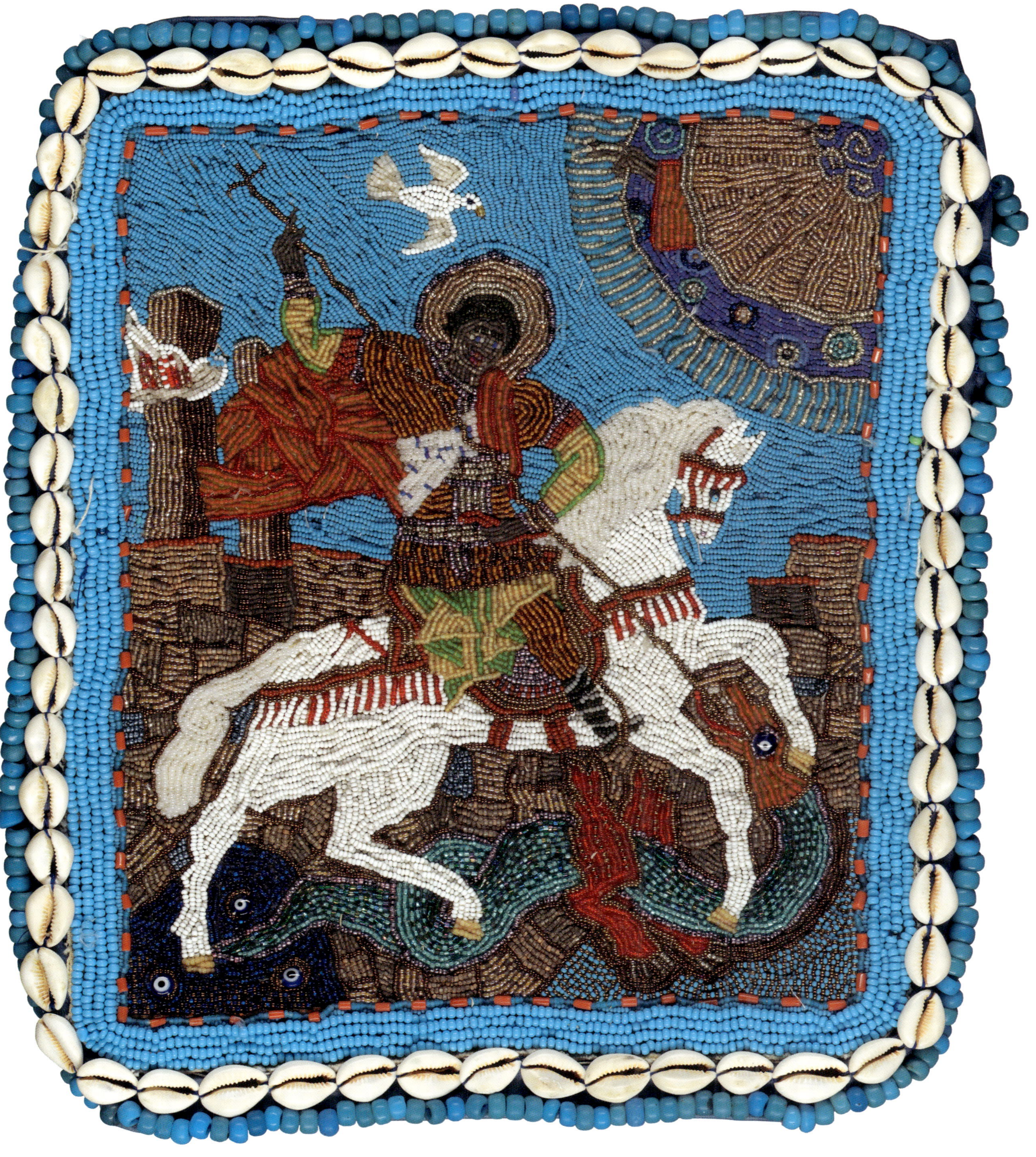

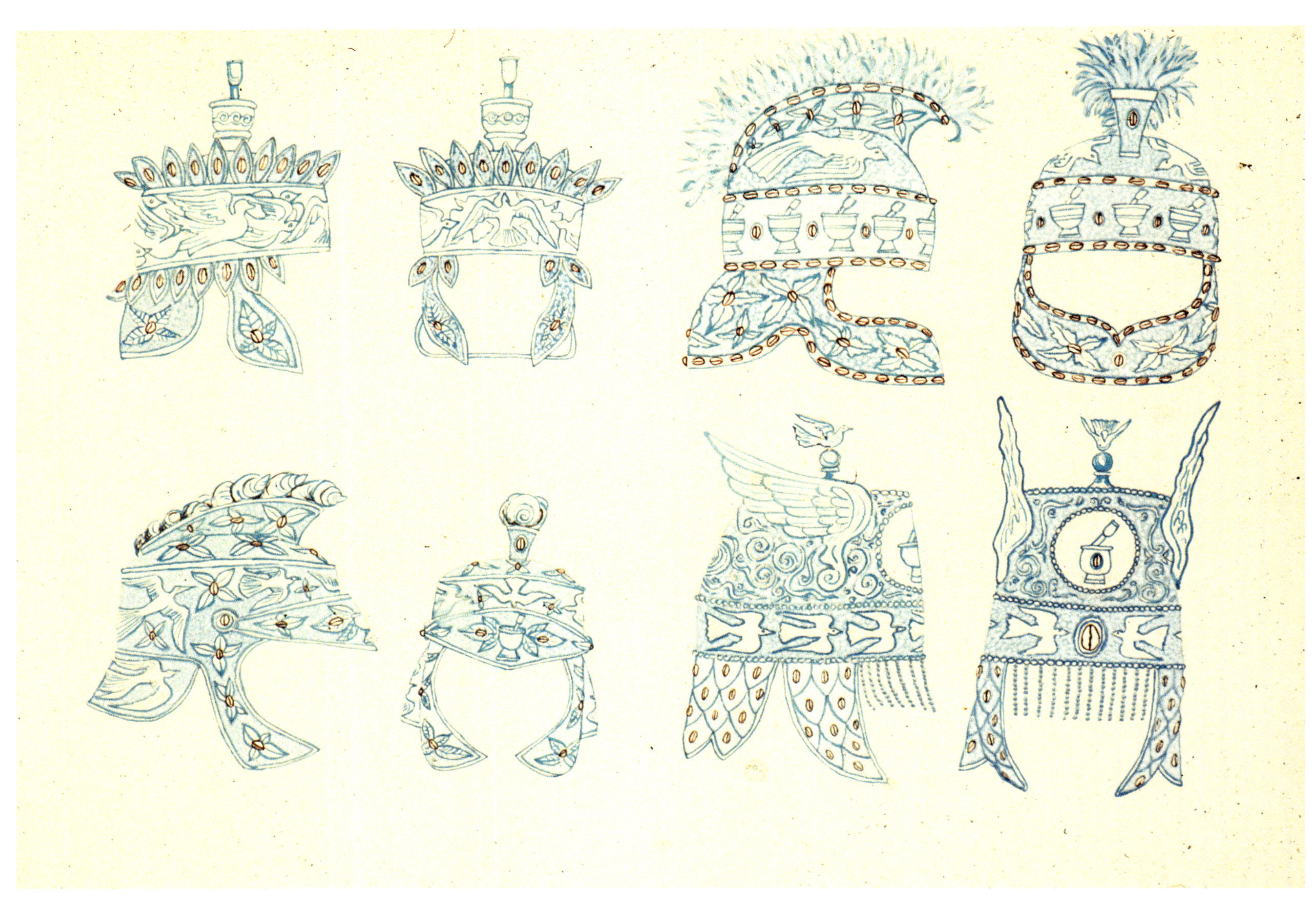

Plate 117 (above)
Design for ritual helmets for Obatalá, 1986
Watercolor and gouache on paper/
Acuarela y gouache sobre papel
14¾ × 20¾ in. (37.5 × 52.7 cm)

Plate 118 (opposite)
***Ochosi Head Piece II*, ca. 1993**
Mixed media/Medios mixtos
18 × 10 × 15 in. (45.7 × 25.4 × 38.1 cm)

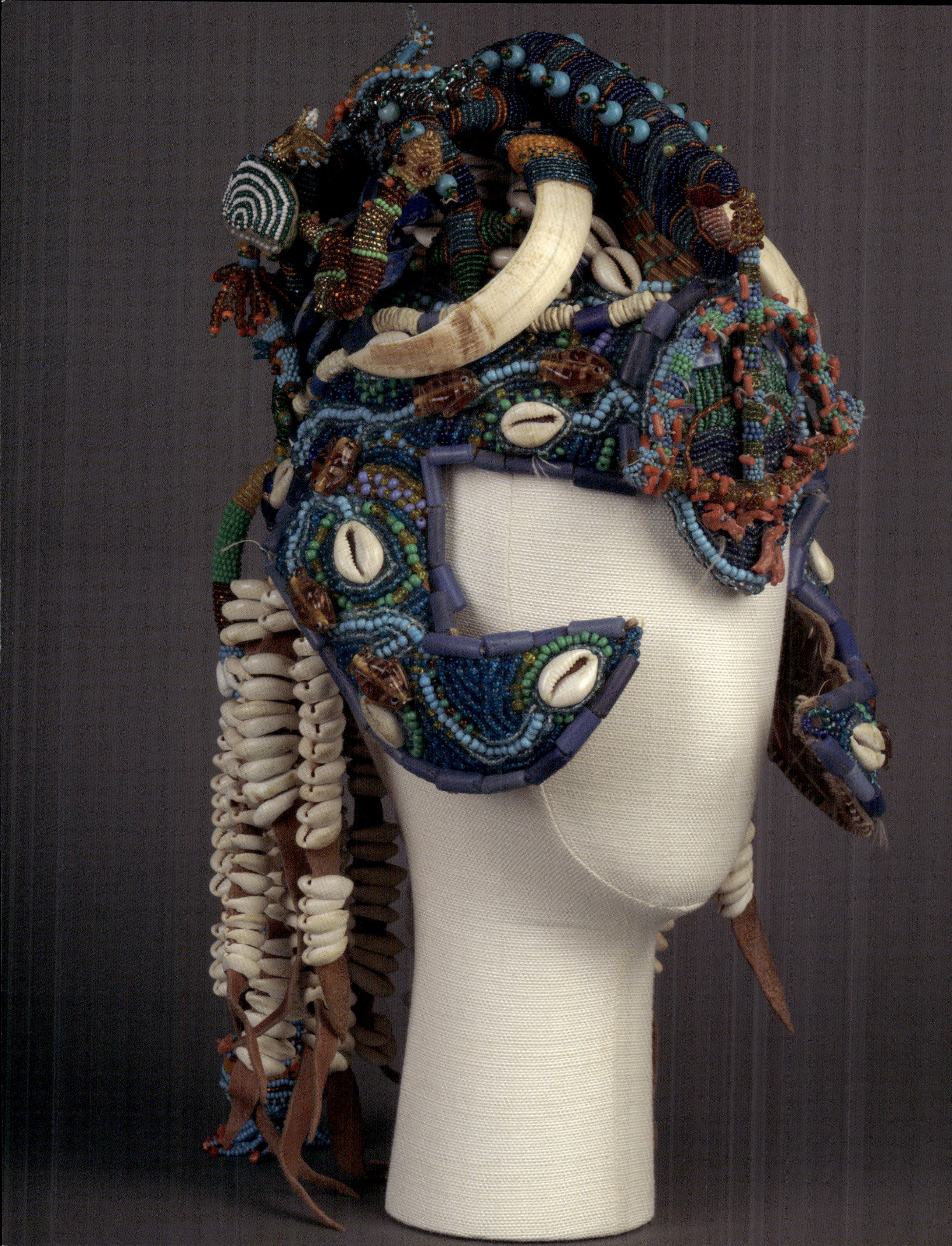

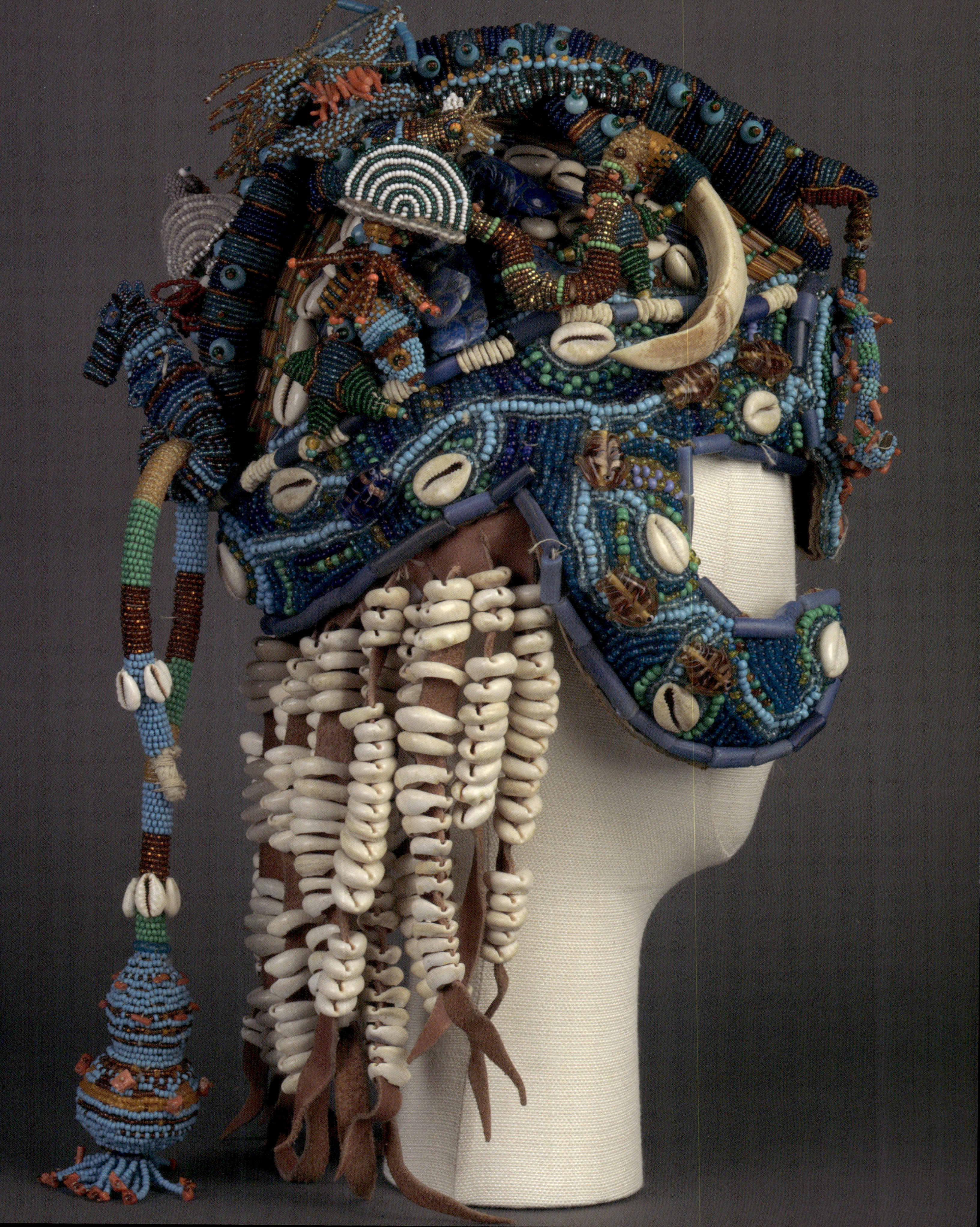

Plate 119 (opposite)
Ochosi Head Piece II, ca. 1993
Mixed media/Medios mixtos
18 × 10 × 15 in. (45.7 × 25.4 × 38.1 cm)

Plate 120 (below)
Ochosi Head Piece III, 1998
Mixed media/Medios mixtos
15 × 12 × 11½ in. (38.1 × 30.5 × 29.2 cm);
straps 25 × ¾ in. (63.5 × 1.9 cm)

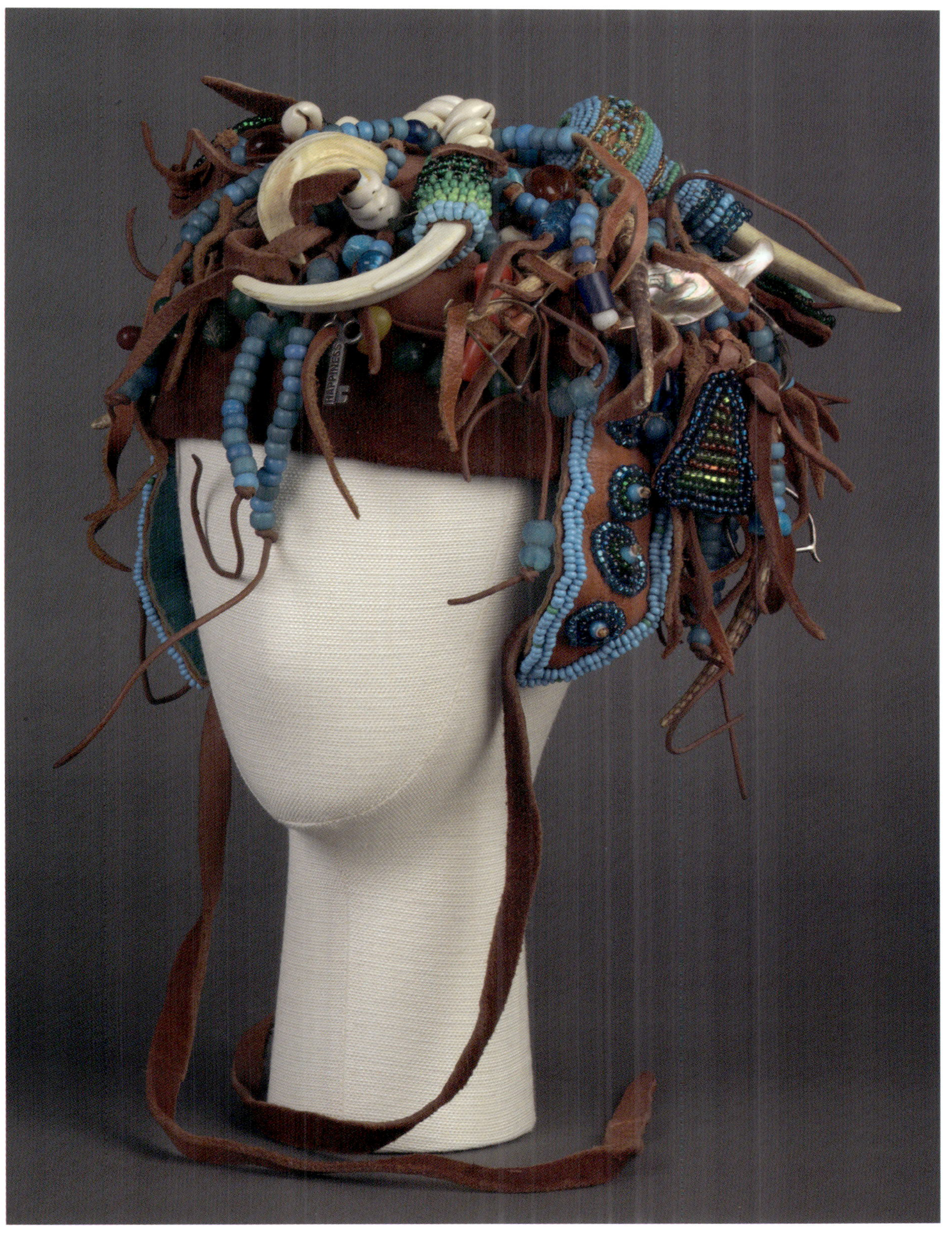

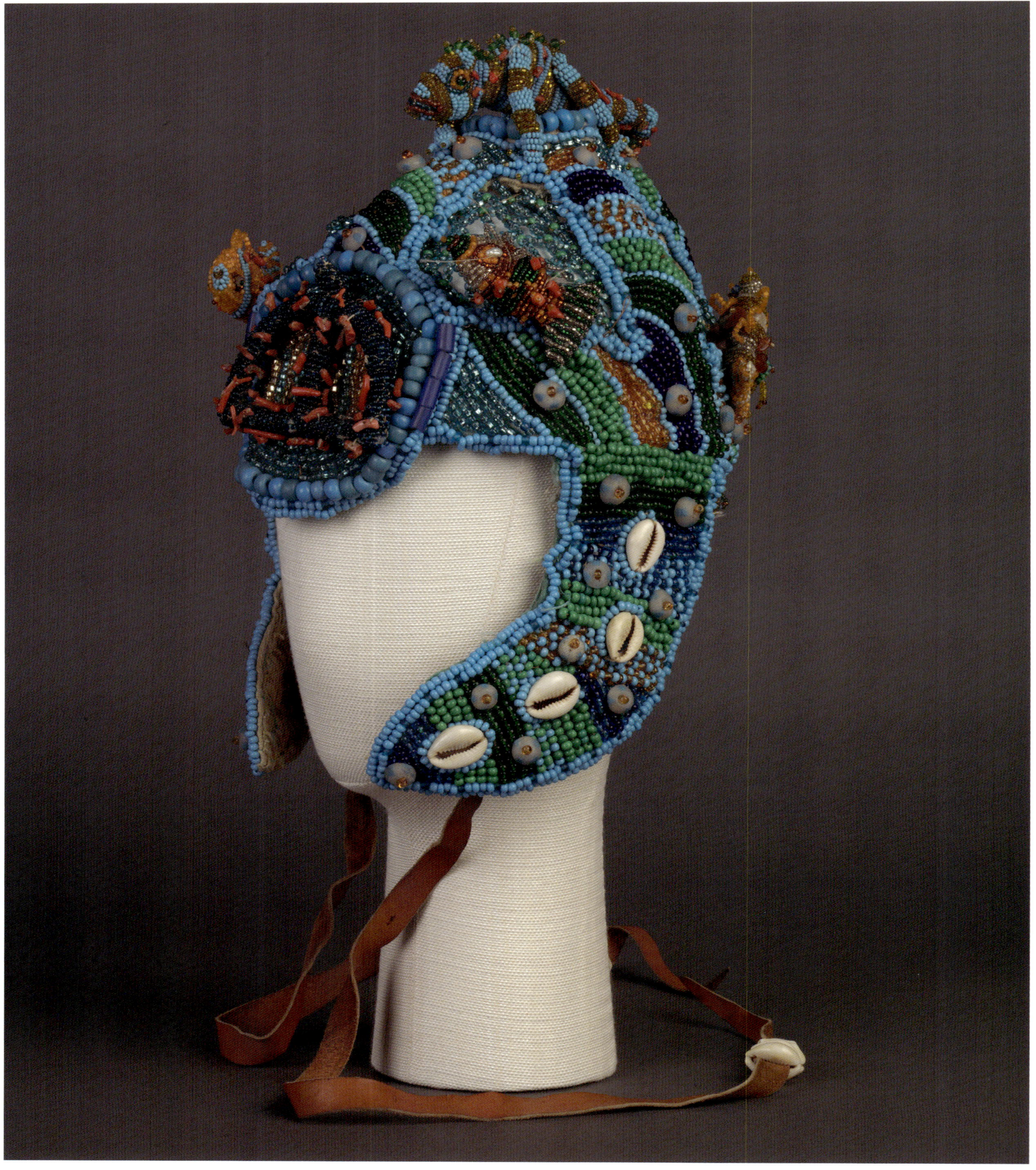

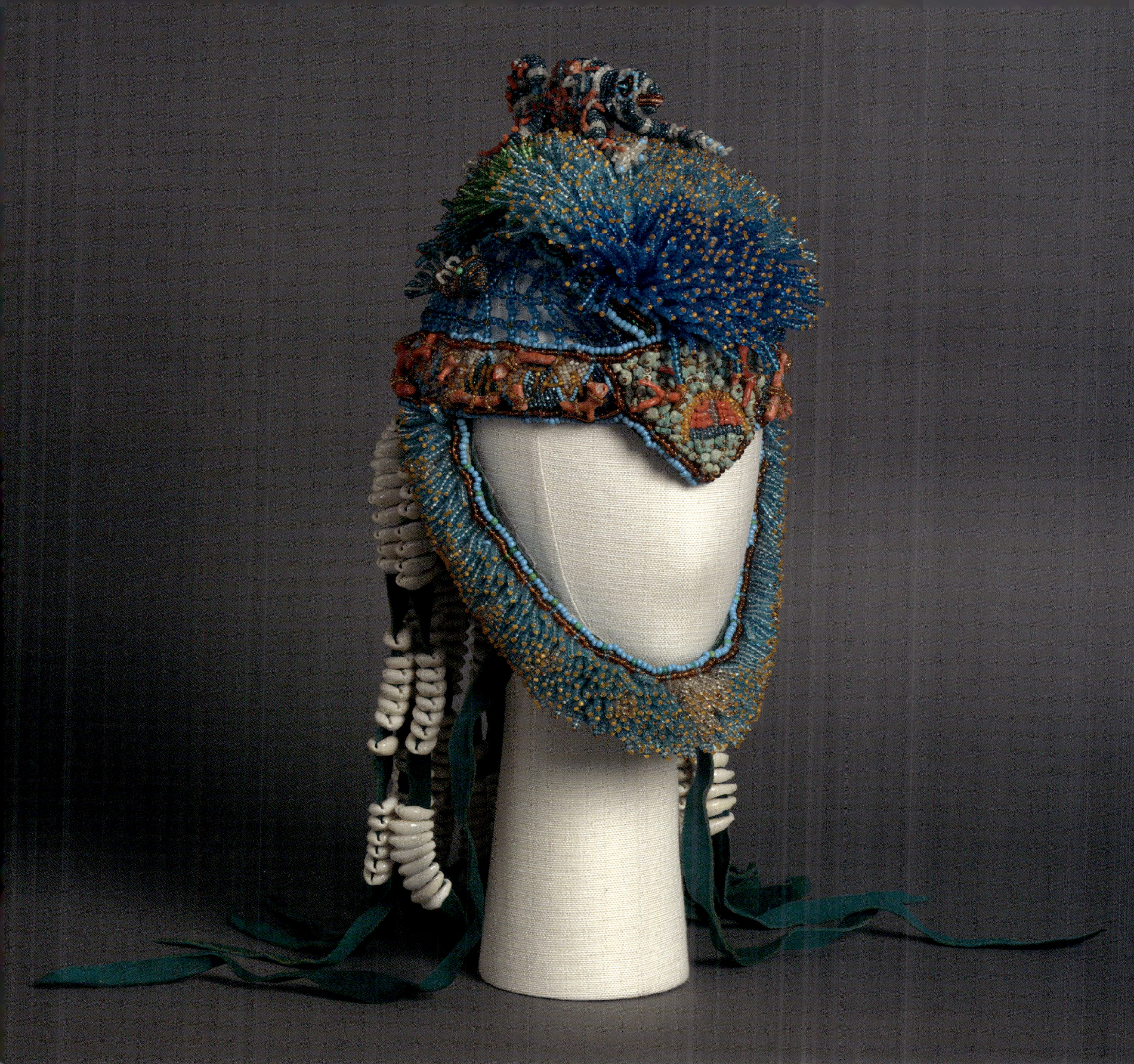

Plate 121 (opposite)
Ochosi Head Piece IV, 1994
Mixed media/Medios mixtos
12 × 10 × 11 in. (30.5 × 25.4 × 27.9 cm);
straps 24 × ¾ in. (61 × 1.9 cm)

Plate 122 (above)
Ochosi Head Piece I, ca. 1995
Mixed media/Medios mixtos
30 × 13 × 17 in. (76.2 × 33 × 43.2 cm)

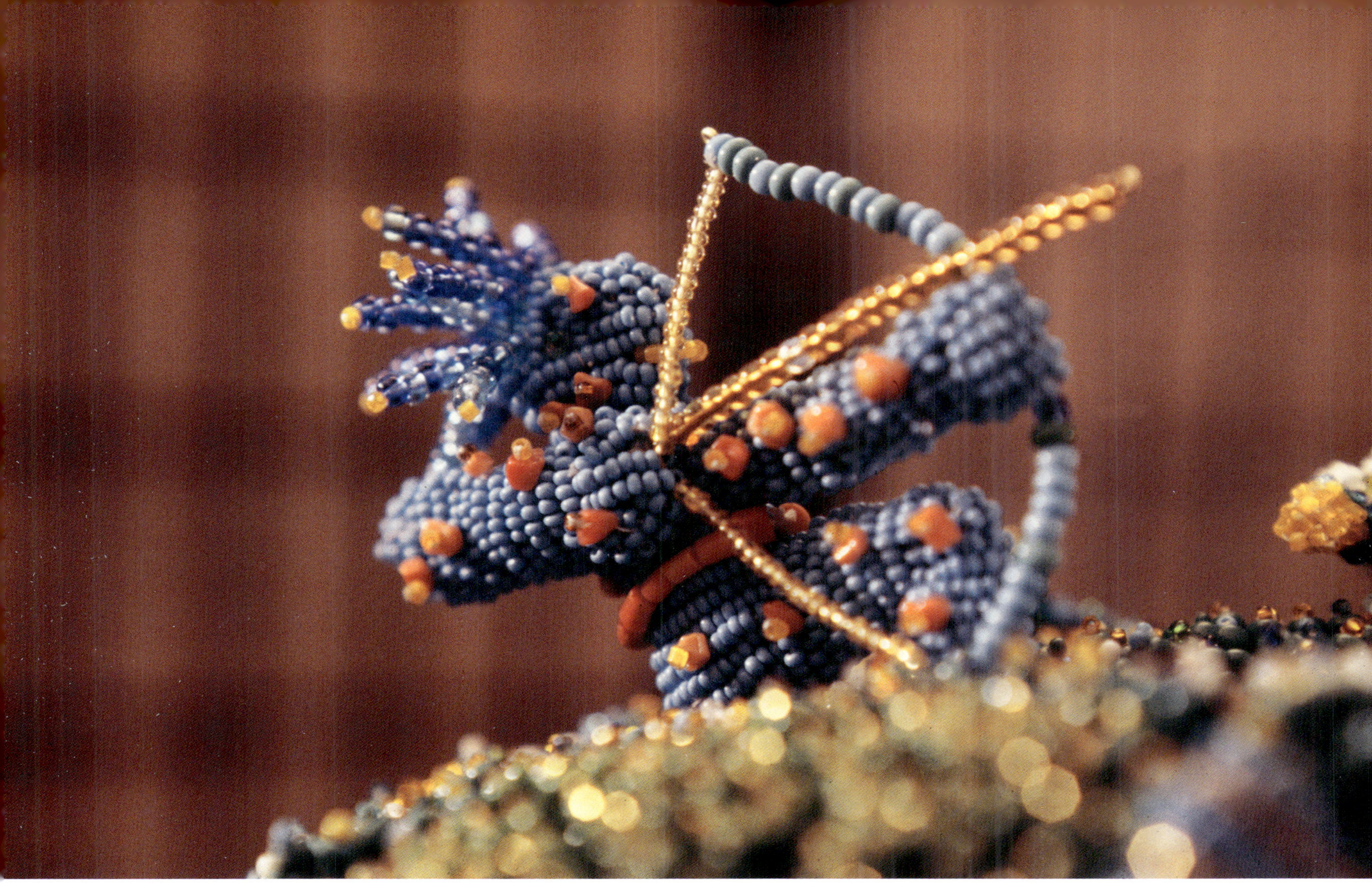

Plate 123
Ochosi helmet for the Fowler Museum at UCLA (detail), 1994
Mixed media/Medios mixtos
18 × 19 × ¾ in. (46 × 48 × 1.9 cm)

CHARACTERS
~
PERSONAJES

Plate 124
City Swimmers, 2015
Colored glass on wood/
Vidrio coloreado sobre madera
26 × 29½ in. (66 × 74.9 cm)

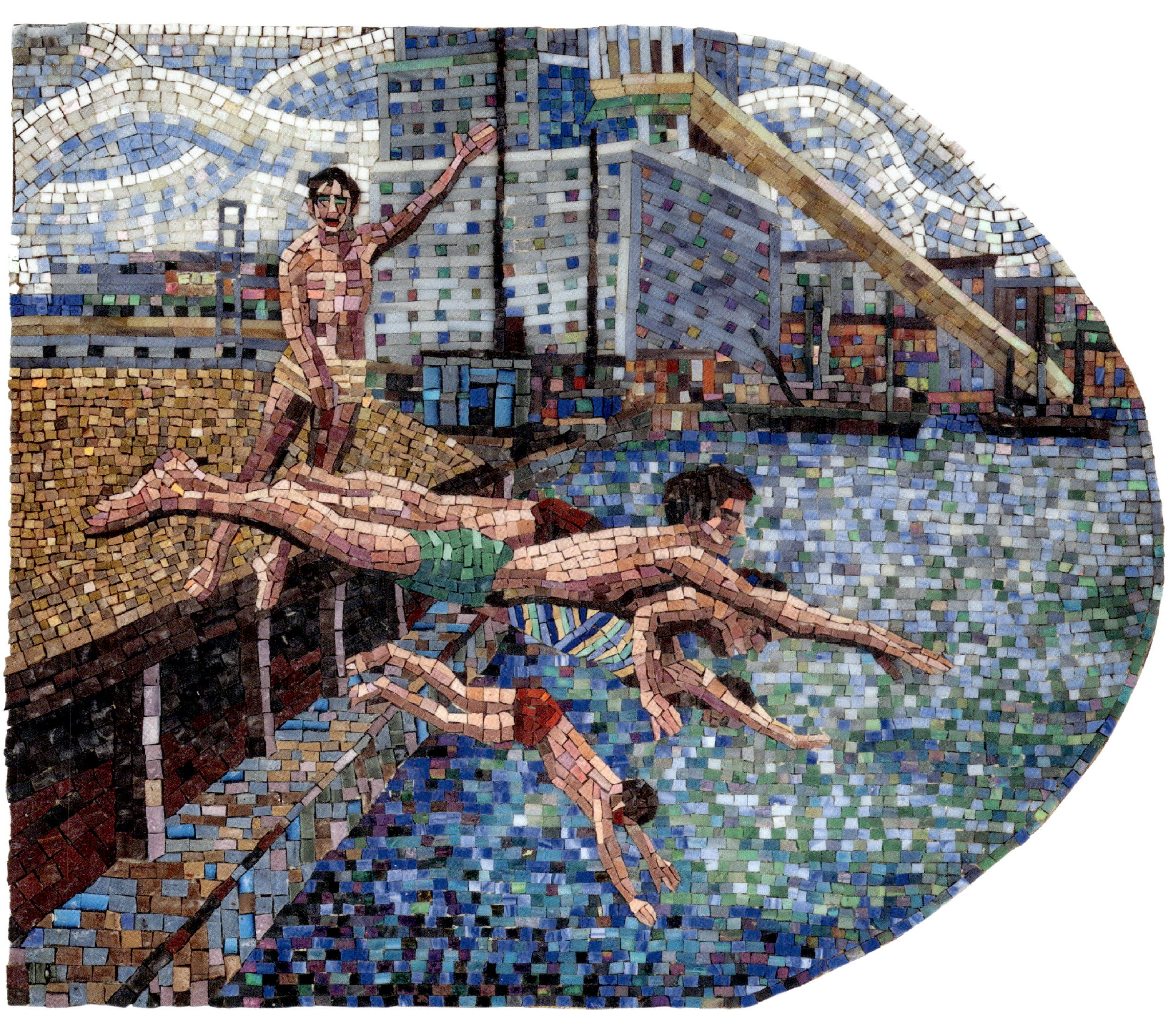

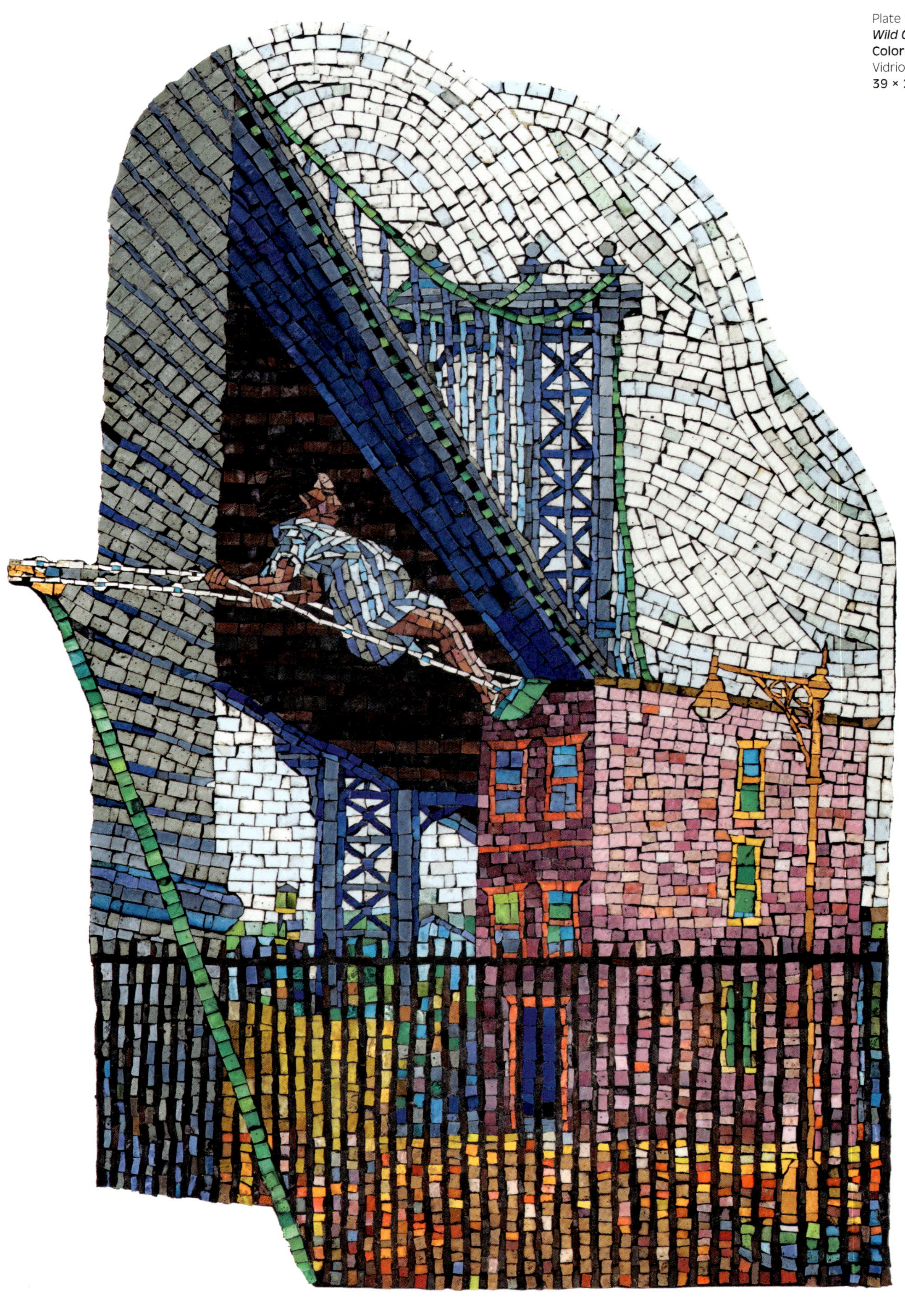

Plate 125
Wild Child, 2015
Colored glass on wood/
Vidrio coloreado sobre madera
39 × 23 in. (99 × 58.4 cm)

Plate 126
Central Park Skater, 2015
Colored glass on wood/
Vidrio coloreado sobre madera
32 × 22½ in. (81.3 × 57.2 cm)

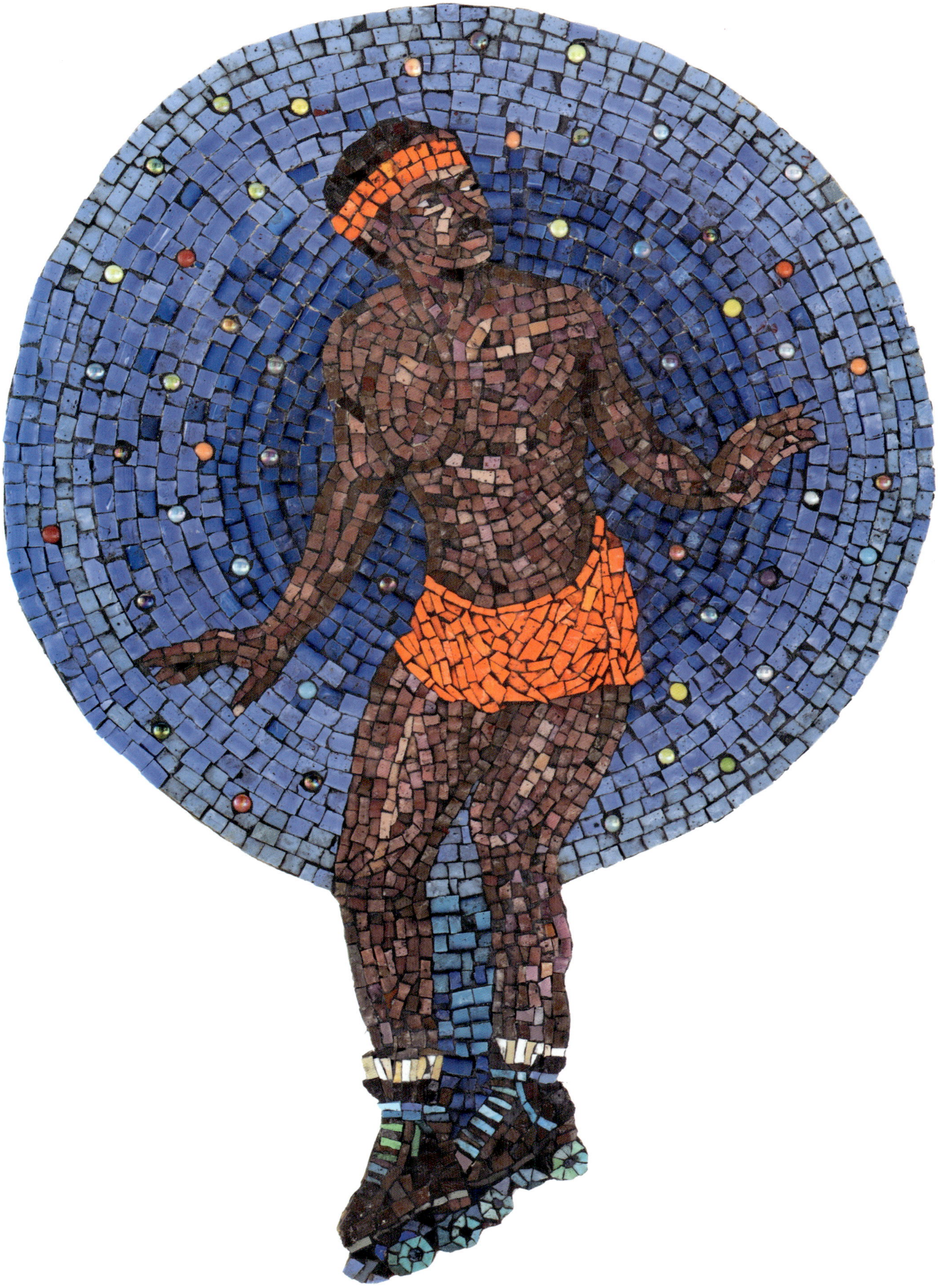

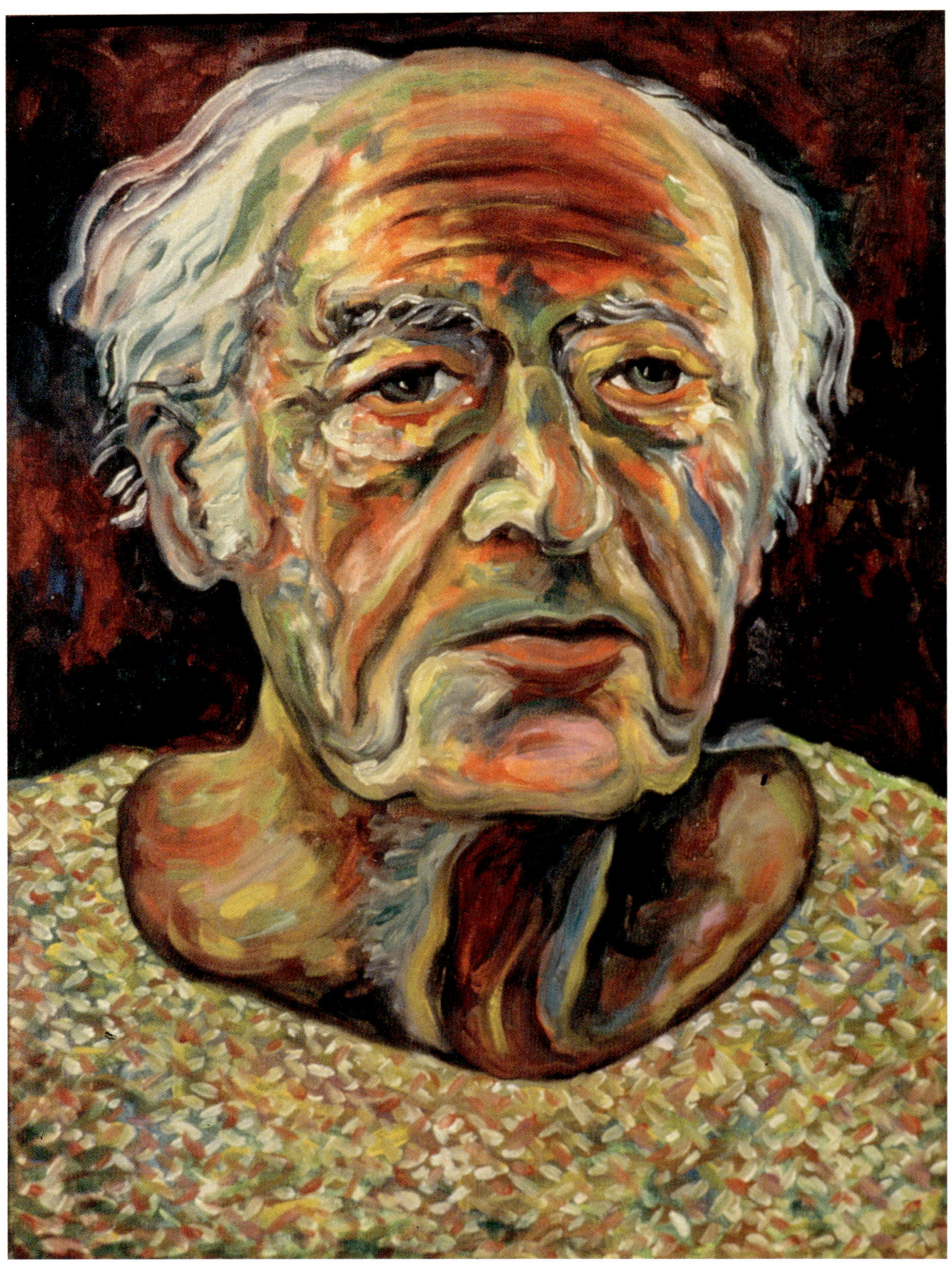

Plate 127
Pierre Verger, 1995
Oil on canvas/Óleo sobre lienzo
18 × 14 in. (45.7 × 35.5 cm)

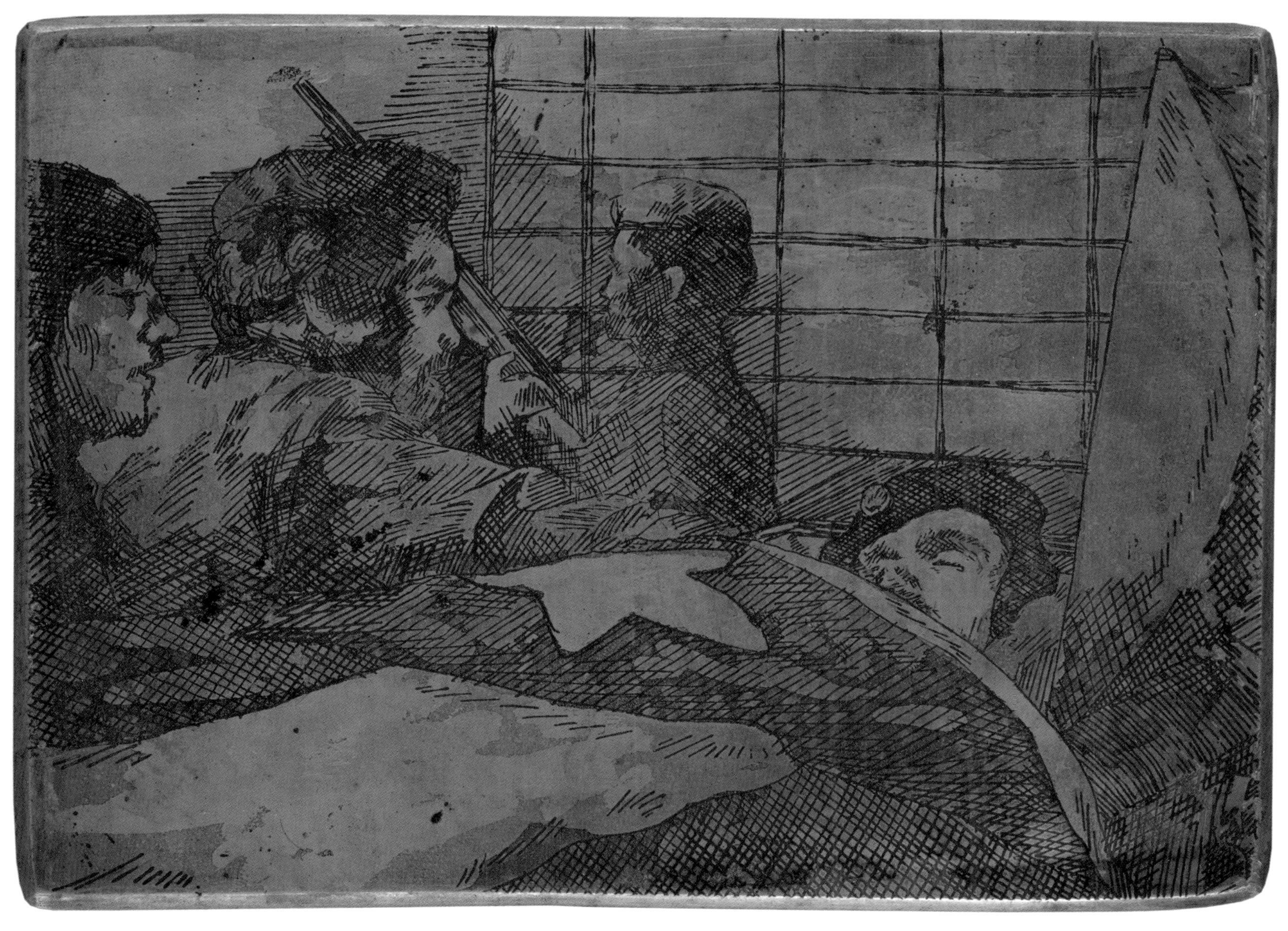

Plate 128
A Young Lord's Wake, 1974
Etching plate/Placa de grabado
4½ × 6 in. (11.4 × 15.2 cm)

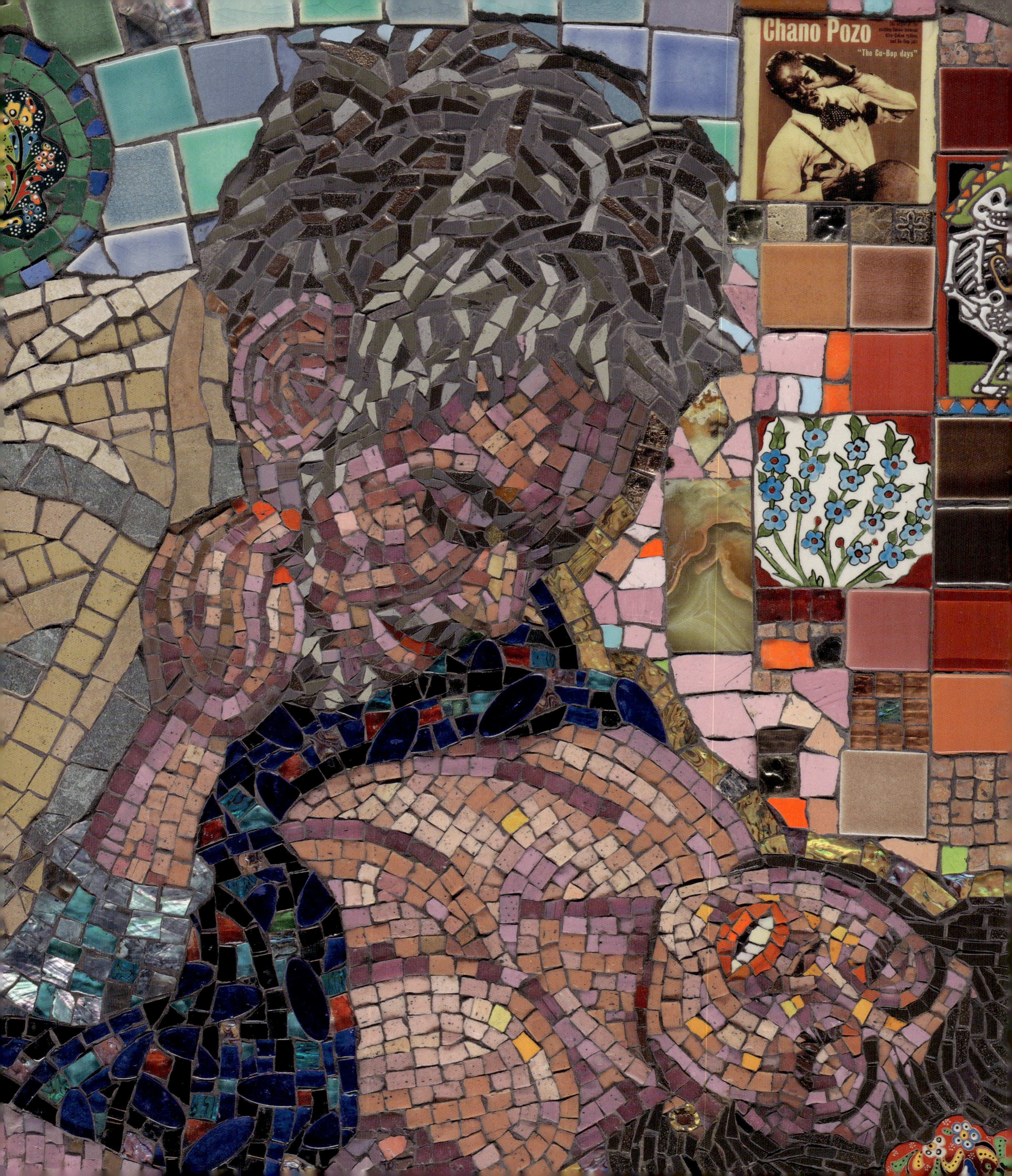
Chano Pozo
"The Cu-Bop days"

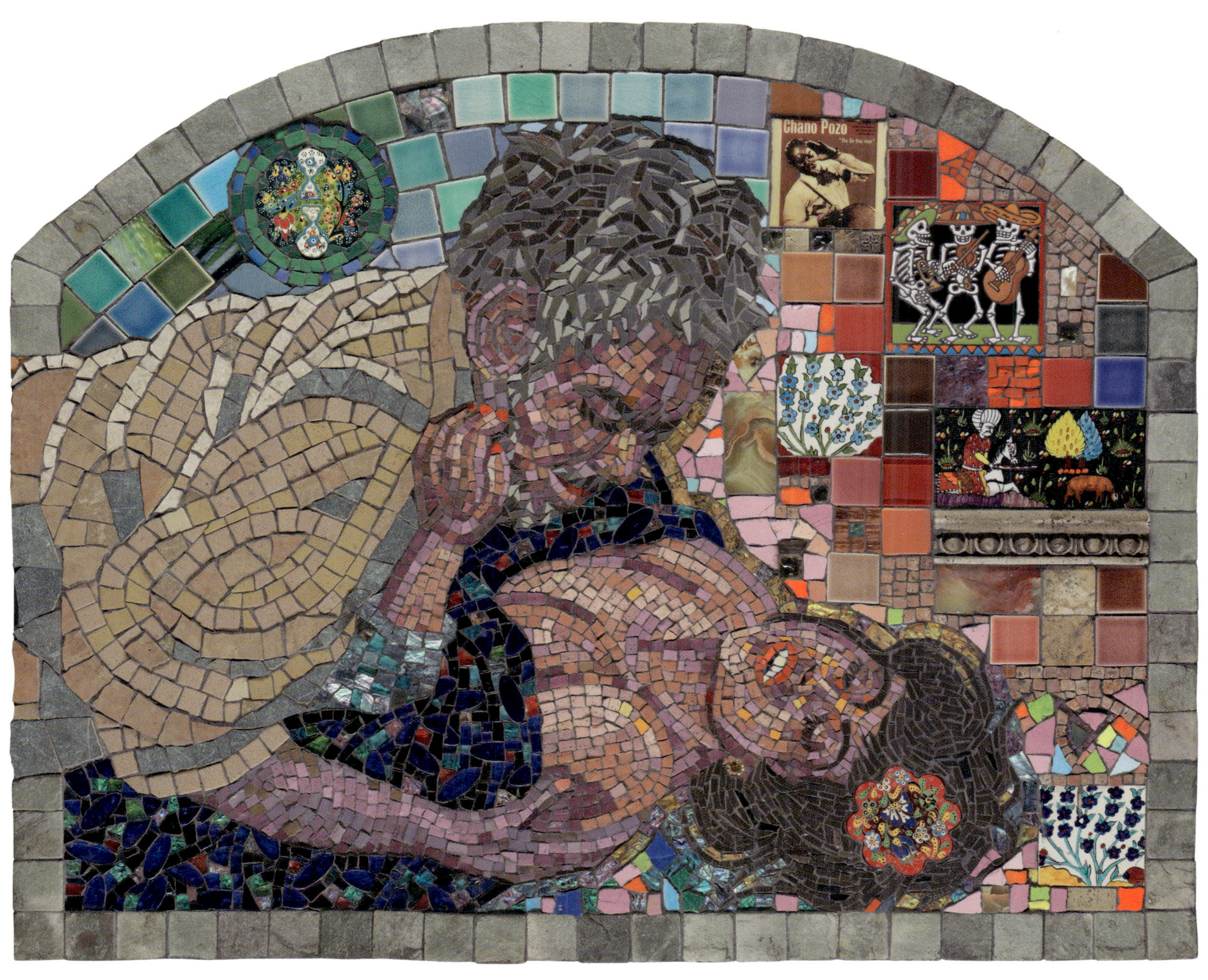

Plate 129
Zorba, You Are in Paradise, 2012
Colored glass on wood/
Vidrio coloreado sobre madera
36 × 44 in. (91.4 × 111.8 cm)

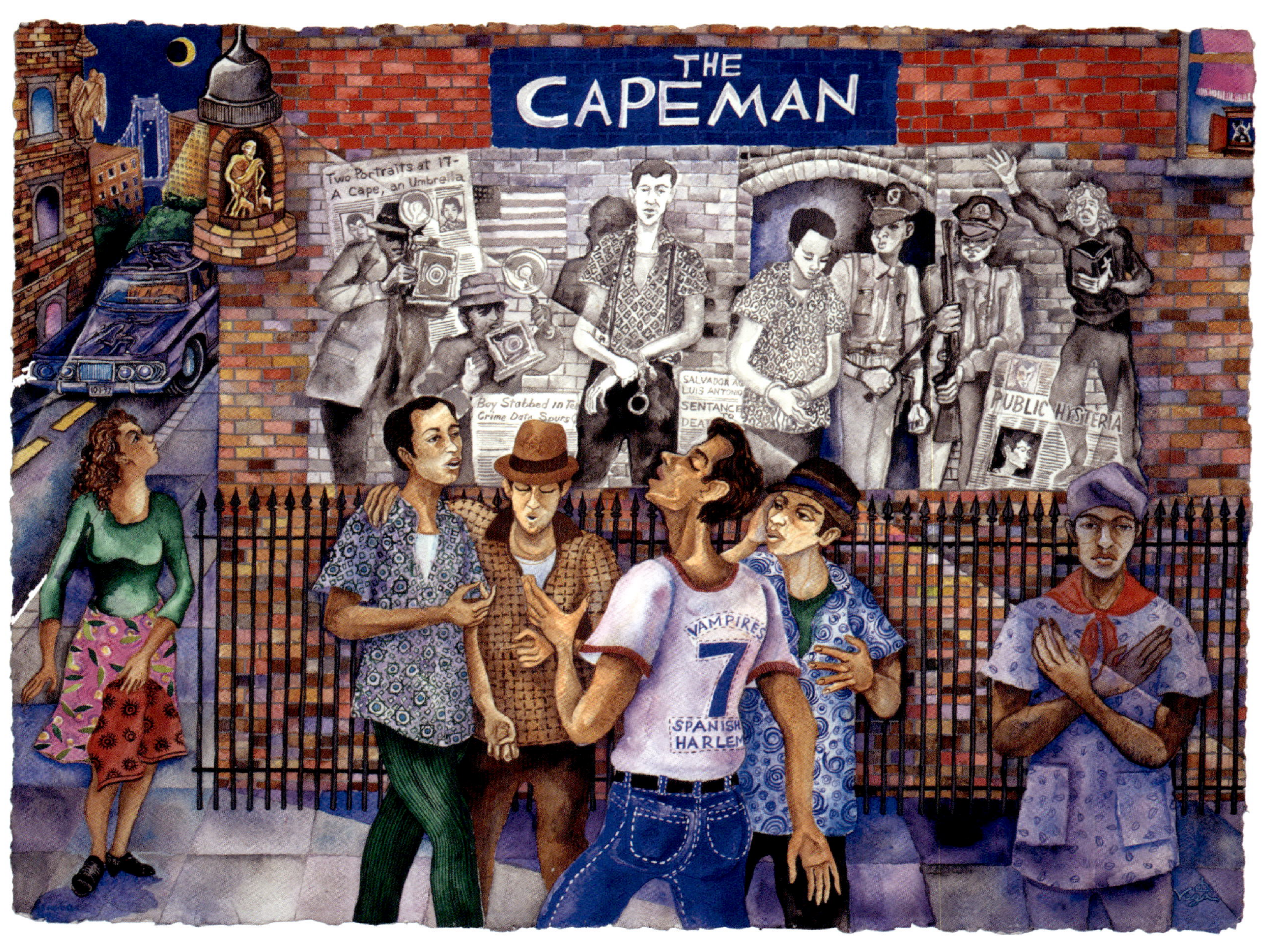
THE CAPEMAN
Two Portraits at 17-
A Cape, an Umbrella
PUBLIC HYSTERIA
VAMPIRES
7
SPANISH
HARLEM

Plate 130 (opposite)
The Capeman, 1998
Watercolor on paper/ Acuarela sobre papel
22½ × 30½ in. (57 × 77.5 cm)

Plate 131 (below)
***Lugo and the Homeboys*, 1992**
Pen and ink on Lapka banana leaf paper from Nepal/ Pluma y tinta sobre papel de hoja de plátano Lapka de Nepal
28 × 39 in. (71 × 99 cm)

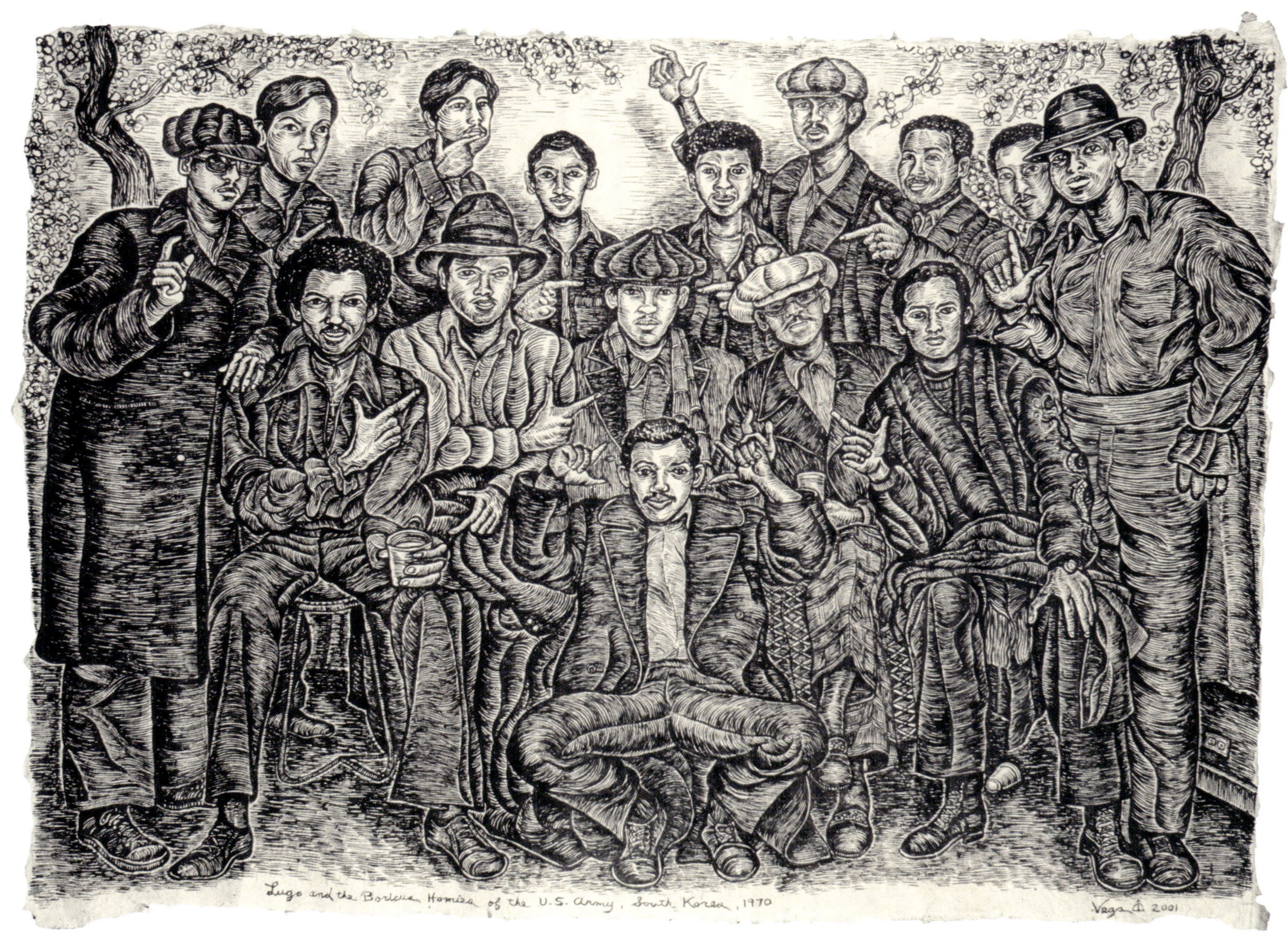

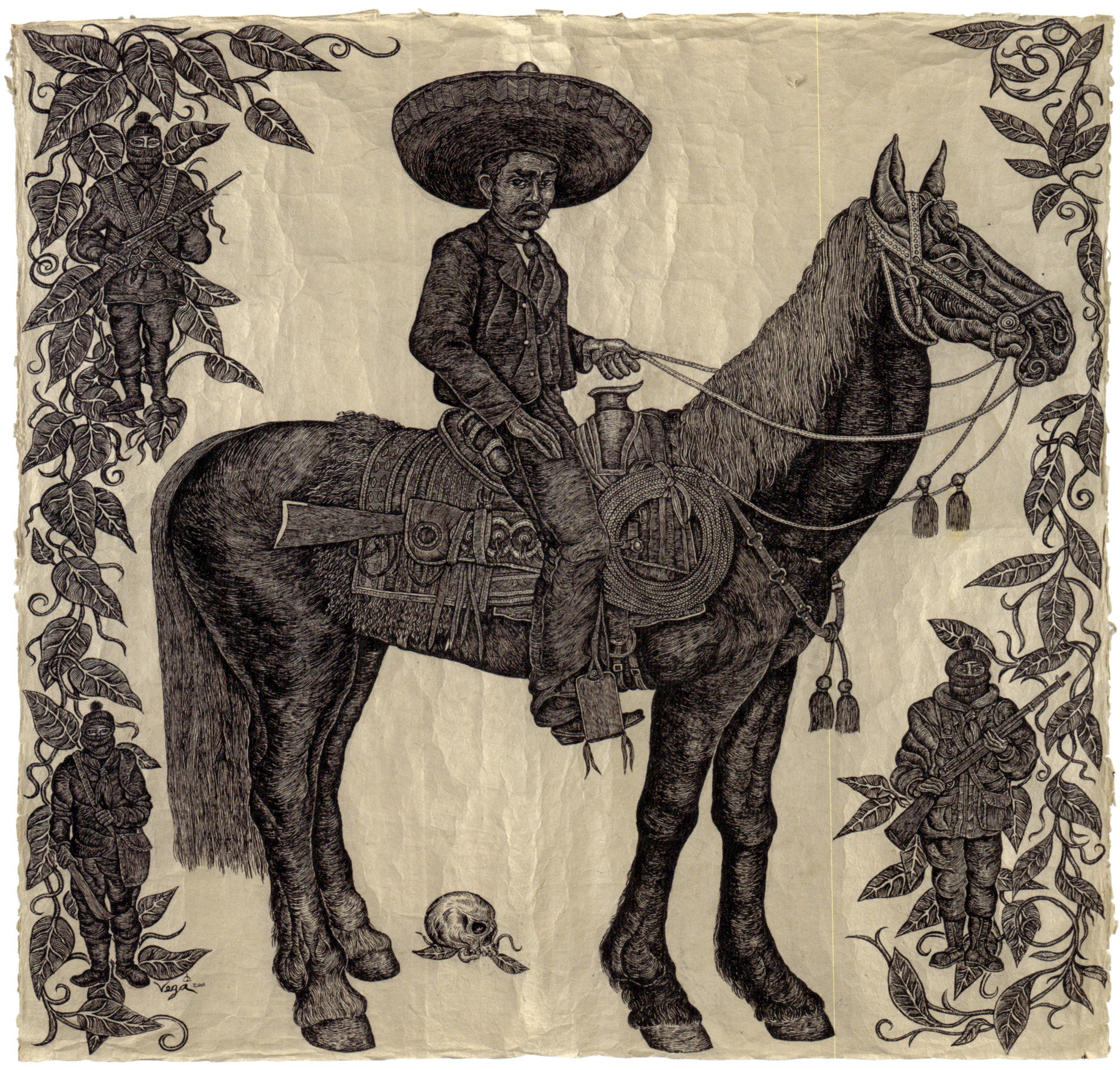

Plate 132
Zapatistas, 2001
Pen and ink on Lapka banana leaf paper from Nepal/Pluma y tinta sobre papel de hoja de plátano Lapka de Nepal
58 × 58 in. (147.3 × 147.3 cm)

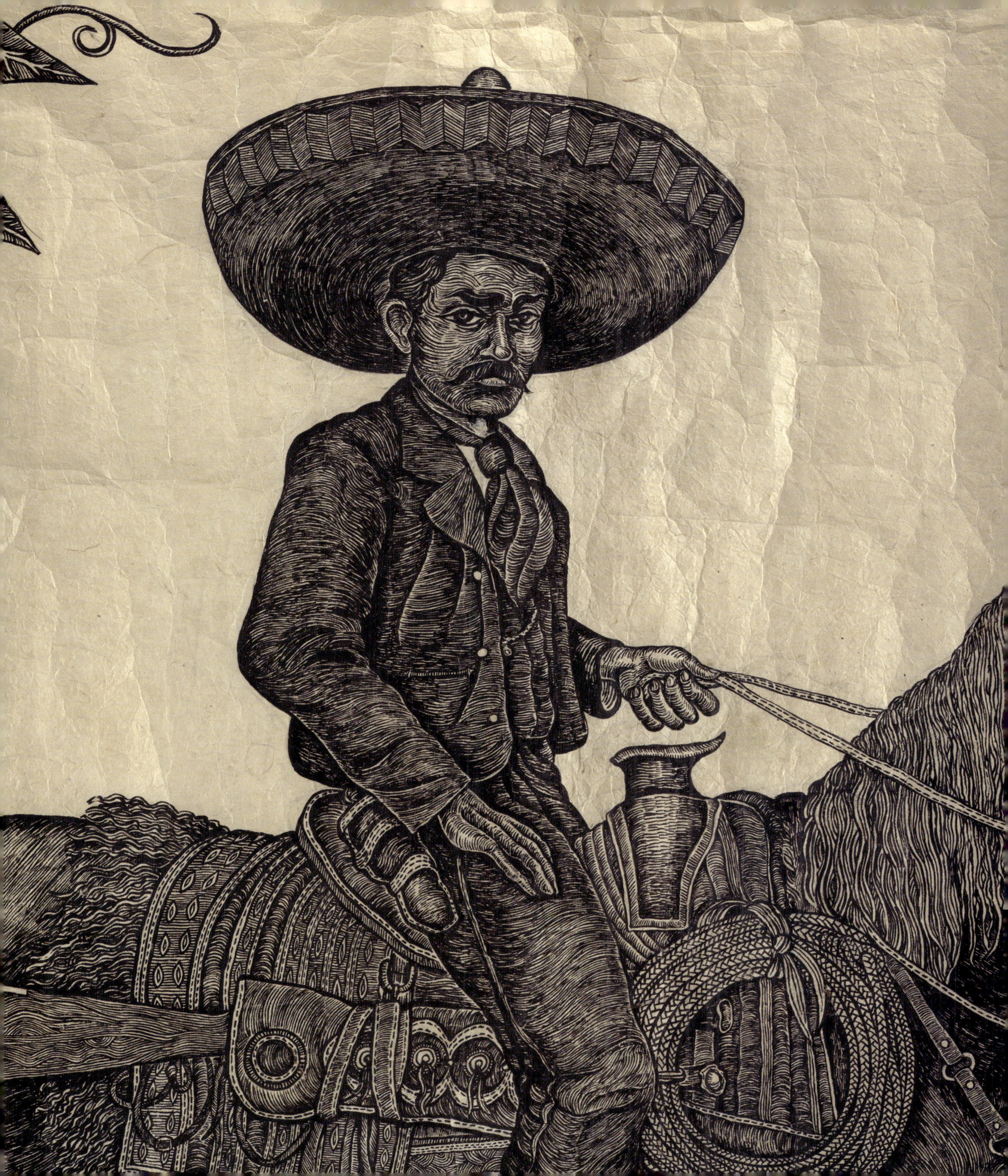

ENDNOTES
NOTAS FINALES

The Mannyverse or the Respelling of America

1 Manny Vega, interview by Ágnes Bercez, August 13, 2024.
2 Robert Farris Thompson, *Flash of the Spirit: African and Afro-American Art and Philosophy* (New York: Vintage, 1984).
3 Edgardo Meléndez, *Sponsored Migration: The State and Puerto Rican Postwar Migration to the United States* (Columbus: Ohio State University Press, 2017).
4 Joey Vega, conversation with the author, November 16, 2024.
5 Urayoán Noel, *In Visible Movement: Nuyorican Poetry from the Sixties to Slam* (Iowa City: University of Iowa Press, 2014).
6 Manny Vega, conversation with the author, November 11, 2024.
7 Ibid.
8 El Museo del Barrio, "Spirit of East Harlem," accessed November 18, 2024, https://www.elmuseo.org/wp-content/uploads/2023/02/Spirit_Of_East_Harlem1.pdf.
9 Moreno Vega founded the Caribbean Cultural Center African Diaspora Institute in 1976.
10 A series of four mosaics by Vega adorns the platforms at 110th Street, while four abstract works by Blackburn enhance the 116th Street station, both accessible on the uptown and downtown sides of the 6 train along Lexington Avenue.
11 Manny Vega, conversation with the author, November 11, 2024.
12 Ibid.
13 Ibid.

Time Is on His Side: With Stone and Patience, Manny Vega Enshrines El Barrio

1 Manny Vega, conversation with the author, November 12, 2024.
2 David González, "In Mosaics, an Artist's Lasting Impression," *New York Times*, February 25, 2008.
3 Manny Vega, conversation with the author, November 12, 2024.
4 González, "In Mosaics."
5 Manny Vega, conversation with the author, November 12, 2024.
6 Ibid.
7 Ibid.

"El Tambor Llama": The Drum in the Sacred and Secular Imagery in the Artwork of Manny Vega

1 Although used in different contexts, the term *Nuyorican* is derived from the Spanish word *neorriqueño*, meaning "New York Puerto Rican," and has been Americanized to *Newyorican*. The alternate spelling, *Nuyorican*, was coined by Miguel Algarín, founder of the Nuyorican Poets Café. Outside the poetry world, *Nuyorican* may carry different shades of meaning depending on the individual, but it generally refers to one of Puerto Rican heritage born or raised in New York. The term has its origins in 1974, when Algarín and his friend and fellow writer Miguel Piñero were at an airport in Puerto Rico and heard the word used in a negative connotation to refer to Puerto Ricans from New York. Back in New York soon after, they were putting together an anthology of the work of Puerto Rican poets in English and decided to call it *Nuyorican Poetry: An Anthology of Puerto Rican Words and Feelings*. Within six months of the book's release, the word caught on and became widely used. For many, identifying as Nuyorican has become a proud reclamation of identity and lived experiences in New York City without renouncing the distinctiveness of Puerto Ricans on the island.
2 Manny Vega, conversation with the authors, November 10, 2024.
3 "Art/Work: How the Government-Funded CETA Jobs Program Put Artists to Work," City Lore, accessed December 6, 2024, https://citylore.org/special-projects/ceta/.
4 Manny Vega, conversation with the authors, November 10, 2024.
5 José E. Cruz, "Fort Apache Lives," *JazzLatinoNewYork* (blog), Jazz/Latino, October 15, 2021, https://jazzlatino.org/blog-1/f/fort-apache-lives.

Manny Vega, Urban American

1 Vega restored the mural in the mid-1990s and introduced alterations, including a Taíno figure in the lower right. Ralph R. Ortega, "Lovingly Restoring Portrait of Harlem: Artist Polishes 25-Year-Old Mural," *New York Daily News*, December 18, 1998, 49.
2 Antonia Pantoja's periodization is quoted by Luis Aponte-Parés, "Lessons from El Barrio: The East Harlem Real Great Society/Urban Planning Studio; A Puerto Rican Chapter in the Fight for Urban Self-Determination," *New Political Science* 20, no. 4 (1998): 400.
3 See Elsa B. Cardalda, *The Writing on the Wall (Soul): Puerto Rican Murals and Social Representation in New York City* (San Juan: Publicaciones Puertorriqueñas, 2009); and Janet Braun-Reinitz and Jane Weissman, *On the Wall: Four Decades of Community Murals in New York City* (Jackson: University Press of Mississippi, 2009).
4 Adam Gopnik, "Introduction: Art in the City," in *City Art: New York's Percent for Art Program*, ed. Marvin Heiferman (New York and London: Merrell, 2005), 9.
5 William H. Whyte, *The Social Life of Small Urban Spaces* (New York: Project for Public Spaces, 2001), 57.
6 Holger Cahill, *New Horizons in American Art*, exh. cat. (New York: Museum of Modern Art, 1936), 32.
7 Elsa B. Cardalda Sánchez and Amílcar Tirado Avilés, "Imbiguous Identities! The Affirmation of Puertorriqueñidad in the Community Murals of New York City," in *Mambo Montage:*

The Latinization of New York City, ed. Agustín Laó-Montes and Arlene Dávila (New York: Columbia University Press, 2001), 263–90.

8 For a discussion of the heterogeneous communities of El Barrio, see Arlene Dávila, *Barrio Dreams: Puerto Ricans, Latinos, and the Neoliberal City* (Oakland: University of California Press, 2004). For a discussion of the neighborhood as a symbolic center of Latinidad, see Ed Vega, "The Mythic Village of El Barrio," in Joseph Rodriguez, *Spanish Harlem* (Washington, DC: National Museum of American Art, Smithsonian Institution, 1994), 7–16.

9 Dávila, *Barrio Dreams*, 60.

10 Paulo Freire, *Pedagogy of the City*, trans. Myra Bergman Ramos (London and New York: Continuum, 1993), 130, quoted in Tom Finkelpearl, *Dialogues in Public Art* (Cambridge, MA: MIT Press, 2000), 282.

11 Manny Vega, conversation with the author, August 2, 2024.

12 On Candomblé and its politics, see Rachel E. Harding, *A Refuge in Thunder: Candomblé and Alternative Spaces of Blackness* (Bloomington: Indiana University Press, 2000).

13 For Vega's study trip to Ravenna and Barcelona, see Manny Vega, *Byzantine Hip Hop* (New York: printed by author, 2013). For the impact of the Metropolitan Museum's *Byzantium* exhibition, see Grace Labatt, "Byzantium and . . . Hip-Hop?" *Byzantium and Islam* Exhibition Blog, Metropolitan Museum of Art, May 31, 2012, https://www.metmuseum.org/exhibitions/listings/2012/byzantium-and-islam/blog/cultural-connections/posts/byzantium-and-hip-hop.

14 David González, "In Mosaics, an Artist's Lasting Impression," *New York Times*, February 25, 2008.

15 Rosalyn Deutsche, *Evictions: Art and Spatial Politics* (Cambridge, MA: MIT Press, 1996), 278.

16 For the city as a spectacle, see Christine Boyer, *The City of Collective Memory: Its Historical Imagery and Architectural Entertainments* (Cambridge, MA: MIT Press, 1994).

17 Sharon Zukin, "How to Create a Culture Capital: Reflections on Urban Markets and Places," in *Century City: Art and Culture in the Modern Metropolis*, ed. Iwona Blazwick (London: Tate Publishing, 2001), 259–64; Sharon Zukin, *Naked City: The Death and Life of Authentic Urban Places* (Oxford: Oxford University Press, 2010).

18 Cardalda Sánchez and Tirado Avilés, "Imbiguous Identities!" 282.

19 On urban tourism and the impact of the 1994 empowerment zone legislation in East Harlem, see Dávila, *Barrio Dreams*.

20 Manny Vega, conversation with the author, August 13, 2024.

21 David Craven, "The Latin American Origins of 'Alternative Modernism,'" *Third Text* 10, no. 36 (1996): 36.

22 Doreen Massey, "A Global Sense of Place," *Marxism Today* 38 (1991): 24–29.

23 Dávila, *Barrio Dreams*, 6.

El *Mannyverso* o la reescritura de los Estados Unidos

1 Entrevista a Manny Vega, con Ágnes Berecz, 13 de agosto de 2024.

2 Robert Farris Thompson, *Flash of the Spirit: African & Afro-American Art & Philosophy* (Nueva York: Vintage, 1984).

3 Edgardo Meléndez, *Sponsored Migration: The State and Puerto Rican Postwar Migration to the United States* (Columbus: Ohio State University Press, 2017).

4 Joey Vega en conversación con el autor, 16 de noviembre de 2024.

5 Urayoán Noel, *In Visible Movement: Nuyorican Poetry from the Sixties to Slam* (Iowa City: University of Iowa Press, 2014).

6 Manny Vega en conversación con el autor, 11 de noviembre de 2024.

7 Ibid.

8 El Museo del Barrio, "Spirit of East Harlem", consultado el 18 de noviembre de 2024, https://www.elmuseo.org/wp-content/uploads/2023/02/Spirit_Of_East_Harlem1.pdf.

9 Moreno Vega fundó el Caribbean Cultural Center African Diaspora Institute en 1976.

10 Una serie de cuatro mosaicos de Vega adornan las plataformas de la Calle 110, y cuatro obras abstractas de Blackburn embellecen la estación de la Calle 116. A ambas se accede por ambos sentidos de la linea 6 a lo largo de la Avenida Lexington.

11 Manny Vega en conversación con el autor, 11 de noviembre de 2024.

12 Ibid.

13 Ibid.

El tiempo está de su lado: con piedra y paciencia, Manny Vega consagra El Barrio

1 Manny Vega en conversación con el autor, 12 de noviembre de 2024.

2 David González, "In Mosaics, an Artist's Lasting Impression", *New York Times*, 25 de febrero de 2008.

3 Manny Vega en conversación con el autor, 12 de noviembre de 2024.

4 Gonzalez, "In Mosaics...".

5 Manny Vega en conversación con el autor, 12 de noviembre de 2024.

6 Ibid.

7 Ibid.

"El tambor llama": el tambor en las imágenes sagradas y seculares de la obra de Manny Vega

1 Si bien se usa en diferentes contextos, el término *nuyorriqueño* deriva del español *neorriqueño* que significa 'puertorriqueño de Nueva York' y se ha adaptado al inglés estadounidense como *Nuyorican*. La ortografía alternativa, *nuyoriqueño/a*, fue acuñada por Miguel Algarín, fundador del Nuyorican Poets Café. Fuera del ámbito de la poesía, el término *nuyorriqueño/a* puede adoptar diferentes matices de significado según la persona pero en general hace referencia a una persona con raíces puertorriqueñas que nació o se crio en Nueva York. El origen del término se remonta a 1974 cuando Algarín y su amigo y colega escritor Miguel Piñero se encontraban en un aeropuerto de Puerto Rico y escucharon la palabra usada con una connotación negativa para referirse a las personas puertorriqueñas de Nueva York. Poco tiempo después, ya en Nueva York, compilaron una antología de poetas de origen puertorriqueño en inglés y decidieron llamarla "colección de poesía nuyorriqueña". Seis meses después de la publicación del libro, titulado *Nuyorican Poetry: An Anthology of Puerto Rican Words and Feelings* el nombre alcanzó gran popularidad y comenzó a emplearse extensamente. Para muchas personas, identificarse como nuyorriqueñas ha significado reivindicar con orgullo su identidad y las experiencias que viven en Nueva York sin renunciar a la idiosincrasia de las personas puertorriqueñas de la isla.

2 Manny Vega en conversación con los autores, 10 de noviembre de 2024.

3 "Art/Work: How the Government-Funded CETA Jobs Program Put Artists to Work", City Lore, consultado el 6 de diciembre de 2024, https://citylore.org/special-projects/ceta/.

4 Manny Vega en conversación con los autores, 10 de noviembre de 2024.

5 José E. Cruz, "Fort Apache Lives", consultado el 15 de octubre de 2021, https://jazzlatino.org/blog-1/f/fort-apache-lives.

Manny Vega, Americano urbano

1 A mediados de los años noventa, M. Vega restauró el mural e introdujo algunas modificaciones; por ejemplo, agregó la figura de un taíno en la parte inferior derecha. Ralph R. Ortega, "Lovingly Restoring Portrait of Harlem: Artist Polishes 25-Year-Old Mural", *The New York Daily News*, 18 de diciembre de 1998: 49.

2 La periodización de Antonia Pantoja se cita en Luis Aponte-Parés, "Lessons from El Barrio: The East Harlem Real Great Society/Urban Planning Studio: A Puerto Rican Chapter in the Fight for Urban Self-Determination", *New Political Science* 20, no. 4 (1998): 399-420, 400.

3 Véase Elsa B. Cardalda, *The Writing on the Wall (Soul): Puerto Rican Murals and Social Representation in New York City* (San Juan: Publicaciones Puertorriqueñas, 2009); y Janet Braun-Reinitz y Jane Weissman, *On the Wall: Four Decades of Community Murals in New York City* (Jackson, MS: University Press of Mississippi, 2009).

4 Adam Gopnik, "Introduction: Art in the City", en *City Art: New York's Percent for Art Program*, ed. Marvin Heiferman (Nueva York y Londres: Merrell, 2005), 9.

5 William H. Whyte, *The Social Life of Small Urban Spaces* (Nueva York: Project for Public Spaces, 2001), 57.

6 Holger Cahill, *New Horizons in American Art, Federal Art Project Exhibition, Works Progress Administration* (Nueva York: The Museum of Modern Art, 1936), 32.

7 Elsa B. Cardalda Sánchez y Amílcar Tirado Avilés, "Imbiguous Identities! The Affirmation of Puertorriqueñidad in the Community Murals of New York City", en *Mambo Montage: The Latinization of New York City*, ed. Agustín Laó-Montes y Arlene Dávila (Nueva York: Columbia University Press, 2001), 263-290.

8 Para consultar un análisis de las comunidades heterogéneas de El Barrio, véase Arlene Dávila, *Barrio Dreams: Puerto Ricans, Latinos, and the Neoliberal City*. (Oakland: University of California Press, 2004). Sobre el barrio como centro simbólico de latinidad, véase Ed Vega, "The Mythic Village of El Barrio" en *Spanish Harlem*, ed. Joseph Rodriguez (Washington, DC: National Museum of American Art, 1994), 7-16.

9 Dávila, *Barrio Dreams*..., 60.

10 Paulo Freire, *Pedagogy of the City*, trad. Myra Bergman Ramos (Londres y Nueva York: Continuum, 1993), 130, citado en Tom Finkelpearl, *Dialogues in Public Art*. (Cambridge: The MIT Press, 2000), 282.

11 Entrevista con el artista, 2 de agosto de 2024.

12 Sobre el candomblé y sus políticas, véase Rachel E. Harding, *A Refuge in Thunder. Candomblé and Alternative Spaces of Blackness* (Bloomington: Indiana University Press, 2000).

13 Para obtener más información sobre el viaje de estudio de Vega a Ravenna y Barcelona, véase Manny Vega, *Byzantine Hip-Hop* (2013). Sobre el impacto de la exposición *Bizancio* del Metropolitan Museum, véase Grace Labatt, 2012. "Byzantium and... Hip-Hop?", *Byzantium and Islam* Exhibition (blog), 31 de mayo de 2012, https://www.metmuseum.org/exhibitions/listings/2012/byzantium-and-islam/blog/cultural-connections/posts/byzantium-and-hip-hop.

14 David González, "In Mosaics, an Artist's Lasting Impression", *New York Times*, 25 de febrero de 2008.

15 Rosalyn Deutsche, *Evictions: Art and Spatial Politics* (Cambridge: The MIT Press, 1996), 278.

16 Sobre la idea de la ciudad como espectáculo, véase Christine Boyer, *The City of Collective Memory: Its Historical Imagery and Architectural Entertainments* (Cambridge: The MIT Press, 1994).

17 Sharon Zukin, "How to Create a Culture Capital: Reflections on Urban Markets and Places", en *Century City: Art and Culture in the Modern Metropolis*, ed. Iwona Blazwick (Londres: Tate Publishing, 2001), 259-264; y Sharon Zukin, *Naked City: The Death and Life of Authentic Urban Places* (Oxford: Oxford University Press, 2010).

18 Elsa B. Cardalda Sánchez y Amílcar Tirado Avilés, "Imbiguous Identities!...", 282.

19 Para obtener más información sobre el turismo urbano y el impacto de la legislación sobre la revitalización de zonas de 1994 en East Harlem, véase Dávila, *Barrio Dreams*...

20 Entrevista con el artista, 13 de agosto de 2024.

21 David Craven, "The Latin American origins of 'alternative modernism'". *Third Text*, 10 no. 36 (1996.): 29-44, 36.

22 Doreen Massey, "A Global Sense of Place", *Marxism Today* 38 (1991): 24-29.

23 Dávila, *Barrio Dreams*..., 6.

SELECTED BIBLIOGRAPHY
BIBLIOGRAFÍA SELECTA

Boyer, Christine. *The City of Collective Memory: Its Historical Imagery and Architectural Entertainments*. Cambridge, MA: MIT Press, 1994.

Cardalda Sánchez, Elsa B., and Amílcar Tirado Avilés. "Imbiguous Identities! The Affirmation of Puertorriqueñidad in the Community Murals of New York City." In *Mambo Montage: The Latinization of New York City*, edited by Agustín Laó-Montes and Arlene Dávila, 263–90. New York: Columbia University Press, 2001.

City Lore. "Art/Work: How the Government-Funded CETA Jobs Program Put Artists to Work." Accessed December 6, 2024. https://citylore.org/special-projects/ceta/.

Craven, David. "The Latin American Origins of 'Alternative Modernism.'" *Third Text* 10, no. 36 (1996): 29–44.

Cruz, José E. "Fort Apache Lives." *JazzLatinoNewYork* (blog), Jazz/Latino, October 15, 2021. https://jazzlatino.org/blog-1/f/fort-apache-lives.

Dávila, Arlene. *Barrio Dreams: Puerto Ricans, Latinos, and the Neoliberal City*. Oakland: University of California Press, 2004.

de Andre, Alexander. "The Cannibalist Manifesto (Manifesto Antropófago)." In *The Brazil Reader: History, Culture, Politics*, edited by James N. Green, Victoria Langland, and Lilia Moritz Schwarz, 300–308. Durham, NC: Duke University Press, 2019.

Deutsche, Rosalyn. *Evictions: Art and Spatial Politics*. Cambridge, MA: MIT Press, 1996.

El Museo del Barrio. "Spirit of East Harlem." Accessed November 18, 2024. https://www.elmuseo.org/wp-content/uploads/2023/02/Spirit_Of_East_Harlem1.pdf.

Finkelpearl, Tom. *Dialogues in Public Art*. Cambridge, MA: MIT Press, 2000.

Freire, Paulo. *Pedagogy of the City*. Translated by Myra Bergman Ramos. London and New York: Continuum, 1993.

González, David. "In Mosaics, an Artist's Lasting Impression." *New York Times*, February 25, 2008.

Harding, Rachel E. *A Refuge in Thunder: Candomblé and Alternative Spaces of Blackness*. Bloomington: Indiana University Press, 2000.

Labatt, Grace. "Byzantium and . . . Hip-Hop?" Byzantium and Islam Exhibition Blog, Metropolitan Museum of Art, May 31, 2012. https://www.metmuseum.org/exhibitions/listings/2012/byzantium-and-islam/blog/cultural-connections/posts/byzantium-and-hip-hop.

Meléndez, Edgardo. *Sponsored Migration: The State and Puerto Rican Postwar Migration to the United States*. Columbus: Ohio State University Press, 2017.

Noel, Urayoán. *In Visible Movement: Nuyorican Poetry from the Sixties to Slam*. Iowa City: University of Iowa Press, 2014.

Sánchez Korrol, Virginia E. *From Colonia to Community: The History of Puerto Ricans in New York City*. Berkeley: University of California Press, 1994.

Thompson, Robert Farris. *Flash of the Spirit: African and Afro-American Art and Philosophy*. New York: Vintage, 1984.

Vega, Ed. "The Mythic Village of El Barrio." In Joseph Rodriguez, *Spanish Harlem*, 7–16. Washington, DC: National Museum of American Art, Smithsonian Institution, 1994.

Vega, Manny. *Byzantine Hip-Hop*. New York: printed by author, 2013.

Veloso, Caetano. *Tropical Truth: A Story of Music and Revolution in Brazil*. New York: Da Capo Press, 2003.

Zukin, Sharon. "How to Create a Culture Capital: Reflections on Urban Markets and Places." In *Century City: Art and Culture in the Modern Metropolis*, edited by Iwona Blazwick, 259–64. London: Tate Publishing, 2001.

Zukin, Sharon. *Naked City: The Death and Life of Authentic Urban Places*. Oxford: Oxford University Press, 2010.

PHOTO CREDITS
CRÉDITOS DE FOTOS

Unless otherwise noted: all artwork is by Manny Vega, courtesy of the artist; photography and digitization by David Lurvey, Digital Imaging Specialist, Museum of the City of New York.

Plate 50: From the collection of Bobbito García a.k.a. Kool Bob Love, photograph by David Lurvey, Museum of the City of New York; 32: Fowler Museum, UCLA; 59, 66: National Portrait Gallery, Smithsonian Institution; 46: Collection of Lillian "Lee" Llambelis, photograph by David Lurvey, Museum of the City of New York; 77, 87–93: Photograph by Rob Stephenson; 124–126: Courtesy of Basha Rubin and Scott Grinsell, photograph by Adam Reich

Page 6: Tontxi Vazquez, courtesy of the photographer; Figure 1: Evelyn Collazo, courtesy of the photographer; 2–4, 6–8, 15–17, 21, 39, 41, 44, 45: Photograph by David Lurvey, Museum of the City of New York; 5: Metropolitan Museum of Art, The Cloisters Collection, 1956, 56.701a-c; 9: Manny Vega; 10: Phyllis Galembo, courtesy of the photographer; 11–14: David González, courtesy of the photographer; 18: © Joe Conzo Archives, 2025; 19, 25: © Martha Cooper; 20: © Edwin Pagán; 22: Rafael Colón, courtesy of the photographer; 24: El Museo del Barrio; 26, 27, 29, 33, 34, 36, 37: Rob Stephenson for the Museum of the City of New York; 28: National Portrait Gallery, Smithsonian Institution; acquisition made possible through federal support of the Latino Initiatives Pool, administered by the Smithsonian Latino Center; 30: photograph by Manuel Cohen/Art Resource, NY; 31: Camilo J. Vergara, courtesy of the photographer; 32: © 2025 Banco de México Diego Rivera Frida Kahlo Museums Trust, Mexico, D.F./Artists Rights Society (ARS), New York/photograph by Schalkwijk/Art Resource, NY; 35, 38: John Ahearn, courtesy of the photographer; 40, 42: Bridgeman Images; 43: Musee du Louvre/photograph by Hervé Lewandowski/© RMN-Grand Palais/Art Resource, NY; 46: Metropolitan Museum of Art, Purchase, Mary and Michael Jaharis Gift and Lila Acheson Wallace Gift, 2007, 2007.286; 47: Metropolitan Museum of Art, Gift of J. Pierpont Morgan, 1917, 17.190.132

INDEX

Page references in *italics* are to illustrations

ÍNDICE

Las referencias de página en *cursiva* corresponden a ilustraciones.

Scan the QR code for a playlist curated by Manny Vega for the exhibition and publication.

Escanee el código QR para obtener una lista de reproducción seleccionada por Manny Vega para la exposición y publicación.